周易
超强助记法
周易卦爻彖象辞精解巧记

张泓 著

九州出版社 | 全国百佳图书出版单位

图书在版编目(CIP)数据

周易超强助记法：周易卦爻象象辞精解巧记/张泓著.--北京：九州出版社，2024.5
ISBN 978-7-5225-2721-5

Ⅰ.①周… Ⅱ.①张… Ⅲ.①《周易》—研究 Ⅳ.①B221.5

中国国家版本馆 CIP 数据核字(2024)第 060101 号

周易超强助记法：周易卦爻象象辞精解巧记

作　者	张　泓　著
责任编辑	王文湛
出版发行	九州出版社
地　　址	北京市西城区阜外大街甲 35 号(100037)
发行电话	(010)68992190/3/5/6
网　　址	www.jiuzhoupress.com
印　　刷	北京旺都印务有限公司
开　　本	710 毫米×1000 毫米　　16 开
印　　张	36.5
字　　数	525 千字
版　　次	2024 年 6 月第 1 版
印　　次	2024 年 6 月第 1 次印刷
书　　号	ISBN 978-7-5225-2721-5
定　　价	98.00 元

★版权所有　　侵权必究★

前　言

"易经独不遭秦火,字字皆如见圣人。"《周易》不仅是中华民族第一经典,同时也为日本、韩国这些东方国家所共同尊崇,是代表东方文化的世界四大文化元典之一。

地位如此尊崇、作用如此宏大、影响如此深远的《周易》,究竟是一本什么书呢?

对中华民族第一经典《周易》一书的认识,不同的人有不同的看法,但多是从形而下的角度来认识的。无论从什么角度、以什么形式认识《周易》,只要将《易》之道具体化,都会因"形而下"思维而陷入"器"的局限。

其实,《周易》是一本什么样的书,孔子早已有了明确的说法。《周易·系辞传》曰:"《易》之为书也,原始要终,以为质也。""《易》之为书也,广大悉备,有天道焉,有人道焉,有地道焉。""夫《易》开物成务,冒天下之道,如斯而已者也。"翻译成白话意思是:《易》作为一本书,探求事物发展的起源和结果,是其本质;它包含的范围广大无边,无所不备,含有天、人、地三者的大规律;《易》开启智慧成就事业,涵盖天地万物运动变化的规律,如此而已。

按孔子的说法,《易》是讲天地人三才之道的书。天道即天地之道,是大自然运行的大规律;人类发展要顺应大自然的运行法则,因此,天地之道是统摄人道的,阐述天地人三才之道的书可简称为讲天道之书,进而简称为"天书"。

将《周易》称为"天书"具有两层意思:一是讲天道之书。"天"广大无边,既包罗万象,又无形无体,正符合"神无方而易无体"的说法。因此,将《周易》称为"天书"最符合"易"的本质特征。二是古奥难懂之书。

《周易》作为涵盖天地万物的天书，其中蕴藏着极其丰富的思想宝藏。概括而言，可以归纳为三大点：宇宙运动变化的大规律，人类生存发展的大法则，人生趋吉避凶的大智慧。根据众多学者们的研究，《周易》这部天书与现代社会联系紧密，对现代社会的方方面面均具有重要的指导意义。

《周易》是东方文化元典；

《周易》是社会科学元典；

《周易》是自然科学元典；

《周易》是治国理政元典；

《周易》是经营管理元典；

《周易》是处世学之元典；

《周易》是军事学之元典；

《周易》是教育学之元典；

《周易》是中医学之元典；

……

博大精深的《周易》赋予了我们中华民族坚定文化自信的雄厚底气。

如此重要但又艰深的经典，如何才能学懂学好呢？下面，我总结自己学《易》十余年的体会，就如何学习《周易》编出一首六句七十二字的简单易记的打油诗，与各位读者做个交流。

端正方向走正路，找对版本再来读；
对照译注获大意，不求甚解先记住；
腹有周易气自华，人间沧桑变坦途。

下面逐句予以解释说明：

端正方向走正路，找对版本再来读

"端正方向"是指咱们学习《周易》应以提高自身道德修养，增强自己为人处世的能力，从而为社会多做贡献为目的；如果打着学习《周易》的幌子，不研习《周易》义理，直接学算命批八字、风水堪舆等术数，为挣钱而学，则为错误的方向，是误入了歧途。

端正了方向,接下来就是选择书籍的问题。在易学学术繁荣的大背景下,市面上流传着众多的大众化《周易》注解读本。但较多的版本在通俗化的同时,其注解都存在偏离经传原旨的地方,有些甚至完全相反。甚至,有些知名学者解读《周易》的著作,在一些较为关键的地方也存在曲解经传原意甚或相反的瑕疵①。我揣摩,这种情况可能是《周易》的"天书"属性所导致,抑或是知名学者社会活动繁忙,没有时间静下心来认真撰写注解吧。因此,初学者选读一个较好的版本,对其学习《周易》无疑是十分关键的。

对照译注获大意,不求甚解先记住

据相关脑科学研究成果,人脑对自己陌生且不理解的事物在保持短时间的好奇或尝试之后,会产生一种本能的抵御机制。为了让我们对阅读并记忆《周易》的好奇或尝试持续下去,我们就要试图去理解它。对照译注阅读原文,对理解艰深的原文具有较大的帮助。而理解有助于激发我们坚持学习的兴趣。当然,对于《周易》这样一部天书,初学者想一下子完全理解到位,是不可能的。起初只能是对大意有一个初步的理解。以后,随着我们记忆内容和相关著作阅读量的增加,以及生活阅历的增长,会逐步加深理解。

"不求甚解"在这里是一个中性的含义,是先掌握一个大概、有一个初步理解的意思。因为在初学阶段,我们只能做到一个大概的初步理解。当然,如果您是一位资深的易学学者,这里的"不求甚解先记住"可变为"深入理解好记住",这一"变",正好符合"唯变所适"的易理。

或许看到这里,就有人心里犯嘀咕了,天书《周易》太难了,看一下明白一点道理就可以啦,为什么要背呢?"背"的理由有二:其一,正是因为天书太难,我们短时间内难以理解其中蕴含的深刻道理,需要先将它"不求甚解"地储存在大脑中,慢慢来理解。背诵,可通过不断刺激大脑,让天书慢慢地

---

① 兹举一例:师卦上六象辞:"小人勿用,必乱邦也。"符合经传原旨的理解应为:(战争胜利后论功行赏之时)小人没有获得相应的封赏,必定心生怨恨,祸乱邦国。然,就弘远所见,当今易学学者大多沿袭了唐朝孔颖达的疏解:"若用小人,必乱邦国。""若用"与"勿用"是完全相反的意思。按"若用"来译,则与小象意旨完全相悖。类似情况,现在通行的《周易》译注著作基本都存在,只是程度不同而已。

在我们大脑中发酵,让我们大脑产生一种潜意识,产生一种条件反射;随着人生经历的不断丰富,我们会逐渐加深理解。其二,天书字字胜过金子,实在太过珍贵。四位圣人创作《周易》这本天书历经三千多年时间,三十多个世纪;经历了长达五千年的历史检验,被中华民族奉为第一经典,作为东方文化代表被尊为世界四大元典之一,这可是比钻石还宝贵的圣典。我们有幸遇到这样的宝藏,而且有机会拥有它,我们定然不能无动于衷。而背诵是我们拥有这一宝藏的最佳方式。

腹有周易气自华,人间沧桑变坦途

记住了天书《周易》,随着时间的延后,阅读量的增加,经历的丰富,天书《周易》会在我们的大脑中逐步发酵,我们的道德修养会逐渐提升,我们的眼界和心胸也会逐步扩大,逐步达到"内化于心外化于行"之境界,相由心生,心中有天书之大道,我们的气质自然高雅脱俗光彩照人,我们的事业之途、人生之路自然越走越宽广。

古风·读张泓教授专著《周易超强助记法》有感

王继中

欲读天书大道源,艰涩拦关马不前。
另辟蹊径寻诀窍,独具匠心谱新篇。
激发灵台想象力,捅破窗纸白云边。
孩童思维化生僻,记忆宫殿情景鲜。
口诀歌谣朗上口,故事谐音趣凭添。
理解铭记相助力,激情抵触两重天。
认知穿越七巧板,哲理感悟百花园。
静气凝神呈诗画,春风化雨舞翩跹。
考证训诂甘寂寞,皓首穷经夜无眠。
云行雨施乾坤道,品物流形山水间。
义理高楼洋洒洒,文章流水细涓涓。
跨界攀登何其勇,十年磨剑志愈坚。
王谢堂燕入乡坊,著者功德莫大焉。

(王继中教授,系深圳市会计协会执行会长)

读《周易》有感

弘 远

大易天书藏至宝,
先哲睿智惠吾曹。
阴消阳长含终始,
古注今疏架驿桥。
象变辞占通圣道,
卦爻摩荡见钧毫。
研几趋避毕生事,
守正出奇步步骄。

目 录

卷首

导　读 ··· 001
《周易》基础知识 ··· 009
记忆法简介 ··· 025
记忆法编码 ··· 032

卷一

上经之一：乾 坤 屯 蒙 需 讼

乾卦第一 ·· 037
坤卦第二 ·· 046
屯卦第三 ·· 056
蒙卦第四 ·· 064
需卦第五 ·· 073
讼卦第六 ·· 081

卷二

上经之二：师 比 小畜 履 泰 否

师卦第七 ·· 089
比卦第八 ·· 097
小畜卦第九 ··· 105

履卦第十 …… 113
泰卦第十一 …… 122
否卦第十二 …… 130

卷三
上经之三：同人 大有 谦 豫 随 蛊

同人卦第十三 …… 138
大有卦第十四 …… 146
谦卦第十五 …… 153
豫卦第十六 …… 161
随卦第十七 …… 169
蛊卦第十八 …… 177

卷四
上经之四：临 观 噬嗑 贲 剥 复

临卦第十九 …… 185
观卦第二十 …… 193
噬嗑卦第二十一 …… 201
贲卦第二十二 …… 209
剥卦第二十三 …… 217
复卦第二十四 …… 224

卷五
上经之五：无妄 大畜 颐 大过 坎 离

无妄卦第二十五 …… 232
大畜卦第二十六 …… 240

颐卦第二十七	248
大过卦第二十八	256
坎卦第二十九	263
离卦第三十	271

卷六
下经之一：咸 恒 遁 大壮 晋 明夷

咸卦第三十一	279
恒卦第三十二	287
遁卦第三十三	295
大壮卦第三十四	303
晋卦第三十五	311
明夷卦第三十六	318

卷七
下经之二：家人 睽 蹇 解 损 益

家人卦第三十七	326
睽卦第三十八	334
蹇卦第三十九	343
解卦第四十	351
损卦第四十一	359
益卦第四十二	368

卷八
下经之三：夬 姤 萃 升 困 井

夬卦第四十三	377

姤卦第四十四 …… 386
萃卦第四十五 …… 393
升卦第四十六 …… 401
困卦第四十七 …… 409
井卦第四十八 …… 418

卷九
下经之四：革 鼎 震 艮 渐 归妹

革卦第四十九 …… 426
鼎卦第五十 …… 434
震卦第五十一 …… 442
艮卦第五十二 …… 450
渐卦第五十三 …… 458
归妹卦第五十四 …… 466

卷十
下经之五：丰 旅 巽 兑 涣 节

丰卦第五十五 …… 474
旅卦第五十六 …… 482
巽卦第五十七 …… 490
兑卦第五十八 …… 498
涣卦第五十九 …… 505
节卦第六十 …… 513

卷十一

下经之六：中孚 小过 既济 未济

中孚卦第六十一 …………………………………………… 521

小过卦第六十二 …………………………………………… 529

既济卦第六十三 …………………………………………… 538

未济卦第六十四 …………………………………………… 546

卷尾

新编助记法 ………………………………………………… 553

主要参考文献 ……………………………………………… 561

后　记 ……………………………………………………… 563

卷　首

导　读

本书主旨有三,从大到小依次为:记住《周易》六十四卦卦爻象象辞,初步读懂《周易》经传原文,协助解决学习、工作和生活中的记忆问题。

本书由卷首、卷一至卷十一和卷尾三大部分组成。卷首介绍了《周易》基础知识、记忆法简介和记忆编码等预备知识;卷一至卷十一是《周易》六十四卦卦爻象象辞的译注和助记方法,是本书的主干部分;卷尾列示了本书作者新编的《周易》六十四卦卦序歌、新编八宫卦卦序助记歌和六十四卦卦形助记法等。

本书涉及面广、内容丰富,且具有较强的专业性。对大众读者而言,阅读本书会有一定的难度。因此,建议读者在使用本书前,先浏览一遍本导读。在本导读指引下前行,相信本书定能助您达成记住《周易》六十四卦卦爻象象辞的夙愿。

一、关于预备知识

(一)《周易》基础知识

1. 需要熟记的内容

两仪符号:阴爻符号为 ⚋,阳爻符号为 ⚊;

八经卦卦形:乾☰　兑☱　离☲　震☳　巽☴　坎☵　艮☶　坤☷;

八经卦最主要取象与卦性:乾为天(其性为健),坤为地(顺),震为雷

(动),巽为风、木(入),坎为水(险、陷),离为火、日、电(丽),艮为山(止),兑为泽(说,即悦);

爻位及其名称:三画卦有三个爻位,六画卦有六个爻位;

十二消息卦:复、临、泰、大壮、夬、乾、姤、遁、否、观、剥、坤。

2. 需要理解的内容

卦辞、彖辞、大象辞、爻辞和小象辞具体所指的经传对象,八经卦的其他取象;

卦、爻的概念,阴卦阳卦的概念,下卦(内卦)和上卦(外卦)的概念;

得位、当位、位当、失位、不当位、位不当、不得位的含义;

爵位(初为士,二为大夫,三为公,四为诸侯,五为天子,上为宗庙);

三才(三爻卦初为地道、二为人道、三为天道,六爻卦初二为地道,三四为人道,五上为天道);

承、乘、比、应,时、中、正、中正,吉、凶、悔、吝,厉、无咎;

奇、偶,大、小,君子、小人,往、来;

先天八卦数字与方位,后天八卦方位,八卦正位;

错卦、综卦、互卦(来知德称互卦为中爻)。

3. 可以了解的内容

经卦别卦,贞卦悔卦,交卦,之卦,象卦;

天干地支。

(二) 记忆法知识

1. 需要掌握的内容

谐音法、象形法、相关联想法(会意法)、增减倒字法和定义法等五种基础助记方法;

记忆宫殿法、万物定桩法、故事法、爻位挂钩法、情景法、穿越法、白日梦法、首字提示法、口诀法、歌谣法、一句话故事法、象形释义法、标题定桩法、释义联想法、数字编码挂钩法、卦形卦辞释义法等。

2. 需要理解的内容

超强记忆原理。

(三)记忆编码

本书列出的记忆编码,对我们记忆《周易》卦爻象象辞具有较大的助力。在正式开始《周易》记忆实践之前,建议读者对编码进行认真研读,力争先对所有编码有一个整体的把握。如果对个别编码不认可,读者也可以方便记忆为原则按照编码规则自行编制编码。

为方便初学者学习,本书对正文中前三次用到的编码列出了提示。

二、关于经传文与译注

(一)经传原文

对经传原文,需要逐字逐句认真阅读,遇到不认识的生字,务必及时查阅注释,弄清楚生字的音义,并通过第一遍的阅读,解决句读断句问题。

(二)白话翻译

对照经传原文,审读白话翻译。达到两个目的:一是弄清楚经传原文每句话的白话语义;二是找到经传原文每个字词对应的今语词汇(或今语含义)。

(三)经传注释

注释部分解决了以下两个问题:一是根据权威词典或经典文献将所有的生僻字词进行音义注解;二是根据经典易学著作对经传原文字面语义背后的真实含义进行阐述。

三、关于卦序卦形与经传文助记

(一)卦序卦形助记

《周易》六十四卦卦序卦形助记,本书除在每一卦的助记部分予以单独阐述外,还特意在卷尾进行了集中列示。建议读者在开始学习和记忆《周易》六十四卦之前,在熟悉预备知识数字编码和八经卦卦形后,可以先将六十四卦卦序和卦形集中在两个单位时间(比如两三个小时)内突击记忆,相信会取得良好的记忆成果。

先行尝试记忆《周易》六十四卦卦序和卦形,有以下好处:一是增强自己对书中介绍的记忆法能够解决记忆问题的信心;二是增加自己能够学好、背诵《周易》卦爻象象辞的信心;三是记住了六十四卦卦序卦形,对后续的学习与记忆在很多方面将产生直接帮助。

(二)卦爻象象辞助记

卦辞、象辞、大象辞、爻辞和小象辞的助记,是本书主干部分。结合各卦特点,本书有针对性地选用了各种各样的记忆方法。读者运用各类记忆方法助记时,需要把握以下三大要点:

1. 熟读经传原文,确保大脑一经提示关键字就能回忆出经传原文;
2. 突出图像记忆,确保大脑主动将助记内容在脑海中出图放电影;
3. 及时同步还原,确保大脑主动及时将助记内容还原为经传原文。

四、如何形成长期记忆

(一)艾宾浩斯遗忘曲线介绍

德国心理学家艾宾浩斯(H.Ebbinghaus)研究发现,遗忘在学习之后立即开始,而且遗忘的进程并不是均匀的。最初遗忘速度很快,以后逐渐缓慢。他认为"保持和遗忘是时间的函数",他用无意义音节(由若干音节字母组成、能够读出但无内容意义即不是词的音节)作记忆材料,用节省法计算保持记忆和遗忘的数量,然后根据实验结果绘成描述遗忘进程的曲线,即著名的艾宾浩斯遗忘曲线。

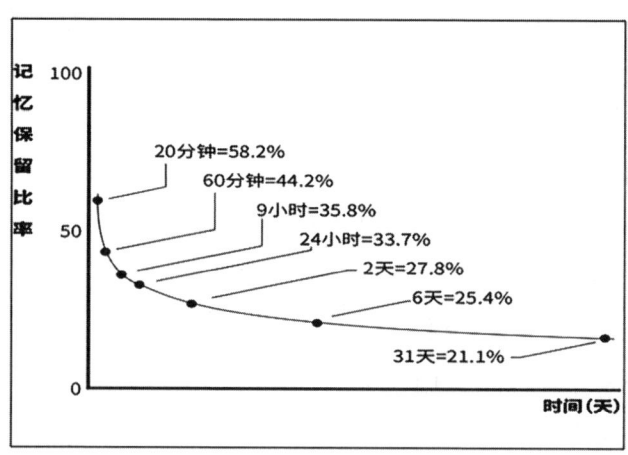

艾宾浩斯遗忘曲线

艾宾浩斯遗忘曲线时间间隔与遗忘量记忆量对照表

时间间隔	遗忘量		记忆量	
	百分比(%)	近似值	百分比(%)	近似值
刚刚记忆完毕	0		100.0	
20 分钟	41.8	2/5	58.2	3/5
1 小时	55.8	>1/2	44.2	<1/2
8—9 小时	64.2	<2/3	35.8	>1/3
1 天	66.3	2/3	33.7	1/3
2 天	72.2	<3/4	27.8	>1/4
6 天	74.6	3/4	25.4	1/4
1 个月	78.9	4/5	21.1	1/5

(二) 针对一卦的长期记忆计划

根据艾宾浩斯遗忘曲线揭示出的记忆规律,我们在初次记住一卦的卦序卦形和卦爻象象辞后,可按以下时间间隔安排复习,以巩固记忆。

初次记忆完毕间隔 20 分钟的时间点:复习一次,可挽救 42% 的遗忘量;

初次记忆完毕间隔 1 小时的时间点:复习一次,可挽救 14% 的遗忘量;

初次记忆完毕间隔 1 天的时间点:复习一次,可挽救 11% 的遗忘量;

初次记忆完毕间隔 2 天的时间点:复习一次,可挽救 6% 的遗忘量;

初次记忆完毕间隔 6 天的时间点:复习一次,可挽救 2% 的遗忘量;

初次记忆完毕间隔 15 天的时间点:复习一次,巩固前期记忆量;

初次记忆完毕间隔 1 月的时间点:复习一次,可挽救 5% 的遗忘量;

初次记忆完毕间隔 2 月的时间点:复习一次,形成长时记忆;

初次记忆完毕间隔 3 月的时间点:复习一次,形成永久记忆。

复习方式灵活多样,可以快速浏览助记内容;可以自己朗读经传原文录音后播放,也可以倍速播放喜马拉雅《易经》原文跟读版;最后每一卦至少默写一次。默写的作用是让我们弄清楚经传原文的每一个字,以避免个别字词一直模棱两可地存在于我们脑海中(比如"贞凶""征凶")。

(三) 针对六十四卦的长期记忆计划

本书对《周易》六十四卦,按六卦一卷,共十一卷(第十一卷安排四卦)。

如此安排的意图是：一周安排一卷，一天一卦，六天六卦，第七天用于复习，一卷六卦暗合一卦六爻，第七天复习暗合"七日来复"；一周七天一卷，十一卷共十一周十一个"七日来复"（最后一卷第十一卷四卦留三天总复习，暗合"三生万物"）。

《周易》卦爻象象辞记忆复习规划表

第一周	一	二	三	四	五	六	日
上午	1	2	3	4	5	6	复习
晚上	1	1、2	2、3	1、3、4	2、4、5	3、5、6	4、5、6
第二周	一	二	三	四	五	六	日
上午	7	8	9	10	11	12	复习
晚上	7	7、8	8、9	7、9、10	8、10、11	9、11、12	10、11、12
第三周	一	二	三	四	五	六	日
上午	13	14	15	16	17	18	复习
晚上	13	13、14	14、15	13、15、16	14、16、17	15、17、18	16、17、18
第四周	一	二	三	四	五	六	日
上午	19	20	21	22	23	24	复习
晚上	19	19、20	20、21	19、21、22	20、22、23	21、23、24	22、23、24
第五周	一	二	三	四	五	六	日
上午	25	26	27	28	29	30	复习
晚上	25	25、26	26、27	25、27、28	26、28、29	27、29、30	28、29、30
第六周	一	二	三	四	五	六	日
上午	31	32	33	34	35	36	复习
晚上	31	31、32	32、33	31、33、34	32、34、35	33、35、36	34、35、36
第七周	一	二	三	四	五	六	日
上午	37	38	39	40	41	42	复习
晚上	37	37、38	38、39	37、39、40	38、40、41	39、41、42	40、41、42
第八周	一	二	三	四	五	六	日
上午	43	44	45	46	47	48	复习
晚上	43	43、44	44、45	43、45、46	44、46、47	45、47、48	46、47、48

续表

第九周	一	二	三	四	五	六	日
上午	49	50	51	52	53	54	复习
晚上	49	49、50	50、51	49、51、52	50、52、53	51、53、54	52、53、54
第十周	一	二	三	四	五	六	日
上午	55	56	57	58	59	60	复习
晚上	55	55、56	56、57	55、57、58	56、58、59	57、59、60	58、59、60
第十一周	一	二	三	四	五	六	日
上午	61	62	63	64	复习	复习	复习
晚上	61	61、62	62、63	61、63、64	62、63、64	上经	下经

注:(1)表中1至64分别代表第一至第六十四卦;

(2)七天为一个周期记住六卦,七十七天记住六十四卦;

(3)间隔一周、两周、四周、八周时间分别复习一次前面记忆过的内容。

五、针对不同读者的建议

(一) 针对《周易》初学者

对《周易》感兴趣的初学者,本书作者有如下建议:

一是端正学易态度,走出学易误区。

经常有一些所谓的易学术士,根本不读《周易》经传原文,抄近路直接学习各种术数。这种学易方式正如建房子而不打地基,是极其有害的。历代术数大家无一不具有深厚的《周易》义理基础,就是明证。鉴此,对《周易》感兴趣的初学者的第一个建议是,认真研读《周易》经传原文,打好坚实的易学义理基础。

二是严格按部就班,熟记经传原文。

(1)读书三遍,理解大意。第一遍解决生僻字词音义问题:逐字逐句通读原文,遇有不认识的生僻字词,查阅注释,弄清楚每一个生僻字词的音义(此时初学者会发现虽然每一个字都认识,但读过后大脑中仍是一团浆糊)。第二遍获取表面意义:对照经传原文一句一句地阅读白话译文,弄清楚经传原文的白话意思(此时会发现,虽然明白了经传原文字面的白话意思,但很多地方仍然是一头雾水)。第三遍获取经传原文大概含义:认真阅读每一条注释,揣摩理解经传原文字面意思背后的含义。若阅读注释时遇到您尚未理解的易学基础知识,请一定及时查阅前面的预备知识(多查阅几次也就掌握了)。

(2)千方百计,全力助记。针对《周易》六十四卦每一卦特点,本书选用合适的记忆法,按照卦序卦形、卦辞、象辞、大象辞和爻辞小象辞的顺序进行了全面的助记设计。建议每一卦分三小节安排学习记忆:卦序卦形和卦辞一节,象辞和大象辞一节,爻辞小象辞一节。学习记忆一卦的总体时间安排一小时左右,各小节的时间根据内容多少和记忆难易程度,进行自主安排。作者的记忆实践证明,利用记忆法集中注意力一小时,完全可以完成一卦所有内容的记忆任务。难以抽出一小时整块时间的读者,可以将一小时划分为三至四个一刻钟左右的零碎时间,一个零碎时间完成一小节的记忆任务。需要提请注意的是:集中注意力是一切记忆的不二法门。

(二)针对《周易》资深学者

如您已是《周易》资深学者,在《周易》学习研究方面早已学有所成,但还没有解决《周易》卦爻象象辞的记忆问题,那您可借鉴本书介绍的记忆法,实施本导读第四部分列出的《周易》卦爻象象辞长期记忆规划,相信七十七天后您一定能了却记忆《周易》经传文的夙愿。

如果您已经记住了《周易》经传文,不存在记忆的问题,那您阅读本书或许能有以下两方面的收获:一是本书介绍的记忆法对您学习记忆其他知识可提供较大的帮助;二是本书的注释或许能解除您长期萦绕心中的个别疑难问题。

《周易》基础知识

一、八卦重要概念和八卦形成原理

八卦是人们耳熟能详的易学概念。八卦形成的原理和八卦基础知识是学习《周易》必备的预备知识。我们以下图为纲领予以展开介绍：

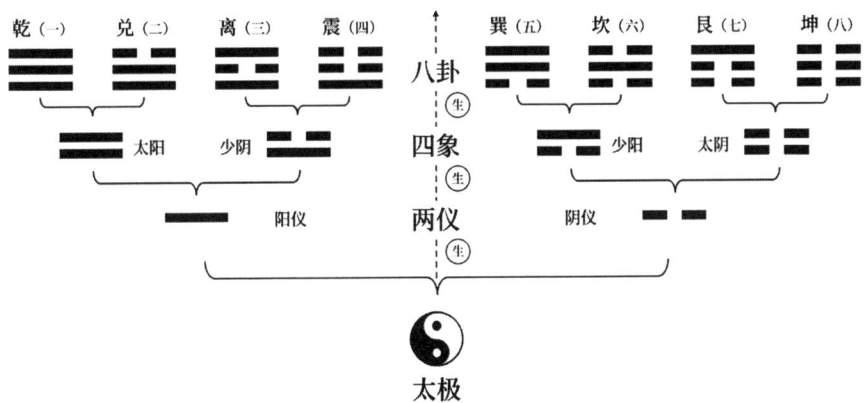

八卦重要概念和八卦形成原理图

(一) 太极

"太极"这一易学范畴，始于《系辞·上传》"易有太极，是生两仪"。作为一个哲学范畴，先儒们对"太极"有两种解释：

一是揲蓍(shī)或画卦的过程。就揲蓍而言，"太极"是指五十根蓍草混而未分的状态；就画卦而言，"太极"是指阴阳两画混而未分的状态。

二是宇宙形成的过程。汉代易学家多以"太极"为气混而未分的状态，即元气。

弘远按："太极"这一范畴，是关乎宇宙形成和万物起源的本原问题，从古至今，众多大家鸿儒对此都进行过深入的研究，也提出了很多精辟论断。读者有一个大体了解即可。

(二) 两仪

两仪由太极所生,即阴仪和阳仪。阴仪和阳仪作为卦爻符号,分别称为阴爻和阳爻。

阴爻符号为- -,阳爻符号为—。

西周伯阳甫最早提出阴阳概念,以阴阳为寒暖二气。春秋时期先贤多以阴阳二气解释气候和季节变化。老子发展了春秋时期的阴阳说,认为阴阳二气相交产生万物,凡物都有阴阳两方面。战国时期阴阳说以阴阳二气的消长解释万物生长的过程。阴阳代表事物既对立又统一的两个方面,阴阳是从功能和属性对万物所做的分类。

阳代表生、长、进、动、高、上、正、热、开、刚、实、向阳、乐观、光明、奇……

阴代表死、消、退、静、低、下、负、冷、闭、柔、虚、背阳、悲哀、黑暗、偶……

阳代表天、日、男、君、父、白、强、左、外在、正义、君子等等,代表八卦中的乾、震、坎、艮;

阴代表地、月、女、臣、母、黑、弱、右、内在、邪恶、小人等等,代表八卦中的坤、巽、离、兑。

(三) 四象

四象由两仪所生,即太阳(又称老阳)、少阴、少阳、太阴(又称老阴)。其符号为:太阳(⚌)、少阴(⚍)、少阳(⚎)、太阴(⚏)。

事物的阴阳属性是相对的,阴阳之中又分阴阳。

太阴是阴中之阴,指阴的事物中分属于阴的一方面,又指某一事物的两种属性均属阴者;

少阴是阴中之阳,指阴的事物中分属于阳的一方面,又指某一事物的两种属性中,前一种属阴,后一种属阳;

太阳是阳中之阳,指阳的事物中分属于阳的一方面,又指某一事物的两种属性均属阳者;

少阳是阳中之阴,指阳的事物中分属于阴的一方面,又指某一事物的两种属性中,前一种属阳,后一种属阴。

太阳(⚌)代表南方、夏季、夏至、午时等;

少阴(⚍)代表西方、秋季、秋分、酉时等;

少阳(☳)代表东方、春季、春分、卯时等；

太阴(☷)代表北方、冬季、冬至、子时等。

(四)八卦

乾☰、兑☱、离☲、震☳、巽☴、坎☵、艮☶、坤☷,分别对应数字1、2、3、4、5、6、7、8。

乾、坤、震、巽、坎、离、艮、兑分别代表天、地、雷、风、水、火、山、泽八种自然现象;也分别对应着八个方向(分先天八卦、后天八卦,下面单列条目介绍)。

八卦又称经卦,也称三画卦,是乾、兑、离、震、巽、坎、艮、坤、的三画卦形态。

(五)八卦卦形歌

朱子八卦卦形歌①形象生动,朗朗上口,易学好记,为所有学易者所熟知。

"乾三连,坤六断;震仰盂,艮覆碗;离中虚,坎中满;兑上缺,巽下断。"

(六)八卦取象

乾为天,君,父,首,马,龙,金,玉,圜,寒,冰,大赤,良马,老马,驳马,瘠

---

① 朱子《本义》中称为"《周易本义》卦歌",又称"八卦取象歌",本书为区别下文的"八卦取象"条目,在此称之为"朱子八卦卦形歌"。

马,木果,其卦性为健;

坤为地,臣,母,腹,牛,子母牛,牝马,布,釜,吝啬,均,大舆(车),文,众,柄,其于地也为黑,其卦性为顺;

震为雷,龙,长子,足,车,大涂(途),玄黄,决躁,苍筤(cāng láng)竹,萑苇(huán wěi),其于马也为善鸣、馵(zhù)足、作足、的颡(sǎng),其于稼也为反生,其究为健、蕃鲜,其卦性为动;

巽为风,木,长女,鸡,股,绳直,工,白,长,高,进退,不果,臭,其于人也为寡发、广颡、多白眼,为近利市三倍,其究为躁卦,其卦性为入;

坎为水,豕,耳,中男,云,沟渎,隐伏,矫揉(róu),弓轮,其于人也为加忧、心病、耳痛,为血卦,为赤,其于马也为美脊、亟心、下首、薄蹄、曳,其于舆也为多眚、通,为月,为盗,其于木也为坚多心,其卦性为险、陷;

离为火,日,电,雉,目,中女,牝牛,甲胄,戈兵,其于人也为大腹,为乾卦,为鳖、蠃(luǒ)、蚌、龟,其于木也为科上槁,其卦性为丽;

艮为山,狗,手,少男,虎,径路,小石,门阙,果蓏(luǒ),阍寺,指,鼠,黔喙之属,其为木也为坚多节,其卦性为止;

兑为泽,羊,口,少女,巫,口舌,毁折,附决,其于地也为刚卤,为妾,其卦性为说(悦)。

为记住六十四卦卦形,初学者最先需掌握每卦排在最前面的取象,以后逐步掌握每卦前面的五六种,渐次再进一步掌握其他卦象。掌握卦象的基本方法是按卦的卦性(或称卦德)归类,将具有同一种卦性的事物或现象归于一类。

二、卦爻基本概念

(一)爻

爻是宇宙时空状态的一种基础表示形式。《说文》释"爻"为"交"。爻表示阴阳交织的整体作用,有"作用相交织"的含义。对地球而言,爻就是指太阳和月亮的运动对地球的交织作用。

爻的基础符号是—和--。用—直观表述太阳的阳性作用,用--直观表述月亮反射太阳对地球的作用和月亮自身对地球的作用,即阴性作用。这样就形成了两种特征的爻,分别用—和--来表示,称—为阳爻,称--为阴爻。这也是表述阴阳的基础符号,也称为一级或初级符号。爻是组成卦的基本符号。

爻辞是解释说明《周易》爻象与爻义的语言,是对各爻所处时势而下的断语。《周易》六十四卦每卦六爻,加上乾卦用九和坤卦用六,总共为三百八十六爻,故有三百八十六条爻辞。

(二)卦

卦是以阳爻(—)阴爻(--)组合而成的一套有象征意义的符号。阳爻(—)阴爻(--)组合形成四象,四象上各加一阳爻(—)或阴爻(--)组成八卦(即经卦),象征八种自然现象。八卦相互组合重叠,组成六十四卦(即别卦),象征宇宙间万事万物的生长、发展、消长、转化、循环往复等普遍联系和对立统一规律。

六爻卦由两个三爻卦重合而成,下面的三爻卦称下卦(或内卦、主卦);上面的三爻卦称上卦(或外卦、客卦)。

占筮时,若一卦六爻都不变,内卦曰贞卦,外卦曰悔卦;若一卦六爻中有变爻,则本卦曰贞卦,之卦(即变卦)曰悔卦。

主卦代表己方,客卦代表客方。

卦辞是解释说明《周易》卦象与卦义的语言。某一卦卦辞是对该卦所处时势的断语。

(三)位

位是爻所处的位置。以人事而言,贵贱上下称为位。

三爻卦三根爻即有三个爻位,自下而上分别称初、二、三;

六爻卦六根爻即有六个爻位,自下而上分别称初、二、三、四、五、上。第一位言"初",表明万物积累渐进,从无到有,"初"有"开始"之义;第六位言"上",表明此爻位居于一卦之上。

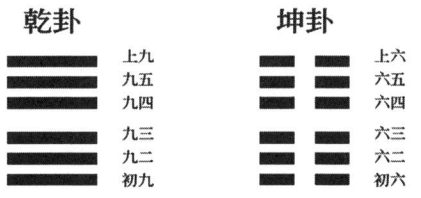

阳爻居初、二、三、四、五、上位，分别叫初九、九二、九三、九四、九五、上九；

阴爻居初、二、三、四、五、上位，分别叫初六、六二、六三、六四、六五、上六。

1. 得位、当位、位当

初、三、五称阳位，二、四、上称阴位。

阳爻处于初、三、五位，阴爻处于二、四、六位，称为得位，或当位，或位当。

王弼在《周易略例·辩位》中论述了"'初''上'无阴阳定位"。（参见王弼《周易注》）《周易折中》引伊川（即程颐，本书尊称为程子）曰：奇为阳，偶为阴，怎么容许初、上没有阴阳定位呢？《文言传》称乾卦上九"贵而无位"，需卦《小象》称上六"虽不当位"，是爵位之位，而不是阴阳之位。李光地以为此说最好。（参见李光地《周易折中》）

2. 失位、不当位、位不当、不得位

阴爻处于初、三、五位，阳爻处于二、四、六位，称为失位、不当位、位不当、不得位。

3. 爵位

一卦六爻六位，自下而上，各爻爵位依次为：

初为元士，二为大夫，三为公，四为诸侯，五为天子，上为宗庙。

上爻	宗庙
五爻	天子
四爻	诸侯
三爻	三公
二爻	大夫
初爻	元士

第五位是阳位，若阳爻居此位，称为九五。天子被称为"九五之尊"就来源于此。

第六爻为宗庙，宗庙"贵而无位，高而无民"，是指不再亲自主持国家大事。但上至天子、下到庶民都要敬拜祖宗，第六爻宗庙位既高又贵。

4. 三才

三才：即天、地、人，又称天道、地道、人道。

三爻卦，初位为地道，二位为人道，三位为天道；

六爻卦，初、二为地道，三、四位为人道，五、上位为天道。

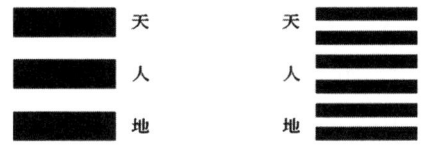

(四) 彖

彖(tuàn)：断定。断定一卦中心大义的文句，称为"彖"。就解释卦义而言，彖辞分为三类：一为以卦象的象征意义解释卦义，二为以卦体义理和德行解释卦义，三为以主爻在全卦中所处地位解释卦义。

作为《周易》经传的名称，先儒认为"彖"有两种含义：

一是指卦辞，《经典释文》引马融曰："彖辞，卦辞也。"

二是指"十翼"中的《彖传》，《彖传》专门解释卦名、卦象、卦辞，而不涉及爻辞。王弼《周易略例》称"彖"为"统论一卦之体，明其所由之主者也"。意思是"彖"总论一卦之卦体，并阐明这一卦的主旨意义。正义曰："夫子所作《彖辞》，统论一卦之义，或说其卦之德，或说其卦之义，或说其卦之名。"（孔颖达《周易注疏》，本书下文简称《孔疏》）因此，《彖传》又称《彖辞传》。来知德在《周易集注》中亦称《彖传》之辞为彖辞①。

弘远按：本书"彖辞"是指第二种含义。为避免"彖辞""彖传"和"彖曰"三者混淆而产生歧义，本书将"彖辞""彖传"和"彖曰"三者均视作"彖传之辞"。本书出现的"彖辞"以及书中所有"彖曰"之"彖"，均属此例。另，"彖曰"，译成白话为"《彖传》说"。为保持语言对称工整，"彖曰"的白话翻译在此予以统一说明，本书后面提及的所有"彖曰"，仍沿用原文，不再翻译。

(五) 象

象：形象，象征。《系辞·下传》："是故易者象也，象也者，像也。"

---

① 来知德曰："'道穷'见象辞。"此象辞即《象传》之辞。（参见《周易集注·节卦》上六爻小象辞之注）

"象"作为《周易》经传的名称，有两种含义：

一是指《周易》的卦象或卦形。《系辞·上传》"圣人设卦观象"，"是故君子居则观其象玩其辞"，《系辞·下传》"八卦成列，象在其中矣"，均是此义。

二是指"十翼"中的《象传》。《象传》又分为《大象传》和《小象传》。《大象传》一卦一则共六十四则，阐发每一卦的卦象及其象征意义；《小象传》一爻一则，一卦六爻六则（乾卦多"用九"一则，坤卦多"用六"一则），六十四卦一共三百八十六则，阐释各爻的象征意义。

弘远按：本书提及的"象辞"和"象曰"之"象"，均指第二种含义。另，一卦之下的"象曰"，译成白话为《大象传》说"；一爻之下的"象曰"，译成白话为"《小象传》说"。为保持语言对称工整，"象曰"的白话翻译在此予以统一说明，本书后面提及的所有"象曰"，仍沿用原文，不再翻译。

三、主要易例

（一）承乘比应

1. 承乘

承：承载。乘：乘凌。相邻的两爻，下面的爻承载上面的爻，故称"承"；上面的爻乘凌（亦作"乘陵"）下面的爻，所以称"乘"，"乘"又称"据"。

阴乘阳，又称"柔乘刚"，多凶；阳乘阴，又称"刚乘柔""刚柔接""柔遇刚""刚柔际"，多吉。

2. 比

比：比邻。比是邻爻关系，两爻的相邻关系称比。

3. 应

应：相应，响应。六爻卦为两个三爻卦相重，故六爻卦分上下两体，先儒以为初与四、二与五、三与上的位置相对应。

初与四、二与五、三与上，一阴一阳，称为"相应"或"应与"；初与四、二与五、三与上，同为阴或同为阳，则称为"敌应"。绝大多数情形下，"相应"为善，"敌应"不善；个别情况例外。

"应"又称"与"，"相应"又称"有应"或"有与"或"相与"，"无应"或"敌应"又称"无与"。

(二) 时中

1. 时

时：时机，时势。《乾·文言》："终日乾乾，与时偕行。"《艮·彖传》："时止则止，时行则行，动静不失其时，其道光明。"《彖传》中充满了对时义的赞美之辞。《系辞·下传》："六爻相杂，唯其时物也。"孔夫子认为，六爻的吉凶与六爻所遇的时机和所处的时势有莫大的关联：顺时而行，因时而变，则吉；逆时而行，因循守旧，则凶，或有咎，或吝。

2. 中

中：位置居中。三爻卦第二位为中，六爻卦第二位、第五位为中。

爻居于第二、第五位称为得中或居中。爻居于初、三、四、上位称为不中，或不得中，或不居中。古人注经时多对第二、三、四、五位分析"中"与"不中"。

(三) 中正

1. 正

阳爻处于初、三、五位，阴爻处于二、四、上位，称为正。正又称得位、当位或位当。阴爻处于初、三、五位，阳爻处于二、四、上位，称为不正。不正又称失位、不当位、位不当或不得位。

2. 中正

阳爻居第五位，阴爻居第二位，称为中正。

(四) 元亨利贞

元亨利贞：元始亨通，利于守正。

"元亨利贞"四字合在一起放在乾卦之下（不再添加或减少其他字词），是乾卦卦辞，其整体意义是表达天体最基本属性"健"。分而言之，《乾·文言》曰："元者，善之长也；亨者，嘉之会也；利者，义之和也；贞者，事之干也。"孔颖达《周易注疏》引庄氏云：天体的秉性，生养万物，这是最大的善了，元是生养生命的祖宗，所以说元是善之长；天能通畅万物，使物物嘉美会聚，所以说亨是嘉美的会聚；天能利益万物，使物各得其宜而合同；天能以中正之气成就万物，使物皆得干济（即完成使命）。孔颖达进一步申发，将庄氏之意配于春夏秋冬四时。"元"是万物的开始，于四时配春；"亨"是通畅万物，于四时配夏；"利"为和义，于四时配秋，秋主物成，各合其宜；"贞"为事干，于四时配冬,冬主收藏,事皆干了也。又,春天生发,五行属木;夏天生长,五行属火;秋天长成,五行属金;冬天收藏,五行属水。五行之中,土则分旺四季,春夏秋冬四气(木火金水)的运行,都依靠"土"来承载,所以就不用单独说"土"了。(参见《孔疏》)春夏秋冬是天循环交替运动变化、永不停息的最典型代表;最为恰当地体现了"天行健"的规律。

《乾·文言》云:"君子体仁足以长人,嘉会足以合礼,利物足以合义,贞固足以干事。"此为古人从人事角度,将"元亨利贞"配于"五常"。有将"元亨利贞"按顺序配"仁礼义智"的(参见李鼎祚《周易集解》),或配"仁礼义信"的(参见《孔疏》、何妥《周易讲疏》),或配"仁礼义智信"的(参见查慎行《周易玩辞集解》)。

乾卦是伏羲第一卦,"元亨利贞"是文王卦辞第一句,全《易》三百八十四爻多由乾卦六爻衍生而出,六十四卦卦辞多从"元亨利贞"四字演绎而出,乾卦是全《易》的纲领。鉴此,对"元亨利贞"的理解,务必深刻透彻。

(五) 吉凶悔吝

1. 吉凶

吉:吉利,吉祥。凶:凶险。得为吉,失为凶。《系辞·上传》:"吉凶者,言乎其失得也。"

2. 悔吝

悔:后悔,悔恨,烦恼。吝:恨惜(《说文》),悭吝(qiān lìn,吝啬),困难,另有羞耻、耻辱引申义。《系辞·上传》:"悔吝者,言乎其小疵也。"

3. 吉凶悔吝关系

吉生吝,吝生凶,凶生悔,悔生吉。

成功(吉)容易骄傲——骄傲导致朋友远离(吝)——朋友远离导致失败(凶)——失败产生悔恨(悔)——反思反省生出"吉"。

(六) 无咎

无咎:没有过失,没有灾害,没有灾祸,无害,无所归罪。

"无咎"对古人来说已是书面常用语,故古人注经一般对"无咎"未加注解。"无咎"于当代人而言,属于古文。当今易学学者对"无咎"常见的注解有:没有灾祸,没有咎害,无害,没有过失,无所归罪。弘远以为,根据《系辞

·上传》的提示"无咎者,善补过也",这句话的意思很明显:善于补过,过失被弥补,不复存在,则无咎;不善于补过(或者根本不补过),过失未被弥补,依然存在,则为有咎。显然,圣人提示"咎"即过失,"无咎"即"没有过失"。将"咎"注为"灾祸""咎害""害",都是"过失"的引申意义,是"过失"导致的有危害的结果。因此,对"无咎"的注解,首先应考虑选用"没有过失",只有用"没有过失"翻译"无咎"而使上下文语义不通畅时,再考虑"没有灾害""没有灾祸""无害",才是恰当的。

至于"无咎"何处取"无所归罪"之义?则应随卦形爻位因时取义,如《大过·上六》:"过涉灭顶,凶,无咎。象曰:过涉之凶,不可咎也。"此处"无咎"则取"无所归罪"之义,"咎"则取"归罪"或"责难"之义。

(七) 常见词语

奇偶大小:奇为阳,偶为阴;大为阳,小为阴。

君子小人:君子为阳,小人为阴。

往来:由内而外、由下而上称往,由外而内、由上而下称来。

元吉:"元"有三种理解,一是元始、原始、初始、开始、原本、本来、本然都是同一意思;二是大;三是善且大。因此,对"元吉"的今译对应的有:元始吉祥,大吉,至善且大吉。

弘远按:"吉"亦有"善"意,后两种可合并为一。元始吉祥和大吉,于经义皆合;然《周易》萃卦、升卦另有"大吉"断辞,于此可以推测,先圣在系卦爻辞之时对"元吉"和"大吉"还是有所区别,因此,弘远倾向于将"元吉"翻译为"原本吉祥"。

大吉:"大吉"已是今语白话,根据语境和当今语言习惯可适当扩展为大为吉祥、大吉大利、有大吉祥;不扩展亦可。

利贞:利,利于;贞,正固。利于持守正道,可精简为"利于守正"。

贞吉:持守正道则吉,可精简为"守正则吉"。

贞凶:虽正亦凶,意为虽然所做事情合乎正道,然由于处事方式失当,会有凶险。此乃警诫之辞。如师卦六五"长子帅师,弟子舆尸,贞凶"。

贞厉:合乎正道但有危险。此乃警诫之辞。意为虽然所做事情合乎正道,然由于处事方式失当,会有危险。如履卦九五"夬履贞厉"。

贞吝:虽然合乎正道,也是羞耻的;或也是有困难的。随语境取义。此乃警诫之辞。

厉:危险。

四、卦别

经卦别卦

乾、兑、离、震、巽、坎、艮、坤八个三画卦为经卦;
六十四个六画卦称为别卦,别卦由两个三画卦相重而得。

内卦外卦

六十四个六画卦由两个三画卦上下相重而成,下卦为内卦,上卦为外卦。

阳卦阴卦

对八经卦而言,纯阳和一阳二阴的卦为阳卦,阳卦有乾、震、坎、艮;纯阴和一阴二阳的卦为阴卦,阴卦有坤、巽、离、兑。《系辞·下传》云:"阳卦多阴,阴卦多阳;阳卦奇,阴卦偶。阳一君而二民,君子之道也;阴二君而一民,小人之道也。"

贞卦悔卦

论卦体,内卦为贞卦,外卦为悔卦;论动静,则静为贞、动为悔。如坤卦六三曰"含章可贞",乾卦上九曰"亢龙有悔"。

错卦综卦

阴爻阳爻都对应相错的两个卦,来知德称之为错卦,错卦有四组,即:乾错坤、坎错离、颐错大过、中孚错小过,也有人称之为对卦(取阴阳相对之意),虞翻称为旁通卦。将一卦倒置过来而成的另一卦,来知德称之为综卦,也有人称之为复(或覆)卦、反卦。

交卦互卦

一个六画卦内外两卦交换位置,内卦之外、外卦之内而组成的新六画卦称为原卦的交卦,虞翻称之为两象易,如履卦与夬卦即为交卦,故履卦九五曰"夬履贞厉";恒卦与益卦为交卦,故《恒·大象》曰"君子以立不易方",《益·象》曰"天施地生,其益无方"。由六画卦的第二至四爻组成一个三画卦,称为下互卦,第三至五爻组成一个三画卦,称为上互卦,下互卦和上互卦合起来组成的一个新六画卦,称为原卦的互卦。来知德称互卦为中爻。

之卦象卦

《系辞传》曰:"之,往也,由此往彼也。"之卦即原卦的某一爻或几爻变动而产生的新卦,称为之卦,如乾卦二四上之坤(即二四上变为阴爻),成为既济卦;坤卦初三五之乾(即初三五变为阳爻),成为既济卦。象卦是将六画卦合起来当一个三画卦来观看,其大的形状可对应一个三画卦,则称原卦为象卦,来知德称之为大象。如颐卦、中孚卦大象离,大过卦、小过卦大象坎。

五、先后天八卦

先天八卦又称伏羲八卦,乾一兑二离三震四巽五坎六艮七坤八,其方位如下图:

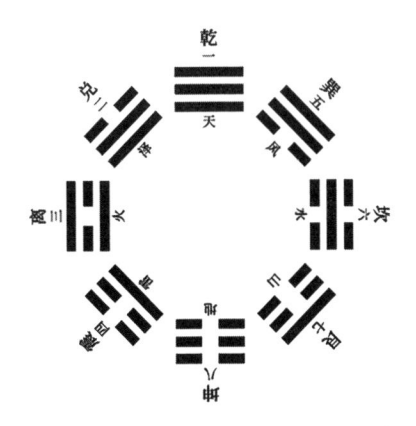

后天八卦又称文王八卦,其方位为震东兑西,离南坎北,乾西北巽东南,坤西南艮东北,见下图:

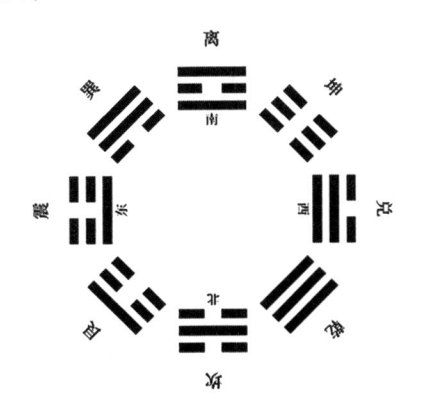

六、八卦正位

八卦正位为来知德先生首次发明(创造性地阐发),八卦正位为:

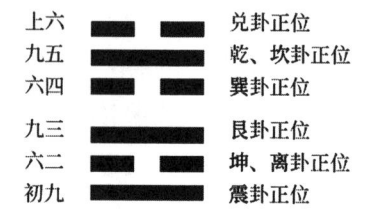

上六	▬▬ ▬▬	兑卦正位
九五	▬▬▬▬▬	乾、坎卦正位
六四	▬▬ ▬▬	巽卦正位
九三	▬▬▬▬▬	艮卦正位
六二	▬▬ ▬▬	坤、离卦正位
初九	▬▬▬▬▬	震卦正位

七、五行

"五行"的起源可追溯至黄帝时期。据司马迁《史记》记载:"盖黄帝考定星历,建立五行,起消息,正闰余。"这里提到黄帝"建立五行",就是"五行"的最早起源。著名的《尚书》"洪范九畴"排在第一位的就是"五行":"一曰水,二曰火,三曰木,四曰金,五曰土。"并对"五行"的特性进行了经典的概括:"水曰润下,火曰炎上,木曰曲直(即可曲可直),金曰从革(即变革),土爰(yuán,曰,称为)稼穑。"更进一步将"五行"与五种味道相配合,即水咸、火苦、木酸、金辛(即辣)、土甘。

"五行"生克关系为:

水生木,木生火,火生土,土生金,金生水;

水克火,火克金,金克木,木克土,土克水。

八、天干地支

天干地支,简称干支,起源于殷商时期,取义于树木的干支,是古人用以记录年月日的符号。

天干十个,即:甲、乙、丙、丁、戊、己、庚、辛、壬、癸。

地支十二个,即:子、丑、寅、卯、辰、巳、午、未、申、酉、戌、亥。

古人解经大量用到天干地支和五行,现将常用的天干地支配合运用列表如下:

天干	甲	乙	丙	丁	戊	己	庚	辛	壬	癸
阴阳	阳	阴	阳	阴	阳	阴	阳	阴	阳	阴
五行	木	木	火	火	土	土	金	金	水	水
方位	东方		南方		中央		西方		北方	
四时	春		夏		长夏		秋		冬	

地支	子	丑	寅	卯	辰	巳	午	未	申	酉	戌	亥
阴阳	阳	阴	阳	阴	阳	阴	阳	阴	阳	阴	阳	阴
五行	水	土	木	木	土	火	火	土	金	金	土	水
方位	北方	中央	东方	中央	中央	南方	中央	中央	西方	中央	中央	北方
四时	冬		春			夏			秋			冬
月建	十一	十二	正	二	三	四	五	六	七	八	九	十
时辰	23—1	1—3	3—5	5—7	7—9	9—11	11—13	13—15	15—17	17—19	19—21	21—23
生肖	鼠	牛	虎	兔	龙	蛇	马	羊	猴	鸡	狗	猪

注:(1)地支方位还有一说:子在北,午在南,卯在东,酉在西,丑寅在东北,辰巳在东南,未申在西南,戌亥在西北。

(2)地支配四时还有一说:寅卯为春,巳午为夏,申酉为秋,亥子为冬,辰戌丑未为长夏。

九、十二消息卦

十二消息卦,又称十二辟(bì)卦(辟:君主,引申为"主宰"之义)。据司马迁《史记》记载,十二消息卦的起源可追溯到黄帝时代。当然真正形成一套理论,还是由后来历代先贤进一步研究整理并逐步完善的。

"消"是消减、削弱之意,"息"是生长、增长之意。古人将阳气消减、阴气增长称"消";阳气增长阴气消减称"息"。具体到易经六十四卦,阳爻去而阴爻来的卦,称"消卦";阴爻去而阳爻来的卦,称"息卦"。

乾、坤两卦为易之门户,《周易》六十四卦以乾、坤两卦为开端。古人将乾坤两卦各爻消息变化形成的新卦,即复、临、泰、大壮、夬、乾、姤、遁、否、观、剥、坤共十二卦,称为"十二消息卦"。

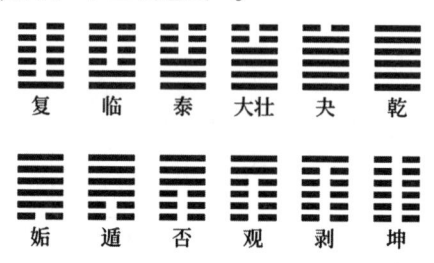

复　临　泰　大壮　夬　乾

姤　遁　否　观　剥　坤

阳生于复而极于乾　阴生于姤而极于坤

十二消息卦对应地支与月份

卦名	消息卦	消息程度	月份	月建
复	息卦	一阳息/一阴消	11月	子
临	息卦	二阳息/二阴消	12月	丑
泰	息卦	三阳息/三阴消	正月	寅
大壮	息卦	四阳息/四阴消	2月	卯
夬	息卦	五阳息/五阴消	3月	辰
乾	息卦	六阳息/六阴消	4月	巳
姤	消卦	一阳消/一阴息	5月	午
遁	消卦	二阳消/二阴息	6月	未
否	消卦	三阳消/三阴息	7月	申
观	消卦	四阳消/四阴息	8月	酉
剥	消卦	五阳消/五阴息	9月	戌
坤	消卦	六阳消/六阴息	10月	亥

记忆法简介

一、超强记忆法原理

人脑记忆原理告诉我们,人脑更擅长于记忆具象词,也即人脑更擅长记忆图像。由此引申开来,人脑更为擅长记忆的知识载体由高到低依次为:图像、具有画面感的情境、具有画面和动作的故事情节(包括情景和情绪)以及层次清楚的结构化信息。

图像记忆,假如我们没见过"神秘果"这种水果,在初次听到"神秘果"这个词语时,由于没有对应的画面与"神秘果"这个词匹配,我们的大脑会一片空白。当我们理解有关具象物体的新知识时需要找一个熟悉的画面来支撑我们的学习。

情境记忆,例如,我们学生时期经历过的扫墓、升旗等情境,时过境迁之后,当时的场景虽然已经慢慢淡化,留下的只是"扫墓""升旗"等词语的意义,但其背后是我们曾经经历的场景在做记忆支撑。这也是很多神奇记忆法的原理由来。

情节记忆,例如,孙悟空与二郎神杨戬斗法时变成一座庙宇,因尾巴无法藏匿而将其变成旗杆,因此而被杨戬识破。只要知晓这一情节,孙悟空变尾巴为寺庙旗杆的故事就很难忘记,这就是情节记忆的妙处。

情绪记忆,例如一个人被蛇咬了,会产生极大的恐惧情绪,那么以后就会对此类危险十分敏感,以减少再次涉足危险区的可能。

结构化信息记忆,如编制知识图表,能将大量信息进行结构化处理进而助力记忆。

由此,我们可以导出记忆法原理:

(一)直接出图或转换图像

1. 具象词——直接出图——图像记忆。
2. 抽象词:

(1)转换图像——图像记忆;

(2)转换为含画面(即图像)的情境——情境记忆(情景法);

(3)转换为含画面(即图像)的情节——情节记忆(故事法)。

3. 转换方法:

(1)谐音法:以与抽象词的发音相同或近似的具象词代表抽象词的转换方法,如:鸡——吉,熊——凶,兀鹫——无咎;

(2)象形法:以与抽象词形状相似的具象词代表抽象词的转换方法,如:呼啦圈——0,鹅——2;

(3)相关联想法:以与抽象词含义相关的具象词代表抽象词的转换方法,又称会意法,如:悔亡——笑脸(联想:因悔恨消亡而露出笑脸),恒其德——大红花(会意:戴大红花以表彰人能"恒其德");

(4)增减倒字法:通过增加或减少个别字词将抽象词转换为具象词的方法,如:摩登女郎——摩登(增字法);

(5)定义法:尝试完上述方法仍无法将抽象词转换成具象词,记忆主体可以通过一定的方法将某个抽象词定义为某一特定具象词,如:有悔——会议室(有悔——有会——开会需占用会议室)。

(二)建立链接,以熟记新

将新转换出的图像、情境或情节与自己头脑中原有的知识建立链接,实现以熟记新。根据这一原理,一个人头脑中知识库越丰富,那他新旧知识之间的链接就越快捷,记忆新知识的效率就越高。

二、记忆基本技术

如何直接或转换出图?如何建立链接?如何实现以熟记新?下面,我们一起学习几种常用的较为经典的记忆技术。

(一)通感

通感是指多种感觉的融合,通过针对性地训练,增强视觉、听觉、嗅觉、味觉、触觉和动觉(对身体位置和空间中运动的意识)的灵敏度,然后将这些感官融合起来,能产生"增强"的记忆。

(二) 运动

运动可以使记忆想象的图像具有立体感,极大地增加大脑记住东西的可能性。

(三) 联想

联想是将我们想要记住的新事物与内心某些稳定不变的事物链接起来,如挂钩法:1＝大树。

(四) 想象

想象是人脑对已储存的知识、经验进行加工改造形成新形象的思维或心理活动过程。助记的想象以最有利于记忆为最高准则,不需要逻辑自洽。还有非常重要的一点是,在形成想象图像时要在眼前"看到"清晰的图像。最好是闭上眼睛,将想象的图像或情景投影到我们的眼睑上,或投影到我们大脑的屏幕上,并且去听、去嗅、去感觉,用我们自己感觉最有效的方式去体验。在记忆实践中,应用想象越多,记忆效果就越好。几种常用的增强记忆效果的想象方式有:

1. 幽默。幽默是将需要记住的内容想象为有趣、荒谬、愚蠢的东西,给我们的记忆增加点乐趣,越有趣越容易记住。

2. 积极的"意象"。积极的"意象"是一种能使人心情愉悦的意思图像。大脑因再次回忆而使人心情愉悦,所以积极的"意象"更有助于记忆。因此,我们在助记时,应尽量想象一些积极的"意象"。

3. 夸张。在我们想象的情景中,应该夸大尺寸、形状、数量和声音。夸张有助于我们记忆。

4. 离奇。异想天开、超现实、穿越式、白日梦的情景,越是离奇越有助于记忆。

(五) 顺序或次序

结合其他规则,对拟记忆的内容排列出顺序或次序可对记忆起到更直接的参考作用,增加大脑"随机存取"的便捷性。

(六) 编码

将常用的记忆内容与我们熟悉的图像相对固定地对应起来,供后续记忆东西时反复使用的记忆技术,如"大雨天——利贞"。

（七）颜色

在助记时如有可能尽可能使用各种颜色，这样能使我们的想法"色彩斑斓"，更有利于我们记忆。

此外，还可使用常用的符号，如休止符、灯泡等[1]。

三、本书涉及的记忆法

《周易》卦爻象象辞是用高度抽象化的上中古古文写成，晦涩难懂，因此，记忆起来具有较高的难度，为攻克这一记忆难关，本书将超强记忆法原理迁移运用于《周易》卦爻象象辞记忆实践，并根据《周易》卦爻象象辞语文特点，创新了几种特定的记忆方法。本书涉及的记忆方法共二十一种，除上面已介绍的谐音法、象形法、相关联想法（会意法）、增减倒字法和定义法等五种基础方法外，本书还运用了记忆宫殿法、万物定桩法、故事法等十六种方法，具体如下：

（一）记忆宫殿法

记忆宫殿法，是先选择一个熟悉的空间，将该空间内具有适当距离的熟悉物品按顺序进行编号，然后将需要记忆的知识按顺序与空间内已编号的物品挂钩，将需要记忆的知识与空间内形象化的物品建立起牢固的联系，从而强化记忆效果的方法。

记忆宫殿法通过形象化的联想起作用。过程很简单：选择熟悉的空间——选择已知的图像（记忆桩）——将记忆桩和我们想记住的知识联接起来。如本书在《周易》第一卦乾卦象辞助记中运用了记忆宫殿法。

（二）万物定桩法

万物定桩法是把具有一定顺序的事物拿出来，用作记忆用的定桩钩子，并将要记忆的内容与定桩钩子建立联接的方法。

例如，人或动物身体器官顺序、植物的主干枝叶顺序等等，把需要记忆的内容跟这些有顺序的定桩钩子建立起联系。如本书在第二卦坤卦卦辞、爻辞小象辞助记时运用了万物定桩法。

---

[1] 参见：托尼·巴赞《开动大脑》，世界图书出版公司北京公司，2004年版。

(三)爻位挂钩法

爻位挂钩法是将《周易》某一卦六个爻位作为记忆用的定桩钩子,将该卦六爻的爻辞小象辞与对应的定桩钩子建立联系的记忆方法。

爻位挂钩法是《周易》爻辞小象辞记忆的专用方法。如本书在第十四卦大有卦的爻辞小象辞助记中运用了爻位挂钩法。

(四)故事法

故事法是将难以具象化的、以抽象词为主的记忆内容转换为含有一定画面的、具有丰富故事情节的记忆方法,故事法也可称为情节法。

因《周易》卦爻象象辞绝大部分内容是古奥难懂的、难以或无法具象化的抽象词,因此,本书通过采用谐音、相关联想、增减倒字等多种方法,较多地运用故事法,将以抽象词为主的记忆内容转换为含有一定画面的、具有丰富情节的故事,以达到助记的目的。如本书在第三卦屯卦的爻辞小象辞助记中运用了故事法。

(五)情景法

情景法是将难以具象化的、以抽象词为主的记忆内容转换为含有一定画面感的场景的记忆方法,情景法又称情境法。

以记忆大畜卦九二爻小象辞"中无尤也"为例,可以转换为汽车油箱<u>中无油</u>(中无尤)的情境来助记;如本书在第三卦屯卦大象辞助记中运用了情景法。

(六)穿越法

穿越法是记忆主体穿越到古代或未来某个事件或场景之中,身临其境或直接作为某事件或场景中的一个角色,以增强记忆效果的一种方法。

如本书在第十六卦豫卦大象辞助记时运用了穿越法。

(七)白日梦法

白日梦法,又称异想天开法,是一种离奇的、夸张的联想方法,毫无逻辑可言,但新颖奇特,犹如大白天做梦一般,能给人以深刻印象。

如本书在第十六卦豫卦大象辞助记时运用了白日梦法。

(八)关键字提示法

提取记忆内容的关键字,将关键字编为一两句或几句熟悉的、朗朗上口的句子。这种以关键字提示记忆内容的方法,称为关键字提示法。

如本书在《周易》第五卦需卦爻辞助记时运用了关键字提示法。

(九)口诀法

口诀法是将记忆内容编为朗朗上口的口诀的助记方法。

如本书在第二十二卦贲卦卦形助记时运用了口诀法。

(十)歌谣法

歌谣法是将记忆内容编为韵律和谐的歌谣的助记方法,歌谣法实质上是篇幅长一些的口诀法。

本书卷尾对《周易》六十四卦卦序运用歌谣法予以了辅助记忆。

(十一)一句话故事法

一句话故事法是将记忆内容编为简洁易记的一句话故事的助记方法。

如本书在第四十三卦夬卦卦形助记时运用了一句话故事法。

(十二)象形释义法

象形释义法是通过对记忆内容的形象进行阐发而引出记忆内容的一种助记方法。

如本书在第一卦乾卦大象辞、第十四卦大有卦大象辞助记时运用了象形释义法。

(十三)标题定桩法

标题定桩法是以记忆内容标题的每个字为记忆桩的一种助记方法。标题定桩法要点如下:一是将标题的字谐音转化为具象的物体;二是熟读句子,达到充分理解的程度;三是寻找句子中的关键字词,保证看到关键字词可以想到整个句子;四是将关键字词转化为具体的物体;五是运用恰当的动词将关键字词分别与标题中的具象物体连接。

如本书在第四卦蒙卦卦辞助记中运用了标题定桩法。

(十四)释义联想法

释义联想法,又称释义推理法,是通过对记忆内容的含义进行解释,并在解释的基础上进行引申联想的助记方法。

如本书在第三卦屯卦卦辞助记时运用了释义联想法。

(十五)数字编码挂钩法

数字编码挂钩法是将数字编码和记忆内容通过适当的方法挂钩,从而进行助记的方法。数字编码是用谐音、象形、联想和增减倒字等方法将抽象的数字转换为对应图像(或具象词)的方法。

如本书在第二卦坤卦象辞助记时运用了数字编码挂钩法,对六十四卦的卦序助记都运用了数字编码挂钩法。

(十六)卦形卦辞释义法

卦形卦辞释义法是对《周易》某一卦的卦形和卦辞进行解释的一种助记方法,该方法是助记《周易》卦辞象辞的专有方法。

如本书在第十九卦临卦象辞助记时运用了卦形卦辞释义法。

记忆法编码

因人体大脑更容易记住图像信息,为提高记忆效率,几乎所有的记忆大师都会采用记忆法编码,将数字、抽象词或其他文字信息转化为具象词。① 根据一定的规则,将常用的不能直接出图的数字和抽象词语,转化为相对固定的可以直接出图的具象词的图像,称为记忆法编码(简称"记忆编码")。

记忆编码的编制规则一般有谐音、象形、会意、增减倒字和定义等五种(参见"超强记忆法原理")。

记忆编码分为通用记忆编码和专用记忆编码。

通用记忆编码是可以用于记忆所有主题内容的记忆编码,如数字编码就是一种通用记忆编码;

专用记忆编码是为记忆某一特定主题内容而编制的记忆编码,如本书作者为记忆《周易》卦爻象象辞而编制的记忆编码,就是一种专用编码。

下面介绍本书用到的记忆编码:

一、通用数字编码

数字	编码	规则	数字	编码	规则	数字	编码	规则
0	呼啦圈	象形	1	蜡烛/树	象形	2	鸭子/鹅	象形
3	金元宝/耳朵	象形	4	红旗/青龙	象形/会意(四神兽之一)	5	佛手/钩子	象形
6	勺子/哨子	象形	7	七尺钉耙/七仙女	象形/会意	8	宝葫芦/八卦镜	象形/会意
9	酒/九尾狐/猫	谐音/会意	10	棒球	象形	11	筷子	象形

---

① 抽象词是不能直接出图的词语,如热情、冷漠;具象词是可以直接出图的词语,如书桌、苹果。

续表

数字	编码	规则	数字	编码	规则	数字	编码	规则
12	婴儿	谐音	13	医生	谐音	14	钥匙	谐音
15	鹦鹉	谐音	16	杨柳	谐音	17	仪器	谐音
18	尾巴	谐音	19	药酒	谐音	20	耳铃	谐音
21	鳄鱼	谐音	22	婴儿	会意	23	和尚	谐音
24	闹钟	会意	25	二胡	谐音	26	河流	谐音
27	耳机	谐音	28	恶霸	谐音	29	恶囚	谐音
30	森林（毛毛虫）	谐音（会意）	31	鲨鱼	谐音	32	扇儿	谐音
33	钻石	会意（闪闪发光）	34	山石	谐音	35	珊瑚	谐音
36	山鹿	谐音	37	山鸡	谐音	38	妇女	会意
39	三九胃泰	会意	40	司令	谐音	41	司仪	谐音
42	柿儿	谐音	43	死神	谐音	44	石狮	谐音
45	师傅	谐音	46	石榴	谐音	47	司机	谐音
48	石碑	谐音	49	狮鹫	谐音	50	武林盟主	谐音
51	工人	会意	52	斧儿	谐音	53	火山	谐音
54	武士	谐音	55	火车	谐音+会意	56	蜗牛	谐音
57	武器	谐音	58	火把	谐音	59	五角星	谐音
60	榴莲	谐音	61	儿童书包	会意	62	牛儿	谐音
63	流沙/硫酸	谐音	64	肉丝/螺丝	谐音	65	老虎	谐音
66	蝌蚪	象形	67	绿漆	谐音	68	喇叭	谐音
69	太极	象形	70	麒麟	谐音	71	机翼	谐音
72	企鹅	谐音	73	花旗生	谐音	74	骑士	谐音
75	西服	谐音	76	犀牛	谐音	77	机器人	谐音
78	青蛙	谐音	79	气球	谐音	80	巴黎铁塔	谐音+会意
81	白蚁	谐音	82	靶儿	谐音	83	花生	谐音
84	消毒水	会意	85	宝物（风火轮）	谐音（会意）	86	八路	谐音

续表

数字	编码	规则	数字	编码	规则	数字	编码	规则
87	白棋（白旗）	谐音	88	麻花	象形	89	芭蕉	谐音
90	酒铃	谐音	91	秋衣/球衣	谐音	92	球儿	谐音
93	旧伞	谐音	94	首饰	谐音	95	酒壶/旧屋	谐音
96	酒楼	谐音	97	紫金花	会意	98	酒吧	谐音
99	玫瑰花	会意						

二、周易专用编码

（一）爻位图像编码（12个）

1. 初九：药酒（或，幺舅）——谐音；

2. 九二：球儿（或：二舅，丘二）——谐音；

3. 九三：旧伞（或：鸠山，三舅）——谐音；

4. 九四：鸠四（或：四舅，狮鹫）——谐音；

5. 九五：旧屋（或：酒壶，五舅）——谐音；

6. 上九：酒楼（或：旧楼）——谐音，或，太极图（象形）；

7. 初六：粗柳树（或：杨柳）——谐音；

8. 六二：牛儿（或：刘二）——谐音；

9. 六三：硫酸（或：流沙，刘三）——谐音；

10. 六四：肉丝（或：螺丝，刘四）——谐音；

11. 六五：刘武（或：老虎）——谐音；

12. 上六：商路（或：上路）——谐音；蝌蚪（象形66）。

（二）主要断辞图像编码（19个）

1. 吉——鸡（谐音）；

2. 大吉——大鸡（谐音）；

3. 元吉——圆鸡蛋（谐音）；

4. 贞吉——蒸鸡（谐音）；

5. 凶——熊（谐音）；

6. 贞凶——蒸熊掌(谐音);

7. 有悔——会议室(有会,谐音+会意);

8. 无悔——舞厅(舞会,谐音+会意);

9. 吝——臭蛋(会意:吝有憾惜、羞耻、困难之意,蛋臭了令人惋惜、遗憾。或,谐音:树林,小林);

10. 无咎——兀鹫(谐音,或,会意:无酒的空酒瓶);

11. 有眚——小熊(会意:"有眚"即"有灾","灾"是"小凶",熊代指凶,"小熊"代指"有眚");

12. 征吉——大公鸡(谐音+会意:大公鸡战斗力强,且打鸣叫醒,会意"征吉");

13. 征凶——熊瞎子(谐音+会意:熊瞎子因眼瞎,击不中目标,会意"征凶");

14. 贞厉——狮子王(会意:狮子王真厉害,会意"贞厉");

15. 贞吝——毛毛虫(谐音+会意:"森林"谐音"贞吝",森林里毛毛虫多);

16. 厉吉——军人(谐音+会意:"立即"谐音"厉吉",军人的行事风格是"立即");

17. 悔亡——笑脸(会意:因悔恨消亡而露出笑脸);

18. 厉——梨(谐音);

19. 有厉——油梨(谐音)。

(三)重复率较高的卦爻辞图像编码(20个)

1. 元亨利贞——天(会意:乾为天,"元亨利贞"为乾卦四德,天生养万物,具"元亨利贞"四德);

2. 元亨——艳阳天(会意:由"天"代表"元亨利贞"四德演绎而来,艳阳天,人们心情舒畅,利于办一切好事);

3. 亨——晴天(会意:由"天"代表"元亨利贞"四德演绎而来,艳阳天代表"元亨",所以按天气晴朗程度"晴天"代表"亨");

4. 小亨——阴天(会意:由"天"代表"元亨利贞"四德演绎而来,晴天代表"亨",所以按天气晴朗程度"阴天"代表"小亨");

5. 利贞——大雨天（会意："贞"为贞正，为定，"读圣贤书"代表"贞正"，大雨天利于居家读圣贤书）；

6. 贞——雨天（会意：大雨天代表"利贞"，按雨下的大小程度，雨天代表"贞"）；

7. 小利贞——小雨天（会意：大雨天代表"利贞"，按雨下的大小程度，小雨天代表"小利贞"）；

8. 利涉大川——大船（会意）；

9. 不利涉大川——小船（会意）；

10. 有孚——油壶（谐音）；

11. 中行——中信卡（谐音+增字）；

12. 利有攸往——骏马（会意）；

13. 有攸往——马（会意：骏马代表"利有攸往"，按程度，马代表"有攸往"）；

14. 小利有攸往——毛驴（会意）；

15. 勿用有攸往——断桥（会意）；

16. 无不利——梨园（会意+谐音：梨园到处都有梨，"无处不是梨"谐音"无不利"）；

17. 无攸利——五个油梨（谐音：油梨是梨子的一种）；

18. 利永贞——李永贞（谐音：李永贞是明朝宦官，因作恶被斩杀，转世后反省，应做到人如其名，"利永贞"）；

19. 利女贞——长白山（会意：长白山是女真族的发祥地，是女真族的祖源山）；

20. 恒其德——大红花（会意：戴大红花以表彰人能"恒其德"）。

以上记忆编码，周易专用编码（共五十一个）由本书作者首次编制。通用数字编码（共一百个）来源于三个方面：大部分为各记忆大师共同使用的公共编码（难以确认是哪位记忆大师首次编制），一部分是"讲真"学堂主理讲师孙韬老师编制的编码，少部分由作者改编。记忆编码没有唯一标准，在有利于记忆的原则下读者可以按编码规则自行编制。

卷一

上经之一：乾 坤 屯 蒙 需 讼

乾卦第一

☰
☰

乾下乾上

对照译注　理解大意

【古文】

乾①：元亨利贞②。

彖曰：大哉乾元③，万物资始，乃统天。云行雨施，品物流形④。大明⑤终始，六位⑥时成，时乘六龙⑦以御天。乾道变化，各正性命⑧；保合太和⑨，乃利贞。首出庶⑩物，万国咸宁⑪。

【白话】

乾卦：元始亨通，利于守正。

彖曰：伟大啊！乾元。万物依赖乾元之气而开始，于是乾元统领着天道自然。云气遍行，雨水普施，各类事物如流水一般生生不息。光辉的太阳终而复始地运转，乾卦六爻按不同时位组合而成，乾阳正是按照这六个时位统御大自然。天道运行变化，万物性命各得其宜；保持宇宙万物阴阳和谐的最佳状态，乃利于守持正固。有了乾元，才产生万物，天下都和谐安宁。

象曰:天行健,君子以自强不息。　　象曰:天道运行刚健,君子体而用之,宜奋发图强,不敢停息。

【注释】

①乾:卦名,乾为天;象征"刚健";十二消息卦之一,四月之卦。

②元亨利贞:元,元始,原本;贞,正固。元始亨通,利于守正。

③乾元:天的元始之气(流行于宇宙间,万物赖以开始生长)。

④品物流形:品物,物各分类;流形,如流水一般有生生不息之生机。

⑤大明:太阳。

⑥六位:乾卦的六个爻位。

⑦六龙:喻指乾卦六爻。

⑧各正性命:正,不偏;性命,生物的生命。万物各有其本元,各得其宜。

⑨合、太和:合,阴阳相合、和谐;太和,是宇宙万物阴阳和谐的最佳状态。

⑩首出庶物:首,元首、开始;庶,众多。有了乾元,才开始产生万物。

⑪万国咸宁:咸,都。(按天道运行规律治理国家)天下都和谐安宁。

【古文】　　　　　　　　　　【白话】

初九:潜龙①勿用。　　　　　初九:潜伏的龙,不可施用。

象曰:潜龙勿用,阳在下也。　象曰:潜伏的龙不可施用,因为阳气在下面初生。

九二:见龙在田②,利见大人。　九二:龙出现在田野上,利于见到有大德之人。

象曰:见龙在田,德施普也。　象曰:龙出现在田野上,道德福泽广施,普遍周到。

九三：君子终日乾乾，夕惕若③，厉，无咎④。

象曰：终日乾乾，反复道也⑤。

九三：君子整天勤奋努力，自强不息；到了晚上仍然心怀忧患与警惕，有危险，但没有过失。

象曰：君子整天自强不息，进退往来都在践行天道。

九四：或跃在渊⑥，无咎。

象曰：或跃在渊，进无咎也。

九四：或者跳跃居上，或者潜处深渊，没有过失。

象曰：或者跳跃居上，或者潜处深渊，上进没有过失。

九五：飞龙在天，利见大人。

象曰：飞龙在天，大人造⑦也。

九五：龙飞到天上，利于见到有大德之人。

象曰：龙飞到天上，是有大德之人在施展大能。

上九：亢⑧龙有悔。

象曰：亢龙有悔，盈不可久也。

上九：高亢的龙会有悔恨。

象曰：高亢的龙会有悔恨，是说盈满不可长久。

用九：见群龙无首，吉。

象曰：用九，天德不可为首⑨也。

运用乾阳的启示：出现一群龙，没有龙争当首领，吉祥。

象曰：运用乾阳的启示是天德刚健，不可再争强好胜与物类相处。

【注释】

①潜龙：潜，隐伏；龙，变化之物，此指阳气。

②见龙在田：见(xiàn)，同"现"。初与二都处地道，二在初上，故称"在田"。

③终日乾乾，夕惕若：若，语辞。九三处于忧患危险之地，整天进德修业，勤奋努力，自强不息；到了晚上应休息之时，仍然心怀忧患与警惕。

④厉，无咎：厉，危险；无咎，没有过失。

⑤反复道也：重复践行天道。

⑥或跃在渊:或,疑或,未必。审时度势,适于进则进,适于退则退。
⑦造:作为。
⑧亢(kàng):高,处于过高之位而不能下之意,或过于伸展而不能委屈之意。
⑨天德不可为首:天德,即刚健;为首,喻指刚健。天德本刚健,不可再以刚健与物类相处。

千方百计　全力助记

一、卦序卦形记忆

乾卦为《周易》第一卦。

数字编码法记卦序

大树(1)上挂满了钱(乾)。

编码:1——大树。

乾为天

口诀法记卦形

乾卦卦形,乾上乾下,乾为天。因六爻全是阳爻,只记"乾为天"一句口诀即可。

二、卦辞记忆

乾:元亨利贞。

乾卦卦辞"元亨利贞"四字简单易记,不用助记方法。

三、象辞记忆

象曰:大哉乾元,万物资始乃统天。云行雨施,品物流形。大明终始,六位时成,时乘六龙以御天。乾道变化,各正性命;保合太和,乃利贞。首出庶物,万国咸宁。

记忆宫殿法记象辞

用房间内五件物品(①矿泉水桶、②电视机、③电冰箱、④餐桌、⑤沙发)做地点桩记象辞。

①矿泉水桶——大哉乾元,万物资始乃统天

这一**大桶矿泉水**是在(哉)北京用**乾**隆年间的**圆**(元)形铜钱买来的(大哉乾元);水乃生命之源,即**万物之**(资)始;**奶**(乃)奶说这一**桶**(统)水够喝一**天**的(乃统天)。

图像:大桶矿泉水,圆形乾隆通宝,奶奶。

②电视机——云行雨施,品物流形

电视画面里天上**飘着云下着雨**(云行雨施),工厂车间里各种**物品**(品物,倒字法)正在**流**水线上**形**成(流形)。

图像:电视机,天空,云朵,雨,工厂车间,流水线,物品。

③电冰箱——大明终始,六位时成,时乘六龙以御天

大明总是(终始)找**冰**箱里放的**六个时**令菜,**六个位**置也**时**髦地摆成六角形(六位时成),时辰到了就招待**六条龙**以便求得下**雨天**(时乘六龙以御天)。

图像:电冰箱,六个时令菜,钟表(时辰),六条龙;

谐音:总是——终始,时辰——时乘,雨天——御天。

④餐桌——乾道变化,各正性命;保合太和,乃利贞

餐桌上前道(乾道)菜变化了,各人正为性命,吃饱喝(保合)好,大家和

气(太和),利于正式(乃利贞)行雨。

图像:餐桌,饭菜,酒水,饮料;

谐音:前道——乾道,饱喝——保合;正——贞。

⑤沙发——首出庶物,万国咸宁

首长头靠**沙发**,发出睡**熟**了的呜呜(首出庶物)鼾声,周围都(咸)很安静(万国咸宁)。

图像:沙发,首长;

谐音:熟——庶,呜——物;

会意:周围——万国,都——咸,安静——宁。

四、大象辞记忆

象曰:天行健,君子以自强不息。

象形释义法记大象辞

从卦象看,乾为天,上下二体均为乾,乾为健;两天重叠,象征天道运行周而复始,刚健不息(自强不息)。

图像:重叠的两个天空;

会意:周而复始刚健不息——自强不息。

五、爻辞小象辞记忆

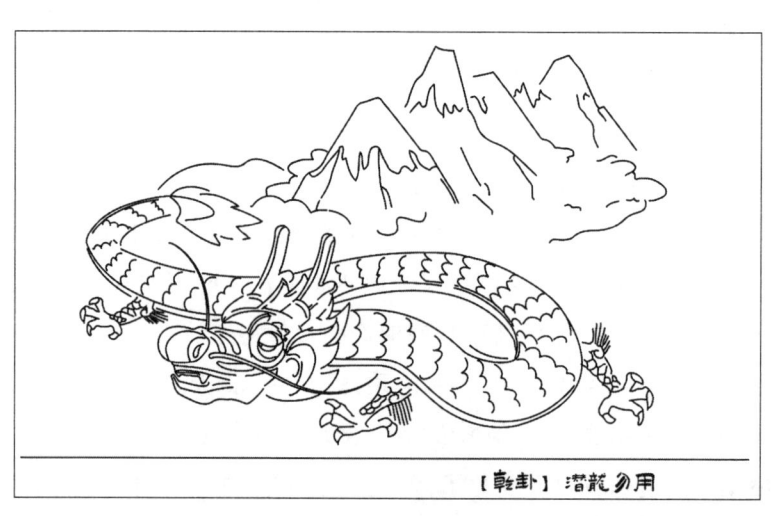

[乾卦] 潜龙勿用

释义演绎与故事法记爻辞小象辞

初九:潜龙勿用。

象曰:潜龙勿用,阳在下也。

初九爻为最下面一根阳爻,阳刚之气尚需积聚,此时犹如潜伏的龙正处于积聚能量阶段,暂时不可施用(潜龙勿用)。

小象说:潜龙勿用,是因为潜伏的龙阳刚之气在下面正在积累嘞(阳在下也)。

图像:潜伏的龙;

情节:潜伏的龙正处于积聚能量阶段,暂时不可施用;

评论:阳刚之气在下面正在积累。

九二:见龙在田,利见大人。

象曰:见龙在田,德施普也。

九二爻为地位,大地上有广袤的田野,众人看见一条巨龙出现在田野(见龙在田)上,拿出一把利剑赠予有德大人(利见大人)。

小象说:看见龙出现在田野(见龙在田)上,这是龙要行雨,福泽施与普罗大众嘞(德施普也)。

图像:巨龙,田野,利剑;

会意:福泽——德;

情节:众人看见一条巨龙出现在田野上,赠利剑给有德大人;

评论:龙要行雨,福泽施与普罗大众。

九三:君子终日乾乾,夕惕若,厉,无咎。

象曰:终日乾乾,反复道也。

九三爻居于人位,君子脸上整天浮现出浅浅(君子终日乾乾)的笑容,看着夕阳下一个体弱(夕惕若)的人拿着梨(厉)喂兀鹫(无咎)。

小象说:君子脸上整天浮现出浅浅(终日乾乾)的笑容,是君子在反复践行慎骄戒盈之天道嘞(反复道也)。

图像:露出浅浅笑容的君子,夕阳,体弱的人,梨,兀鹫;

编码:梨——厉,兀鹫——无咎;

谐音:浅浅——乾乾,体弱——惕若;

会意:整天——终日;

情节:君子脸上整天浮现出浅浅的笑容,看着夕阳下一个体弱的人拿着梨喂兀鹫;

评论:反复践行天道嘢。

九四:或跃在渊,无咎。

象曰:或跃在渊,进无咎也。

九四:四舅是一名潜水运动员,他一个猛子直潜到海底,活跃在深渊里(或跃在渊),捉到了一只海底兀鹫(无咎)。

小象说:活跃在深渊(或跃在渊)里,往前进捉到了一只海底兀鹫(进无咎)。

图像:潜水运动员四舅,海底深渊,兀鹫;

编码:兀鹫——无咎;

情节:四舅活跃在深渊里,捉到了一只海底兀鹫;

评论:前进捉到了一只海底兀鹫。

九五:飞龙在天,利见大人。

象曰:飞龙在天,大人造也。

九五:旧屋里突然飞出一条龙,腾空而起出现在天空(飞龙在天),巨龙拿出随身利剑赠予有德大人(利见大人)。

小象说:飞出一条龙出现在天空(飞龙在天),飞龙拿出的利剑是莫邪大人铸造的嘢(大人造也)。

图像:旧屋,飞在天空的龙;

情节:旧屋飞出一条龙出现在天空,拿出利剑赠予有德大人;

评论:利剑是莫邪大人铸造的。

上九:亢龙有悔。

象曰:亢龙有悔,盈不可久也。

上九:酒楼老板康龙(亢龙)醉酒后去开会,到了会议室(有悔)还满口胡话。

小象说:康龙(亢龙)醉酒后在会议室(有悔)开会时满口胡话,这种人开酒楼的盈利是不可长久的嚟(盈不可久也)。

图像:酒楼,名叫康龙的男子,会议室;

编码:会议室(有会)——有悔;

谐音:康龙——亢龙;

情节:酒楼老板康龙醉酒后到会议室还满口胡话;

评论:开会时满嘴胡话的人开的酒楼盈利是不可长久的。

用九:见群龙无首,吉。

象曰:用九,天德不可为首也。

用九:用酒招待一群巨龙,只见一群龙谁也不肯坐首位(见群龙无首),大家围坐一圈开始吃鸡(吉)。

小象说:用酒(用九)招待巨龙,甜的酒不可为首批上桌的酒嚟(天德不可为首也)。

图像:酒,围坐一圈的一群龙,鸡;

编码:鸡——吉;

谐音:甜的——天德;

情节:宴会上只见一群龙谁也不肯坐首位,围坐一圈吃鸡;

评论:甜的酒不可为首批上桌的酒。

坤卦第二

坤下坤上

对照译注　理解大意

【古文】

坤①：元亨，利牝马之贞②。君子有攸往，先迷后得主，利。西南得朋③，东北丧朋④。安贞吉。

彖曰：至哉坤元⑤，万物资生，乃顺承天。坤厚载物，德合无疆；含弘⑥光大，品物咸亨；牝马地类，行地无疆，柔顺利贞；君子攸行，先迷失道，后顺得常；西南得朋，乃与类行；东北丧朋，乃终有庆；安贞之吉，应⑦地无疆。

【白话】

坤卦：元始，亨通，利于持守至顺之正德。君子有所前往，先于阳会迷失方向，后于阳则得主人引导而利于前行。在西南方得到朋友，在东北方丧失朋友，安守正道吉祥。

彖曰：至极啊，坤元！万物依靠您生长，这是顺承天道的善行。大地深厚承载万物，坤德至顺应合天体无疆；涵育一切并发扬光大，万物都亨通顺畅；母马与地同类，行走大地可至无疆，柔和温顺利于守持正固；君子有所前行，若抢先行动会迷惑偏离正道，在后柔顺随从则会得到长久福泽；往西南会得到朋友，可与朋友同行；往东北会丧失朋友，但最终仍然会有福庆；安守贞正的吉祥，正应合大地无疆的美德。

象曰:地势坤,君子以厚德载物。

象曰:大地气势厚实柔顺,君子体而用之,宜厚植美德,承载万物。

【注释】

①坤:卦名,坤为地;象征"柔顺";十二消息卦之一,十月之卦。
②牝(pìn)马:母马,牝马柔顺而能行走,故取为坤卦之象。
③西南得朋:西南是坤的本乡,兑离巽三女与坤相邻而居,故为"得朋"。
④东北丧朋:震坎艮与乾相邻而居"东北",则东北非女之朋,故为"丧朋"。
⑤坤元:初始之元气,即乾阳施与坤阴接受,交接之间一气而已。
⑥含弘:含,含藏,涵育;弘,大。
⑦应:应和。

【古文】

初六:履霜,坚冰至。

象曰:履霜坚冰,阴始凝也;驯至其道,至坚冰也。

六二:直方大①,不习无不利。

象曰:六二之动,直以方也;不习无不利,地道光也。

【白话】

初六:踩到霜,(就能预知)坚冰快到了。

象曰:踩到霜预知坚冰快到了,说明阴气开始凝结;循此规律发展,坚冰必将到来。

六二:正直、端方、弘大,不修习也无所不利。

象曰:六二的行动,是正直而且端方的;不修习也无所不利,是因为坤厚载物的地道光辉普照。

六三:含章可贞②,或从王事,无成有终。

象曰:含章可贞,以时发也;或③从王事,知④光大也。

六四:括囊⑤,无咎无誉。

象曰:括囊无咎,慎不害也。

六五:黄裳,元吉⑥。

象曰:黄裳元吉,文在中也⑦。

上六:龙战于野,其血玄黄⑧。

象曰:龙战于野,其道穷也⑨。

用六:利永贞。

象曰:用六永贞,以大终也⑩。

六三:隐含德才,可以守持正固;或响应君王号令出来为国家做事,成功而不居功,谨守臣职可获善终。

象曰:隐含德才,可以守持正固,是说应等时机成熟再发挥作用;或响应君王号令出来为国家做事,是智慧发扬光大的结果。

六四:扎紧口袋,没有过错也没有赞誉。

象曰:扎紧口袋,没有过错,是说谨慎可以避免灾害。

六五:守中居下,原本吉祥。

象曰:守中居下原本吉祥,是说六五有中和之文德。

上六:龙在原野交战,受伤流出玄黄色的血。

象曰:龙在原野交战,是因为坤道发展到了穷极的地步。

用六:利于长久守持正固。

象曰:用六长久守持正固,以阳为终结。

【注释】

①直方大:八卦正位,坤在二。六二得坤道之正则无偏斜,此为"直";居坤之中则无私党,此为"方";柔顺中正,内直外方,这就导致了"大"。

②含章可贞:章,美。为人内含章美,含藏而不外露,如此则可以持守正固。

③或:不定之辞,此处有抉择时机之义。

④知:智慧。

⑤括囊:括,扎紧;囊(náng),口袋。扎紧口袋,喻指慎言谨行。

⑥黄裳元吉：黄，中色；裳，下衣；黄裳，喻指守中居下；元吉，元始、原本吉祥。

⑦文在中也：内有中和之文德，通达于外（不以威武），美之至也。

⑧龙战于野，其血玄黄：言上六处阴盛之极，至于与阳刚争战而两败俱伤。

⑨穷：穷极，困穷。

⑩以大终也：大，阳。言物极必反，阴盛变阳，即以阴变阳为坤卦之终结。

千方百计　全力助记

一、卦序卦形记忆

坤卦为《周易》第二卦。

数字编码法记卦序

坤河乡的<u>鸭子</u>(2)在<u>坤</u>河里戏耍。

编码：2——鸭子。

坤为地

口诀法记卦形

坤卦坤上坤下，<u>坤为地</u>。因六爻全是阴爻，只记"坤为地"一句口诀即可。

二、卦辞记忆

元亨，利牝马之贞；君子有攸往，先迷后得主，利；西南得朋，东北丧朋；安贞吉。

万物定桩法记忆卦辞

用马头部五个部位（①马嘴巴、②鼻子、③眼睛、④耳朵、⑤脖子）做地点桩记忆坤卦卦辞。

①嘴巴——元亨，利牝马之贞

母马<u>嘴巴</u>张得圆<u>圆</u>（元）的，哼（亨）唱着有<u>利</u>于保护<u>牝马之贞</u>洁的歌。

图像:母马(突出嘴巴张得圆圆的)。

②鼻孔——君子有攸往

马两个**鼻孔**中插着两只**君子**兰,有股**幽**(攸)香**往**马鼻子直灌。

图像:母马(鼻孔中插着君子兰)。

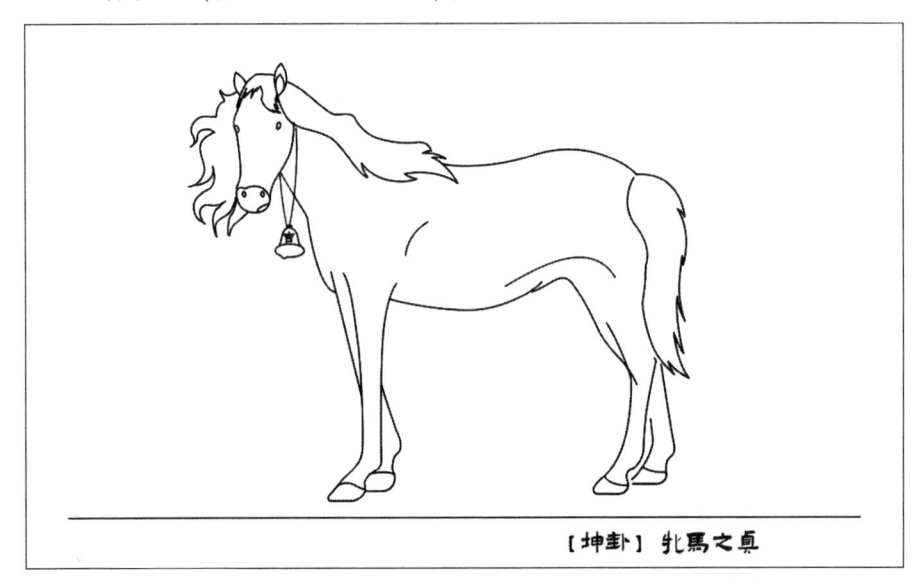

[坤卦] 牝馬之貞

③眼睛——先迷后得主,利

马**眼睛先**被大雾**迷**糊了差点掉落悬崖,**后得**到**主**人指引,出现了有**利**的局面。

图像:马眼睛(眯着),大雾。

④耳朵——西南得朋,东北丧朋

马的**耳朵**一只朝西南,一只朝东北。朝**西南**的耳朵听**得**到**朋**友朝自己走来的马蹄声,朝**东北**的耳朵听到办**丧**事**朋**友的哀鸣声。

图像:马(突出两只耳朵)。

⑤脖子——安贞吉

马**脖子**上**安**着一只**真**(贞)金做的"**吉**"字铃铛,马一动就发出十分悦耳的声音。

图像:马脖子,写着"吉"字的铃铛。

三、象辞记忆

象曰:至哉坤元,万物资生,乃顺承天。坤厚载物,德合无疆;含弘光大,品物咸亨;牝马地类,行地无疆,柔顺利贞;君子攸行,先迷失道,后顺得常;西南得朋,乃与类行;东北丧朋,乃终有庆;安贞之吉,应地无疆。

数字编码挂钩法记象辞

1.树——至哉坤元,万物资生,乃顺承天

坤为地,智者栽树于坤地源头(至哉坤元),在坤地源头,万物都在滋生(资生),奶奶说树正顺着天(乃顺承天)上生长。

图像:树,智者,坤地源头,奶奶,天空。

2.鸭子——坤厚载物,德合无疆

坤河堤坝厚实,河里大船承载着各种物质(坤厚载物),道德真君的**鸭子**在河(合)里无疆(德合无疆)地游着。

图像:鸭子,堤坝厚实的坤河,船,各种物质。

3.金元宝——含弘光大,品物咸亨

韩(含)将军拿着泛红(弘)色的**金元宝**,容光大放异彩(含弘光大),买各类物品(品物)都(咸)一路亨通(品物咸亨)。

图像:金元宝,韩将军。

4.青龙——牝马地类,行地无疆,柔顺利贞

飞翔在天的**青龙**看见一匹牝马,牝马属地类,可以行地无疆,因其柔顺所以青龙没与牝马战斗,这样,利于牝马得以正常(柔顺利贞)生活下去。

图像:青龙,牝马(即母马),天空,大地。

5.佛手——君子攸行,先迷失道,后顺得常

君子攸然行路,先遇大雾迷失了道路(先迷失道),后来**佛手**帮其拨开迷雾,顺利找到(得)寻常(后顺得常)大路。

图像:佛手,君子,大雾,大路;

会意:找到——得。

6.勺子——西南得朋,乃与类行;东北丧朋,乃终有庆

西南气候温暖,得到朋友(西南得朋)捕的鱼,做好鱼汤,用勺子喝完鱼汤,大家结伴一起再行(乃与类行)去捕鱼;东北严寒冰冻,没有鱼汤喝,丧失了朋友(东北丧朋);严冬终于过去,又有了欢庆(乃终有庆)万物复苏的喜悦。

图像:勺子,朋友,鱼,大家欢庆的场面;

会意:大家结伴一起再行——乃与类行。

7.七仙女——安贞之吉,应地无疆

七仙女将安眠枕(贞)头送给了知己(之吉)闺蜜,闺蜜在营地(应地)倒下便睡,做了一个骑马纵横无疆的美梦。

图像:七仙女,魔法枕头,知己闺蜜,营地。

四、大象辞记忆

象曰:地势坤,君子以厚德载物。

象形释义法记大象辞

坤为地,大地气势如昆(坤)仑,君子见到巍巍昆仑山绵延不绝的、厚实顺畅的宏伟气势,体悟到大地厚德载物的至美坤德。

图像:昆仑山,君子。

五、爻辞小象辞记忆

[坤卦] 履霜坚冰

万物定桩法记爻辞小象辞

用马身体七个部位(①马脚、②马腿、③马肚子、④马尾巴、⑤马背、⑥马脖子、⑦马头)做地点桩记忆坤卦爻辞小象辞。

初六:履霜,坚冰至。

象曰:履霜坚冰,阴始凝也;驯至其道,至坚冰也。

①马脚——初六

初六:马一抬**马脚**,驴爽(履霜)快地答应给马煎饼子(坚冰至)。

小象说:驴爽(履霜)快地答应给马煎饼(坚冰)子,是因为驴害怕坚冰到来饮食凝固(阴始凝也),马没东西吃会踢它;霜露出现,驴子知道顺着发展下去(驯至其道)就会结成坚冰(至坚冰也)。

图像:马(突出马脚),驴子,煎饼;

情节:驴爽快地答应给马煎饼子;

评论:坚冰到来饮食会凝固;霜露出现,顺着发展会结成坚冰。

六二:直方大,不习无不利。

象曰:六二之动,直以方也;不习无不利,地道光也。

②马腿——六二

六二:**马腿**一跑,脂肪大(直方大)块地收缩,不洗(不习)毛也无有一处不利索的(无不利)。

小象说:马是一个好老师。马教会了牛儿奔跑。牛儿的跑动(六二之动)轨迹,笔直而且方正(直以方也);牛儿没有专门学习(不习)行走田间小路,但走起来无有一点不利索(无不利),走过的地面道路只留下牛儿光滑的脚印(地道光也)。

图像:马(突出马腿),牛儿,光滑的牛脚印;

编码:牛儿——六二;

情节:马腿脂肪大块地收缩,不洗毛也无有一处不利索的;

评论:牛儿的跑动轨迹,笔直而且方正;牛儿走过田间小路的地面道路只留下光滑的脚印。

六三:含章可贞,或从王事,无成有终。

象曰:含章可贞,以时发也;或从王事,知光大也。

③马肚子——六三

六三:**马肚子**下面绑着一枚汉朝的印章(含章),可珍贵(可贞)了,马或许是从王室(或从王事)中跑出来的,吴国城墙那边有钟声(无成有终)传来。

小象说:马肚子下面绑着的汉朝印章(含章),可珍贵(可贞)了,是吴国举行迁都仪式时发现的(以时发也);马或许是从王室(或从王事)中跑出来的,它知道跑至广大的森林就安全了嘢(知光大也)。

图像:马(突出马肚子),汉朝的印章,老式立钟,吴国都城;

情节:马肚子下面绑着一枚汉朝的印章,可珍贵了,或许是从王室中跑出来的,吴国城墙那边有钟声传来;

评论:汉朝的印章,是吴国举行迁都仪式时发现的;或许从王室中跑出来的,马知道跑至广大的森林就安全了。

六四:括囊,无咎无誉。

象曰:括囊无咎,慎不害也。

④马尾巴——六四

六四:**马尾巴**后面拖着一个大大的**扎紧了口的口袋**(括囊),里面装着**兀鹫和乌鱼。(无咎无誉)**。

小象说:扎紧了口的口袋(括囊),里面装着兀鹫(无咎),要谨慎一些才不至于把兀鹫憋着害死(慎不害也)。

图像:马(突出尾巴),口袋,兀鹫、乌鱼;

编码:兀鹫——无咎;

情节:马尾巴拖着的扎紧了口的口袋里装着兀鹫和乌鱼;

评论:谨慎一些才不至于把兀鹫憋着害死。

六五:黄裳,元吉。

象曰:黄裳元吉,文在中也。

⑤马背——六五

六五:骑在**马背**上的**皇上**(黄裳)赏赐给以《周易》准确预测国运的袁天

罡大师一个大大的圆鸡蛋(元吉)。

小象说:皇上(黄裳)赏赐的圆鸡蛋(元吉),有文采极好的嘉奖词刻印在中间嘚(文在中也)。

图像:马(突出马背),皇上,圆鸡蛋;

编码:圆鸡蛋——元吉;

情节:皇上赏赐给袁天罡大师一个大大的圆鸡蛋;

评论:有文采极好的嘉奖词刻印在中间。

上六:龙战于野,其血玄黄。

象曰:龙战于野,其道穷也。

⑥马脖子——上六

上六:马跑步时偶然遇到两条龙战于原野上,负伤龙的血溅到了**马脖子**挂着的铃铛上,其血是玄黄色的。

小象说:两条龙战于原野上,是因为道路到了尽头(其道穷也),无路可走才打起来的。

图像:马(突出脖子上铃铛的血迹),交战中的两条龙,原野;

情节:两条龙战于原野上,血溅到了马铃铛上,其血是玄黄色的;

评论:道路到了尽头,无路可走才打起来的。

用六:利永贞。

象曰:用六永贞,以大终也。

⑦马头——用六

用六:写出著名《咏柳》(用六)诗篇的诗人用马头琴弹奏出胜利后要永远珍惜(利永贞)战马的进行曲。

小象说:吟唱咏柳小调永远珍(用六永贞)惜战马的歌曲,以阳光明媚的大好局面终结(以大终也),非常欢快。

图像:马头,马头琴,诗稿(咏柳);

情节:《咏柳》诗人弹奏胜利后要永远珍惜战马的进行曲;

评论:咏柳小调永远珍惜战马的歌曲,以大好局面终结。

屯卦第三

震下坎上

对照译注　理解大意

【古文】

屯①：元亨利贞，勿用②有攸往，利建侯③。

彖曰：屯，刚柔始交而难生，动乎险中，大亨贞。雷雨之动满盈，天造草昧④，宜建侯而不宁。

象曰：云雷，屯；君子以经纶⑤。

【白话】

屯卦：元始亨通，利于守正，不适合有所前往，利于建立诸侯国。

彖曰：屯卦，阴阳二气开始交合，艰难随之而生，震动于危险之中；（能动则其险可出）大为亨通，需要贞正。雷雨交作充盈环宇，天造万物之初，杂乱冥晦，此时适合建立诸侯国治理天下，而不能享受安宁。

象曰：云上雷下，屯卦之象；君子体而用之，宜筹划治理国家大事。

【注释】

①屯(zhūn)：卦名，为卦震下坎上，水雷屯；喻义起始艰难。

②用：宜，适宜，适合。

③利建侯：利于建立诸侯，广泛获得辅助，以振济天下屯难。

④天造草昧：草，如草不齐；昧，如天未明。杂乱冥晦，喻指天下未定，名分

未定。

⑤经纶:整理丝缕,引申为筹划治理国家大事。

【古文】

初九:磐桓①,利居贞,利建侯。

象曰:虽磐桓,志行正也;以贵下贱,大得民也。

六二:屯如邅如②,乘马班如③,匪④寇婚媾,女子贞不字⑤,十年乃字。

象曰:六二之难,乘刚也;十年乃字,反常也。

六三:即鹿无虞⑥,惟入于林中。君子几,不如舍,往吝。

象曰:即鹿无虞,以从禽也;君子舍之,往吝穷也⑦。

六四:乘马班如,求婚媾,往吉,无不利。

象曰:求而往,明也。

【白话】

初九:徘徊,利于安居守正,利于建立诸侯国。

象曰:虽徘徊,但前行的志向是合乎正道的;以尊贵身份下居卑位,大得民心。

六二:初创艰难,难以前行,乘马分布,徘徊不行,(这人马)不是匪寇而是前来求取婚媾的,女子守正没有与之婚配,等待十年之久,才得以婚配。

象曰:六二的艰难,是因为乘凌于阳刚之上;女子十年才嫁,说明(难极而通)事情终于返归常道。

六三:进入山林而无虞人作向导,(妄行)只能是陷入山林处于困境而已。君子洞见几微,不如舍去,若前往必致羞吝。

象曰:进入山林而无虞人作向导(还继续前往),是因为内心服从了获取禽兽的欲望;君子会舍弃不入,若前往必致羞吝困穷之境。

六四:乘马徘徊(难以上行),但求取(与初九)婚配,前往会吉祥,没有什么不利的。

象曰:求取(与初九)婚配而前往,是明智的。

九五：屯其膏⑧，小贞吉，大贞凶⑨。

象曰：屯其膏，施未光也⑩。

上六：乘马班如，泣血涟如⑪。

象曰：泣血涟如，何可长也！

九五：屯难时期，（九五）膏泽难以下施；此时，处理小事守正可获吉祥，处理大事虽正亦凶。

象曰：屯难时期，（九五）膏泽难以下施，是说九五阳德未能发扬光大。

上六：乘马分布，不得前行，哭泣得血泪不断。

象曰：哭泣得血泪不断，这样怎么可以长久呢？

【注释】

①磐桓(pán huán)：徘徊，逗留。难进或不进之貌。

②屯如邅如：屯，屯难；邅(zhān)，难行不进之貌；如，语辞。

③班如：分布不进之貌。

④匪：通"非"，不是。

⑤字：女子许嫁。

⑥即鹿无虞：即，就也，进入；鹿，麓也，山林；虞，虞人，即向导。

⑦往吝穷也：吝，羞吝。追逐不舍必至羞吝穷困。

⑧屯其膏：屯，屯难；膏，膏泽。屯难之时，九五膏泽难以下施。

⑨小贞吉大贞凶：贞，守正。处理小事守正可获吉祥，处理大事虽正亦凶。

⑩施未光也：（九五）阳德施与未能光大。

⑪涟(lián)如：泪流不断的样子，形容极度悲伤。

千方百计　全力助记

一、卦序卦形记忆

屯卦为《周易》第三卦。

数字编码法记卦序

皇上拿出金元宝(3)给水雷军(屯)做军费。

编码:3——金元宝。

水雷屯

谐音法记卦形

屯卦上坎为水,下震为雷,水雷屯,谐音为"水雷军(屯)"。

二、卦辞记忆

屯:元亨利贞,勿用有攸往,利建侯。

释义联想法记卦辞

屯:元亨利贞

屯卦为乾坤两卦最初交合而生,继承了乾父坤母"元亨利贞"之品德,故屯卦第一句卦辞为"元亨利贞";

勿用有攸往

屯卦代表从0到1的初生艰难状态(即处于"屯难"状态),尚无能力向外发展,故第二句卦辞是"勿用有攸往";

利建侯

事物初生状态,力量弱小,需寻求积聚力量,建立诸侯国是积聚力量的最好方式,故第三句卦辞为"利建侯"。

三、象辞记忆

象曰:屯,刚柔始交而难生,动乎险中。大亨贞,雷雨之动满盈。天造草昧,宜建侯而不宁。

故事法记象辞

屯,刚柔始交而难生,动乎险中,大亨贞

军(屯)营里,两士兵刚要开始摔跤,突然跑进来一个小男生(刚柔始交而难生)大喊:爸爸,哥哥考进<u>东湖县中</u>(动乎险中)了,我跑这么远来给你报信,你得给我买一个<u>大风筝</u>(大亨贞)。

图像:军营,士兵,小男生,大风筝;

谐音:军——屯,刚要——刚柔,跤——交,男生——难生,东湖县中——动乎险中,大风筝——大亨贞。

雷雨之动满盈,天造草昧,宜建侯而不宁

小男生刚说完,外面下起了雷阵雨,<u>雷雨的震动使得屋子里充满</u>(雷雨之动满盈)了雷声雨水。团长大声说:<u>天晴了找些草莓</u>(天造草昧)给你吃。说完这话,团长又说,练<u>一剑封喉</u>(宜建侯)招式的伙计们,要注意别伤着了,不然<u>又不得安宁</u>(而不宁)。

图像:团长,屋子,雷雨,草莓,练一剑封喉招式的俩伙计;

谐音:找——造,莓——昧,一剑封喉——宜建侯;

会意:充满——满盈。

[屯卦] 君子以经纶

四、大象辞记忆

象曰:云雷,屯;君子以经纶。

情景法记大象辞

天空上面乌云滚滚,下面雷声震动,军(屯)营外面,军长儿子(君子)用(以)腈纶(jīng lún)(经纶)搭建帐篷遮风避雨。

图像:乌云,雷声,军长儿子,腈纶(一种合成纤维);

谐音:军长儿子(增字法)——君子,腈纶——经纶。

五、爻辞小象辞记忆

故事法记爻辞小象辞

初九:磐桓,利居贞,利建侯。

象曰:虽磐桓,志行正也;以贵下贱,大得民也。

初九:两个大男人在院子里转圈圈,徘徊不定(磐桓),原来是李居正(利居贞)、李建侯(利建侯)抱着刚酿出来的美酒在犹豫,是现在就喝呢还是储藏起来呢?

小象说:刚酿出美酒的侯爷虽磐桓犹豫,但他想把酒分给有功劳之下人喝,其志向是行正道也(志行正也);侯爷以高贵的身份能与下面地位卑贱(以贵下贱)之人共享美酒,大得民心也。

图像:男人甲(李居正)、男人乙(李建侯),酒坛子;

情节:李居正、李建侯抱着美酒转圈圈,犹豫不定,是喝还是不喝?

评论:虽磐桓犹豫,但能与有功劳之下人分享美酒,其志向是行正道也;能以高贵身份与卑下之人分享,大得民心。

六二:屯如邅如,乘马班如,匪寇婚媾,女子贞不字,十年乃字。

象曰:六二之难,乘刚也;十年乃字,反常也。

六二:牛儿驮着重如一吨(屯如)的聘礼颤巍巍(邅如)跟在马队后面,马队欲行又不能前进(乘马班如),一看就不是来抢劫的匪寇而是来谈婚媾的人马,但女子坚贞地表示不学会写字就不嫁(女子贞不字);十年后才学会写字(十年乃字),于是就嫁人了。

小象说:牛儿之行走艰难(六二之难),是因为它行走在钢板上(乘刚也);女子十年才学会写字(十年乃字),实在是反常之事(反常也)。

图像:牛儿,马队,女子,笔和本子;

情节:牛儿驮着重如一吨的聘礼颤巍巍,马队欲行又不能前进,不是来抢劫的匪寇而是来谈婚媾的人马,但女子坚贞地表示不学会写字就不嫁;十年才学会写字;

评论:牛儿之行走艰难,是因为它行走在钢板上;女子十年才学会写字,实在是反常之事。

六三:即鹿无虞,惟入于林中。君子几,不如舍,往吝。

象曰:即鹿无虞,以从禽也;君子舍之,往吝穷也。

六三:刘三准备好鸡、鹿、乌鱼(即鹿无虞),就是为了进入山林中(惟入于林中)拜访智慧的君子。刘三见到君子后,奉上礼物,君子拿了鸡(君子几),步入茅舍(不如舍),拿出一张八卦图,往林(往吝)子深处走去。

小象说:刘三带着鸡、鹿、乌鱼(即鹿无虞)去拜访君子,是其内心被捕获禽兽的欲望左右了(以从禽也);君子说,人类要与禽兽和平相处,君子劝他舍弃之前(君子舍之)的想法,因为继续往林子深处走,必将穷途末路(往吝穷也)。

图像:鸡,鹿,乌鱼,君子,茅舍,林子;

情节:刘三准备好鸡、鹿、乌鱼,就是为了进入山林中拜访君子;君子只收了鸡,步入茅舍,拿出一张八卦图,往林子深处走去;

评论:被捕获禽兽的欲望左右了,继续往林子深处走,必将穷途末路。

六四:乘马班如,求婚媾,往吉,无不利。

象曰:求而往,明也。

六四:刘四想前往君王身边建功立业,但又担心自己力量不足,他乘马走了一会就不走了(乘马班如);调转方向去刚刚酿出美酒的下村李家求取联姻(求婚媾),然后共同建功立业;因两家门当户对,前往是吉利(往吉)的,没有什么不利的(无不利)。

小象说:刘四诚心为妹妹求取婚姻幸福而前往(求而往)李家联姻,是明智的行为嘛(明也)。

图像:乘马的刘四;

情节:刘四乘马走了一会就不走了;调转方向去下村李家求取联姻;因两家门当户对,前往是吉利的,没有什么不利的;

评论:为妹妹求取婚姻幸福而前往李家联姻,是明智的行为。

九五:屯其膏,小贞吉,大贞凶。

象曰:屯其膏,施未光也。

九五:酒壶里囤积药膏(屯其膏),装一小包正好(小贞吉),装一大包稍有震动就有发生爆炸的凶险(大贞凶)。

小象说:在酒壶里囤积药膏(屯其膏),这种做法不可视为光彩的做法(施未光也)。

图像:酒壶,药膏(大小各一包);

情节:酒壶里囤积药膏,装一小包正好,装一大包稍有震动就有爆炸的凶险;

评论:在酒壶里囤积药膏,这种做法不可视为光彩的做法。

上六:乘马班如,泣血涟如。

象曰:泣血涟如,何可长也!

上六:商路走到这里到了尽头,无路可走,被抢劫一空的乘马队伍欲进但已无处可去(乘马班如),眼看天色已晚,带队的头儿急得大哭起来,哭得眼泪涟涟,泪中带血(泣血涟如)。

小象说:商路上被抢劫一空的迎亲马队头儿哭泣到泪中带血(泣血涟如),这种情况怎么可以长久(何可长也)下去呢?

图像:乘马队伍,大哭的头儿;

情节:被抢劫一空的乘马队伍欲进但已无处可去,带队的头儿哭得眼泪涟涟,泪中带血;

评论:哭得眼泪涟涟泪中带血,这种情况怎么可以长久下去呢?

蒙卦第四

坎下艮上

对照译注　理解大意

【古文】

蒙①：亨②。匪我求童蒙③，童蒙求我。初筮④告，再三渎⑤，渎则不告。利贞。

彖曰：蒙，山下有险，险而止，蒙；蒙，亨，以亨行，时中也。匪我求童蒙，童蒙求我，志应也；初筮告，以刚中也；再三渎，渎则不告，渎蒙也。蒙以养正⑥，圣功也。

象曰：山下出泉，蒙；君子以果行育德。

【白话】

蒙卦：亨通。不是我求童蒙，而是童蒙求我。初次问就告诉，若再三问同一问题，就是轻慢和不敬，轻慢和不敬就不告诉。利于守正。

彖曰：蒙卦，山下有险阻，遇到险阻就停止，这就是蒙稚。由蒙稚而亨通，是因为顺着亨通之道施行启蒙，符合时机和中道。不是我求童蒙，而是童蒙求我，这样才能志向相应；初次问就告诉，是因为启蒙老师有阳刚中正的品德；若再三问同一问题，就是轻慢和不敬，轻慢和不敬就不告诉，因为他亵渎了启蒙教育的神圣。启蒙培养天真孩童的正气，做的是圣人般的功德。

象曰：山下流出泉水，蒙卦之象；君子体而用之，宜果决行动培育美德。

【注释】

①蒙:卦名,为卦坎下艮上,山水蒙;象征蒙昧、蒙稚。
②亨:亨通。蒙有开发之理,亨通之义。
③匪我求童蒙:匪,通"非";我,指九二;童蒙,心地纯真尚未开发,指六五。
④筮(shì):原指以蓍草占问,此处特指孩童向启蒙老师提出疑问困惑。
⑤渎(dú):轻慢,不敬。
⑥蒙以养正:蒙,启蒙。启蒙教育阶段培养孩童的正气。

【古文】

初六:发蒙,利用刑人,用说桎梏①,以往吝。

象曰:利用刑人,以正法也。

九二:包蒙吉②,纳妇吉③;子克家④。

象曰:子克家,刚柔接也。

六三:勿用取女,见金夫,不有躬⑤,无攸利。

象曰:勿用取女,行不顺也。

六四:困蒙,吝。

象曰:困蒙之吝,独远实也⑥。

【白话】

初六:启发蒙昧,利于用惩戒之法,启蒙之初不以惩戒之法约束,以此方法前往发蒙会有羞吝。

象曰:利于用惩戒之法,是说可以端正法纪。

九二:含容而不拒绝各类蒙昧而启发之,吉祥;能采纳卑下之人的良善意见,吉祥;儿子能管理好家事。

象曰:儿子能管理好家事,是上下之情相交接的缘故。

六三:不能娶这样的女子,见到得势的男子,就不能保持自身妇道,没有什么益处。

象曰:不能娶这样的女子,是因为她的行为不合乎礼仪。

六四:困于蒙昧,羞吝。

象曰:困于蒙昧的羞吝,是因为只有他远离阳刚的启蒙老师。

六五:童蒙,吉。

象曰:童蒙之吉,顺以巽也⑦。

上九:击蒙,不利为寇⑧,利御寇⑨。

象曰:利用御寇,上下顺也。

六五:童真般的蒙昧,吉祥。

象曰:童蒙的吉祥,是因为他对启蒙老师恭顺谦逊。

上九:击打愚蒙,不利于以匪寇般刚猛方式,利于用抵御匪寇般刚强但又较为宽缓的方式。

象曰:利于以抵御匪寇般刚强但又较为宽缓的方式,如此则上下都顺畅。

【注释】

①用说桎梏:说,通"脱";桎梏,刑具,此处指以惩戒之法予以约束。

②包蒙吉:包,广泛含容而不拒绝。含容而不拒绝各类蒙昧而启发之,吉祥。

③纳妇吉:纳,采纳;妇,卑下。能采纳卑下之人的良善意见,吉祥。

④子克家:子,儿子,指九二,子或谓臣;克,能。儿子能治理好家事。

⑤勿用取女,见金夫,不有躬:取,通"娶";金夫,得势的男子;躬,身体。

⑥实:阳。

⑦顺以巽也:顺,顺从;巽,卑巽。

⑧为寇:做匪寇,喻指过于刚猛的击蒙方式。

⑨御寇:抵御匪寇,喻指使用虽然刚强但又相对宽缓的击蒙方式。

千方百计　全力助记

一、卦序卦形记忆

蒙卦为《周易》第四卦。

数字编码法记卦序

红旗(4)插上了山泉水流经的蒙寨。

编码:4——红旗。

山水蒙

谐音法记卦形

蒙卦,上体艮为山,下体坎为水,山水蒙,可编一句话助记:山水朦(蒙)朦胧胧。

二、卦辞记忆

蒙:亨。匪我求童蒙,童蒙求我;初筮告,再三渎,渎则不告;利贞。

标题定桩法记卦辞

以"山水蒙"为标题定桩:

山——蒙:亨,匪我求童蒙,童蒙求我;

水——初筮告,再三渎,渎则不告;

蒙——利贞。

山:老师牵着萌娃子(蒙)上山,边走边嘟囔:哼(亨),不要以为我老了腿脚不便,不是我求萌娃子(匪我求童蒙)牵我,是萌娃娃求我(童蒙求我)牵着他。

图像:山,年迈的老师,萌娃子;

会意:萌娃子——童蒙。

水:山顶的水医生对老师说:您这风湿病好治,除湿膏(初筮告),再三涂(再三渎),涂着不够(渎则不告),就兑些山泉水。

图像:水医生,除湿膏,山泉水。

蒙:萌娃子萌萌地说:"兑水也行,你真(利贞)敢说!你不会是水货医生吧?"

图像:萌娃子,山泉水。

三、象辞记忆

象曰:蒙,山下有险,险而止,蒙;蒙,亨,以亨行,时中也;匪我求童蒙,童蒙求我,志应也;初筮告,以刚中也;再三渎,渎则不告,渎蒙也。蒙以养正,圣功也。

对话故事法记象辞

蒙,山下有险,险而止,蒙

老先生告诫童蒙说:萌(蒙)娃子,山下有危险的地方,遇到危险就停下来(险而止),萌(蒙)娃子,千万要记住呀!

图像:老先生,萌娃子,山;

会意:遇到危险就停下来——险而止。

蒙,亨,以亨行时中也

萌(蒙)娃子们齐声回答道:哼(亨),放心吧!我们一路(以)哼(亨)行军小调,时刻走中间(以亨行时中也),就没事了。

图像:行走在路中间的萌娃子。

匪我求童蒙,童蒙求我,志应也

老师对萌娃子们说:不是我求你们萌娃子(匪我求童蒙),是你们萌娃子求我(童蒙求我),记住只有国有药店直营的药膏才信得过嘞(志应也)。

图像:萌娃子,国有直营药店。

初筮告,以刚中也;再三渎,渎则不告,渎蒙也

药店药剂师告诉萌娃们:除湿膏(初筮告)一定要在刚好中午的时候涂抹(以刚中也),太阳正中的时候,往风湿疼痛处再三涂(再三渎),涂着不够(渎则不告),再来买,千万不能在涂背时蒙骗老先生啊(渎蒙也)。

图像:药店,药剂师,除湿膏,正中午的太阳。

蒙以养正,圣功也

萌娃们得意地说:知道知道,先生说了好的启蒙教育可以培养浩然正气(蒙以养正),此乃圣功也。

图像:萌娃子。

[蒙卦] 君子以果行育德

四、大象辞记忆

象曰:山下出泉,蒙;君子以果行育德。

推理演绎法记大象辞

山下出泉,朦朦(蒙)胧胧;从山上流出来的泉水清澈甘甜,君子利用这上好的泉水种植了一些有机水果,以水果行善事救济穷人,主动结识并培育德行好(以果行育德)的穷苦人家的小孩子。

图像:流出泉水的山,君子,果树,穷人家小孩子。

五、爻辞小象辞记忆

故事法记爻辞小象辞

初六:发蒙,利用刑人,用说桎梏,以往吝。

象曰:利用刑人,以正法也。

初六:杨柳树下,一位老先生正给十几个孩童做发蒙教育。老先生发完启蒙的课本,拿出戒尺,对孩童们说:不认真听课,做错事儿,对先生不尊敬,都是要打板子的(利用刑人)。为什么要体罚呢?如果你们犯错了不用戒尺体罚来约束你们(用说桎梏),以后你们会往令(以往吝)你们父母羞耻的斜路上走。

　　小象说:用打板子来体罚犯错的孩童(利用刑人),有利于让孩子从小端正法纪观念(以正法也)。

　　图像:老先生,孩童,发蒙用的课本,戒尺;

　　情节:发蒙的老先生对孩童们说:违反规矩是要打板子受体罚的,因为不体罚约束你们,以后你们会往斜路上走,令长辈蒙羞的;

　　评论:用打板子来体罚犯错的孩童,有利于让孩子从小端正法纪观念。

　　九二:包蒙吉,纳妇吉,子克家。

　　象曰:子克家,刚柔接也。

　　九二:球儿形状的蒙古包(包蒙)里有一只鸡(吉),壮汉捉住鸡拿给妇人做鸡汤(纳妇吉)给做私塾先生的老父亲喝。老父亲看见了感叹地说:儿子娶的客家(子克家)媳妇真孝顺。

　　小象说:男子娶客家(子克家)媳妇,这是阳刚与阴柔相结(刚柔接也)合的大好事。

　　图像:蒙古包,鸡,儿子,妇人,老父亲;

　　编码:鸡——吉;

　　情节:蒙古包里有一只鸡,壮汉拿给妇人做鸡汤给老父亲喝;老父亲说儿子娶的客家媳妇真孝顺;

　　评论:男子娶客家媳妇,这是阳刚与阴柔相结合的大好事。

　　六三:勿用取女,见金夫,不有躬,无攸利。

　　象曰:勿用取女,行不顺也。

　　六三:梁山大军师吴用娶女人(勿用取女)。人们看见运金银的车夫(见金夫)刘三,问吴用婚礼那天是不是没有向晁天王灵位鞠躬(不有躬)行礼,刘三说:是的,我只看见供奉了五个油梨(无攸利)。

　　小象说:梁山大军师吴用娶女人(勿用取女),没有向晁天王灵位行礼,这种行为是不顺应天道的嘢(行不顺也)。

　　图像:吴用,车夫,五个油梨;

　　编码:五个油梨——无攸利;

情节:军师吴用娶女人,人们看见运金银的车夫刘三,问婚礼那天是不是没有向晁天王灵位鞠躬行礼,刘三说他只看见供奉了五个油梨;

评论:这种行为是不顺应天道的。

六四:困蒙,吝。

象曰:困蒙之吝,独远实也。

六四:因上课经常犯困而被捆住的萌(困蒙)娃子逃进了山林(吝)里林院士的小木屋,好心的院士给他吃了一顿鱼香肉丝。

小象说:经常犯困被捆住的萌(蒙)娃子逃进林子(困蒙之吝)里,他是想读院士的书嘞(独远实也)。

图像:被捆住的萌娃子,山林,院士;

情节:经常犯困而被捆住的萌娃子逃进了山林里林院士的小木屋;

评论:逃进林子里,是因为他想读院士的书。

六五:童蒙,吉。

象曰:童蒙之吉,顺以巽也。

六五:有一个在外读书、远离娘亲很久的孩童上课时打盹做了一个梦,这孩童梦(童蒙)中正喝鸡汤(吉),一只老虎幼崽蹲在前面看,连口水都流出来了。

小象说:孩童梦中喝鸡汤(童蒙之吉),该得多馋呀。顺利的话一旬(顺以巽也)以后他母亲会送鸡汤来。

图像:打盹做梦的小孩,鸡汤,老虎幼崽;

编码:鸡——吉;

情节:远离娘亲很久的孩童上课时做了一个梦,这孩童梦中正喝鸡汤;

评论:顺利的话一旬以后他母亲会送鸡汤来。

上九:击蒙,不利为寇,利御寇。

象曰:利用御寇,上下顺也。

上九:上完课,身穿太极服的老先生总结他体罚学生的体会:今天回去告诉你们父母,我用戒尺击打蒙昧(击蒙)无知的孩童,是不利于你们吃饭的胃口(不利为寇);但利于你们掌握抵御匪寇(利御寇)的本领。

小象说:利用抵御匪寇(利用御寇)一样的方式惩戒犯错误的孩童,这样孩子的爷爷奶奶和爸爸妈妈上下都会顺心的(上下顺也)。

图像:老先生,戒尺,童蒙,匪寇;

情节:老先生说用戒尺击打蒙昧的孩童,虽不利于他们吃饭的胃口,但利于他们掌握抵御匪寇的本领;

评论:利用抵御匪寇一样的方式惩戒犯错误的孩童,上下都会顺心的。

需卦第五

乾下坎上

对照译注　理解大意

【古文】

需①:有孚,光亨,贞吉②,利涉大川。

彖曰:需,须也,险在前也;刚健而不陷,其义不困穷矣。需,有孚光亨贞吉,位乎天位以正中也;利涉大川,往有功也。

象曰:云上于天,需;君子以饮食宴乐③。

【白话】

需卦:有诚信,光明而亨通,守正吉祥,利于涉越大河。

彖曰:需,即等待,危险在前面,刚强健壮而不陷入险境,按道理不会被困到穷途末路。需卦,有诚信,光明而亨通,守正吉祥,是因为九五居天位而且端正守中;利于涉越大河,是说往前行进可以建功立业。

象曰:云气聚集于天上,需卦之象;君子体而用之,宜饮食颐养人之气体,宴乐和悦人之心志。

【注释】

①需:卦名,为卦乾下坎上,水天需;云在天上,需等待成雨之象,需要等待之意。

②有孚光亨贞吉:有孚,诚信;光亨,光明而能亨通;贞吉,守正则吉。

③饮食宴乐:喻指处于平易而无危险之境地,安守现状,以待天命。

【古文】

初九：需于郊，利用恒①，无咎。

象曰：需于郊，不犯难行也；利用恒，无咎，未失常也。

九二：需于沙②，小有言③，终吉。

象曰：需于沙，衍④在中也；虽小有言，以吉终也。

九三：需于泥⑤，致寇至。

象曰：需于泥，灾在外⑥也；自我致寇，敬慎不败也。

六四：需于血⑦，出自穴⑧。

象曰：需于血，顺以听也⑨。

九五：需于酒食⑩，贞吉。

象曰：酒食贞吉，以中正也。

上六：入于穴，有不速之客⑪三人来，敬之终吉。

象曰：不速之客三人来，敬之终吉。虽不当位⑫，未大失也。

【白话】

初九：在郊外等待，利于保持恒心，没有灾难。

象曰：在郊外等待，是说没有冒着危难前行；利于保持恒心，没有灾难，是说没有失去常道。

九二：在沙地等待，有言语伤害的小灾，最终可获吉祥。

象曰：在沙地等待，说明心宽不急；虽有言语伤害的小灾，但会以吉祥告终。

九三：在泥地等待，招致匪寇到来。

象曰：在泥地等待，是说灾祸尚在身外；自己招来了匪寇，只要恭敬谨慎就可避免危害。

六四：在危险之地等待，退出自己的居所。

象曰：在危险之地等待，顺从时势听从天命。

九五：在酒食宴乐中等待，守正吉祥。

象曰：在酒食宴乐中等待，守正吉祥，说明九五居中得正。

上六：进入居所，见到未经召请的三个人到来，恭敬相待，最终会获吉祥。

象曰：见到未经召请的三个人到来，恭敬相待，最终会获得吉祥。虽然上六没有爵位，也没有出现大的过失。

【注释】

①需于郊,利用恒:郊,旷远之地;恒,常也。在郊外等待,利于保持恒心。

②需于沙:沙,坎为水,近水则有沙。喻指逐渐接近于危险之地。

③小有言:言语的伤害,是最小的患难。

④衍(yǎn):宽绰(chuò),此处为以宽绰居中位、不急于前进之意。

⑤需于泥:泥逼近于水,即将陷于危险之中。喻指灾祸已切近自己身体而在眼前。

⑥灾在外:外,指外卦,泥还是处于水的外面。此处喻指灾祸还在身外。

⑦需于血:坎为血卦,六四已入坎险,"需于血"喻指在危险之地等待。

⑧出自穴:穴,物安居之所。退出自己安居之所。

⑨顺以听也:顺从以听于时势(或天命)。

⑩需于酒食:酒食,宴乐之意。在酒食宴乐中等待,喻指休养生息。

⑪不速之客:速,召请。未经召请而自来的客人。

⑫虽不当位:位,爵位,而非阴阳之位。虽然没有爵位。

千方百计　全力助记

一、卦序卦形记忆

需卦为《周易》第五卦。

数字编码法记卦序

水田(天)里需要人干活时佛手(5)来帮忙了。

编码:5——佛手。

䷄ 水天需

谐音法记卦形

需,上坎下乾,坎为水乾为天,水天需;可编一句话:水田里需要人插秧。

二、卦辞记忆

需：有孚，光亨，贞吉，利涉大川。

标题定桩法记卦辞

水：水自西向东流，潮涨潮落有期，是为有信，即有孚也；阳光下的水面，波光粼粼，是为光亨也。

天：老天爷保佑贞正之人，吉无不利（贞吉）。

需：需，待也；待时机成熟（给养充足，力量强大），可乘大船涉越大河，是为利涉大川也。

三、象辞记忆

象曰：需，须也，险在前也；刚健而不陷，其义不困穷矣。需，有孚光亨贞吉，位乎天位以正中也；利涉大川，往有功也。

释义联想法记象辞

需：须也，险在前也

需，须也，等待之意，因险阻在前，故需等待。此乃需卦的主旨意义。

刚健而不陷，其义不困穷矣

需卦下体为乾为刚健，上体为坎为险陷，刚健遇坎险而不陷入其中，其意义乃是刚健之志气未困穷也。

需，有孚光亨贞吉，位乎天位以正中也

"需，有孚光亨贞吉"，此乃卦辞第一句，"位乎天位以正中也"，是说需卦"有孚光亨贞吉"的主要原由是九五。五乃天子之位，九五乃阳刚明智之君，行中正之道，故有"有孚光亨贞吉"的大好局面。

利涉大川，往有功也

待时机成熟，则前往做事会有大的成功（往有功也），因而利涉大川。

[需卦] 君子以飲食宴樂

四、大象辞记忆

象曰：云上于天，需；君子以饮食宴乐。

释义推理法记大象辞

云上于天，需等待云气凝结成雨，君子观此天象，当安以待时，吃好饮食适当宴乐，以养好身体，和悦心志。

五、爻辞小象辞记忆

故事法记爻辞小象辞

初九：需于郊，利用恒，无咎。

象曰：需于郊，不犯难行也；利用恒，无咎，未失常也。

初九：徐玉在郊外（需于郊）做事一个人很孤单，要利用恒心才能做下去，特别是在无酒（无咎）喝的条件下。

小象说：徐玉在郊外（需于郊）是很孤单，但好在工作不是很难，不犯难就可以往前做（不犯难行也）。他利用自己的恒心，无酒（无咎）喝，也未出现失常行为。

图像：郊外，名叫徐玉的男子；

情节:徐玉在郊外要利用恒心才能做下去,特别是在无酒喝的条件下;

评论:不犯难就可以往前做;也未出现失常行为。

九二:需于沙,小有言,终吉。

象曰:需于沙,衍在中也;虽小有言,以吉终也。

九二:徐玉把剩余的沙子(需于沙)留给包工头,小队长曾经有言(小有言)在先,事情终了奖给他一只鸡(终吉)。

小象说:徐玉把剩余的沙子(需于沙)留给包工头,明白人都看在眼中(衍在中,倒字法),虽不太正当但小队长有言(虽小有言)在先,事情还是以徐玉获得一只鸡而终结(以吉终也)。

图像:沙子,鸡,徐玉,小队长;

情节:徐玉把剩余的沙子留给包工头,小队长有言,终了给他一只鸡;

评论:明白人都看在眼中,事情是以徐玉获得一只鸡而终结。

九三:需于泥,致寇至。

象曰:需于泥,灾在外也;自我致寇,敬慎不败也。

九三:三九严寒天,徐玉浑身泥泞(需于泥)从外面跑回项目驻地报告,自湘西来的匪寇,已逃至(致寇至)我们城外了。

小象说:徐玉一身泥泞(需于泥)跑回来报告,灾祸已在城外了(灾在外也)。自我方知道匪寇(自我致寇)要来的消息,已经谨慎(敬慎)准备了,我方已立于不败之地。

图像:浑身泥泞的徐玉,匪寇;

情节:徐玉浑身泥泞跑回来报告,自外来的匪寇,已逃至我们城外了;

评论:灾祸已在城外了;因为已谨慎准备,我方已立于不败之地。

六四:需于血,出自穴。

象曰:需于血,顺以听也。

六四:工地上,徐玉受伤流血(需于血),工地厨子学(出自穴)着给他包扎。

小象说:徐玉流血(需于血),顺义县长听说后也(顺以听也)派人来了。

图像:流血的徐玉,厨子;

情节:徐玉受伤流血,厨子学着给他包扎;

评论:顺义县长听说后也派人来了。

九五:需于酒食,贞吉。

象曰:酒食贞吉,以中正也。

九五:老板听说徐玉受伤流血,慰劳徐玉吃酒食(需于酒食),还有一只蒸鸡(贞吉)。

小象说:工地老板安排徐玉吃酒食蒸鸡(酒食贞吉),说明工地老板为人中道正派嘢(以中正也)。

图像:受伤的徐玉,酒肉,蒸鸡;

编码:蒸鸡——贞吉;

情节:老板慰劳徐玉吃酒食,还有一只蒸鸡;

评论:安排徐玉吃酒食蒸鸡,说明工地老板为人中道正派。

上六:入于穴,有不速之客三人来,敬之终吉。

象曰:不速之客三人来,敬之终吉。虽不当位,未大失也。

上六:吃过丰盛的饭菜,徐玉钻入山洞洞穴(入于穴),见到事先未通知的三个领导模样的人来了(有不速之客三人来),徐玉恭敬之至地招待三人吃了中(终)午他舍不得吃留下来的鸡(敬之终吉)。

小象说:这三个未事先打招呼自己突然来的人算是不速之客了(不速之客三人来),徐玉恭敬之至地招待三人吃了中午留下来的鸡(敬之终吉)。他虽不懂党委(虽不当位)纪律,但吃一只鸡也未有大的过失嘢(未大失也)。

图像:三个领导模样的人,恭敬的徐玉,鸡;

情节:徐玉钻入山洞洞穴,见到事先未通知的三个人来了,恭敬之至地招待三人吃了中午他留下来的鸡;

评论:虽不懂党委纪律,但吃一只鸡也未有大的过失。

六爻整体回顾:

化繁为简,提取关键字词。

初爻至五爻都是"需于××"的句式,可将"需于"固定,初爻至五爻依次提取关键字词为:郊、沙、泥、血、酒食。

建筑工人徐玉(需于)在郊外搅拌沙子泥土,不小心受伤出血,老板以酒食安慰后,进入洞穴休息。

用人名徐玉谐音初爻至五爻都有的"需于"两字;

然后以带故事情节的一句话将各爻的第一个字串进去,形成全卦六爻爻辞整体记忆的关键字提醒。

讼卦第六

坎下乾上

对照译注　理解大意

【古文】

讼①：有孚，窒惕②，中吉，终凶③。利见大人，不利涉大川。

彖曰：讼，上刚下险，险而健，讼。讼，有孚窒惕中吉，刚来而得中也；终凶，讼不可成也。利见大人，尚中正也；不利涉大川，入于渊也。

象曰：天与水违行④，讼；君子以作事谋始。

【白话】

讼卦：有诚信而被窒塞，内心恐惧警惕，持守中道可获吉祥，始终争诉不息必有凶险。利于见到大人，不利于涉越大河。

彖曰：讼卦，上体刚健下体险陷，意指遇到险阻还刚强往前，就形成争讼。讼卦，有诚信而被窒塞，内心恐惧警惕，持守中道可获吉祥，说明阳刚到来而且持守中道；始终争讼不息必有凶险，是因为靠争讼是不可能成就事业的。利于见到大人，说明听讼断案之事崇尚中正之道；不利于涉越大河，是因为面临险阻仍然逞强必将进入深渊。

象曰：天与水的运动方向相反，讼卦之象；君子体而用之，宜在事情开始之初做好谋划。

【注释】

①讼:卦名,为卦坎下乾上,天水讼;有诉讼、争讼之意。
②有孚窒惕:有孚,有诚信;窒惕,窒塞未通,畏惧警惕。
③中吉终凶:中吉,得中则吉;终凶,将讼事坚持到底做到极端必有凶险。
④天与水违行:违,相反。天西转水东流,其行动方向相反。

【古文】

初六:不永所事,小有言①,终吉。

象曰:不永所事,讼不可长也;虽小有言,其辩明也。

九二:不克讼,归而逋②,其邑人三百户③,无眚④。

象曰:不克讼,归逋窜也;自下讼上,患至掇⑤也。

六三:食旧德⑥,贞厉,终吉;或从王事,无成。

象曰:食旧德,从上吉也。

九四:不克讼,复即命,渝安贞⑦,吉。

象曰:复即命,渝安贞,不失也。

【白话】

初六:不能长久投身于诉讼之事,即使遇到小的伤害,最终也会吉祥。

象曰:不长久投身于诉讼之事,是说争讼之事不可坚持长久;虽然会有小的伤害,但其是非是可以分辩明白的。

九二:不能胜诉,逃跑并归隐到三百户人家的小邑,居此躲避没有灾难。

象曰:不能胜诉,逃跑并归隐,是因为想快速终止争讼;居下位之人与居上位之人争讼,祸患临头是自己拾取的。

六三:安守旧日的平静生活,守持正固,即使有危险,最终也将获得吉祥。或者随从君王做事,成功不要居功。

象曰:安守旧日平静生活,顺从居上位之人,吉祥。

九四:不能胜诉,当复返正理,改变心态,安居守正,吉祥。

象曰:复返正理,改变心态安居守正,如此则不会有损失。

九五:讼,元吉。	九五:听讼,原本吉祥。
象曰:讼元吉,以中正也。	象曰:听讼原本吉祥,是因为九五能以中正之道听讼断案。
上九:或锡之鞶带⑧,终朝三褫之⑨。	上九:有时或被赐予朝服大带,但也会在一天之内多次被夺走。
象曰:以讼受服,亦不足敬也。	象曰:通过诉讼获得赏赐,这是不值得尊敬的。

【注释】

①小有言:有言,指小的灾害。言语的伤害是灾害中最小的。

②不克讼,归而逋:克,胜;逋(bū),逃。不能胜诉,逃跑并归隐。

③其邑人三百户:三百户为小邑,逃到小邑避藏,喻指处卑下简约以免灾患。

④无眚:眚(shěng),灾患。没有灾患。

⑤掇(duō):拾取,喻指容易得到。

⑥食旧德:食其旧日之德。喻指安守朴素之本分。

⑦复即命,渝安贞:复,复返;即,接受;命,正理;渝,改变;安贞,安处于正。复返接受正理,改变心态而安处正道。"复"与"渝"相对应。

⑧或锡之鞶带:或,未定之词;锡(xí),通"赐";鞶(pán)带,大带,命服之饰。

⑨终朝三褫之:褫(chǐ),夺。一天之内被多次剥夺。

千方百计　全力助记

一、卦序卦形记忆

讼卦为《周易》第六卦。

数字编码法记卦序

天水人送(讼)来一个勺子(6)给要饭的老乞丐吃饭。

编码:6——勺子。

☰
☵ 天水讼

谐音法记卦形

讼卦,乾上坎下,乾为天坎为水,<u>天水</u>讼。可编一句话:<u>天水</u>人<u>送</u>礼物。(注:天水市是甘肃省一个地级市。)

二、卦辞记忆

讼:有孚,窒惕,中吉,终凶,利见大人,不利涉大川。

数字编码挂钩法记卦辞

将卦辞进行编码:

①有孚,②窒惕,③中吉,④终凶,⑤利见大人,⑥不利涉大川。

1.大树——有孚

大树上挂着一个<u>油壶</u>(有孚);

2.鸭子——窒惕

水太浑浊,鸭子居然在水里<u>窒</u>息了,千万要<u>警惕</u>(窒惕),不要让小孩子掉下去了;

3.耳朵——中吉

老中医治好了老聋子的耳朵,真是<u>中</u>医界<u>吉</u>利(中吉)的大奇迹;

4.青龙——终凶

青龙<u>终</u>于打败了<u>凶</u>残(终凶)的螣蛇;

5.佛手——利见大人

手持佛手,有<u>利</u>于拜<u>见大人</u>(利见大人);

6.勺子——不利涉大川

勺子虽大但容易倾斜,但坐在勺子上还是<u>不利</u>于<u>涉</u>越大河<u>大川</u>(不利涉大川)。

三、象辞记忆

象曰:讼,上刚下险,险而健,讼。讼,有孚窒惕中吉,刚来而得中也;终凶,讼不可成也。利见大人,尚中正也;不利涉大川,入于渊也。

释义联想法记象辞

首以卦形为线索(先自上而下,再自下而上),次以卦辞为线索,对象辞予以阐释或引申。

讼,上刚下险,险而健,讼

讼卦上下二体,自上而下为上乾下坎,即"上刚下险";自下而上为下坎上乾,即"险而健",两端以"讼"为首尾,乃象辞写法之体例也。

讼,有孚窒惕中吉,刚来而得中也

下体坎卦九二乃乾阳来与坤阴交合之爻,又居下卦中位,此为"刚来而得中也",卦辞"有孚窒惕中吉"由此而来。

终凶,讼不可成也

喜欢诉讼的人是不可能成功的,最终是没有好下场(凶)的。圣人告诫人们要尽量避免诉讼。

利见大人,尚中正也

九五爻又中又正,"利见大人"指崇尚九五中正之德,因为具有中正品德之九五会对讼事给予公正的裁决。

不利涉大川,入于渊也

"不利涉大川"之因,乃入于渊也。受讼事缠身犹如人之掉入深渊难以自拔,故"不利涉大川"。

四、大象辞记忆

象曰:天与水违行,讼;君子以作事谋始。

释义推理法记大象辞

大象看到:天体与河水反向而行(天与水违行),送(讼)来忠告:君子以后作任何事情都要在开始之前先谋划好(君子以作事谋始)。

【讼卦】君子以作事谋始

五、爻辞小象辞记忆

故事法记爻辞小象辞

初六：不永所事，小有言，终吉。

象曰：不永所事，讼不可长也；虽小有言，其辩明也。

初六：律师不用做琐碎的事情(不永所事)，小姨有言在先(小有言)，只要律师尽心尽力打官司，无论结果如何，最终都有鸡(终吉)吃。

小象说：律师不用做琐碎的事情(不永所事)，是因为诉讼时间不可拖长了(讼不可长也)；虽然鸡十分珍贵，但小姨有言在先(虽小有言)，只要其辩护明白清楚(其辩明也)，她就兑现承诺。

图像：律师，小姨，鸡；

情节：律师不用做琐碎的事，小姨有言，只要律师尽心了，最终都有鸡吃；

评论：诉讼时间不可拖长了；其在法庭上辩护明白清楚，就可吃鸡。

九二：不克讼，归而逋，其邑人三百户，无眚。

象曰：不克讼，归逋窜也；自下讼上，患至掇也。

九二：有一个不能胜诉的官司(不克讼)，律师传话说，让二舅回来收拾一下赶快逃走(归而逋);不然,其一人兼顾三百户(其邑人三百户)的官司,无什么(无眚)精力管这种案子。

小象说:不能胜诉(不克讼),回来补充点东西立马逃窜(归逋窜也),是不明智的;还是自下往上送(自下讼上)礼,祸患至多也(患至掇也)就是拘役15天而已。

图像:二舅,律师;

情节:不能胜诉的官司,就回来收拾一下赶快逃走;律师说其一人兼顾三百户的官司,无什么精力管这种案子;

评论:不能胜诉,就归返逃窜是不明智的;自下往上送礼,祸患至多也就是拘役15天而已。

六三:食旧德,贞厉,终吉;或从王事,无成。

象曰:食旧德,从上吉也。

六三:嗜酒的(食旧德)刘三昨天去镇里(贞厉)买酒,回家途中买了几只中等大的鸡(终吉)。他知道祸从王室(或从王事)而来,就带着酒和鸡去王室那边打点,但没有成功(无成)。

小象说:嗜酒的(食旧德)刘三没有成功,是因为他从镇上买的鸡被中间人吃了嘢(从上吉也)。

图像:嗜酒的刘三,鸡;

情节:嗜酒的刘三去镇里买酒,途中买了中等大的鸡;他知道祸从王室而来,就带着酒和鸡去打点关系,但没有成功;

评论:嗜酒的刘三没成功,是因为他从镇上买的鸡被中间人吃了。

九四:不克讼,复即命,渝安贞,吉。

象曰:复即命,渝安贞,不失也。

九四:有文化的四舅说,不能胜诉的官司(不克讼),估计(复即)家族名誉(命渝)也会受损,要多安排蒸鸡(安贞吉)来疏通关系。

小象说:估计(复即)有损家族名誉(命渝)的官司要多安排蒸(安贞)鸡,起码不会失去挽回的机会嘢(不失也)。

图像:四舅,蒸鸡;

编码:蒸鸡——贞吉;

情节:不能胜诉的官司,估计家族名誉会受损,多安排蒸鸡来疏通关系;

评论:不会失去挽回的机会。

九五:讼,元吉。

象曰:讼元吉,以中正也。

九五:五舅插话说,听说司法厅长喜欢吃圆形的鸡蛋,我们就送(讼)圆鸡蛋(元吉)。

小象说:送(讼)圆鸡蛋(元吉),要以中正总裁的名义送才管用嘞(以中正也)。

图像:五舅,司法厅长,圆鸡蛋;

编码:圆鸡蛋——元吉;

情节:找司法厅长,就送圆鸡蛋;

评论:送圆鸡蛋,要以中正总裁的名义送才管用。

上九:或锡之鞶带,终朝三褫之。

象曰:以讼受服,亦不足敬也。

上九:六舅获悉(或锡)一直(之)盘(鞶)踞这一带(或锡之鞶带)的法官最近流感中招三次之多(终朝三褫之)。

小象说:这个法官曾私下以送礼的方式得到搜狐(以讼受服)公司兼职法律顾问职位,是不值得(足)尊敬的嘞(亦不足敬也)。

图像:六舅,法官;

情节:六舅获悉一直盘踞这一带的法官最近流感中招三次之多;

评论:以送礼的方式得到搜狐公司兼职法律顾问职位,是不值得尊敬的。

卷二

上经之二：师 比 小畜 履 泰 否

师卦第七

坎下坤上

对照译注 理解大意

【古文】

师①：贞，丈人②吉，无咎。

彖曰：师，众也；贞，正也。能以众正，可以王矣。刚中而应，行险而顺，以此毒③天下，而民从之，吉又何咎矣？

象曰：地中有水，师；君子以容民畜众④。

【白话】

师卦：贞正，老成练达有尊严有威望之人统兵，吉祥。没有灾祸。

彖曰："师"，众多之义；"贞"，正固之义。能使众人走正道，就可以称王了。阳刚居于中位而上下相应，执行危险之事而顺合人心，以这种方式为害天下，而民众仍然喜悦地随从，吉祥，又有什么祸害呢？

象曰：大地中畜聚水源，师卦之象；君子体而用之，宜容保其民，畜聚其兵。

【注释】

①师:卦名,为卦坎下坤上,地水师;地中有水,为众聚之象;师,兵众。
②丈人:老成持重练达识时务、有尊严有威望之人。
③毒:毒害。另有两种注解,一为"治",二为"役"。三种注解于义均通。
④容民畜众:言古代寓兵于农,如水行于地中而人不知也。

【古文】

初六:师出以律①,否臧凶②。
象曰:师出以律,失律凶也。

九二:在师中③吉,无咎;王三锡命。
象曰:在师中吉,承天宠也;王三锡命,怀万邦也。

六三:师或舆尸④,凶。
象曰:师或舆尸,大无功也。

六四:师左次⑤,无咎。
象曰:左次无咎,未失常也。

【白话】

初六:邦国出师应合道义,将帅统兵应严明纪律,否则,虽胜亦凶。
象曰:邦国出师应合道义,将帅统兵应严明纪律,不合道义、纪律松弛的出师必有凶险。

九二:将帅在军旅中执守中道,吉祥,没有灾祸;君王多次颁赐恩宠命令。
象曰:将帅在军旅中执守中道,吉祥,说明(九二)承受君王宠爱;君王多次颁赐恩宠命令,是因为心怀万邦安宁。

六三:出师有时由众人主持(或执掌)军权,凶。
象曰:出师有时由众人主持(或执掌)军权,是根本不可能建立战功的。

六四:出师(失利)撤退,没有过错。
象曰:出师(失利)撤退没有过错,是因为没有失去兵家之常规。

六五：田有禽,利执言⑥,无咎;长子帅师,弟子舆尸,贞凶⑦。

象曰:长子帅师,以中行也;弟子舆尸,使不当也。

上六：大君有命,开国承家,小人勿用⑧。

象曰:大君有命,以正功也;小人勿用,必乱邦也⑨。

六五:禽兽入于田中侵害稼穑,利于言明其罪而猎取之,没有过错;有尊严与威望之长者统帅军队,而无德小人又参与军政大事,即使战争正义亦有凶险。

象曰:有尊严与威望之长者统帅军队,说明其以中道行事;无德小人参与军权,是说用人不当。

上六:天子论功行赏,封为诸侯可以开国,封为卿大夫可以承家,小人则不能赐以开国承家。

象曰:天子论功行赏,是为了嘉奖肯定立功之臣;立有战功的小人不获赏赐,必(心怀怨恨)祸乱邦国。

【注释】

①律:邦国之律法;行师之号令节制。

②否臧凶:否(fǒu),不,否则(后文为记忆方便,取"否"的另一音 pǐ);臧,即善,指战争胜利。不遵循律法,虽胜亦凶。

③中:执守中道。

④师或舆尸:舆,众;尸,主持。出师有时由众人主持(或执掌)军权。

⑤左次:退舍,即今语"撤退"之义。

⑥利执言:执言,奉辞也。利于奉辞(讨伐之)。喻义师出有名也。

⑦弟子舆尸,贞凶:弟子,指无德小人;舆,众;尸,主持。无德小人参与执掌军事大权,即使战争正义也必凶险。

⑧开国承家,小人勿用:言天子论功行赏,对功大者赐之开国为诸侯,对功小者使之承家为卿大夫,是为"开国承家";言开国承家须用君子,不能用小人,是为"勿用小人"。

⑨小人勿用,必乱邦也:若小人有功而未获得赏赐,必心生怨恨而祸乱邦国。

千方百计　全力助记

一、卦序卦形记忆

师卦为《周易》第七卦。

数字编码法记卦序

七仙女(7)以滴水(地水)为题做的诗(师),受到了玉帝的夸赞。

编码:7——七仙女。

☷
☵ 地水师

谐音法记卦形

师卦坤上坎下,上地下水,地水师;可以谐音为:滴(地)水穿石(师)。

二、卦辞记忆

师:贞,丈人吉,无咎。

白日梦穿越法记卦辞

中午午休时,我做了一个梦:在梦中我穿越到清朝,在时任满清正红旗主帅的老丈人麾下做一名骑兵。骑在马上的我看到老丈人激情高昂地做完阵前动员后,一众将士齐声高呼:正义之师,正(贞)义必胜!高呼完毕,突然,老丈人急(丈人吉)得抓狂,原来是到喝壮行酒时,他发现无酒(无咎)。

图像:老丈人,士兵;

谐音:正——贞,急——吉,无酒——无咎。

三、象辞记忆

象曰:师,众也;贞,正也。能以众正,可以王矣。刚中而应,行险而顺,以此毒天下,而民从之,吉又何咎矣。

释义引申法记象辞

师,众也;贞,正也。能以众正,可以王矣

象辞首先对卦名和卦辞第一个字予以注释,即"师,众也;贞,正也"。由"师,众也;贞,正也"引申出"能以众正,可以王矣",语言组织具有承前顶针的特点,此为象辞上半部分。

刚中而应,行险而顺,以此毒天下,而民从之,吉又何咎矣

其次对卦主九二爻予以赞扬:九二刚爻居中位,与六五柔爻正应,此为"刚中而应";下卦为坎险,上卦为坤顺,此为"行险而顺"。用这样的正义之师打正义之仗(以此),即使毒害了天下百姓,而百姓仍然顺从拥戴(而民从之),这样的战争一定会胜利(吉),而没有什么灾祸(何咎)。

会意:顺从拥戴——从之,胜利——吉,没有什么灾祸——何咎。

四、大象辞记忆

象曰:地中有水,师;君子以容民畜众。

故事法记大象辞

为表彰游客徐忠在百鸟岩地下河(地中有水)奋不顾身救下一船落水儿童的英勇事迹,河池市市长给他颁发了一块写有"荣(容)誉市民徐忠(畜众)"的奖牌(容民畜众)。

图像:地下河,男子徐忠,奖牌;

谐音:荣——容,徐忠——畜众;

会意:地下河——地中有水。

五、爻辞小象辞记忆

故事法记爻辞小象辞

初六:师出以律,否臧凶。

象曰:师出以律,失律凶也。

初六:老丈人从杨柳树中撕出一缕(师出以律)黑色妖气,将军脾脏(否臧)不适导致的胸闷(凶)之感立马消失了。

小象说:老丈人撕出的一缕(师出以律)黑色妖气,原来是驴熊怪物留下的嘞(失律凶也)。

图像:杨柳树,一缕黑色妖气,脾脏,胸脯,驴熊怪物;

情节:从杨柳树中撕出一缕黑色妖气,将军脾脏不适胸闷之感消失了;

评论:撕出的一缕黑色妖气是驴熊怪物留下的。

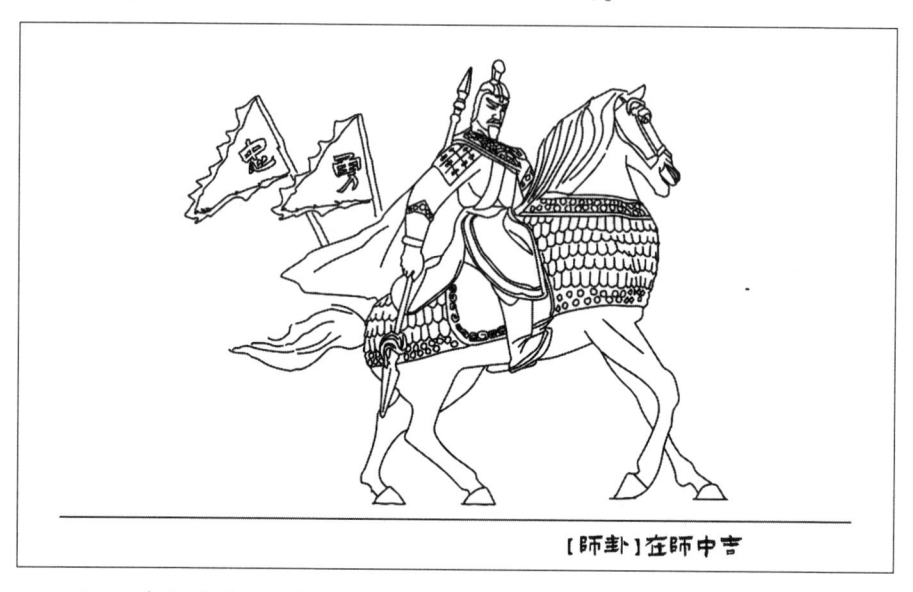

[师卦]在师中吉

九二:在师中吉,无咎;王三锡命。

象曰:在师中吉,承天宠也;王三锡命,怀万邦也。

九二:老将军在军营中吃鸡(在师中吉),但无酒(无咎)喝。因为军营里不让喝酒,王三端上细米(王三锡命)熬成的米汤让将军对付一下。

小象说:在军营中吃鸡(在师中吉),已经是承受天子恩宠(承天宠也)了;王三用细米(王三锡命)熬米汤让老将军喝,这是有心怀万邦的胸怀嘞(怀万邦也)。

图像:老将军,鸡,兵佣王三,米汤;

情节:在军营中有鸡吃,但无酒喝;王三用细米熬米汤当酒;

评论:在师中吃鸡是承受天子恩宠;王三有心怀万邦的胸怀。

六三:师或舆尸,凶。

象曰:师或舆尸,大无功也。

六三:吃货在鱼市(师或舆尸)买鱼时砍价,被鱼老板凶了一顿。

小象说:吃货在鱼市(师或舆尸)砍价,被老板凶了一顿,真是大无功也。

图像:吃货,鱼市,鱼老板;

情节:吃货在鱼市买鱼时砍价,被鱼老板凶了一顿;

评论:吃货在鱼市砍价被凶了一顿,真是大无功嘢。

六四:师左次,无咎。

象曰:左次无咎,未失常也。

六四:军师安排好座次(师左次),客人到了,突然发现无酒(无咎)。

小象说:座次(左次)安排好,客人坐下,一发现无酒(无咎),军师的胃功能就失常了(未失常也)。

图像:军师,客人;

情节:军师安排好座次,客人到了,突然发现无酒;

评论:座次排好后,发现无酒,胃功能失常。

六五:田有禽,利执言,无咎;长子帅师,弟子舆尸,贞凶。

象曰:长子帅师,以中行也;弟子舆尸,使不当也。

六五:连日阴雨绵绵,天佑勤劳(田有禽)之人,老天爷为勤劳老汉的荔枝延长(利执言)了采摘时间。老汉让兀鹫(无咎)带将军的长子率(帅)师参谋来取荔枝,弟子与师部(弟子舆尸)士兵跑来抢,正凶巴巴(贞凶)地吵闹呢!

小象说:长子率(帅)师参谋来取荔枝,有将军给的中信卡做凭据(以中行也);弟子与师部(弟子舆尸)士兵来抢是(使)不当的行为(使不当也)。

图像:老汉,荔枝,兀鹫,长子,弟子;

编码:兀鹫——无咎,中信卡——中行;

情节:天佑勤劳,老天爷为老汉的荔枝延长采摘时间;兀鹫带将军的长子率师参谋来取荔枝,弟子与师部士兵跑来抢,正凶巴巴吵闹;

评论:长子率领师参谋来取,有将军给的中信卡做凭据;弟子与师部士兵抢夺,是不当的行为。

上六：大君有命，开国承家，小人勿用。

象曰：大君有命，以正功也；小人勿用，必乱邦也。

上六：胜利后，高音喇叭正在广播：<u>大</u>将<u>军</u>(<u>君</u>)<u>有</u>命<u>令</u>，<u>开锅</u>(<u>开国</u>)吃饭，给有功劳的军官每人安排一个女人<u>成家</u>(<u>承家</u>)，<u>小人不用</u>(<u>勿用</u>)安排。

小象说：<u>大将军</u>(<u>君</u>)<u>有</u>命<u>令</u>，以隆重仪式<u>正式</u>奖励有功人员；<u>小人没有安排</u>(<u>勿用</u>)，小人必然会祸<u>乱邦</u>国嘞。

图像：大将军，锅，小人；

谐音：开锅——开国，成家——承家；

情节：大将军有命令，开锅吃饭，奖一个女人给有功军官成家，小人不用；

评论：以隆重仪式正式奖励有功人员；小人不获赏赐必然会祸乱邦国。

比卦第八

坤下坎上

对照译注　理解大意

【古文】

比①：吉，原筮②，元永贞③，无咎；不宁方来，后夫凶④。

彖曰：比，吉也；比，辅也，下顺从也。原筮，元永贞，无咎，以刚中也；不宁方来，上下应也；后夫凶，其道穷也。

象曰：地上有水，比；先王以建万国亲诸侯⑤。

【白话】

比卦：吉祥，占问初始的吉凶；元善长久正固，没有灾祸；不安宁者多方来求亲比，迟缓后来会有凶险。

彖曰：比，吉祥；比，亲辅，下面顺从的意思。占问初始的吉凶；元善长久正固，没有灾祸，是因为（九五）阳刚中正；不安宁者多方来求亲比，说明上下相应；迟缓后来会有凶险，是说迟缓会使亲比之道穷尽。

象曰：地上有水，比卦之象；先王体而用之，宜分封建国，亲比诸侯。

【注释】

①比：卦名，为卦坤下坎上，水地比；"比"为亲辅、亲比之义。
②原筮：原，元始；筮，古代用蓍(shī)草占卜的方法。原筮即初始的占问。
③元永贞：元，以阳刚居尊位为君德。元永贞即元善、长久、正固。
④后夫凶：夫，语辞。后来的有凶险。

⑤建万国亲诸侯:以地上有水喻指先王建王国亲诸侯,犹如水密比于地不容有间。

【古文】

初六:有孚①比之,无咎;有孚盈缶②,终来有他吉③。

象曰:比之初六,有他吉也。

六二:比之自内④,贞吉。

象曰:比之自内,不自失也。

六三:比之匪人⑤。

象曰:比之匪人,不亦伤乎!

六四:外比之,贞吉⑥。

象曰:外比于贤,以从上也。

九五:显比,王用三驱,失前禽⑦;邑人不诫⑧,吉。

象曰:显比之吉,位正中也;舍逆取顺,失前禽也;邑人不诫,上使中也。

【白话】

初六:心怀诚信地亲比,没有灾祸;诚信充实,(除亲近之人外,)终会有其他人前来亲比而得吉。

象曰:比卦的初六爻,有他人来亲比,吉祥。

六二:发自内心的亲比,贞正吉祥。

象曰:发自内心的亲比,说明(六二)自己没有失去中正之道。

六三:可亲比的对象,都是不阳刚之人。

象曰:亲比对象都不是阳刚之人,不也是很悲伤的吗!

六四:从外亲比君主,贞正吉祥。

象曰:从外亲比阳刚贤者,所以能够安然顺从尊上。

九五:光明正大地亲比,君王狩猎设三面之网,失去前面奔逃的禽兽;同邑之人不相互警诫(让禽兽离去),吉祥。

象曰:光明正大地亲比,吉祥,因为(九五)位居正中;失去前面奔逃的禽兽,是说舍去违逆者吸纳顺从者;同邑的人不互相警诫(任由禽兽逃走),这是君王的身教使得下属持守中道。

上六：比之无首⑨，凶。
象曰：比之无首，无所终也。

上六：亲比于人而不能领先居首，凶险。
象曰：亲比于人而不能领先居首，是说(上六)最终没有能够亲比之人。

【注释】

①孚：诚信。

②盈缶：盈，充满；缶，瓦器。

③终来有他吉：不仅亲近之人前来亲比，更有其他人一并前来亲比而得吉。

④比之自内：六二处于内卦中位，以中正之道上应九五之求，乃自内也。

⑤比之匪人：匪，通"非"。六三所亲比的对象，(承乘应皆阴)都是不阳刚之人。

⑥外比之，贞吉：以六居四为得正，九五刚阳中正为贤，君臣相比为正，贞正则吉。

⑦王用三驱，失前禽：君王狩猎设三面之网而不合围，喻指君王不拒绝前来亲比之人，也不强留不愿亲比对象，任其离去。

⑧邑人不诫：同邑的人不互相警诫(任由禽兽逃走)。

⑨无首：后也，即未能领先之义。

千方百计　全力助记

一、卦序卦形记忆

比卦为《周易》第八卦。

数字编码法记卦序

太上老君的八卦镜(8)比躲在水底(水地)妖怪的法术厉害多了。

编码：8——八卦镜。

䷇ 水地比

谐音与增字法记卦形

比卦坎上坤下，坎为水坤为地，水地比；可谐音为"水底比赛"。

二、卦辞记忆

比：吉，原筮，元永贞，无咎；不宁方来，后夫凶。

故事法记卦辞

现代非洲人的服饰还是极原始（吉，原筮），脖子上戴着贝壳做的圆项圈，代表永葆童贞之心（元永贞），招待客人无酒（无咎）喝就直接用水代替；一个心神不宁的妇女正在方形广场来回跳舞（不宁方来），后面跟着她的丈夫和兄长（后夫凶）。

图像：非洲人的原始服饰，贝壳做的圆项圈，正跳舞的心神不宁的妇女，方形广场，两个男人（她的丈夫和兄长）；

谐音：极原始——吉原筮，圆——元，无酒——无咎，兄——凶。

三、象辞记忆

比，吉也；比，辅也，下顺从也。原筮，元永贞，无咎，以刚中也；不宁方来，上下应也；后夫凶，其道穷也。

数字编码挂钩法与谐音法记象辞

比卦为第 8 卦，姑且以 8 开头编码：

81——白蚁——比，吉也；比，辅也，下顺从也

受军方指派，比基尼夜女郎（比，吉也）藏着白蚁和匕（比）首去辅助也门（辅也）基地的斩首行动，她自下顺着水管从窗户爬进了也门（下顺从也）基地，将白蚁放了进去。

图像：比基尼夜女郎，白蚁，匕首，也门基地，水管；

谐音：基尼夜——吉也，匕——比。

82——靶儿——原筮，元永贞，无咎，以刚中也

一个原始(原筮)人头儿射箭术极好,他射圆靶儿永远是射中正中间(元永贞),突然一兀鹫(无咎)飞来,头儿抬手一箭,刚好射中其翅膀(以刚中也)。

图像:射箭的原始人,圆靶儿,被射中翅膀的兀鹫;

编码:兀鹫——无咎;

谐音:原始——原筮,圆——元,正——贞,一——以。

83——花生——不宁方来,上下应也

今年花生太紧俏了,不等宁夏方面的人来(不宁方来),一群人上下其手硬是(上下应也)把一卡车花生全抢光了。

图像:花生,一群人;

谐音:硬——应。

84——消毒液——后夫凶,其道穷也

萧太后丈夫醉酒后错喝了消毒液十分凶险(后夫凶);其御医道士穷尽手段也(其道穷也)没能治好。

图像:萧太后丈夫,消毒液,御医道士。

四、大象辞记忆

地上有水,比;先王以建万国亲诸侯。

故事法记大象辞

全天下地上有水,比干受先王之命,已命令建设一万个王国(以建万国)排水渠,再请亲王诸侯(亲诸侯)共祭龙王。

图像:周围地上有积水的国都,比干,先王,一万个排水沟渠,诸侯。

五、爻辞小象辞记忆

故事法记爻辞小象辞

初六:有孚比之,无咎;有孚盈缶,终来有他吉。

象曰:比之初六,有他吉也。

初六:油壶(有孚)里有一只篦子(比之),是兀鹫(无咎)恶作剧放进去的。老奶奶念叨说,也不知油壶硬否(有孚盈缶),最近兀鹫总来(终来),好在有她的鸡(有他吉)看着。

小象说:笔直的粗柳树(比之初六)下,老奶奶坐在那篦头发,旁边有她的一只鸡陪着嘞(有他吉也)。

注:篦(bì)子是一种用竹子制成的、齿比普通梳子更密的、特殊的梳子,其主要功能是刮头皮屑和藏在头发里的虱子。

图像:老奶奶,油壶,篦子,兀鹫,鸡;

编码:油壶——有孚,粗柳树——初六,兀鹫——无咎,鸡——吉;

谐音:篦子——比之,硬——盈,否——缶,总——终;

情节:油壶里有一只篦子,是兀鹫放进去的;老奶奶念叨,也不知油壶硬否,最近兀鹫总来,好在有她的鸡看着;

评论:笔直的粗柳树下,有她的一只鸡陪着嘞。

六二:比之自内,贞吉。

象曰:比之自内,不自失也。

六二:老奶奶正用篦子自内(比之自内)而外篦头发,突然发现鸡不见了,她害怕匪人偷去做蒸鸡(贞吉)吃。

小象说:老奶奶用篦子自内(比之自内)而外篦头发的时间也就一两分钟,鸡不会自己走失的嘞(不自失也)。

图像:老奶奶,篦子,蒸鸡;

编码:蒸鸡——贞吉;

情节:用篦子自内而外篦头发的老奶奶担心鸡被人偷去做蒸鸡吃;

评论:鸡不会自己走失的嘞。

六三:比之匪人。

象曰:比之匪人,不亦伤乎!

六三:这时刘三走过来说,老奶奶用篦子时,有匪人(比之匪人)来过。

小象说:快拿篦子砸匪人(比之匪人),虽然小,不也可以砸伤他吗(不亦伤乎)!

图像:老奶奶,篦子,匪人;

情节:老奶奶用篦子时有匪人来过;

评论:笸子虽然小,不也可以砸伤匪人吗!

六四:外比之,贞吉。

象曰:外比于贤,以从上也。

六四:刘四跑过来说,<u>外</u>面有一只<u>笸</u>子(<u>外比之</u>)和<u>蒸鸡</u>(<u>贞吉</u>)。

小象说:<u>外</u>面的<u>笸</u>子是<u>玉仙</u>(<u>外比于贤</u>)的,是<u>以</u>光速<u>从</u>天<u>上</u>掉下来嘢(<u>以从上也</u>)。

图像:笸子,蒸鸡,玉仙;

谐音:玉仙——于贤;

情节:外面有一只笸子和蒸鸡;

评论:外面的笸子是玉仙的,以光速从天上掉下来了。

九五:显比,王用三驱,失前禽;邑人不诫,吉。

象曰:显比之吉,位正中也;舍逆取顺,失前禽也;邑人不诫,上使中也。

九五:做笸子生意的小王喜欢<u>显</u>摆(<u>显比</u>),小<u>王</u>用<u>三驱</u>开车,出车祸<u>失</u>去了<u>前妻</u>(<u>失前禽</u>)。现在,他<u>一人不接</u>活(<u>邑人不诫</u>),整天跟着一只<u>鸡</u>(<u>吉</u>)玩。

小象说:小王喜欢<u>显摆</u>他的鸡(<u>显比之吉</u>),鸡窝<u>位</u>置在他家的<u>正中</u>间(<u>位正中也</u>);要是有<u>舍利</u>(<u>舍逆</u>)子就可<u>取</u>得<u>顺</u>遂(<u>取顺</u>)的好运,小王自从<u>失</u>去了<u>前妻</u>(<u>失前禽也</u>),现在他<u>一人不接</u>活(<u>邑人不诫</u>),因为他看上去心理的<u>伤势重</u>得很嘢(<u>上使中也</u>)。

图像:车,小王,前妻,鸡,舍利子;

谐音:显摆——显比,舍利——舍逆,前妻——前禽,一人不接——邑人不诫,伤势重——上使中;

情节:喜欢显摆的小王用三驱开车,出车祸失去了前妻,现在他一人不接活,整天跟着一只鸡玩;

评论:鸡窝位置在他家的正中间,要是有舍利子就可取得顺遂的好运,心理的伤势重得很。

[比卦] 王用三驱

上六：比之无首，凶。

象曰：比之无首，无所终也。

上六：老奶奶整天把篦子捂手（比之无首）中，是怕被熊（凶）偷走。

小象说：篦子捂手中（比之无首），整天篦头发，让虱子无所终也。

图像：老奶奶，篦子，熊；

编码：熊——凶；

谐音：捂手——无首；

情节：老奶奶整天把篦子捂手中，怕被熊偷走；

评论：整天篦头发，让虱子无所终也。

小畜卦第九

乾下巽上

对照译注　理解大意

【古文】

小畜①：亨，密云不雨，自我西郊②。

彖曰：小畜，柔得位而上下应之，曰小畜。健而巽，刚中而志行，乃亨。密云不雨，尚往也；自我西郊，施未行也。

象曰：风行天上，小畜；君子以懿文德③。

【白话】

小畜卦：亨通，乌云密布而不下雨，聚集在我国西郊。

彖曰：小畜卦，柔爻得居正位而上下刚爻都来应和它，称为"小畜"。刚健而逊顺，阳刚居中，因而志向得以施行，所以亨通。乌云密布而不下雨，说明阳气崇尚上行；乌云聚集在我西郊，阴阳交合方施但尚未畅行。

象曰：风在天上吹，小畜卦之象；君子体而用之，宜修美人文道德（以待时而发）。

【注释】

①小畜：卦名，为卦乾下巽上，风天小畜；为"小有畜聚""所畜者小"之义。
②密云不雨，自我西郊：密云，阴物；西郊，阴方；我，指文王自我。
③懿文德：懿，美也。修美文德（待时而发）。

【古文】

初九:复自道①,何其咎?吉。
象曰:复自道,其义吉也。

九二:牵复②,吉。
象曰:牵复在中,亦不自失也。

九三:舆说③辐,夫妻反目④。
象曰:夫妻反目,不能正室也。

六四:有孚,血去惕出⑤,无咎。
象曰:有孚惕出,上合志也。

九五:有孚挛如,富以其邻⑥。
象曰:有孚挛如,不独富也⑦。

上九:既雨既处,尚德载⑧;妇贞厉,月几望⑨,君子征凶。
象曰:既雨既处,德积载也;君子征凶,有所疑⑩也。

【白话】

初九:返归自己的正道,哪会有灾祸?吉祥。
象曰:返归自己阳刚上行之道,其意义本来就是吉祥的。

九二:牵连着返归阳刚上行之道,吉祥。
象曰:牵连着返归阳刚上行之道,执守中道,也是没有失去自己阳刚之德。

九三:车舆轮辐脱落,夫妻怒目相视。
象曰:夫妻怒目相视,说明(丈夫)不能端正自己家室。

六四:心怀诚信,去掉伤害,免除忧惧,没有灾祸。
象曰:心怀诚信,去掉伤害,免除忧惧,说明上面与其志向相合。

九五:心怀诚信,人皆牵系而从,拿出其财富与其近邻之人共享。
象曰:心怀诚信,人皆牵系而来随从,不仅仅是因为他富有。

上九:阴阳交合而成雨,雨又停止,逊顺之德已积满(小畜之道已成);阴柔之人若贞固于制约阳刚,有危险;月亮接近盈满,君子行动有凶险。
象曰:阴阳交合而成雨,雨又停止,是说逊顺之德已积满(小畜之道已成);君子行动有凶险,因为有所疑虑。

【注释】

①复自道：复，返归；自，自己；道，道路。返归自己的道路。

②牵复：牵连返归。言九二与初九牵连而复返。

③说：通"脱"。

④夫妻反目：反目，即怒目相视。妻不顺其夫，而反制之也。

⑤血去惕出：血，伤害；惕，忧惧。去掉伤害，免除忧惧。

⑥有孚挛如，富以其邻：有孚，诚信；挛(luán)，维系，牵系。心怀诚信，人皆牵系而从，推其财力与其近邻之人共享(以左右之)。

⑦不独富也：不仅仅是因为其富有。喻指因其诚信而使众人牵系而从。

⑧既雨既处，尚德载：既雨，和也；既处，止也；载，积满。阴阳交合而成雨，而后雨又停止，逊顺之德积满，喻指小畜之道已成。

⑨妇贞厉，月几望：妇，阴柔之人；月，阴物；几，接近；望，盈满。阴柔之人若贞固于此(指以阴畜阳、以柔制刚)，有危险；月亮接近盈满，喻指小人之道盛极。

⑩疑：疑惧，疑阻。

千方百计　全力助记

一、卦序卦形记忆

小畜卦为《周易》第九卦。

数字编码法记卦序

猫咪(9)虽然坐在丰田(风天)车里，但在九尾狐(9)面前就是一个小畜。

编码：9——猫，九尾狐。

䷈ 风天小畜

谐音与增字法记卦形

小畜卦，巽上乾下，巽为风乾为天，风天小畜；可谐音为丰田(风天)车里坐着一个可爱的小比熊狗(小畜)。

　　图像：丰田牌小汽车，小比熊宠物狗；

　　谐音：丰田——风天；

　　会意：小比熊狗——小畜。

【小畜】密云不雨

二、卦辞记忆

　　小畜：亨，密云不雨，自我西郊。

故事法记卦辞

　　小比熊狗(小畜)哼哼(亨)声传来，只见天上乌云密(密云，倒字法)布但没有下雨(密云不雨)，小比熊狗自我家西郊(自我西郊)小木屋奔跑而来。

　　图像：小比熊宠物狗，乌云密布的天空，西郊的小木屋；

　　谐音：哼——亨；

　　会意：小比熊狗——小畜，乌云密布但没有下雨——密云不雨。

三、象辞记忆

　　象曰：小畜，柔得位而上下应之，曰小畜。健而巽，刚中而志行，乃亨。密云不雨，尚往也；自我西郊，施未行也。

数字编码法记象辞（小畜卦为第9卦,姑且以9开头编码）

91——球衣——小畜,柔得位而上下应之,曰小畜

穿<u>球衣</u>(91)的<u>小女婿</u>(小畜)为老丈人做中医按摩,老丈人说:要揉得<u>穴位上下相应才好</u>(柔得位而上下应之),<u>小女婿回答说</u>(曰小畜):没问题,您放心吧。

图像:球衣,年轻男人(小女婿),老头;

谐音:小婿——小畜,揉——柔。

92——球儿——健而巽,刚中而志行,乃亨

射击训练场上空高高悬挂着一个<u>球儿</u>(92)靶子,高个子射击<u>健儿训</u>(健而巽)练打枪,他抬手一枪,<u>刚中</u>靶心,他<u>儿子行</u>(刚中而志行)走过来表示祝贺并告诉他说:<u>奶</u>奶又在<u>哼哼</u>(乃亨)地唱着"密云不雨自我西郊"的歌了。

图像:球儿,高个射击健儿,行走过来的儿子,哼歌的老奶奶;

谐音:健儿训——健而巽,儿子行——而志行,奶——乃,哼——亨。

93——旧伞——密云不雨,尚往也

有个打着<u>旧伞</u>(93)的坏人利用天上乌云密布看不清的时机,用雷管炸了水库,<u>密云很黑但没下雨</u>(密云不雨),听到炸响声的管理员打手电筒查看,看到水库里的鱼<u>伤亡</u>了一大片(尚往也)。

图像:旧伞,坏人,乌云密布的天空,水库,雷管,伤亡一片的鱼;

谐音:伤亡——尚往。

94——首饰——自我西郊,施未行也

脖子上戴了一串<u>首饰</u>(94)的女技师只给<u>我洗脚</u>(自我西郊)了,我没带现金,<u>是微信付账的嘢</u>(施未行也)。

图像:戴了一串首饰的女技师,我(男人或女人);

谐音:只给我洗脚——自我西郊,是微信——施未行。

四、大象辞记忆

象曰:风行天上,小畜;君子以懿文德。

故事法记大象辞

<u>风</u>信子带着小比熊飞到<u>天上</u>(风行天上),君子以铜钱<u>一文</u>的(懿文德)

价钱买下了可爱的小比熊。

注:卦名"小畜"是大象辞的通用句式,不用专门记忆。

图像:风信子,小比熊,君子,一文铜钱;

谐音:风信——风行,一文的——懿文德。

五、爻辞小象辞记忆

爻位定桩法记爻辞小象辞

初九:复自道,何其咎?吉。

象曰:复自道,其义吉也。

初九(19)——药酒

初九:大胡子自己醒悟回归正道(复自道),家人拿出养生**药酒**(19)庆祝,喝起酒(何其咎)来,一片吉祥。

小象说:大胡子自己走回正道(复自道),其意义本来就很吉祥嘢(其义吉也)。

图像:大胡子,家人,药酒;

谐音:胡——复,喝起酒——何其咎;

情节:家人庆祝大胡子自己回归正道,喝起酒来,一片吉祥;

评论:大胡子自己走回正道,其意义本来就很吉祥。

九二:牵复,吉。

象曰:牵复在中,亦不自失也。

九二(92)——球儿

九二:小孩拿着**球儿**(92),由大人牵着走人流复杂(牵复)的道路是安全吉祥的。

小象说:小孩由大人牵着走在复杂路中间(牵复在中),走多久也不会让小孩自己走失(亦不自失也)。

图像:拿着球儿的小孩,牵着小孩的大人,人流很多的道路;

情节:小孩由大人牵着走人流复杂的道路是安全吉祥的;

评论:大人牵着小孩走在复杂路中间,走一天也不会让小孩自己走失。

九三:舆说辐,夫妻反目。

象曰:夫妻反目,不能正室也。

九三(93)——旧伞

九三:一辆旧马车脱落辐条了(舆说辐),马车不能前行,打着旧伞(93)的妇女眼瞪着丈夫大声呵斥着(夫妻反目)。

小象说:夫妻反目,是因为丈夫不能端正家室关系(不能正室也)。

图像:旧马车,辐条,旧伞,妇女,丈夫;

情节:马车脱落辐条而不能前行,妇女瞪眼大声呵斥丈夫;

评论:夫妻反目是因为丈夫不能端正家室关系。

六四:有孚,血去惕出,无咎。

象曰:有孚惕出,上合志也。

六四(64)——肉丝

六四:刘老四想做一盘鱼香肉丝(64),他先看了看油壶(有孚)里还有少许油,接着将猪肉里的血去掉,还剔除(惕出)少许猪毛,一边切肉丝一边嘟囔着:可惜啦,无酒(无咎)。

小象说:油壶(有孚)里有油,剔除(惕出)肉里的杂质,是做上好合口味之(志)菜肴所必需的嘢(上合志也)。

图像:肉丝,油壶,(带血和毛的)猪肉;

编码:油壶——有孚;

情节:刘四看油壶里还有油,就将肉里的血去掉,还剔除少许猪毛,一边准备着做鱼香肉丝一边嘟囔着无酒;

评论:油壶里有油,剔除肉里的杂质,是做上好合口味之菜肴所必需的。

九五:有孚挛如,富以其邻。

象曰:有孚挛如,不独富也。

九五(95)——酒壶

九五:邻居们看见王老五一酒壶(95)好酒,都说他有福(有孚)气,早年捡来的一对孪(挛)生姐妹,如亲闺女一样孝敬他(挛如)。两姐妹做生意,致富以后经常帮助其乡邻(富以其邻)。

小象说:王老五真有福气,捡来的孪生姐妹如亲闺女(有孚挛如);自家有钱了不独自享受富裕(不独富也),经常帮助乡邻。

图像:酒壶,孪生姐妹;

谐音:有福——有孚,孪——挛;

情节:王老五有福气,早年捡来的一对孪生姐妹,如亲闺女一样孝敬他,两姐妹致富以后经常帮助其乡邻;

评论:有钱了不独自享受富裕,经常帮助乡邻。

上九:既雨既处,尚德载;妇贞厉,月几望,君子征凶。

象曰:既雨既处,德积载也;君子征凶,有所疑也。

上九(96)——酒楼

上九:一群人上酒楼(96)聚餐,红烧鲫鱼即将出来(既雨既处),服务员拿来上好的景德镇盘子来装载(尚德载);一个妇女真厉害(妇贞厉),鱼还没上桌子,就嘟囔着说:我想吃鲫鱼,这个月几乎望眼欲穿(月几望),是君子真兄弟(君子征凶)就不要与我抢。

小象说:鲫鱼既已出来(既雨既处),得积攒几百斤运载回来(德积载也),不然真不够吃;君子真兄(君子征凶)弟认为不应该捕杀这么多鲫鱼,对这话有所疑虑嘞(有所疑也)。

图像:酒楼,鲫鱼,景德镇盘子,抢鱼吃的妇女,快盈满的月亮,君子;

谐音:鲫鱼——既雨,即出——既处,真厉——贞厉,真兄——征凶;

情节:红烧鲫鱼即将出来,用上好的景德镇盘子来装载;一个妇女真厉害,说她想吃鲫鱼,这个月几乎望眼欲穿,是君子真兄弟就不要争抢;

评论:鲫鱼既已出来,得积攒多了运载回来;君子真兄弟对这话有所疑虑。

履卦第十

兑下乾上

对照译注　理解大意

【古文】

履①：履虎尾，不咥②人，亨。

彖曰：履，柔履刚也。说而应乎乾，是以履虎尾，不咥人，亨。刚中正，履帝位而不疚③，光明④也。

象曰：上天下泽，履；君子以辨上下，定民志。

【白话】

履卦：行走在老虎尾巴后面，老虎不咬他，亨通。

彖曰：履的涵义是柔顺物履藉于刚健物之下。兑泽喜悦地顺应乾阳，所以（具有兑泽性情之人）走在老虎（即乾阳）后面而不被咬，畅享亨通。（上体乾卦九五爻）阳刚中正而居尊位，言行正确而无大的弊病，（这是九五）道德光辉明耀啊。

象曰：上天下泽，履；君子效法此象，宜辨明上下之名分，厘定民众之心志（使民众各自承担分内之职）。

【注释】

①履：卦名，为卦兑下乾上，天泽履；象征循礼、守礼。

另，"履"于本卦尚有三种含义：一为"行走"（"履虎尾"）；二为"藉"（jiè，衬垫）（"柔履刚"）；三为"居"（"履帝位而不疚"）。

②咥(dié)：咬。
③疢：瑕疵,弊病。
④光明：德盛而辉光。

【古文】

初九：素①履往,无咎。
象曰：素履之往,独行愿也②。

九二：履道坦坦,幽人③贞吉。
象曰：幽人贞吉,中不自乱也。

六三：眇④能视,跛能履；履虎尾,咥人,凶；武人为于大君⑤。
象曰：眇能视,不足以有明也；跛能履,不足以与行也；咥人之凶,位不当也；武人为于大君,志刚也。

九四：履虎尾,愬愬⑥终吉。
象曰：愬愬终吉,志行也。

【白话】

初九：安于朴实地前行,没有灾祸。
象曰：安于朴实地前行,是专心行使其志愿的行为。

九二：平坦宽阔的大道,（也只有）幽静安恬的人行走,并保持贞固才能获得吉祥。
象曰：幽静安恬的人贞固吉祥,是因为其内心中正恬静,不会以利欲自乱心神。

六三：独眼却强行看视,跛脚却强行走路；（能力柔弱但心性刚躁,）走在老虎尾巴后面,被老虎咬伤,凶险；尚武刚暴之人却居于众人之上。
象曰：独眼虽能看一下,但不能够看明白；跛脚虽也可走路,但不足以与人一起走远路；人被咬的凶险,是因为所处位置不正当；一介武夫却想做众人领导,是其志气刚躁（而妄动）也。

九四：走在老虎尾巴后面,心存畏惧,行为谨慎,最终可获吉祥。
象曰：心存畏惧,行为谨慎,终获吉祥,说明其志愿得以实行。

九五：夬履，贞厉⑦。

象曰：夬履贞厉，位正当也。

九五：刚暴决断行事，虽得正也会有危险。

象曰：刚暴决断行事，虽正亦危，因为其正当尊位。

上九：视履考祥⑧，其旋元吉⑨。

象曰：元吉在上，大有庆也。

上九：检视履行轨迹，考察善恶祸福，其所行之事周到完备，至善吉祥。

象曰：上面至善大吉，是大大有福庆之事。

【注释】

①素：白，空，无私欲污浊之意。

②独行愿也：独，专也。专心履行自己志愿。

③幽人：幽静安恬之人。

④眇（miǎo）：一目小也。后引申为一目失明或眼睛失明。

⑤武人为于大君：尚武刚暴之人而居于人上，只能是肆意暴躁率性而为。

⑥愬愬（shuò）：恐惧的样子。

⑦夬履贞厉：夬（guài），刚决也。九五居至尊之位，据能专权之势，而自任刚决，不复敬畏谨慎，虽使得正，亦危道也。

⑧视履考祥：回顾审视自己一生履行之经历，考虑思索自己一路所行之善恶。

⑨其旋元吉：旋，周旋完备。自始至终，周旋完备，没有瑕疵，是以至善吉祥。

千方百计　全力助记

一、卦序卦形记忆

履卦为《周易》第十卦。

数字编码法记卦序

天选择（泽）的驴（履）就是厉害，驴子居然学会了打棒球（10）。

编码:10——棒球。

☰
☱ 天泽履

谐音法记卦形

履卦上乾下兑,乾为天兑为泽,上天下泽,天泽履;谐音为"天择驴"(天选择了驴担当大任)。

图像:天,驴子;

谐音:驴——履;择——泽。

【履卦】履虎尾不咥人

二、卦辞记忆

履:履虎尾,不咥人,亨。

寓言故事法记卦辞

一白胡子老头小心翼翼地走在老虎尾巴(履虎尾)后面,老虎没有咬他(不咥人),还让他骑在背上,老头心情好极了,一路哼(亨)着欢快的小曲。

图像:老虎,白胡子老头;

会意:老虎没有咬他——不咥人。

三、彖辞记忆

彖曰：履，柔履刚也。说而应乎乾，是以履虎尾，不咥人，亨。刚中正，履帝位而不疚，光明也。

卦形释义法记彖辞

（1）先说卦形：履卦，内卦兑为泽为柔，外卦乾为天为刚，柔位于刚之下，即柔履藉于刚（履，柔履刚也）。

（2）次说卦性：内卦兑为和悦，外卦乾为刚健，因和悦而顺应乎乾阳（说而应乎乾），犹如具有和悦性情之人小心谨慎地走（履）在阳刚老虎尾巴（是以履虎尾）后面，而老虎不咬他（不咥人），前行道路亨通。

图像：走在前面的老虎，小心谨慎走在老虎后面的老人；

会意：老虎不咬他——不咥人。

（3）再说九五爻：阳刚中正而居尊位（履帝位），犹如飞龙在天，造福万民，而行为没有弊病（而不疚），其道德光辉明亮于天下也（光明也）。

另，谐音法：武则天虽为女性，但其具有阳刚中正之德，坐上女帝位（履帝位）时间不久（不疚），天下大治，一片光明，史称贞观遗风。

图像：武则天，女帝宝座；

会意：居尊位——履帝位；行为没有弊病——无疚。

四、大象辞记忆

象曰：上天下泽，履；君子以辨上下，定民志。

联想接龙法记大象辞

由上天下泽想到君子以"辨上下"；由上下想到上到王公大臣下到庶民百姓，各有分内职责（志），因此，君子在辨明上下基础上，宜厘定各类民众之分内职责（定民志）。

会意：厘定各类民众之分内职责——定民志。

五、爻辞小象辞记忆

万物定桩法+寓言故事法记爻辞小象辞

初九:素履往,无咎。

象曰:素履之往,独行愿也。

1.虎头——初九爻辞小象辞

初九:一个白胡子老头穿着朴素的布鞋(履)小心谨慎地往前走(素履往),一只老虎走在前面,老虎回头(1)看到这老头恭敬和善,就安详地继续往前走去。见此和谐场面,一只兀鹫(无咎)飞来,加入了一虎一人前行的队伍。

小象说:老头穿着朴素鞋子往(素履之往)前走,是为了独自履行使命完成自己的心愿嘞(独行愿也)。

图像:老虎,穿朴素布鞋的白胡子老头;

会意:鞋子——履;

情节:白胡子老头穿着朴素布鞋小心谨慎地往前走在老虎后面,一只兀鹫飞来,加入了一虎一人前行的队伍;

评论:老头穿着朴素鞋子往前走,是为了独自履行使命完成自己的心愿。

九二:履道坦坦,幽人贞吉。

象曰:幽人贞吉,中不自乱也。

2.虎背——九二爻辞小象辞

九二:老虎对白胡子老头幽静安恬的品性颇有好感,对老头说道:上我背上来吧,我给你当坐骑。老头爬上虎背(2),感觉虎背宽阔平坦,犹如行走在城里绿道(履道)一样,走起来坦坦荡荡,拉风极啦;老头暗想,如有人正急(幽人贞吉)着在山林里赶路,能用老虎当坐骑真是再好不过啦。

小象说:即使有人正急(幽人贞吉)赶山路,总不(中不)至于敢自乱心神去招惹老虎吧(中不自乱也)。

图像:老虎,骑在虎背上的老头,城市绿道,急匆匆赶路的路人;

谐音:有人正急——幽人贞吉,总不——中不;

情节:老头骑在虎背上,犹如行走在城里绿道一样坦坦荡荡,老头暗想,如有人正急着赶山路,有老虎当坐骑是再好不过啦;

评论:即使有人正急赶山路,总不至于敢自乱心神去招惹老虎吧。

六三:眇能视,跛能履;履虎尾,咥人,凶;武人为于大君。

象曰:眇能视,不足以有明也;跛能履,不足以与行也;咥人之凶,位不当也;武人为于大君,志刚也。

3.虎肚子——六三爻辞小象辞

六三:老头打盹醒来,感激地说:老虎,你心地真善良。老虎笑了笑说道:这要看对谁。刚刚在庐山上,我吃了一个可恶的家伙,我**虎肚子**(3)还正慢慢消化呢。我这就给你说说我为什么要吃他:这家伙只剩一只<u>独眼</u>,却<u>紧盯着看</u>(眇能视)我的屁股;他一<u>跛脚</u>,却<u>往前一踮一踮地拼命往前窜</u>(跛能履)。虽然我看他不爽,但他不招惹我,我还懒得搭理他。他居然<u>走到我老虎尾巴后面</u>(履虎尾),摸起我的屁股来,我回过头来一口就<u>咬</u>断了那<u>人</u>的脖子(咥人),你说他这大<u>凶</u>是不是自找的? 老头听了老虎讲的故事,连声赞叹:你真是爱憎分明的好老虎啊! 老虎,我告诉你,还有另一种人也很可恶,本是一介<u>武夫却妄想居于众人之上来领导众人</u>(武人为于大君),你若是遇见这种人,也可好好教训教训他。

小象说:<u>独眼龙</u>即便可以<u>勉强看</u>(眇能视)一下东西,<u>也不能够看清楚</u>(不足以有明也);<u>跛脚虽能走几步路</u>(跛能履),<u>但也不能与人一道行远路</u>(不足以与行也);他被老虎<u>咬死之凶</u>(咥人之凶),完全是他不知自己几斤几两,<u>摆不正自己的位置</u>(位不当也);<u>武人想做众人的大君</u>(武人为于大君),<u>则属志刚</u>(志刚也)而才弱,必将导致灾祸。

图像:老虎,白胡子老头,独眼龙,跛脚人;

会意:独眼却紧盯着看——眇能视,跛脚往前窜——跛能履,武夫想居于众人之上当领导——武人为于大君;

情节:一个独眼家伙紧盯着看老虎屁股,一跛脚之人拼命往前窜,走到老虎尾巴后面,摸老虎屁股被老虎咬断了脖子,这大凶就是他自找的;还有一种人,本是一介武夫却妄想当众人的领导,也应受到教训;

评论:独眼不能够看清楚,跛脚不能走远路;被咬的凶险是因为摆不正位置;武人想做领导,是志刚才弱。

九四:履虎尾,愬愬终吉。

象曰:愬愬终吉,志行也。

4.虎前腿——九四爻辞小象辞

九四:到目的地了,老虎趴下前腿(4),让老头顺利地下来。这一路,老头深刻明白了一个道理:即使走在老虎尾巴后面(履虎尾),只要说说(愬愬)对老虎心存畏惧的心里话,终可免危获吉(终吉)。

小象说:既不要主动招惹老虎,也不要拍马屁过头,说说中等吉祥(愬愬终吉)的话,这是明智(志)的行为嘞(志行也)。

图像:老虎,白胡子老头;

谐音:说说——愬愬,智——志;

情节:即使走在老虎尾巴后面,只要说说对老虎心存畏惧的心里话,终可免危获吉;

评论:说说中等吉祥的话,是明智的行为。

九五:夬履,贞厉。

象曰:夬履贞厉,位正当也。

5.虎后腿——九五爻辞小象辞

九五:正当老虎趴下前腿让白胡子老头下来时,一个怪怪的驴子迅速接近老虎并用前脚掌摸了一下老虎屁股,老虎抬起后腿(5),猛地后踹,怪驴(夬履)子顿时倒地毙命。老头看了,对老虎竖起大拇指说道:真厉害(贞厉)!

小象说:老虎用后腿踹死怪驴(夬履)子,真厉害(贞厉),是因为当时老虎前腿趴下着地后腿位腾空,正好给怪驴子当头一击(位正当也),所以一下就让怪驴子命丧黄泉了。

图像:老虎,驴子,白胡子老头;

谐音:怪驴——夬履,真厉——贞厉;

情节:老虎抬起后腿猛踹了怪驴子一脚,老头夸奖老虎真厉害;

评论:因为老虎后腿位腾空,正好给怪驴子当头一击。

上九:视履考祥,其旋元吉。

象曰:元吉在上,大有庆也。

6.虎尾巴——上九爻辞小象辞

上九:**老虎尾巴**(6)甩了几下,对老头说,死驴(视履)不好消化,用烤箱(考祥)烤一烤再吃更好。正说着,老虎突然打了一个响屁,其气旋呈圆(元)圈状往上冲,冲飞了一只正咯咯叫的母鸡(其旋元吉)。

小象说:冲飞而上的母鸡下了一个圆鸡蛋落在云朵上(元吉在上),这是千古罕见之事,是大有福庆之事(大有庆也)。

图像:死驴,烤箱,老虎,母鸡,圆鸡蛋,云彩;

编码:圆鸡蛋——元吉;

情节:死驴不好消化,用烤箱烤一烤再吃更好,老虎突然打了一个响屁,其气旋呈圆圈状往上冲飞了一只正咯咯叫的母鸡;

评论:圆鸡蛋落在云朵上,是大有福庆之事。

泰卦第十一

乾下坤上

对照译注 理解大意

【古文】

泰①:小往大来②,吉亨。

彖曰:泰,小往大来,吉亨,则是天地交而万物通也,上下交而其志同也。内阳而外阴,内健而外顺,内君子而外小人,君子道长,小人道消也。

象曰:天地交,泰;后③以财成天地之道,辅相天地之宜④,以左右⑤民。

【白话】

泰卦:阴往阳来,吉利亨通。

彖曰:泰卦的涵义是阴往阳来,吉利亨通,泰卦代表的意义是天地阴阳二气交合而万物通畅,人事方面上下级互相交流而志向趋同。泰卦内卦为乾阳外卦为坤阴,内卦刚健外卦柔顺,内卦乾阳代表君子,外卦坤阴代表小人,君子之道渐长,小人之道消退。

象曰:天地阴阳二气交合,泰卦之象;人君效法此象,宜体悟天地交泰规律,制定法令制度和施政方略,以佐佑辅助民生。

【注释】

①泰:卦名,为卦乾下坤上,地天泰;象征"通泰";十二消息卦之一,正月之卦。

②小往大来:小,阴;大,阳;往,由内之外;来,由外之内。

③后:人君。

④财成天地之道,辅相天地之宜:财,通"裁",裁制其过;道,规律;辅相,补其不及;宜,合宜。裁制其过,补其不及,制定符合天地之道的合宜的政令。

⑤左右:佐佑,扶植之意。

【古文】

初九:拔茅茹,以其汇①,征吉。

象曰:拔茅征吉,志在外也。

九二:包荒,用冯河,不遐遗,朋亡②,得尚于中行③。

象曰:包荒,得尚于中行,以光大也。

九三:无平不陂④,无往不复,艰贞无咎,勿恤其孚,于食有福⑤。

象曰:无往不复,天地际也⑥。

六四:翩翩,不富以其邻⑦,不戒以孚⑧。

象曰:翩翩不富,皆失实也⑨;不戒以孚,中心愿也。

【白话】

初九:拔茅草,把同根系的茅草一起拔出来了,出征吉祥。

象曰:拔茅草把同根系的茅草拔出来,出征吉祥,是说其志向为向外向上发展。

九二:包容荒秽,任用果断刚决之人,不遗弃遐远,不亲昵朋党,则合乎中行之道。

象曰:包容荒秽,配合中行之道,则其道光明正大。

九三:没有一路平坦而不见陡坡的,没有只往前行而不返回的,内心常怀艰危之思,行为持守正固,则可以没有灾祸,不用担忧此理的可信度,(如能坚守此道,)一辈子生活用度都有俸禄。

象曰:没有只往前行而不返回的,天地二气是交替上升下降的。

六四:翩翩飞翔,不依靠财富而使邻类随从,不以戒告而以诚信使邻类相合。

象曰:翩翩飞翔,不依靠财富而使邻类随从,都不以阳刚为依仗;不以戒告而以诚意,是其邻类心中愿意跟随的缘故。

六五:帝乙归妹,以祉元吉。

象曰:以祉元吉,中以行愿也。

上六:城复于隍⑩,勿用师,自邑告命⑪,贞吝。

象曰:城复于隍,其命乱也⑫。

六五:帝乙嫁妹妹,以此获得福祉而至善大吉。

象曰:以此获得福祉而至善大吉,是因为符合中道而行使其志愿啊。

上六:城墙倾覆归于隍土,不可用兵力争,可自居邑亲近之人颁布告命以自守,虽得其正,亦不免于羞吝。

象曰:城墙倾覆归于隍土,是因为其命运已由治转乱。

【注释】

①拔茅茹以其汇:茹,互相牵连的根系;汇,类。拔茅草,同根系的茅草一起被拔出来。

②包荒,用冯河,不遐遗,朋亡:冯(píng)河,刚强果断堪当大任之人;遐,远;遗,遗弃;亡,无。包容荒秽,任用刚强果断之人,不遗弃遐远之贤良,不亲昵朋党。

③得尚于中行:尚,配合,合乎。(具备"包荒…朋亡"四德)则能配合中行之道义。

④陂(bēi):山坡;斜坡。

⑤勿恤其孚,于食有福:恤,担忧。不用担忧上述道理的可信度,一辈子生活用度都有俸禄。

⑥天地际也:天地阴阳二气交替上升下降的规律。

⑦不富以其邻:以,用;邻,邻类。言六四自己不富裕而能使用其邻类。

⑧不戒以孚:戒,戒告;孚,诚信。不需戒告(因其诚信)邻类都信服自己。

⑨皆失实也:阳为实,"失实"即为阴。指"翩翩"和"不富"都属阴柔之类。

⑩城复于隍:复,倾覆;隍,隍土。城墙倾覆归于隍土。

⑪自邑告命:邑,居邑。自居邑亲近之人颁布告命以自守。

⑫其命乱也:(上六处泰卦之终,泰极否来)其命运将由治转乱。

千方百计　全力助记

一、卦序卦形记忆

泰卦为《周易》第十一卦。

数字编码法记卦序

吃泰国饭还是用筷子(11)比较卫生。

编码:11——筷子。

☷☰ 地天泰

口诀法记卦形

泰卦坤上乾下,地在上天在下,地天泰;记"地天泰"一句口诀即可。

二、卦辞记忆

泰,小往大来,吉亨。

卦形释义与谐音法记卦辞

坤为小,乾为大;自下而上称往,自上而下称来;泰卦乾下坤上,故称"小往大来";

"小往"即地气往上行,地气带着地上的鸡一起往天上飞,鸡(吉)吓得哼哼(亨)直叫。

图像:天空,大地,鸡。

三、象辞记忆

象曰:泰,小往大来,吉亨,则是天地交而万物通也,上下交而其志同也。内阳而外阴,内健而外顺,内君子而外小人,君子道长,小人道消也。

释义法记象辞

(1)从自然和人事两方面阐述"小往大来,吉亨":先谈自然,天地交——

而万物通;再谈人事,上下交——而其志同。

(2)三内三外:阳阴、健顺、君子小人(内阳而外阴,内健而外顺,内君子而外小人)。

(3)联想接龙:承接前面君子、小人述说道长道消(君子道长,小人道消也)。

四、大象辞记忆

象曰:天地交,泰;后以财成天地之道,辅相天地之宜,以左右民。

数字编码挂钩法记大象辞

对大象辞进行数字编码:

1.大树——后以财成天地之道

皇后以一棵大树(1)为材料(财)做成了联通天地之大道(后以财成天地之道)。

2.鸭子——辅相天地之宜

宰辅相国用鸭子(2)做祭拜天地之仪式(辅相天地之宜)的祭品。

3.金元宝——以左右民

皇上拿出金元宝(3)以左右官员辅助民生(以左右民)。

五、爻辞小象辞记忆

记忆宫殿法记爻辞小象辞

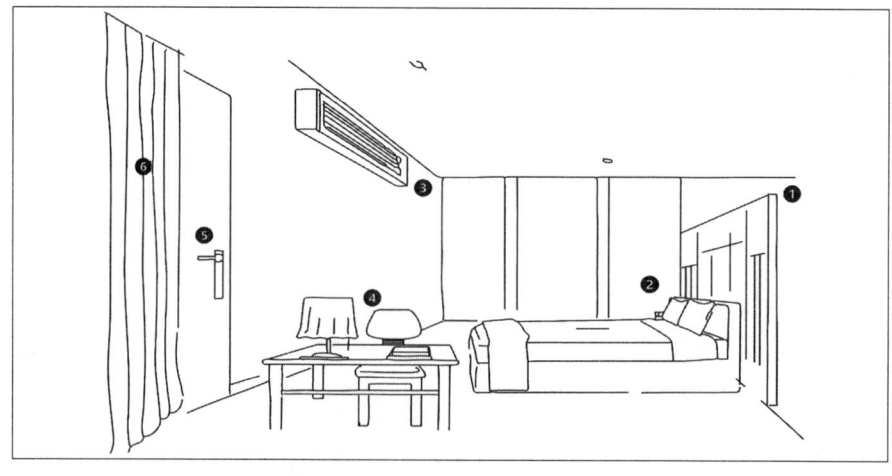

六个地点桩:①屏风;②床;③空调;④书桌;⑤木门;⑥窗帘

初九:拔茅茹,以其汇,征吉。

象曰:拔茅征吉,志在外也。

①屏风——初九爻辞小象辞

初九:**屏风**上有一幅画,画上一个男人<u>拔茅草</u>,同根系(<u>拔茅茹</u>)<u>的一大把茅草被牵连着带出来</u>(<u>以其汇</u>),另一人<u>正急</u>(<u>征吉</u>)跑过来,好似要运走刚拔出的茅草。

小象说:刚拔出茅草,有人<u>正急</u>(<u>拔茅征吉</u>)着运走,<u>只</u>(<u>志</u>)能说明<u>在外面的人等着用茅草</u>(<u>志在外也</u>)。

图像:屏风,拔茅草的男人,急着运茅草的男人,茅草;

会意:同根系——茹;一大把茅草被牵连着带出来——以其汇;

情节:一个男人拔茅草,同根系牵连的一大把茅草被带出来,另一人正急跑过来要运走刚拔出的茅草;

评论:有人正急着运走茅草,只能说明在外面的人等着用。

九二:包荒,用冯河,不遐遗,朋亡,得尚于中行。

象曰:包荒,得尚于中行,以光大也。

②大床——九二爻辞小象辞

九二:一摩登女郎站在**大床**上预演着减肥霜营销台词:包减肥不撒谎(<u>包荒</u>),<u>用拼多多买一盒</u>(<u>用冯河</u>),<u>不担心</u>,<u>假一</u>(<u>不遐遗</u>)赔十,是有一<u>朋友无</u>(<u>朋亡</u>)效果,但 10000 人有 9999 人效果杠杠的,姐妹们见到效果后记得打赏哦,<u>得赏</u>(<u>尚</u>)后我会拿<u>中信卡</u>(<u>得尚于中行</u>)取钱请大家喝茶。

小象说:<u>包瘦不撒谎</u>(<u>包荒</u>),<u>得赏</u>(<u>尚</u>)后拿<u>中信卡</u>(<u>得尚于中行</u>)取钱请客,这是<u>光明正大</u>的行为嘢(<u>以光大也</u>)。

图像:大床,摩登女郎,减肥霜,中信卡;

编码:中信卡——中行;

情节:包减肥不撒谎,用拼多多买一盒,不担心假一赔十,一个朋友无效果,但 10000 人有 9999 人效果杠杠的,见到效果后记得打赏哦,得赏后会拿中信卡取钱请大家喝茶;

评论:是光明正大的行为。

九三:无平不陂,无往不复,艰贞无咎,勿恤其孚,于食有福。

象曰:无往不复,天地际也。

③空调——九三爻辞小象辞

九三:一师傅来家里维修**空调**,他气喘吁吁地说:走山路真累啊!<u>无平不陂</u>,<u>无往不复</u>,来回打转转,历经艰难后正好(艰贞)遇见一个打兀鹫(无咎)的猎人,带我走出来了。说完,他仔细检查后又说<u>不用担心</u>(勿恤)其加氟的问题(其孚),<u>于家食品店有氟卖</u>(于食有福)。

小象说:空调维修师傅说"无往不复",好像他去<u>天地边际</u>逛了一圈似的(天地际也),真能吹啊!

图像:空调,维修师傅,兀鹫,于家食品店;

情节:一师傅说,无平不陂,无往不复,来回打转转,艰难中正好遇见打兀鹫的猎人,带他走出来了;他说不用担心其加氟的问题,于家食品店有氟卖;

评论:好像他去天地边际逛了一圈似的,真能吹啊!

六四:翩翩,不富以其邻,不戒以孚。

象曰:翩翩不富,皆失实也;不戒以孚,中心愿也。

④书桌——六四爻辞小象辞

六四:一燕子在**书桌**上翩翩起舞,心中<u>不服一麒麟</u>(不富以其邻),燕子心中暗想,我<u>不借衣服</u>(不戒以孚)给她,让她跳不了舞。

小象说:一燕子在书桌上翩翩起舞,心中<u>不服</u>(翩翩不富)麒麟,<u>皆是事实</u>(皆失实也);燕子<u>不借衣服</u>(不戒以孚),麒麟跳不成舞,就跑到<u>中心公园野炊</u>(中心愿也)去了。

图像:书桌,燕子,衣服,麒麟,中心公园;

谐音:不服一麒麟——不富以其邻,不借衣服——不戒以孚,不服——不富,是——失;

评论:燕子翩翩起舞,心中不服一麒麟,皆是事实;燕子不借衣服,麒麟就跑到中心公园野炊去了。

六五:帝乙归妹,以祉元吉。

象曰:以祉元吉,中以行愿也。

⑤卫生间门——六五爻辞小象辞

六五:<u>帝乙嫁妹妹</u>(帝乙归妹),送了一张用红纸剪的<u>一只圆鸡蛋</u>(以祉元吉)剪纸画贴在老中医的**卫生间门**上。

小象说:帝乙嫁妹妹,送来一张一只圆鸡蛋(以祉元吉)的剪纸画感谢老中医,是因为一道士说在<u>中医杏园</u>(中以行愿也)的卫生间门上贴这样的剪纸画可以辟邪。

图像:帝乙嫁妹妹,卫生间门,一只圆鸡蛋的剪纸画,中医杏园;

编码:圆鸡蛋——元吉;

谐音:一只——以祉,中医杏园——中以行愿;

情节:帝乙嫁妹妹,送来一只圆鸡蛋剪纸画,贴在老中医卫生间门上;

评论:贴上一只圆鸡蛋的剪纸画在中医杏园的卫生间门上可以辟邪。

上六:城复于隍,勿用师,自邑告命,贞吝。

象曰:城复于隍,其命乱也。

⑥窗帘——上六爻辞小象辞

上六:**窗帘**上有一幅战争画面,<u>城墙倾覆</u>归于隍土,城墙<u>不是用</u>(勿用)<u>军队</u>(师)攻破的,是<u>紫衣侯告密</u>(自邑告命)的,他<u>正领</u>(贞吝)赏呢。

小象说:<u>城墙倾覆</u>归于隍土(城复于隍),城里各种<u>器皿都乱了</u>(其命乱也)。

图像:窗帘,倾覆的城墙,紫衣侯,器皿;

会意:城墙不是用军队攻破——勿用师;

谐音:紫衣——自邑,告密——告命,正领——贞吝,器皿——其命;

情节:城墙倾覆归于隍土,不是用军队攻破的,是紫衣侯告密的,他正领赏呢;

评论:城墙倾覆归于隍土,城里各种器皿都乱了。

否卦第十二

坤下乾上

对照译注　理解大意

【古文】

否①：否之匪人②，不利，君子贞③，大往小来。

彖曰：否之匪人，不利，君子贞，大往小来，则是天地不交而万物不通也，上下不交而天下无邦也。内阴而外阳，内柔而外刚，内小人而外君子，小人道长，君子道消也。

象曰：天地不交，否；君子以俭德辟难④，不可荣以禄⑤。

【白话】

否卦：闭塞不是人为造成的（天运自然），时局不利，君子持守正道，阳往阴来。

彖曰：闭塞不是人为造成的（天运自然），时局不利，君子持守正道，阳往而阴来，代表的意义是天地阴阳二气不交合而万物不生，人事方面上下不沟通则天下无邦国之道。内卦为坤阴外卦为乾阳，内卦柔顺外卦刚健，内卦坤阴代表小人，外卦乾阳代表君子，小人之道渐长，君子之道消退。

象曰：天地二气不相交合，否卦之象；君子体而用之，宜用俭朴的德行来避免危难，不可追求荣华而谋取禄位。

【注释】

①否：卦名，为卦坤下乾上，天地否；象征闭塞；十二消息卦之一，七月之卦。

②否之匪人:匪,通"非"。闭塞不是人为造成的,乃是天运之自然。

③不利,君子贞:时局不利,利于君子持守正道。

④俭德辟难:俭德,以俭为德;辟,通"避"。用俭朴的德行避免危难。

⑤不可荣以禄:不可追求荣华而谋取高位。

【古文】

初六:拔茅茹,以其汇,贞吉①,亨。

象曰:拔茅贞吉,志在君也。

六二:包承②,小人吉,大人否亨③。

象曰:大人否亨,不乱群④也。

六三:包羞⑤。

象曰:包羞,位不当也。

九四:有命无咎,畴离祉⑥。

象曰:有命无咎,志行也。

九五:休否⑦,大人吉;其亡其亡,系于苞桑⑧。

象曰:大人之吉,位正当也。

【白话】

初六:拔茅草,根系牵连同类,贞正,吉祥亨通。

象曰:拔茅草,贞正吉祥,是因为其志向是为君王着想。

六二:包容顺承君子,小人吉祥,大人安守否塞,其道亨通。

象曰:大人安守否塞,其道亨通,是说大人不杂乱于小人之群类。

六三:包藏羞耻。

象曰:包藏羞耻,是因为其所处位置不当。

九四:有君命的行动,没有灾祸,其同类皆可附丽其福祉。

象曰:有君命的行动没有灾祸,是说其志向正在施行。

九五:休止否塞局面,大人吉祥;将要灭亡将要灭亡,(国家安危)犹如系结于苞桑之上(危如累卵)。

象曰:大人的吉祥,是因为其居位中正得当。

上九:倾否,先否后喜。　　上九:倾覆否塞局面,先否塞后欣喜。
象曰:否终则倾,何可长也!　　象曰:否塞达到终极就必然会倾覆,怎可长久呢?

【注释】

①贞吉:守正则吉。言初六若守正而居,志在于君,可得吉而亨通。

②包承:包容顺承。

③大人否亨:大人安守其否,其道乃亨。

④不乱群:大人不杂乱于小人之群类。

⑤包羞:包藏羞耻。

⑥有命无咎,畴离祉:畴(chóu),同类,类别,后作"俦";离,丽也,附丽。有君命而行动则没有灾祸,其同类皆可附丽其福祉。

⑦休否:休,休止。休止否闭状态。

⑧系于苞桑:苞桑,至小至柔之细弱丛生树条。系于苞桑之柔,即危如累卵之意。

千方百计　全力助记

一、卦序卦形记忆

否卦为《周易》第十二卦。

数字编码法记卦序

难道天地会的婴儿(12)也是痞(否)子吗?

编码:12——婴儿。

天地否

口诀法记卦形

否卦乾上坤下,乾为天坤为地,天地否;记"天地否"一句口诀即可。

二、卦辞记忆

否:否之匪人,不利,君子贞,大往小来。

释义法记卦辞

否卦,天地不交,则不生万物,是无人道。处否之时为非人道之时,即否之匪人。

处否闭之时,天下正道否塞不通,局面不利,君子应保持贞正(君子贞)。

乾为大,坤为小,自下而上为往,自上而下为来,否卦乾上坤下,故曰大往小来。

三、象辞记忆

象曰:否之匪人,不利,君子贞,大往小来,则是天地不交而万物不通也,上下不交而天下无邦也。内阴而外阳,内柔而外刚,内小人而外君子,小人道长,君子道消也。

释义法记象辞

(1)复述卦辞:否之匪人,不利,君子贞,大往小来;

(2)从自然和人事两方面阐述卦辞:

先谈自然,天地不交——万物不通;

再谈人事,上下不交——天下无邦。

(3)三内三外:阴阳,柔刚,小人君子(内阴而外阳,内柔而外刚,内小人外君子);

(4)联想接龙:承接前面小人、君子述说道长道消(小人道长,君子道消也)。

四、大象辞记忆

象曰:天地不交,否;君子以俭德辟难,不可荣以禄。

故事法记大象辞

大象说:天地会不交(天地不交)给痞(否)子,痞子行为实在不堪,好好的君子兰已(以)被剪得屁烂(俭德辟难),不可让他用鸭绒衣贿赂(不可荣以禄)领导。

图像:痞子,君子兰,鸭绒衣;

谐音:痞——否,已——以,剪得屁烂——俭德辟难,绒衣——荣以,赂——禄。

五、爻辞小象辞记忆

记忆宫殿法记爻辞小象辞

房间内六件家具或物品,按顺序分别定位六爻爻辞和小象辞:

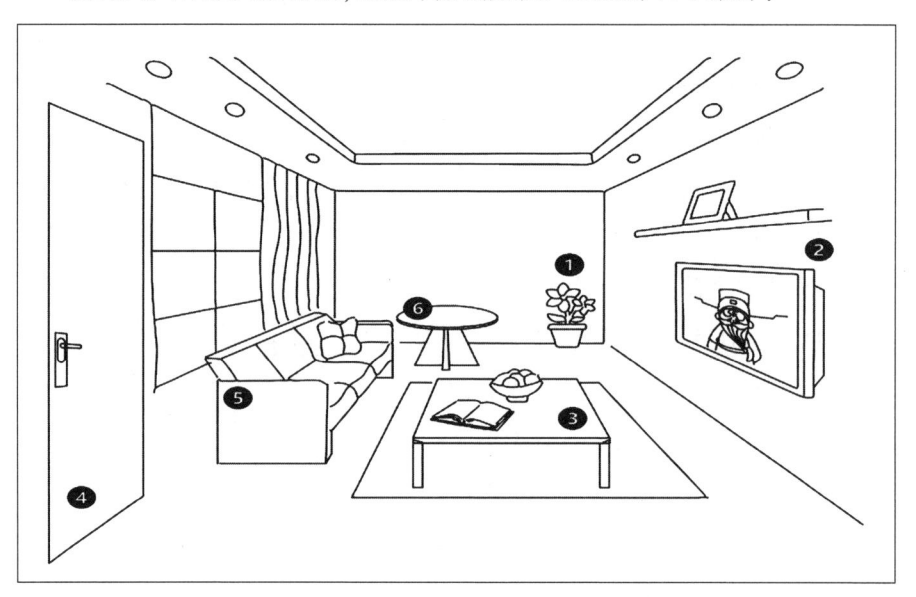

①花盆,②电视机,③茶几,④大门,⑤沙发,⑥小圆桌。

初六:拔茅茹,以其汇,贞吉,亨。

象曰:拔茅贞吉,志在君也。

1.花盆——初六爻辞小象辞

初六:**花盆**前面,一士兵**拔**花盆里的茅草,同根系的茅草被一同拔了出来(拔茅茹,以其汇)另一士兵**正急**(贞吉)着赶来拿茅草,为缓解紧张情绪,他一边拿茅草,一边哼(亨)着进行曲。

小象说:拔出的茅草正急(拔茅贞吉)着拿走,其心志是在君王身上嘢(志在君也)。

图像:花盆,士兵,茅草,君王;

情节:一士兵拔花盆里的茅草,把同根系的茅草一同拔了出来,另一士兵正急着赶来拿茅草,并哼着进行曲;

评论:拔出的茅草正急着拿走,其心志是在君王身上嘢。

六二:包承,小人吉,大人否亨。

象曰:大人否亨,不乱群也。

2.电视机——六二爻辞小象辞

六二:**电视**里正播放着包拯斩陈世美的戏剧,包拯正唱到:气煞我包拯(包承)也,小人得势吉祥(小人吉),大人失势否塞,哼(大人否亨)哼,哼,是可忍孰不可忍?

小象说:大人身否而道亨(大人否亨),宁死也不祸乱群众嘢(不乱群也)。

图像:电视机,包拯;

情节:气煞我包拯也,小人得势吉祥,大人失势否塞,哼!不能容忍;

评论:大人身否而道亨,宁死也不祸乱群众。

六三:包羞。

象曰:包羞,位不当也。

3.茶几——六三爻辞小象辞

六三:**茶几**上放着一本连环画,画中包拯正在羞辱(包羞)皇上。

小象说:包拯羞辱(包羞)皇上,这是包拯把自己位置没摆正当嘢(位不当也)。

图像:茶几,连环画,包拯,皇上;

情节:画中包拯正在羞辱皇上;

评论:这是把自己位置没摆正当。

九四:有命无咎,畴离祉。

象曰:有命无咎,志行也。

4.大门——九四爻辞小象辞

九四:很有名的**五舅**(有命无咎)推开**大门**,靠着门气喘吁吁地说:**愁死我啦**,总经理逼着我**离职**(畴离祉)。

小象说:有名的**五舅**(有命无咎)被逼离职,是分公司执行总公司的决定**嘚**(志行也)。

图像:大门,五舅,总经理;

谐音:五舅——无咎;

情节:有名的五舅正发愁,因为公司通知他离职;

评论:有名的五舅被逼离职,是分公司执行总公司的决定嘚。

九五:休否,大人吉;其亡其亡,系于苞桑。

象曰:大人之吉,位正当也。

5.沙发——九五爻辞小象辞

九五:王老五买了一只**貔貅**(休否,倒字法)放在**沙发**上,父亲**大人**看见了**急忙**(大人吉)问道:你哪来的钱?是不是把鸡偷偷地卖了?正听着新闻的象棋迷爷爷急忙制止说:肃静,肃静,**棋王棋王**(其亡其亡),死于宝山(系于苞桑)啦,可惜啊!

小象说:**大人之鸡**(大人之吉),让邻居家的**魏征当夜**(位正当也)偷走了。

图像:沙发,王老五,父亲,爷爷,貔貅,鸡,棋王,宝山;

谐音:貔休——休否(倒字法),棋王——其亡,死于宝山——系于包桑,魏征当夜——位正当也;

情节:老五买了一只貔貅,父亲大人见了急忙问道:是不是把鸡偷偷地卖了?爷爷急忙制止说:肃静,肃静,棋王棋王,死于宝山啦,可惜啊!

评论:大人之鸡,让邻居家的魏征当夜偷走了。

上九:倾否,先否后喜。

象曰:否终则倾,何可长也!

6.小圆桌——上九爻辞小象辞

上九:**小圆桌**上放着3瓶青啤(倾否)。爷爷说,先喝啤酒后看戏(先否后喜)。

小象说:啤酒终于喝完了,则请(否终则倾)快去看戏,何可班长尾野猴(何可长也)的杂耍戏可好看啦。

图像:小圆桌,青啤,爷爷,何可戏班,长尾野猴;

谐音:青啤——倾否,戏——喜,则请——则倾;

情节:小圆桌上放着3瓶青啤,爷爷说,先喝啤酒后看戏;

评论:喝啤酒终了,则请去看戏,何可班长尾野猴可好看啦。

卷三

上经之三：同人 大有 谦 豫 随 蛊

同人卦第十三

离下乾上

对照译注　理解大意

【古文】

同人①：同人于野②，亨，利涉大川，利君子贞。

彖曰：同人，柔得位得中而应乎乾，曰同人。同人曰"同人于野，亨，利涉大川"，乾行也；文明以健，中正而应，君子正也，唯君子为能通天下之志。

【白话】

同人卦：在旷远之野地和同于人，亨通；利于涉越大河，利于君子守持正固。

彖曰：同人卦，柔爻居正位又得中，且与乾卦九五爻相应，所以说是和同于人。同人卦的卦辞说"在旷远之野地和同于人，亨通，利于涉越大河"，是因为顺应了天道的健行不息；文明而刚健，中正而上下相应，是君子之正道，只有君子才能汇通天下民众的意志。

象曰:天与火,同人;君子以类族辨物③。

象曰:天与火(都有向上的特性),这是同人卦之象;君子体而用之,宜分析人类族群,辨别世间万物。

【注释】

①同人:卦名,为卦离下乾上,天火同人;象征与人和同或和同于人(和同:和睦同心)。

②野:旷远之地而没有私交或私利。"于野"取旷远大同之象。

③类族辨物:类,分析,分类;辨,辨别。分析族群,辨别万物。

【古文】

初九:同人于门,无咎。

象曰:出门同人,又谁咎也?

六二:同人于宗①,吝。

象曰:同人于宗,吝道也。

九三:伏戎于莽②,升其高陵,三岁不兴③。

象曰:伏戎于莽,敌刚也;三岁不兴,安行也④?

九四:乘其墉,弗克攻⑤,吉。

象曰:乘其墉,义弗克也;其吉,则困而反则⑥也。

【白话】

初九:走出家门和同于人,没有咎害。

象曰:走出家门和同于人,又有谁会咎害你呢?

六二:和同于自己宗族之人,是有遗憾的。

象曰:和同于自己宗族之人,是导致遗憾之道。

九三:潜伏兵戎于草莽中,登上高陵观察,三年之久不敢兴兵。

象曰:潜伏兵戎于草莽中,说明敌人刚强;三年不敢兴兵,怎么可以(贸然)行动呢?

九四:登上城墙,不能进攻,吉祥。

象曰:登上城墙,按道义不能进攻;吉祥,是说(九四)困顿之时能返归正确的法则。

九五:同人,先号咷而后笑,大师克相遇⑦。

象曰:同人之先,以中直⑧也;大师相遇,言相克也。

上九:同人于郊,无悔。

象曰:同人于郊,志未得也⑨。

九五:和同于人,先号啕大哭后欣喜欢笑,大军讨逆胜利,志同道合者得以相遇。

象曰:和同于人,先号啕大哭,说明(九五)中正理直;大军讨逆后方使众多志同者相遇,是说出征讨逆获得胜利。

上九:在偏远郊外和同于人,没有悔恨。

象曰:在偏远郊外和同于人,说明上九天下大同的志向未能实现。

【注释】

①同人于宗:宗,宗族,宗党。言六二虽中正然有应在上,不能大同而系于私。

②伏戎于莽:言九三以刚强居二五正应之间,欲夺而同之。然理不直义不胜,故又畏惧而不敢发兵,伏藏兵戎于林莽之中。

③升其高陵,三岁不兴:时而登上高陵以顾望,如此至于三年之久,终不敢兴兵。

④安行也:安,语辞,何也。怎么可以行动呢?

⑤乘其墉,弗克攻:墉(yōng),城墙;克,能。登上城墙,不能进攻。

⑥反则:反,通"返";则,法则。返回法则。

⑦先号咷而后笑,大师克相遇:言九五与六二正应,而九三九四非理隔夺(先号咷),必用大师克胜之(而后笑),乃得相遇也。

⑧中直:中正理直。

⑨同人于郊,志未得也:郊,距国百里为郊("国"指诸侯所受封的地域);"于郊"不如"于野",未能求得天下大同,故"志未得也"。

千方百计　全力助记

一、卦序卦形记忆

同人卦为《周易》第十三卦。

数字编码法记卦序

医生(13)给在天火下练功的铜人(同人)打了防疫针。

注：铜人是指寺庙里修炼外家硬功夫、以保护寺庙的武士和尚，下同。

编码：13——医生。

　　天火同人

故事法记卦形

同人卦乾上离下，乾为天离为火，天火同人。可编一简短故事：铜人(同人)在天火下练功，或天火煅烧铜人(同人)。

图像：天火，铜人；

谐音：铜人——同人。

二、卦辞记忆

同人：同人于野，亨，利涉大川，利君子贞。

故事谐音法记卦辞

同学几人拿着鱼去野炊(同人于野)，他们边大声哼(亨)着号子边撑着一条大船(利涉大川)；船快靠岸时，看到很多在这里军训的学生立军姿正正(利君子贞)的，非常齐整。

图像：同学们，大船；

编码：大船——利涉大川；

情节：同学几人拿着鱼去野炊，他们哼唱着号子，撑着大船；看到很多学生练习站军姿,立军姿正正的。

[同人] 利涉大川

三、象辞记忆

彖曰:同人,柔得位得中而应乎乾,曰同人。同人曰"同人于野,亨,利涉大川",乾行也;文明以健,中正而应,君子正也,唯君子为能通天下之志。

释义法记象辞

(1)释卦名:同人卦离下乾上,唯一柔爻居二为得位得中,与上体乾卦九五爻为正应,是为"柔得位得中而应乎乾,曰同人"。

(2)释卦辞前一句:乾性刚健,具元亨利贞四德,故夫子以"乾行也"三字释"同人于野,亨,利涉大川"。

(3)释卦辞后一句:卦德下文明,上刚健,故曰"文明以健";六二为离卦正位,九五为乾卦正位,二爻均居中得正,又阴阳相应,是为"中正而应",此乃"君子正也"。

(4)释君子大德之功用:只有君子能沟通上至国君、王公大臣下至庶民百姓的心志,是为"唯君子为能通天下之志"。

逻辑顺序:(六二)柔得位得中——(上为乾卦)乾行也——(六二九五均居中得正)君子正也——(君子)通天下之志。

四、大象辞记忆

象曰:天与火,同人;君子以类族辨物。

故事法记大象辞

天火铜人(同人)与君子一道去雷族辨别作案证物(类族辨物)。

图像:君子,铜人;

谐音:雷族——类族。

五、爻辞小象辞记忆

情节法记爻辞小象辞

初九:同人于门,无咎。

象曰:出门同人,又谁咎也?

初九:已走出大门、喜欢喝药酒的铜人靠在(于)门框(同人于门)上抱怨:怎么无酒(无咎)喝?

小象说:你一个已经走出门的铜人(出门同人),又有谁给你酒喝嘚(又谁咎也)?

图像:铜人,门框,空酒瓶子;

情节:铜人靠在门框上抱怨:怎么无酒喝?

评论:走出门的铜人,又有谁给酒喝呢?

六二:同人于宗,吝。

象曰:同人于宗,吝道也。

六二:名叫刘二的铜人摆弄着一个榆木旧时钟(同人于宗),忽然,从旧钟里滚出一个臭蛋(吝)。

小象说:铜人(同人)修榆(于)木壳旧钟(同人于宗),是因为旧钟的分针被臭蛋挡道了嘚(吝道也)。

图像:名叫刘二的铜人,老旧时钟,臭蛋;

谐音:榆——于,钟——宗;

编码:臭蛋——吝;

情节:铜人摆弄着一个榆木外壳的老旧时钟,从旧钟里滚出一个臭蛋;

评论:旧钟的分针被臭蛋挡道了。

九三:伏戎于莽,升其高陵,三岁不兴。

象曰:伏戎于莽,敌刚也;三岁不兴,安行也?

九三:鸠山怪厨从餐柜里拿出芙蓉花与蟒蛇肉(伏戎于莽),还有神奇高粱(升其高陵),准备做一道宫廷秘制菜肴,要吃这道菜几两散碎银子是不行(三岁不兴)的。

小象说:芙蓉花与蟒(伏戎于莽)蛇肉,虽然是刚刚抵港的货轮从也门(敌刚也)送来的,但吃这道菜用散碎银子不行(三岁不兴),这是安的什么心嘚(安行也)?

图像:芙蓉花,蟒蛇,高粱,散碎银子;

谐音:芙蓉——伏戎,与蟒——于莽,神奇——升其,高粱——高陵,散碎——三岁,行——兴,抵港——敌刚,心——行;

情节:鸠山怪厨准备用芙蓉花与蟒蛇肉,还有神奇高粱,做一道菜,要吃用散碎银子是不行的;

评论:芙蓉花与蟒蛇肉,是刚抵港的货轮从也门送来的;用散碎银子不行,这是安的什么心呢?

九四:乘其墉,弗克攻,吉。

象曰:乘其墉,义弗克也;其吉,则困而反则也。

九四:鸠四用陈氏气功(乘其墉)在灶台上杀鸡,弄了好久也没能成功(弗克攻),鸡(吉)还是咯咯直叫。

小象说:杀鸡不能用气功,陈氏气功(乘其墉),其意义是治疗妇科病的嘚(义弗克也);还有一件奇迹(其吉)的事,泽昆儿(则困而)子反着(反则)练气功,居然练成了嘚(则困而反则也)。

注:泽坤,中年男人名。

图像:男人鸠四,鸡,泽昆儿子;

谐音:陈气功——乘其墉,妇科——弗克,泽昆儿——则困而,着——则;

会意:没能成功——弗克攻;

情节:鸠四用陈氏气功杀鸡,没能成功,鸡一直咯咯直叫;

评论:陈氏气功的意义是治疗妇科病;有一件奇迹的事,泽昆儿子反着练气功居然练成了。

九五:同人,先号咷而后笑,大师克相遇。

象曰:同人之先,以中直也;大师相遇,言相克也。

九五:<u>铜仁</u>(同人)县知县提着酒壶在水池边先号咷大哭,然后又笑了(先号咷而后笑)。今天在弘法<u>大师课</u>上(大师克)与失散多年的儿子相遇了。

小象说:<u>铜仁知县</u>(同人之先)先前<u>已终止</u>去郊野(以中直也)寻找儿子的下落,今天在<u>大师课上相遇</u>(大师相遇),是<u>严香客</u>引见的嘞(言相克也)。

注:严香客是姓严的香客。

图像:铜仁知县,儿子,酒壶,严香客;

谐音:大师课——大师克,铜仁知县——同人之先,已终止——以中直,严香客——言相克;

情节:铜仁县知县在水池边先号咷大哭然后又笑了,今天在弘法大师课上与失散的儿子相遇了;

评论:铜仁知县已终止去郊野寻找儿子的下落,今天在大师课上相遇,是严香客引见的。

上九:同人于郊,无悔。

象曰:同人于郊,志未得也。

上九:<u>铜人把鱼胶</u>(同人于郊)用电饭煲煲了近九个小时,虽然做熟了,但很不好吃,他没看懂说明书,<u>误会</u>(无悔)了鱼胶的做法。

小象说:<u>铜人做的鱼胶</u>(同人于郊),其<u>滋味还得</u>加一些陈醋嘞(志未得也)。

图像:铜人,鱼胶,电饭煲;

谐音:鱼胶——于郊,误会——无悔,滋味——志未;

情节:铜人把鱼胶用电饭煲煲熟了但很不好吃,他误会了鱼胶的做法;

评论:铜人做的鱼胶,其滋味还得加一些陈醋。

大有卦第十四

䷍ 乾下离上

对照译注　理解大意

【古文】

大有①：元亨。

彖曰：大有，柔得尊位大中而上下应之，曰大有。其德刚健而文明，应乎天而时行，是以元亨。

象曰：火在天上，大有；君子以遏②恶扬善，顺天休③命。

【白话】

大有卦：元始亨通。

彖曰：大有卦，柔爻得居九五尊位，保持大的中道而上下五阳都与其相应，所以称大获所有。大有卦的品德刚健而文明，顺应天道而按时运行，所以元始亨通。

象曰：天上火在燃烧，大有卦之象；君子体而用之，宜遏止丑恶弘扬善道，顺从天道休美物命。

【注释】

①大有：卦名，为卦乾下离上，火天大有；大有，所有者大也，盛大丰有。

②遏(è)：遏止。

③休：休美，美善之意。

【古文】

初九：无交害①，匪咎，艰则无咎。

象曰：大有初九，无交害也。

九二：大车以载②，有攸往，无咎。

象曰：大车以载，积中不败③也。

九三：公用亨于天子④，小人弗克。

象曰：公用亨于天子，小人害也。

九四：匪其彭⑤，无咎。

象曰：匪其彭，无咎，明辨晢⑥也。

六五：厥孚交如，威如⑦，吉。

象曰：厥孚交如，信以发志⑧也；威如之吉，易而无备⑨也。

上九：自天祐⑩之，吉无不利。

象曰：大有上吉，自天祐也。

【白话】

初九：没有因交往带来的伤害，虽然没有咎害，但须心怀艰难，才可免遭灾祸。

象曰：大有初九，还没有因为交往带来的害处。

九二：用大车运载货物，有所前往，没有灾祸。

象曰：用大车运载货物，货物积累装载于车厢正中不会倾覆败坏。

九三：公侯以其所有亨通于天子，小人不能做到这样。

象曰：公侯以其所有亨通于天子，小人必致祸害。

九四：不过于盛大膨胀，没有灾祸。

象曰：不过于盛大膨胀，没有灾祸，是说九四能够明晰地分辨事理。

六五：其以诚信营造出上下诚信交接的状态，呈现出威严之貌，吉祥。

象曰：其以诚信营造出上下诚信交接的状态，说明君王诚信可以激发臣民忠信之志向；威严状态的吉祥，是说君王行事简易、无所防备（而臣民自然敬畏）。

上九：自天上降下福佑，吉祥，无所不利。

象曰：大有上九的吉祥，是从天上降下的福佑。

【注释】

①无交害:大有之初,未至于盛,处卑无应与,未有骄盈之失,未涉于害也。

②大车以载:用大车装载货物,喻指九二能胜大有之任,可任重行远。

③积中不败:重物积载其中而不损败,喻指能胜大有之任。

④公用亨于天子:亨,亨通。公侯以其所有亨通于天子。

⑤彭:盛多之貌。

⑥晳(xī):明智。

⑦厥孚交如威如:厥,其;孚,信;交,交接;如,语辞。其以诚信营造出上下诚信交接的状态,呈现出威严之貌。

⑧信以发志:以诚信启发臣民忠信之志向。

⑨易而无备:君王行事简易而无所防备。

⑩祐:佑助,福佑。

千方百计　全力助记

一、卦序卦形记忆

大有卦为《周易》第十四卦。

数字编码法记卦序

(虽然智能锁流行)现在用机械钥匙(14)的还是大有人在。

编码:14——钥匙。

火天大有

情境法记卦形

大有卦离上乾下,离为日(日即太阳)为火,乾为天,连在一起为火天即日天(即太阳天,也即大晴天),火天在外面活动的人大有人在。

二、卦辞记忆

大有：元亨。

情节法记卦辞

如孔乙己一样拿着一块银元去咸亨酒店买酒喝的大有人在（大有：元亨）。

图像：银元，咸亨酒店，酒。

三、象辞记忆

象曰：大有，柔得尊位大中而上下应之，曰大有。其德刚健而文明，应乎天而时行，是以元亨。

卦形释义法记象辞

(1) 释卦主：六五爻柔居尊位又处中，因尊而大，故曰"大中"，本卦仅六五一个柔爻，上下刚爻均响应之，故曰"柔得尊位大中而上下应之"；句首"大有"，句尾"曰大有"，为重名卦象辞写作之通例。

(2) 释卦德：下乾为刚健，上离为文明，故曰"其德刚健而文明"；上卦离之六五爻柔顺而文明，顺应乎下卦乾之九二爻，乾为天，顺应乾行，即顺乎天时，故曰"应乎天而时行"；其德如此，"是以元亨"。

〔大有〕火在天上

四、大象辞记忆

象曰：火在天上，大有；君子以遏恶扬善，顺天休命。

卦象释义法记大象辞

一轮**火**红的太阳**在天上**（火在天上），晴空万里，天下好人坏人都**大有**人**在**；**君子**以天地宝鉴往天空一照，宝鉴中释放出两道光芒，一道**遏**止了邪**恶**（遏恶），一道表扬了**善**良（扬善），此乃**顺**应**天**道**休**美生**命**（顺天休命）之天地大义。

图像：火红的太阳，君子，天地宝鉴。

五、爻辞小象辞记忆

爻位挂钩法记爻辞小象辞

用专用编码定位六个爻位：幺舅——初九，二舅——九二，三舅——九三，四舅——九四，刘武——六五，六舅——上九。

初九：无交害，匪咎，艰则无咎。

象曰：大有初九，无交害也。

初九——幺舅

初九：**无交**通事故危**害**（无交害），**幺舅**开着装载**废旧**（匪咎）物品的大卡车得以顺利通行，有人说见着兀鹫（**艰**则无咎）在车上飞来飞去。

小象说：幺舅去赶集**打油**的**初九**日（大有初九），正好**无交**通事故的危**害**哪（无交害也）。

图像：幺舅，装载废旧物品的大卡车，兀鹫；

谐音：废旧——匪咎，见着——艰则，打油——大有；

情节：无交通事故危害，装载废旧物品的大卡车得以顺利通行，有人见着兀鹫在车上飞来飞去；

评论：幺舅去赶集打油的初九日，正好无交通事故的危害。

九二：大车以载，有攸往，无咎。

象曰：大车以载，积中不败也。

九二——二舅

九二:二舅看见:一辆大车已载(以车以载)着有油的油罐往(有攸往)镇上去了,车上有一只兀鹫(无咎)盘旋着。

小象说:用大车来装载(大车以载),集中几个大油罐,也不会摆不下(积中不败也)。

图像:二舅,装载油罐的大车,兀鹫;

情节:大车已载着有油的油罐往镇上去了,车上有一只兀鹫盘旋着;

评论:用大车来装载,集中几个大油罐,也不会摆不下。

九三:公用亨于天子,小人弗克。

象曰:公用亨于天子,小人害也。

九三——三舅

九三:三舅听到公用喇叭哼哼(亨)声于天字(公用亨于天子)号医院传来,有小人在妇科(小人弗克)病房捣乱。

小象说:公用喇叭哼哼(亨)声于天字(公用亨于天子)号医院那边传来,是小人在那边祸害嘢(小人害也)。

图像:三舅,公用喇叭,天字号医院,妇科病房,小人;

情节:公用喇叭哼哼声于天字号医院传来,有小人在妇科病房捣乱;

评论:小人在那边祸害。

九四:匪其彭,无咎。

象曰:匪其彭,无咎,明辨晢也。

九四——四舅

九四:四舅看见匪气很重的彭家(匪其彭),弄来了一只兀鹫(无咎)。

小象说:匪气彭家(匪其彭)弄来兀鹫(无咎),明摆着是要变戏法嘢(明辨晢也)。

图像:四舅,彭家,兀鹫;

情节:匪气很重的彭家,弄来了一只兀鹫;

评论:匪气彭家弄来兀鹫,明摆着是要变戏法。

六五:厥孚交如,威如,吉。

象曰:厥孚交如,信以发志也;威如之吉,易而无备也。

六五——刘武

六五:**刘武**教练说,开油罐车要绝对服从交规,如同(厥孚交如)军人一般纪律严明,威武如山(威如),但从不惊扰百姓的鸡(吉)犬。

小象说:绝对服从交规如军人一般纪律严明(厥孚交如),说明信念可以激发服从命令的志向(信以发志也);威武如山的队伍通过时的鸡犬(威如之吉)状况,是最容易验证队伍纪律而无法事先准备的嘞(易而无备也)。

图像:刘武,油罐车,军人,鸡,犬;

情节:开车要绝对服从交规,如同军人威武如山,但从不惊扰百姓的鸡;

评论:信念可以激发服从命令的志向;威武如山的队伍通过时的鸡犬状况是最容易验证队伍纪律而无法事先准备的嘞。

上九:自天祐之,吉无不利。

象曰:大有上吉,自天祐也。

上九——六舅

上九:**六舅**说,上九日自己祈祷上天保佑自己(自天祐之),用鸡做祭品是没有不利(吉无不利)的。

小象说:是的,用这种方式求福,大有人在,上九吉日(大有上吉)自己祈祷上天保佑,是最好的嘞(自天祐也)。

图像:六舅,鸡;

情节:自己祈祷上天保佑自己,用鸡做祭品是没有不利的;

评论:大有福庆的上九吉日,自己祈祷上天保佑是最好的。

谦卦第十五

艮下坤上

对照译注　理解大意

【古文】

谦①：亨，君子有终。

彖曰：谦，亨；天道下济而光明，地道卑而上行。天道亏盈而益谦，地道变②盈而流③谦，鬼神害盈而福谦，人道恶盈而好谦。谦尊而光，卑而不可踰，君子之终也。

象曰：地中有山，谦；君子以裒④多益寡，称物平施。

【白话】

谦卦：亨通，君子（因保持谦德）有好结局。

彖曰：谦，亨通；天的规律是下降而彰显光明，地的规律是卑顺而地气上行。天的规律是减损盈满而增益谦虚；地的规律是改变盈满而充实谦虚；鬼神是危害盈满而增福谦虚；人的规律是憎恶盈满而喜好谦虚。保持谦德之人，尊贵而光明，善处卑下而不可超越，这就是君子的善终啊！

象曰：地中有高山，象征谦虚；君子观此卦象，宜减损多余增益不足，称量物品，公平施与。

【注释】

①谦：卦名，为卦艮下坤上，地山谦；谦，谦虚之义。
②变：改变，减损之义。
③流：流布，充实之义。

④裒(póu):取出,减少。

【古文】

初六:谦谦君子,用涉大川,吉。

象曰:谦谦君子,卑以自牧①也。

六二:鸣谦,贞吉。

象曰:鸣谦贞吉,中心得也。

九三:劳谦,君子有终,吉。

象曰:劳谦君子,万民服也。

六四:无不利,㧑谦②。

象曰:无不利,㧑谦,不违则也。

六五:不富以其邻③,利用侵伐,无不利。

象曰:利用侵伐,征不服也。

上六:鸣谦④,利用行师,征邑国。

象曰:鸣谦,志未得也;可用行师,征邑国⑤也。

【白话】

初六:谦虚又谦虚的君子,可以涉越大河,吉祥。

象曰:谦虚又谦虚的君子,是以谦卑心态进行自我约束的。

六二:谦虚之名外播,持守正固,吉祥。

象曰:谦虚之名外播,持守正固,吉祥,是因处世中庸、内心谦卑得到的。

九三:有了功劳仍然谦虚,君子有好结局,吉祥。

象曰:有了功劳仍然谦虚的君子,是所有民众都敬服的。

六四:发扬光大谦虚美德,无所不利。

象曰:发扬光大谦虚美德,无所不利,是因为不违背天地法则。

六五:不用财富让近邻归服,以威武之师讨伐,无所不利。

象曰:以威武之师讨伐,是征讨骄逆不服者。

上六:谦虚声名外播,利于出兵行师,征讨属邑小国。

象曰:谦虚声名外播,但立功志向未遂;可以出兵行师,征讨自己属邑小国。

【注释】

①牧:管理,制约。

②扐(huī):通"挥",发挥。
③不富以其邻:以,用。不富有(或不用财富)而能得到人们的亲近。
④鸣谦:言上六以柔顺处于谦极,是谦虚过头了。
⑤可用行师,征邑国:宜以刚武之法治理所属邑国。

千方百计　全力助记

一、卦序卦形记忆

谦卦为《周易》第十五卦。

数字编码法记卦序

鹦鹉(15)将窝迁(谦)到了地中的山里。

编码:15——鹦鹉。

䷎ 地山谦

谐音法记卦形

谦卦卦形坤上艮下,坤为地艮为山,地山谦,可用谐音"地三鲜"来记。

图像:地三鲜(中国东北菜名)。

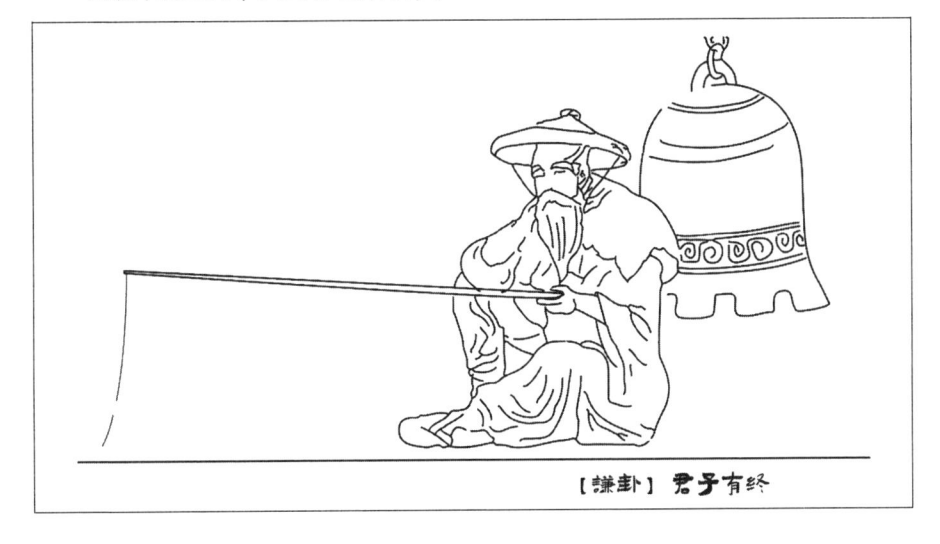

[谦卦] 君子有终

二、卦辞记忆

谦:亨,君子有终。

谐音法记卦辞

谦虚的人亨通,君子有一个大时钟(君子有终)。
图像:姜子牙(君子),很大的古老的时钟。

三、象辞记忆

彖曰:谦,亨;天道下济而光明,地道卑而上行。天道亏盈而益谦,地道变盈而流谦,鬼神害盈而福谦,人道恶盈而好谦。谦尊而光,卑而不可逾,君子之终也。

表格对比法记象辞

本卦象辞是按总、分、合结构表述的,按总、分、合结构进行归类对比,可以在大脑中形成结构化的信息存储,方便形成长期记忆。

谦卦象辞助记表

总	谦:亨	天道	下济	光明	
		地道	卑	上行	
分	四道	天	地	鬼神	人
	盈	亏	变	害	恶
	谦	益	流	福	好
合	谦	尊	光		
		卑	不可逾		
		君子之终也!			

结构:总——亨、天、地;分——天、地、鬼、人;合——尊、卑、君子。

四、大象辞记忆

象曰:地中有山,谦;君子以裒多益寡,称物平施。

故事法记大象辞

君子昨晚梦见一座巍峨的大山坐落在大地之下(地中有山)，他由此想到这梦境象征着为人处世要谦卑虚心，不可高调狂妄。在此梦境的启示下，早晨君子在分配救灾物资时，特意给一个白发苍苍的佝偻老婆婆多一地瓜(裒多益寡)，给其他人分物质时，则称物质重量平均施与(称物平施)。

图像:地底下一座大山,姜子牙(君子),佝偻状的白头发老婆婆,地瓜,秤杆和秤砣;

谐音:婆——裒,瓜——寡;

情节:大山坐落在大地之下,象征谦虚,君子特意给一个佝偻老婆婆多一个地瓜,给其他人分物质时,则称物质重量平均施与。

五、爻辞小象辞记忆

爻位定桩法记爻辞小象辞

用专用编码定位六爻:初六——杨柳,六二——牛儿,九三——旧伞,六四——螺丝,六五——老虎,上六——蝌蚪。

初六:谦谦君子,用涉大川,吉。

象曰:谦谦君子,卑以自牧也。

初六——杨柳

初六:两千君子(谦谦君子)背着背包拿着杨柳树干撑船渡大河(用涉大川),船上有很多只鸡(吉)。

小象说:两千君子(谦谦君子)背的背包上都有以红油漆涂写的 BY 字母嘢(卑以自牧也)。

注:BY 是"卑以"的拼音首字母。

图像:很多君子,杨柳,船,大河,很多鸡,很多背包(大大的 BY 字母);

情节:两千君子背着背包拿着杨柳树干撑船渡大河,船上有很多只鸡;

评论:两千君子背的背包上都有以红油漆涂写的 BY 字母。

六二:鸣谦,贞吉。

象曰:鸣谦贞吉,中心得也。

六二——牛儿

六二：人们牵着**牛儿**撒**冥钱**(鸣谦)，祈求神灵保佑赶走流感。君子们渡河刚上岸，看到这一情形，急忙从背包里拿出预防流感的疫苗**针剂**(贞吉)，告诉人们战胜流感得靠打疫苗。

小象说：战胜流感，**冥钱**(鸣谦)不管用，疫苗**针剂**(贞吉)管用，疫苗针剂用**中**信卡买**得到**嘅(中心得也)。

图像：牛儿，冥钱，针剂(针管、针头和药剂)，中信卡；

情节：看见人们牵着牛儿撒冥钱，君子拿出预防流感的疫苗针剂，告诉人们战胜流感得靠打疫苗；

评论：疫苗针剂用中信卡买得到。

九三：劳谦，君子有终，吉。

象曰：劳谦君子，万民服也。

九三——旧伞

九三：(君子抗疫帮农民干农活)大雨天里，左手撑着**旧伞**，右手拿着锄头在农田里辛勤**劳**动的一**千**(劳谦)君子，定下每人一周要劳动93个小时的目标，一点折扣也不肯打；君子们不仅有大**钟**(君子有终)计时，每天凌晨还有**鸡**鸣(吉)叫醒他们。

小象说：在大雨天里辛勤**劳**动的一**千君**子(劳谦君子)的壮观场景，感动得一**万民众**拜**服**于地(万民服也)。

图像：旧伞，拿着锄头的很多个君子，大钟，鸡，很多拜服在地的老百姓；

情节：辛勤劳动的一千君子，定下每人一周劳动93个小时的目标，君子们不仅有大钟计时，每天凌晨还有鸡鸣叫醒他们；

评论：辛勤劳动的一千君子的壮观场景，感动得一万民众拜服于地。

六四：无不利，㧑谦。

象曰：无不利，㧑谦，不违则也。

六四——螺丝

六四：(君子帮农民采石建方舱医院抗疫)采石需要用钢钎，但当地农民没有采石的专业钎具，君子们将大**螺丝**打磨做成钢钎，农民们**挥**动铁锤击打钢**钎**(㧑谦)，没有**一个不**锋利(无不利)的。

小象说:农民们**挥**动铁锤击打钢**钎**(扨谦),没有一个不锋利(无不利)的,是因为君子们的改制方法不违反规则嘚(不违则也)。

图像:大螺丝,钢钎,铁锤,正挥动铁锤击打钢钎的农民,石头;

谐音:挥——扨,钎——谦;

情节:将大螺丝打磨做成了钢钎,挥动铁锤击打钢钎,没有一个不锋利的;

评论:君子们的改制方法不违反规则。

六五:不富以其邻,利用侵伐,无不利。

象曰:利用侵伐,征不服也。

六五——老虎

六五:(君子抓麒麟抗疫)君子骑着**老虎**追赶不服抗役的麒麟(不富以其邻),一会儿就抓到了,清华园学生素质高,利用清华园(利用侵伐)抗疫,无所不利(无不利)。

小象说:利用清华园(利用侵伐)抗疫,需要征服不服从命令的小混混们(征不服也)。

图像:君子,老虎,麒麟,清华园;

谐音:不服——不富,清华——侵伐;

情节:君子骑着老虎追赶不服抗役的麒麟,利用清华园抗疫,无所不利;

评论:利用清华园抗疫,需要征服不服从命令的小混混们。

上六:鸣谦,利用行师,征邑国。

象曰:鸣谦,志未得也;可用行师,征邑国也。

上六——蝌蚪

上六:村民们用**蝌蚪**和冥钱(鸣谦),祭拜上苍;君子们则利用醒狮(利用行师)庆祝本村抗疫胜利后,又出发去征服异国(征邑国)的疫魔了。

小象说:村民们撒了好多冥钱(鸣谦),但这种心志未能得到实效(志未得也);君子们经许可用醒狮(可用行师)庆祝胜利后,又去征服异国(征邑国也)的疫魔了。

图像:蝌蚪,冥钱,醒狮,村民们,君子;

情节:村民们撒了好多冥钱祭拜上苍,君子们利用醒狮庆祝本村抗疫胜利后,又去征服异国的疫魔了;

评论:村民们撒冥钱的心志未能得到实际效果;君子们经许可用醒狮庆祝胜利后,又去征服异国的疫魔了。

豫卦第十六

坤下震上

对照译注　理解大意

【古文】

豫：利建侯行师。

彖曰：豫①，刚应而志行，顺以动，豫。豫，顺以动，故天地如之，而况建侯行师乎？天地以顺动，故日月不过而四时不忒②；圣人以顺动，则刑罚清而民服。豫之时义大矣哉！

象曰：雷出地奋，豫；先王以作乐崇德，殷③荐④之上帝，以配⑤祖考⑥。

【白话】

豫卦：利于建立诸侯，利于行军出征。

彖曰：豫卦，阳刚得到一众阴柔的响应而志向得以实行，顺从而动，就是豫。豫卦，顺从而动，所以天地都如它一样，何况建立诸侯与行军出征呢？天地顺从（时势或自然规律）而动，所以日月运行不出过失，四季变化没有差错；圣人顺从（时势或天道）行动，就会刑罚清正而万民信服。豫卦顺时的意义是多么宏大啊！

象曰：雷声轰鸣，大地振奋，这是豫卦的卦象；由此得到启示，先王宜制作礼乐以褒扬崇尚功德，以盛大隆重的礼仪敬献给上帝，同时敬献给祖先。

【注释】

①豫：卦名，为卦坤下震上，雷地豫；豫，愉悦、和乐；通"预"，预备、准备。

②忒(tè):差也,差错。

③殷:盛也,盛大,隆重。

④荐:敬献。祭祀天帝时敬献礼乐称"荐"。

⑤配:敬献。祭祀祖先时敬献礼乐称"配"。

⑥祖考:祖,祖先;考,死去的父亲。此处泛指祖先。

【古文】

初六:鸣①豫,凶。

象曰:初六鸣豫,志穷凶也。

六二:介于石②,不终日,贞吉。

象曰:不终日,贞吉,以中正也。

六三:盱③豫,悔,迟有悔。

象曰:盱豫有悔,位不当也。

九四:由豫④,大有得;勿疑,朋盍⑤簪⑥。

象曰:由豫,大有得,志大行也。

六五:贞疾⑦,恒不死。

象曰:六五贞疾,乘刚也;恒不死,中未亡也。

【白话】

初六:自鸣得意地欢乐,凶险。

象曰:初六(事情刚开始)自鸣得意地欢乐,是说享乐欲望穷极会导致凶险。

六二:耿介如石,不沉溺于娱乐(不待一日之晚,见几而作),贞正,吉祥。

象曰:不沉溺于娱乐,贞正吉祥,是因为持中守正。

六三:仰视贪慕上面欢乐,会有悔恨,要是悔改太迟,必将又生悔恨。

象曰:仰视贪慕上面欢乐会有悔恨,是因为(六三)所处位置不当。

九四:因自己而让众人豫乐,大有收获;不用迟疑,要像用簪子束头发一样聚合朋友。

象曰:因自己而让众人豫乐,大有收获,是因为(九四)志向得到大力施行。

六五:贞正而有疾苦,长久不会死亡。

象曰:六五贞正而有疾苦,是因为乘凌于刚爻之上;长久不会死亡,是因为中之尊位没有失去。

上六:冥⑧豫成,有渝无咎。

象曰:冥豫在上,何可长也?

上六:沉迷娱乐的状况已经形成,如有改变则无灾祸。

象曰:在上面沉迷于娱乐,怎么可能长久呢?

【注释】

①鸣:鸟声,引申为"凡出声皆曰鸣",此处为张扬、自鸣得意之义。

②介于石:言操守之坚如石,不可移易。

③盱(xū):向上观望之义。

④由豫:豫之所由,即豫乐产生的原由。

⑤盍(hé):合也,聚合。

⑥簪(zān):女人聚拢头发之物,喻指像簪子聚拢头发一样将人聚合在一起。

⑦贞疾:贞,贞正;疾,疾苦。言六五居得尊位曰贞,受制于下(九四)曰疾苦。

⑧冥:幽暗,此处为沉浸、沉迷之义。

千方百计　全力助记

一、卦序卦形记忆

豫卦为《周易》第十六卦。

数字编码法记卦序

杨柳(16)树枝丫上放着美玉(豫)。

编码:16——杨柳。

雷地豫

谐音与增字法记卦形

豫卦震上坤下,震为雷,坤为地,雷地豫,可谐音为"泪滴雨下"。

可展开一个小故事:小女孩含在口里的棒棒糖被顽皮的小男孩儿抢走了,她伤心地哭了起来,泪水滴的像雨(雷地豫)一样流下来。

图像:哭泣的小女孩,棒棒糖。

谐音:泪—雷,滴—地,雨—豫。

【豫卦】利建侯,行师

二、卦辞记忆

豫:利建侯行师。

故事法记卦辞

豫州的李建获封侯爷(利建侯),大门口正舞醒狮(行师)庆祝呢。

图像:李建,醒狮;

谐音:李建——利建,醒狮——行师。

三、象辞记忆

象曰:豫,刚应而志行,顺以动,豫。豫,顺以动,故天地如之,而况建侯行师乎?天地以顺动,故日月不过而四时不忒;圣人以顺动,则刑罚清而民服。豫之时义大矣哉!

卦形释义演绎法记象辞

豫,刚应而志行,顺以动,豫

豫卦坤下震上,全卦唯有九四一阳爻为刚,其余五阴均应合九四一阳。乾阳志于上行,故曰"刚应而志行"。就卦德而言,坤为顺,震为动,故曰"顺以动",前后"豫",为象辞写作通例。

逻辑顺序:先主爻,后卦德(自下而上)。

豫,顺以动,故天地如之,而况建侯行师乎

就预卦卦德展开联想:豫卦卦德"顺以动",即顺应自然法则而动;坤为地,天统地,故由"顺以动",联想到天地运行都是如此(故天地如之),再进一步联想到建侯行师也是如此(而况建侯行师乎)。

逻辑顺序:连天地都顺以动,何况建侯行师这种小事儿呢?

天地以顺动,故日月不过而四时不忒;圣人以顺动,则刑罚清而民服

前一句讲天地顺动的效果。日月为天地间最大的阴阳之象,也是百姓人人都能切身感受到的天象。故拿日月说事儿。日月有规律地运行而带来一年四季交替变化没有差错。此即"天地以顺动,故日月不过而四时不忒"。

后一句是由天道到人道。圣人效法天道,顺应时势而行动。本卦上体震为雷,震雷威慑力强大,故拿刑罚说事儿;下体坤为地,坤德直方大,有公正清明之意,故曰"刑罚清",刑罚公正,赏罚分明,民众自然信服。故曰:"圣人以顺动,则刑罚清而民服。"

豫之时义大矣哉

此为赞叹之辞。天地顺动,带来日月按规律运转,四季交替不出差错。圣人顺时而动,带来刑罚清明而万民信服,天地人形势一片大好,故有"豫之时义大矣哉"的赞叹之辞。

四、大象辞记忆

象曰:雷出地奋,豫;先王以作乐崇德,殷荐之上帝,以配祖考。

白日梦穿越法记大象辞

大象说:历史考试雷处长得了低分(雷出地奋),是因为他答题写到周文王三个字,突然一迷糊,做了一个白日梦。他穿越到古代,做了豫州刺史,目睹了豫州先王亲自作乐曲,崇敬道德(先王以作乐崇德)真人;迎接至尊上帝(殷荐之上帝),以配合上帝对祖先考试(以配祖考)。等他梦醒,考试时间到了,没答完题,但也只得交卷。

图像:雷处长,先王,乐曲谱子,考卷;

谐音:处——出,低分——地奋,迎接——殷荐,至——之;

情节:历史考试雷处长得了低分,是因为答题时做了一个白日梦:他穿越到古代做了豫州刺史,目睹了先王作乐曲,崇敬道德真人;迎接至尊上帝,以乐曲配合祖先考试。

五、爻辞小象辞记忆

故事法记爻辞小象辞

初六:鸣豫,凶。

象曰:初六鸣豫,志穷凶也。

初六:粗柳树旁边的深坑里,发现了一块巨大的明玉(鸣豫),一堆人拼命争抢,很凶险。

小象说:粗柳树旁的明玉(初六鸣豫),一堆人穷志也穷的人不要命地抢夺肯定有凶险嘞(志穷凶也)。

注:明玉为明朝玉石;"人穷志也穷"化自"人穷志不穷"的民间俗语。

图像:粗柳树,明玉,一群人;

谐音:明玉——鸣豫;

情节:一堆人拼命争抢粗柳树旁边的一块巨大的明玉,很凶险;

评论:人穷志也穷的人不要命地争抢会有大凶险。

六二:介于石,不终日,贞吉。

象曰:不终日,贞吉,以中正也。

六二:这一大块明玉介于两大块石头之间(介于石),很难弄出来,即使是专业人士,没有一整天(不终日)也是不行的。刘二看到这么多人争抢,心想自己是争抢不来的,于是送一只蒸鸡(贞吉)给现场的老大,让他分配明玉时照顾自己一下。

小象说:没有一整天(不终日)取不出来的贵重的玉,又有这么多人盯着,即使送了一只蒸鸡(贞吉),老大也只能以中正无偏的方式分配嘞(以中正也)。

图像:明玉,大石头,刘二,蒸鸡,老大;

编码:蒸鸡——贞吉;

情节:介于两大块石头之间的宝玉没有一整天弄不出来,刘二送蒸鸡给老大,想得到照顾;

评论:这么多人盯着,老大即使收了一只蒸鸡,也只能是中正无偏。

六三:盱豫,悔,迟有悔。

象曰:盱豫有悔,位不当也。

六三:徐玉(盱豫)悔恨没早点动身,以至于明玉没有自己的份,迟到了,就只有悔恨(迟有悔)了。

小象说:徐玉只有悔恨(盱豫有悔),因为刘三状告他在村长位置上处事不当(位不当也),他正为此烦心,所以没有太在意外面的消息。

图像:男人徐玉,刘三;

谐音:徐玉——盱豫;

情节:徐玉悔恨不能参与分玉,迟到了,就只有悔恨了;

评论:有人告他在村长位置上处事不当。

九四:由豫,大有得;勿疑,朋盍簪。

象曰:由豫,大有得,志大行也。

九四:由于(由豫)四舅在缅甸做过几年工,对寻找提取玉石大有心得(大有得),无疑(勿疑)是这次取明玉的合适人选,朋友们送出一盒玉簪(朋盍簪)请他出山。

小象说:由于(由豫)四舅对取玉石大有心得(大有得),这次他要露脸了,以技术取宝玉的志向可以大行(志大行也)其道了。

图像:四舅,朋友,一盒玉簪;

情节:由于四舅对取玉石大有心得,无疑是取明玉的合适人选,朋友们送一盒玉簪请他出山;

评论:以技术取宝玉的志向可以大行其道了。

六五:贞疾,恒不死。

象曰:六五贞疾,乘刚也;恒不死,中未亡也。

六五:但到了下午还是没取出来,六十五岁的刘武说,只要送一只蒸鸡(贞疾)给一个横竖不死(恒不死)的几百岁老怪物,请他出山,定能搞定。

小象说:刘武说送蒸鸡(六五贞疾),要乘刚(乘刚也)出锅时送,冷了老怪物就不要;老怪物横竖不死(恒不死),是因为他修炼出的真气一直在丹田中未曾失去嘢(中未亡也)。

图像:六十五岁老头,老怪物,蒸鸡;

编码:蒸鸡——贞吉;

情节:送一只蒸鸡给一个横竖不死的老怪物,可请他出山;

评论:刘武说蒸鸡要乘刚出锅时送,老怪物横竖不死是因为他修炼出的真气一直在丹田中未曾失去过。

上六:冥豫成,有渝无咎。

象曰:冥豫在上,何可长也?

上六:晚上玉成功(冥豫成)地被取出了,有玉(有渝)了,大家想庆祝一下,但发现无酒(无咎)。

小象说:明玉在酒鬼们手上(冥豫在上),怎么可能放长久呢(何可长也)?

图像:晚上,明玉,空酒瓶子;

会意:晚上——冥;

情节:晚上玉成功地被取出,有玉了,大家庆祝时发现无酒;

评论:明玉在酒鬼手上,怎么可能放长久呢?

随卦第十七

震下兑上

对照译注　理解大意

【古文】

随①:元亨利贞,无咎。

彖曰:随,刚来而下柔,动而说,随。大亨贞,无咎,而天下随时。随时之义大矣哉!

象曰:泽中有雷,随;君子以向晦入宴息②。

【白话】

随卦:大为亨通,利于贞正,没有灾祸。

彖曰:随卦,阳刚外来而居于阴柔之下,震动而喜悦,这是随卦之象。守持正固而大为亨通,没有灾祸,而天下万物都随顺时势运行。随顺时势的意义真是宏大啊!

象曰:雷藏泽中,随卦之象;君子体而用之,宜在傍晚时入室休息。

【注释】

①随:卦名,为卦震下兑上,泽雷随;随,随从之义。
②向晦入宴息:晦者,日没而昏暗也;宴息者,宴安休息,即日入而息也。

【古文】

初九：官有渝，贞吉，出门交有功①。

象曰：官有渝，从正吉也；出门交有功，不失也。

六二：系小子，失丈夫②。

象曰：系小子，弗兼与也。

六三：系丈夫，失小子③；随有求得，利居贞。

象曰：系丈夫，志舍下也。

九四：随有获，贞凶④；有孚在道，以明，何咎？

象曰：随有获，其义凶也；有孚在道，明功也。

九五：孚于嘉⑤，吉。

象曰：孚于嘉吉，位正中也。

上六：拘系之，乃从；维之，王用亨于西山⑥。

象曰：拘系之，上穷也⑦。

【白话】

初九：思想观念有改变，守持正固吉祥，出门与人交往会成功。

象曰：思想观念有改变，是说随从正道可获吉祥；出门交往会成功，说明（初九）不失（随从）正道。

六二：随从（初九）小子，失去（九五）丈夫。

象曰：随从小子，是说不能同时兼顾随从丈夫。

六三：随从（九四）丈夫，失去（初九）小子；随从而有所求，可以得到，利于安居贞正。

象曰：随从丈夫，说明六三志意是舍弃下面的小子。

九四：随从而有收获，虽贞正亦凶险；心怀诚信地走在正道上，以明哲般的见识，有什么灾祸呢？

象曰：随从而有收获，其爻义主凶；心怀诚信地走在正道上，归功于其明哲般的见识。

九五：以诚信中实随天下之善，吉祥。

象曰：以诚信中实随天下之善，吉祥，是因为（九五）处正中之位。

上六：拘谨强令之，方肯随从；若需维系，应如文王亨通于西山一样。

象曰：拘谨强令之，说明上六随从之道穷极。

【注释】

①出门交有功：言初九思想观念变化，出门交往会获成功。

②系小子失丈夫：（六二）随从（初九）小子，失去（九五）丈夫。

③系丈夫失小子：（六三）随从（九四）丈夫，失去（初九）小子。

④随有获，贞凶：为臣之道，当使众心皆随于君。若人心从己，则危疑也，虽贞正亦凶。

⑤孚于嘉：嘉，良善。以诚信中实随天下之良善。

⑥拘系之，乃从，维之，王用亨于西山：拘系强迫乃肯随从，若需维系，应如文王亨通西山般（行仁义而）怀之。

⑦上穷也：上六随从之道穷极。

千方百计　全力助记

一、卦序卦形记忆

随卦为《周易》第十七卦。

数字编码法记卦序

防水仪器(17)在水(随)里很好用。

编码：17——仪器。

泽雷随

情节法记卦形

随卦兑上震下，兑为泽震为雷，泽雷随。可编一个小情节：我刚出门，这(泽)雷随后就响起来。

谐音：这——泽。

二、卦辞记忆

随:元亨利贞,无咎。

故事法记卦辞

隋(随)朝大将出征前占卜得到"元亨利贞"四个字,高兴得忘乎所以,拿起酒壶就喝,突然发现无酒(无咎)。

图像:隋朝大将,空酒壶;

谐音:隋——随,无酒——无咎。

三、象辞记忆

象曰:随,刚来而下柔,动而说,随。大亨贞,无咎,而天下随时。随时之义大矣哉!

卦形释义法记象辞

随,刚来而下柔,动而说,随

先主爻,再卦体:随卦下体初爻为刚爻,二三为柔爻,是为"刚来而下柔";下震为动,上兑为泽为说(即悦),是为"动而说"。前后两个"随"字是象辞写作之通例。

大亨贞,无咎,而天下随时

抗日期间,大横镇(大亨贞)有一只兀鹫(无咎)在天空下面随时(而天下随时)飞来飞去,侦察日寇动向。

注:大横镇是福建省南平市延平区的一个镇子。

图像:大横镇,兀鹫;

谐音:大横镇——大亨贞。

随时之义大矣哉

这是大象对兀鹫随时在天空侦察日寇动向重大意义的赞美之词:随时侦察的意义重大呀(随时之义大矣哉)。

四、大象辞记忆

象曰:泽中有雷,随;君子以向晦入宴息。

故事法记大象辞

沼泽中有一颗地雷(泽中有雷),随时有爆炸的危险。君子向辉(向晦)跳入沼泽,用手掩住鼻息(君子以向晦入宴息)排雷,胆子真大呀。

图像:沼泽,地雷,君子向辉;

谐音:向辉——向晦,掩——宴。

五、爻辞小象辞记忆

故事法记爻辞小象辞

初九:官有渝,贞吉,出门交有功。

象曰:官有渝,从正吉也;出门交有功,不失也。

初九:县官有鱼(官有渝)和蒸鸡(贞吉)吃,出门交朋友很成功(出门交有功)。

小象说:县官有鱼(官有渝),所以他从政吉祥(从正吉也);出门交朋友很成功(出门交有功),所以从不失去选票(不失也)。

图像:县官,鱼,蒸鸡;

情节：县官有鱼和蒸鸡吃，出门交朋友很成功；

评论：县官有鱼，所以从政吉祥；出门交友成功，所以从不失去选票。

六二：系小子，失丈夫。

象曰：系小子，弗兼与也。

六二：捕快刘二抓强盗，捆住了一个小个子（系小子），丢失了一个一丈高的莽夫（失丈夫）。

小象说：刘二只捆住了一个小个子（系小子），是因为正好那时接听了福建监狱（弗兼与也）方面打来的一个重要电话，耽误了一下。

图像：捕快刘二，小个子强盗，大个子莽夫；

谐音：福建监狱——弗兼与；

情节：捕快刘二捆住了小个子强盗，丢失了一丈高的莽夫；

评论：正好接听福建监狱方面打来的电话耽误了一下。

六三：系丈夫，失小子；随有求得，利居贞。

象曰：系丈夫，志舍下也。

六三：捕快刘三就不一样了，他捆住了丈许高的莽夫（系丈夫），丢失了小个子（失小子）。因为他抓住了重要逃犯高个子，立了大功，现在随他有什么要求都可以得到（随有求得），这样就有利于他去拜访宰相张居正（利居贞）。

小象说：刘三捆住了丈许高的莽夫（系丈夫），说明他的心思（志）本来就想舍弃下面的小强盗嘢（志舍下也）。

图像：捕快六三，丈许高的莽夫，小个子强盗，宰相张居正；

会意：心思——志；

情节：捕快刘三捆住了丈许高的莽夫，丢失了小个子，因为他立了大功，现在随他有什么要求都可以得到，有利于他去拜访宰相张居正；

评论：他的心思是舍弃下面的小强盗。

九四：随有获，贞凶；有孚在道，以明，何咎？

象曰：随有获，其义凶也；有孚在道，明功也。

九四:四舅说那个随时都有收获(随有获)的猎人,正追捕一头熊(贞凶),一个油壶挡在道路(有孚在道)中间,猎人停下来开了一枪,熊一命(以明)呜呼了,何必长久(何咎)追赶呢?

小象说:随时有收获(随有获)的猎人,其用意是猎到那头熊(其义凶也);那个油壶挡在道路(有孚在道)中间,是一个民工故意挡猎人的嘞(明功也)。

图像:猎人,熊,油壶,道路,民工;

谐音:正——贞,一命——以明,久——咎,民工——明功;

编码:熊——凶,油壶——有孚;

情节:随时都有收获的猎人,正追捕一头熊,一个油壶挡在道路中间,猎人开枪,熊一命呜呼,何必长久追赶呢?

评论:其用意是猎到熊;油壶挡在道中间是民工故意为之。

九五:孚于嘉,吉。

象曰:孚于嘉吉,位正中也。

九五:五舅说他看见一个富裕家(孚于嘉)庭里有很多只鸡(吉)。

小象说:富裕家(孚于嘉)庭里的鸡(吉),是位于村子正中间的一户人家送的嘞(位正中也)。

图像:富裕家庭,很多鸡;

谐音:富裕家——孚于嘉;

情节:五舅看见一个富裕家庭里有很多只鸡;

评论:富裕家里的鸡是位于村正中间的人家送的。

上六:拘系之,乃从,维之;王用亨于西山。

象曰:拘系之,上穷也。

上六:盗匪头子刚逃进西山不久就被拘捕捆缚(拘系之)了,乃是从山下(乃从)用大网围住他(维之)的。此方法用于抓捕逃进山中的强盗非常有效。文王用此道亨通于西山(王用亨于西山)几十年了。

小象说:盗匪头子逃进山里很快就被拘捕捆住(拘系之),是因为山上无路可走了(上穷也)。

图像:盗匪头子,大网,文王;

会意:拘捕捆缚——拘系,无路可走了——穷也;

情节:盗匪头子被拘捕捆缚,乃是从山下用大网围住他的,文王用此道亨通于西山几十年了;

评论:能拘捕捆住盗匪头子,是因为山上无路可走了。

蛊卦第十八

巽下艮上

对照译注　理解大意

【古文】

蛊①:元亨②,利涉大川,先甲三日,后甲三日③。

彖曰:蛊,刚上而柔下,巽而止,蛊。蛊,元亨而天下治也。利涉大川,往有事也。先甲三日,后甲三日,终则有始,天行也。

象曰:山下有风,蛊;君子以振民育德。

【白话】

蛊卦:元始亨通,利于涉越大河。甲日之前三天,甲日之后三天。

彖曰:蛊卦,阳刚居上而阴柔居下,逊顺而静止,这就是蛊卦的卦象。蛊卦,元始亨通,因而天下大治。利于涉越大河,说明前往做事可以成功。甲日之前三日,甲日之后三日,表示事物终结之后又有新的开始,这是天道的运行规律。

象曰:山下吹着风,蛊卦之象;君子体而用之,宜振奋民心,培育道德。

【注释】

①蛊:卦名,为卦巽下艮上,山风蛊;蛊,有事之象,积弊之义。
②元亨:元始亨通。既生蛊则有复治之理。自古治必因乱,乱则开治。
③先甲三日,后甲三日:先甲,始也;后甲,终也。先后各三日,思之详也。

【古文】

初六：干父之蛊，有子，考无咎①，厉，终吉。

象曰：干父之蛊，意承考②也。

九二：干母之蛊，不可贞③。

象曰：干母之蛊，得中道也。

九三：干父之蛊，小有悔，无大咎④。

象曰：干父之蛊，终无咎也。

六四：裕父之蛊，往见吝⑤。

象曰：裕父之蛊，往未得也。

六五：干父之蛊，用誉⑥。

象曰：干父之蛊，承以德⑦也。

上九：不事王侯，高尚其事。

象曰：不事王侯，志可则⑧也。

【白话】

初六：匡正父辈坏事，有子孙承当，父辈得免灾祸；虽然危险，但最终吉祥。

象曰：匡正父辈的坏事，是说在道德大义上承当父事。

九二：匡正母辈坏事，不可固守正义过于刚硬（宜谦逊引导）。

象曰：匡正母辈坏事，需要行以中道。

九三：匡正父辈坏事，有小的后悔，没有大的过失。

象曰：匡正父辈坏事，最终是没有过失的。

六四：宽缓地匡正父辈的坏事，持续往下发展必然出现憾事。

象曰：宽缓地匡正父辈的坏事，往下发展，难以达到匡正的效果。

六五：匡正父辈坏事，因用人得当而获得赞誉。

象曰：匡正父辈坏事，因用人得当而获赞誉，是说以中和之德（不以威力）承当父事。

上九：不再承事于王侯，以高尚操守从事自己的事业。

象曰：不再承事于王侯（清虚自守），其志向值得效法。

【注释】

①干父之蛊,有子,考无咎:干,匡正;蛊,坏事;考,父辈;厉,危险。初六蛊患未深而易治,故其占为有子,则能治蛊,其父可无咎。

②意承考:意,道德大义。道德大义上承继父事。

③干母之蛊,不可贞:贞,固守正义过于刚硬。九二刚中上应六五,以刚承柔而治其坏事,戒以不可坚贞刚硬,当巽顺以入之也。

④小有悔无大咎:言九三以阳爻居三,是为过刚不中,故"小有悔";居下卦巽体之上,是为巽体得正,故"无大咎"。

⑤裕之蛊,往见吝:言六四以阴居阴,柔顺过甚,故仅能宽裕处理其父之蛊事;持续下去,必然出现憾事。

⑥用誉:因(治蛊)用人得当而获得赞誉。

⑦承以德:以中和之德(不以威力)承当父事。

⑧志可则:则,效法。其志向值得效法。

千方百计　全力助记

一、卦序卦形记忆

蛊卦为《周易》第十八卦。

数字编码法记卦序

松鼠用尾巴(yǐ ba,18)敲鼓(蛊),敲得还很响。

编码:18——尾巴。

☶☴ 山风蛊

情境法记卦形

蛊卦,艮上巽下,艮为山巽为风,山风蛊。可编一句话:山风吹出的呼呼声像鼓(蛊)响一般。

另，上世纪70年代中国有一句很著名的口号：东风吹，战鼓擂，当今世界谁怕谁？可以稍微改一下：山风吹，战鼓（蛊）擂，当今世界谁怕谁？

二、卦辞记忆

蛊：元亨，利涉大川，先甲三日，后甲三日。

故事法记卦辞

在热烈的锣鼓（蛊）欢送声中，袁庚（元亨）乘坐大船（利涉大川）去国外考察，思考蛇口工业区的发展。一上船，他先在甲板上站了三日（先甲三日），回船舱处理了一天的公务，后又在甲板上站了三日（后甲三日），七天后，有了"时间就是金钱，效率就是生命"的著名口号。

注：袁庚是上世纪80年代深圳蛇口工业区创办者。

图像：袁庚，大船；

谐音：鼓——蛊，袁庚——元亨；

编码：大船——利涉大川。

三、彖辞记忆

彖曰：蛊，刚上而柔下，巽而止，蛊。蛊，元亨而天下治也；利涉大川，往有事也。先甲三日，后甲三日，终则有始，天行也。

卦形卦辞释义法记彖辞

蛊，刚上而柔下，巽而止，蛊

先说卦形主爻：蛊卦上艮以刚爻为主爻，下巽以柔爻为主爻，即"刚上而柔下"。再说上下卦卦德：下卦为巽卦，卦德为巽（巽，古同"逊"，卑顺、顺从），上卦为艮卦，卦德为止，即"巽而止"。首尾各一"蛊"字，是彖辞写作通例。

蛊，元亨而天下治也；利涉大川，往有事也

蛊卦卦辞开始二字"元亨"，意为原本亨通，所以天下大治。故曰"元亨而天下治也"。

根据《周易》记忆专用编码，"大船"为"利涉大川"，古时乘坐大船前往某地，那一定是有事要做。故曰"利涉大川，往有事也"。

图像:大船;

编码:大船——利涉大川。

先甲三日,后甲三日,终则有始,天行也。

袁庚先在甲板上待了三日(先甲三日),处理了一天的公务,后来又在甲板上待了三日(后甲三日),有终有始(终则有始),大船则天天在海上行走(天行也)。

会意:有终有始——终则有始。

[蛊卦] 君子以振民育德

四、大象辞记忆

象曰:山下有风,蛊;君子以振民育德。

情景法记大象辞

山下有风,旌旗飘飘,鼓(蛊)声震天,在热烈的氛围中,君子通过高音喇叭发表了演说:山风吹,战鼓擂,当今世界,谁怕谁?这一豪言壮语极大地振奋了民心,培育了不畏强暴的品德(振民育德)。

图像:山,风,鼓,高音喇叭,君子。

五、爻辞小象辞记忆

故事法记爻辞小象辞

缘起：因生活环境太差，某男子父母身上长了蛊虫，他从道德真君处求得了治疗父母蛊虫的密法。（注：道德真君是中国古代神话小说《封神演义》中的神话人物。）

初六：干父之蛊，有子，考无咎，厉，终吉。

象曰：干父之蛊，意承考也。

初六：治疗父亲身上的蛊虫（干父之蛊），有儿子主事（有子）；父亲没有灾难（考无咎），虽然有点危险（厉），但最终会吉祥（终吉）。

小象说：治疗好父亲的蛊虫（干父之蛊），其意义在于承担父辈之事业（意承考也）。

图像：父亲，蛊虫，儿子；

会意：治疗——干，父亲没有灾难——考无咎，危险——厉，父辈——考；

情节：治疗父亲身上的蛊虫，有儿子主事；父亲没有灾难，有点危险，最终吉祥；

评论：其真正的意义在于承担父辈之事业。

九二：干母之蛊，不可贞。

象曰：干母之蛊，得中道也。

九二：治疗母亲的蛊虫（干母之蛊），不能过于强硬（不可贞）。

小象说：治疗母亲的蛊虫（干母之蛊），得采取中庸平和的办法嘚（得中道也）。

图像：母亲，蛊虫；

会意：不能过于强硬——不可贞，中庸平和的办法——中道；

情节：治疗母亲蛊虫的办法，不能过于强硬；

评论：对待母亲得采取中庸平和的办法。

九三:干父之蛊,小有悔,无大咎。

象曰:干父之蛊,终无咎也。

九三:治疗父亲的蛊虫(干父之蛊),煎药时有些方面没注意到,小小地有些悔恨(小有悔),但没有大的过失(无大咎)。

小象说:儿子治疗父亲的蛊虫(干父之蛊),治好了也是尽孝心,最终是无酒(无咎)喝的嘢(终无咎也)。

图像:父亲,蛊虫,儿子,空酒瓶;

情节:治疗父亲的蛊虫时,小小地有些悔恨,但没有大的过失;

评论:儿子尽孝心治疗父亲的蛊虫,最终是无酒喝的。

六四:裕父之蛊,往见吝。

象曰:裕父之蛊,往未得也。

六四:宽裕放任父亲的蛊虫(裕父之蛊),往后会像见到臭蛋(往见吝)一样恶心。

小象说:道德真君说了,现在宽裕放任父亲的蛊虫(裕父之蛊),往后就没得治了嘢(往未得也)。

图像:父亲,蛊虫,臭蛋,道德真君;

编码:臭蛋——吝;

情节:宽裕放任父亲的蛊虫,往后会像见到臭蛋一样恶心;

评论:现在放任,往后就没得治了。

六五:干父之蛊,用誉。

象曰:干父之蛊,承以德也。

六五:治疗父亲的蛊虫(干父之蛊),用治蛊一事获得了荣誉(用誉)。

小象说:治疗父亲的蛊虫(干父之蛊),承载着以道德换取未来之希望嘢(承以德也)。

图像:父亲,蛊虫;

情节:治疗父亲的蛊虫,用治蛊一事获得了荣誉;

评论:承载着以道德换取未来之希望。

上九：不事王侯，高尚其事。

象曰：不事王侯，志可则也。

上九：父母的蛊虫都治好了。道德真君赞扬说，这儿子虽然不是王侯(不事王侯)，但情操堪比古代高尚骑士(高尚其事)。

小象说：他虽不是王侯(不事王侯)，但其内心光明，志向可以效法也(志可则也)。

图像：道德真君，王侯，骑士；

谐音：其事——骑士；

会意：效法——则；

情节：道德真君夸奖说，这儿子虽不是王侯，但情操堪比古代高尚骑士；

评论：其内心光明，志向可以效法。

卷四

上经之四：临 观 噬嗑 贲 剥 复

临卦第十九

兑下坤上

对照译注　理解大意

【古文】

临①：元亨利贞，至于八月有凶②。

彖曰：临，刚浸③而长，说而顺，刚中而应，大亨以正④，天之道也。至于八月有凶，消不久⑤也。

象曰：泽上有地，临；君子以教思无穷，容保民无疆⑥。

【白话】

临卦：大为亨通，利于守持正固，到了八月将有凶险。

彖曰：临卦，阳刚之气日益增长，和悦而柔顺，刚健者居中而上下相应，奉行正道而大为亨通，这就是天道。到了八月会有凶险，因为（当前的阳长）阴消不会长久。

象曰：沼泽上有地，这是临卦的卦象；君子体而用之，宜教育关心民众至于无穷，包容保护民众至于无疆。

【注释】

①临：卦名，为卦兑下坤上，地泽临；临，监临，领导；十二消息卦之一，十二月之卦。

②至于八月有凶：言至八月建酉，则是二阳在上四阴在下(观卦)，阴又逼迫阳矣。

③浸：逐渐。

④大亨以正：以，凭借。大为亨通是因为奉行正道。

⑤消不久：当前阳息阴消的现象不会长久。此为圣人设诫之辞。

⑥教思无穷，容保民无疆：教育关心民众至于无穷，包容保护民众至于无疆。

【古文】

初九：咸临①，贞吉。
象曰：咸临贞吉，志行正也。

九二：咸临，吉，无不利。
象曰：咸临，吉，无不利，未顺命②也。

六三：甘临③，无攸利；既忧之，无咎。
象曰：甘临，位不当也；既忧之，咎不长也。

六四：至临④，无咎。
象曰：至临无咎，位当也。

【白话】

初九：以感化之道领导民众，贞正吉祥。

象曰：以感化之道领导民众，贞正吉祥，是因为(初九)志向是行走正道。

九二：以感化之道领导民众，吉祥，无所不利。

象曰：以感化之道领导民众，吉祥，无所不利，是说(九二)不是靠顺从命令做到的。

六三：靠取悦于下来领导，没有什么益处；既已忧惕改过，就没有咎害。

象曰：靠取悦于下来领导，说明(六三)居位不当；既已忧惕警觉，则咎害不会长久。

六四：亲近基层去领导民众，没有灾祸。

象曰：亲近基层去领导民众，没有灾祸，是因为(六四)居位得当。

六五:知临⑤,大君之宜,吉。

象曰:大君之宜,行中⑥之谓也。

上六:敦临⑦,吉,无咎。

象曰:敦临之吉,志在内⑧也。

六五:智慧地领导民众,这是大人君主合宜的行为,吉祥。

象曰:大人君主合宜的行为,所说的就是奉行中道。

上六:敦厚地领导民众,吉祥,没有咎害。

象曰:敦厚地领导民众吉祥,说明(上六的)志向是主动与内卦阳爻相应。

【注释】

①咸临:咸,感也;临,领导。咸临,即以感化之道领导民众。

②未顺命:不是由于顺从上面的命令(而带来的吉无不利)。

③甘临:甘,取悦。以取悦下面的方式领导民众。

④至临:至,来到,亲自。亲临。

⑤知临:知,通"智"。智慧地领导民众。

⑥行中:奉行中道。

⑦敦临:敦厚地领导民众。

⑧内:内卦,此处指内卦初九、九二两阳爻。

千方百计　全力助记

一、卦序卦形记忆

临卦为《周易》第十九卦。

数字编码法记卦序

林(临)冲喝了有蒙汗药的药酒(19),所以久睡不醒。

编码:19——药酒。

☷☱ 地泽临

谐音法记卦形

临卦坤上兑下,坤为地兑为泽,地泽临。可谐音为:低着头摇铃铛(地泽临)。

注:仰着头不看路容易摔跤或撞到物体。

谐音:低——地,着——泽,铃——临。

另,民间有一口诀"天灵灵,地灵灵",可延申并改动一下:

心真诚,天则灵,地则灵(地泽临)。

二、卦辞记忆

临:元亨利贞,至于八月有凶。

专用记忆编码与卦象记卦辞

临:临天(元亨利贞)观之,临卦综观卦;观卦为八月之消息卦,其卦形为下四阴爻,上两阳爻,阴气盛,阳气弱,故曰"至于八月有凶"。

图像:天,观卦卦形;

编码:天——元亨利贞;

会意:阴气盛阳气弱——凶;

基础:临卦综观卦,观卦为八月之消息卦。(参阅"周易基础知识")

三、象辞记忆

象曰:临,刚浸而长,说而顺,刚中而应,大亨以正,天之道也。至于八月有凶,消不久也。

卦形卦辞释义法

临,刚浸而长

浸,是逐渐之意。临卦下面两根刚爻上面四根柔爻,正是"刚浸而长"之意。(一根为起步,三根已成形,两根正是渐长之意。)

说而顺,刚中而应,大亨以正,天之道也

前一句说卦德,下兑为说(即悦),上坤为顺,故曰"说而顺";

次说主爻,九二刚爻居中,而与六五柔爻相应,故曰"刚中而应";

再说卦辞"元亨利贞",元是大的意思,"元亨利贞"即"大亨以正";"元亨利贞"即乾之四德,乾为天,"大亨以正"缘自遵循"天之道也"。

至于八月有凶,消不久也

以"消不久也"注解卦辞"至于八月有凶",意即当下这种阳息阴消的大好局面不会太过长久。因为此长彼消,此消彼长,周而复始,循环往复,此乃天道,到了八月就会是阴盛阳弱的不利局面(至于八月有凶),故曰"消不久也"。此乃设戒之辞。

[临卦] 君子以教思无穷

四、大象辞记忆

象曰:泽上有地,临;君子以教思无穷,容保民无疆。

故事法记大象辞

沼泽边上有一块空地(泽上有地),可做临时教室,君子以教师身份教育民众,无论穷富(君子以教思无穷),都容许报名(保民),没有边界(容保民无疆)。

图像:沼泽,空地,临时教室,君子;
谐音:教师——教思,报名——保民;
会意:没有边界——无疆。

五、爻辞小象辞记忆

故事法记爻辞小象辞

初九:咸临,贞吉。

象曰:咸临贞吉,志行正也。

初九:城里人都说,咸宁(咸临)蒸鸡(贞吉)很好吃。

小象说:咸宁蒸鸡(咸临贞吉)只(志)有行得正的人才可以吃到嚹(志行正也)。

图像:咸宁市,蒸鸡;

情节:城里人说咸宁蒸鸡很好吃;

评论:咸宁蒸鸡只有行得正的人才可以吃到。

九二:咸临,吉,无不利。

象曰:咸临,吉,无不利,未顺命也。

九二:有人说,拿咸宁(咸临)的鸡(吉)去送礼,无所不利(无不利)。

小象说:用咸宁(咸临)的鸡(吉)送礼无所不利(无不利),是未碰到大顺王朝的民兵嚹(未顺命也)。

注:大顺王朝是明末李自成起义建立的王朝。

图像:咸宁市,鸡,大顺王朝民兵;

谐音:民——命;

情节:有人说用咸宁的鸡去送礼无所不利;

评论:那是未碰到大顺王朝的民兵。

六三:甘临,无攸利;既忧之,无咎。

象曰:甘临,位不当也;既忧之,咎不长也。

六三:刘三听说他存放在陕甘宁(甘临)边区的五个油梨(无攸利)可能烂掉了,他爸说,既然担心这个(既忧之),就派兀鹫(无咎)去侦查一下吧。

小象说:刘三存放在陕甘宁(甘临)边区的五个油梨烂掉了,是因为他存放的位置不当嘢(位不当也)。既然担心这个(既忧之),就(咎)不要长久存放在那里嘢(咎不长也)。

图像:刘三,陕甘宁,五个油梨,兀鹫;

编码:五个油梨——无攸利;

情节:存放在陕甘宁的五个油梨可能烂掉了,既然担心这个,就派兀鹫去侦查一下;

评论:五个油梨烂掉了,是因为他存放的位置不正当;既然担心它,就不要长久存放在那里。

六四:至临,无咎。

象曰:至临无咎,位当也。

六四:到达宁夏(至临),兀鹫(无咎)在天空盘旋查看。

小象说:到宁夏(至临)侦查的兀鹫(无咎)在天空盘旋的位置正好适当嘢(位当也)。

图像:宁夏,兀鹫;

情节:到达宁夏,兀鹫在天空盘旋查看;

评论:到宁夏侦查的兀鹫在天空盘旋的位置正好适当。

六五:知临,大君之宜,吉。

象曰:大君之宜,行中之谓也。

六五:智者去宁夏(知临),大国君主马上乘飞机到(之)宜昌(大君之宜)买了一只咸宁鸡(吉)。

小象说:大国君主飞到(之)宜昌(大君之宜)去买咸宁鸡,这是行中庸礼节的做法嘢(行中之谓也)。

注:宁夏有到宜昌的直飞航班且宜昌有咸宁鸡卖。

图像:智者,大君,宜昌,鸡;

情节:智者去宁夏,大国君主马上乘飞机到宜昌买了一只咸宁鸡;

评论:这是行中庸礼节的做法。

上六:敦临,吉,无咎。

象曰:敦临之吉,志在内也。

上六:有人蹲点宁夏(敦临)卖鸡(吉),兀鹫(无咎)看到了这个情形。

小象说:当地人吃羊肉不吃鸡,蹲点宁夏之人卖鸡(敦临之吉),其心思(志)是在宁夏的内地人身上嘢(志在内也)。

图像:蹲着的人,宁夏,鸡,兀鹫;

情节:有人蹲点宁夏卖鸡,兀鹫看到了这个情形;

评论:其心思是在宁夏的内地人身上。

观卦第二十

坤下巽上

对照译注　理解大意

【古文】

观①：盥而不荐②，有孚颙若③。

彖曰：大观在上，顺而巽，中正以观天下。观，盥而不荐，有孚颙若，下观而化也。观天之神道，而四时不忒④，圣人以神道设教，而天下服矣。

象曰：风行地上，观；先王以省方观民设教⑤。

【白话】

观卦：祭祀开始时祭者洁手后灌香酒于地，还没有敬奉牺牲，祭者和观者皆是孚信敬仰、严肃庄重的神态。

彖曰：(九五君上)在上面大范围观察，柔顺而谦虚，以中正之德来观察天下。观卦，祭祀开始时祭者洁手灌酒，还没敬奉牺牲，祭者和观者皆是孚信敬仰、严肃庄重的状态，民众观此仪礼而受到感化。观察大自然运行的神妙规律，会发现四季交替运转不差；圣人以这种神妙莫测的天道来教化万民，天下百姓都会信服。

象曰：风吹行地上，观卦之象；先王体而用之，宜巡省四方，观视民俗，设立政教。

【注释】

①观:卦名,为卦坤下巽上,风地观;观,下观上为观仰,上观下为观视。
②盥(guàn)而不荐:盥,洁手。洁手后灌香酒于地还没有敬献牺牲祭品。
③颙(yóng)若:颙,大头也,仰也,大头在上之意,仰观君德之意。
④忒(tè):差错。
⑤省方观民设教:巡省四方,观视民俗,设立政教。

【古文】

初六:童观①,小人无咎,君子吝。

象曰:初六童观,小人道也。

六二:窥观②,利女贞。

象曰:窥观女贞,亦可丑也。

六三:观我生③,进退。

象曰:观我生,进退,未失道也。

六四:观国之光,利用宾于王④。

象曰:观国之光,尚宾⑤也。

九五:观我生⑥,君子无咎。
象曰:观我生,观民也。

【白话】

初六:童稚般地观看,小人没有咎害,君子有憾惜。

象曰:初六童稚般观看(浅显、片面),是小人的观看之道。

六二:从门缝内观看,利于女子贞正。

象曰:从门缝内观看,利于女子贞正,(但对男子来说)就很羞耻了。

六三:观察自己的行为,谨慎选择进退。

象曰:观察自己的行为,谨慎选择进退,说明(六三)没有丧失观察之正道。

六四:观仰国家的光辉盛景,利于以此机会入朝为官。

象曰:观仰国家的光辉盛景,说明(六四)内心憧憬能入朝做官。

九五:观察我国民生(并自省),君子没有咎害。

象曰:观察我国民生,就是通过观察民俗民风来自我省察。

上九:观其生[7],君子无咎。

象曰:观其生,志未平[8]也。

上九:观察他(九五)的行为举止,君子没有咎害。

象曰:观察他(九五)的行为举止,上九的心志未能安宁。

【注释】

①童观:初六以阴柔之质,居远于阳,是以观者见识浅近,如童稚然。

②窥观:从门缝内窥视。

③观我生:生,行为;我生,自己的行为。六三居下之上,可进可退,故观己所行之通塞以为进退。

④利用宾于王:用,以,以此机会;宾,朝觐(jìn)君王的贤德之人。利于以此机会进入王朝做官。

⑤尚宾:尚,志尚。志愿进入王朝做官,以施展自己的抱负。

⑥观我生:(九五)观察我国民生(并自省)。言人君欲观己之施为善否,当观民生,民生善则施政善也。

⑦观其生:其,他,指九五。上九观察他(九五)的行为举止。

⑧志未平:志意未得安宁。

千方百计 全力助记

一、卦序卦形记忆

观卦为《周易》第二十卦。

数字编码法记卦序

公主戴着母亲传下来的耳铃(20)去自己封地的道观烧香礼佛。

或:戴着耳铃(20)的公主参观自己的封地。

编码:20——耳铃。

风地观

情景法记卦形

观卦巽上坤下，巽为风，坤为地，连起来为风地观。可编一个简单情景：公主到自己的封(风)地观察民情(风地观)。

二、卦辞记忆

观：盥而不荐，有孚颙若。

释义故事法记卦辞

释义：盥，洗手后灌香酒于地；荐，敬献牺牲；有孚，心怀诚信；颙若，崇敬仰望的样子。

道观里正举行祭祀伏羲大帝的仪式，主祭道长现场洁手后灌香酒于地，还没有敬献牛羊祭品(盥而不荐)，此时，下面一大片信众心怀诚信，神情肃穆仰头观瞻(有孚颙若)主祭台上刚刚洁手灌酒的道长。

图像：道观，道长，洗手盆，香酒，牛羊祭品，信众；

情节：道长洁手灌香酒于地，信众神情肃穆仰头观瞻。

三、彖辞记忆

彖曰：大观在上，顺而巽，中正以观天下。观，盥而不荐，有孚颙若，下观而化也。观天之神道，而四时不忒，圣人以神道设教，而天下服矣。

卦形释义法助记

大观在上，顺而巽，中正以观天下

先主爻，后卦德，再主爻：卦主九五为阳爻，处于上卦，阳为大，故曰"大观在上"；观卦坤下巽上，坤为顺，故曰"顺而巽"；九五爻居中得正，为九五之尊，下四阴皆为其民，故曰"中正以观天下"。

观，盥而不荐，有孚颙若，下观而化也

"观"字为卦名，"盥而不荐，有孚颙若"为卦辞，最后一句是解释观卦卦辞所描述的祭祀仪礼所达到的功用：臣民们观瞻这种庄重肃穆的祭祀仪式的洁手灌酒部分即已被感化，故曰"观，盥而不荐，有孚颙若，下观而化也"。

故事法助记

观天之神道，而四时不忒，圣人以神道设教，而天下服矣

祭祀仪式现场的信众惊喜地观看到天上的神刀（观天之神道）出现，四十不法分子特别（而四时不忒）害怕，立马匍匐在地。受此启发，圣人以神刀（神道）设教，而天下万民都信服不已（而天下服矣）。

图像：信众，神刀，四十不法分子，圣人，万民；

情节：观看到神刀出现，四十不法分子特别害怕，圣人以神刀设教，天下万民服矣。

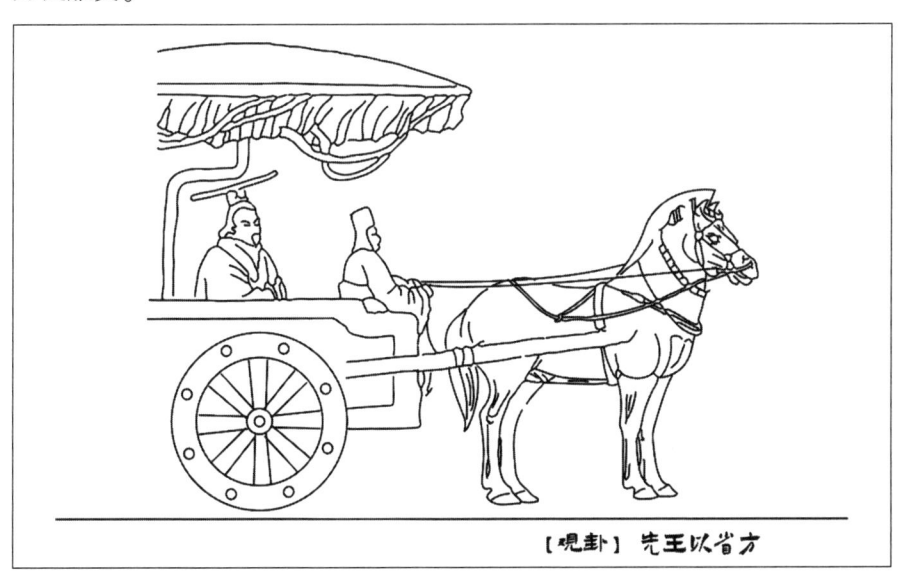

四、大象辞记忆

象曰：风行地上，观；先王以省方观民设教。

故事法记大象辞

风信子飞进地上（风行地上）的一道观，看见先王以一座新房（先王以省方）关押了几个官迷（观民），正设法教育（设教）他们。

图像：风信子，道观，先王，新房子，几个官迷；

情节:先王以新房关押官迷并设法教育他们。

五、爻辞小象辞记忆

故事法记爻辞小象辞

初六:童观,小人无咎,君子吝。

象曰:初六童观,小人道也。

初六:一儿童观看(童观)到一棵粗柳树下一小人养了一只兀鹫(小人无咎),一君子拿着一个臭蛋(君子吝)在叹息。

小象说:粗柳树下儿童观看(初六童观)到的,是小人走的一条路(小人道也),所以他看到了小人养的兀鹫。

图像:儿童,粗柳树,小人,兀鹫,君子,臭蛋;

情节:儿童观看到小人养兀鹫,君子拿臭蛋;

编码:粗柳树——初六,臭蛋——吝;

评论:儿童看到了小人走的道路。

六二:窥观,利女贞。

象曰:窥观女贞,亦可丑也。

六二:一个戴头盔的女子骑在牛儿背上观看到(窥观),有一伙强人利用女子贞节带(利女贞)残害女人。

小象说:戴头盔的女子观看到强人用女子贞节带(窥观女贞),也(亦)是一件可羞耻(丑)的事情嘚(亦可丑也)。

图像:戴头盔女子,贞洁带;

情节:戴头盔女子观看到强人利用女子贞洁带残害女人;

评论:这也是一件可羞耻的事情。

六三:观我生,进退。

象曰:观我生,进退,未失道也。

六三:一小男孩儿推开门,观看到自己的妈妈正在生(观我生)孩子,刚进门就马上退了(进退)出来。

小象说:观看到自己的妈妈生(观我生)孩子,刚进门就马上退了(进退)

出来,还未失去基本的道德嘞(未失道也)。

  图像:男孩儿,男孩妈妈;

  情节:男孩观看到自己妈妈生孩子,刚进门就马上退了出来;

  评论:还未失去基本的道德。

  六四:观国之光,利用宾于王。

  象曰:观国之光,尚宾也。

六四:刘四他爸是一个道德达人,受邀观看国之重器光速武器(观国之光)的阅兵仪式。他爸利用嘉宾身份于王府(利用宾于王)旧居住了三天。

小象说:观看国之重器光速武器(观国之光)的阅兵式,只有上(尚)等嘉宾才会被邀请嘞(尚宾也)。

  图像:刘四他爸,光速武器,王府旧居;

情节:观看国之重器光速武器的阅兵仪式,利用嘉宾身份于王府住了三天;

  评论:只有上等嘉宾才会被邀请。

  九五:观我生,君子无咎。

  象曰:观我生,观民也。

九五:五舅说,观看我生活(观我生)美好,但君子无酒(君子无咎)喝,真是过意不去。

小象说:五舅说的观看我的生活(观我生)美好,是想要观看所有民众如他一样嘞(观民也)。

  图像:五舅,君子;

  情节:观察到自己生活美好的五舅对君子无酒喝感到过意不去;

  评论:想要观看到所有民众生活如他一样美好。

  上九:观其生,君子无咎。

  象曰:观其生,志未平也。

上九:君子需要上好的花旗参,于是观察花旗参(观其生)的长势,君子的兀鹫(君子无咎)来回盘旋和他一起观察。

小象说:观察花旗参(观其生),是因为以往花旗参的滋味平淡嘢(志未平也)。

图像:君子,花旗参,兀鹫;

情节:君子观察花旗参的长势,君子的兀鹫陪着他;

评论:以往花旗参的滋味平淡。

噬嗑卦第二十一

震下离上

对照译注　理解大意

【古文】

噬嗑①：亨，利用狱②。

彖曰：噬嗑，颐③中有物曰噬嗑。噬嗑而亨，刚柔分，动而明，雷电合而章④。柔得中而上行，虽不当位，利用狱也。

象曰：雷电，噬嗑；先王以明罚敕法⑤。

【白话】

噬嗑卦：亨通，利于用噬嗑之道治理刑狱。

彖曰：噬嗑卦，口中有物叫噬嗑。噬嗑从而亨通，刚柔爻分开，震动而光明，震雷闪电配合而彰显威武明朗。柔爻居中位而向上行进，虽不当位，但利于用于治理刑狱。

象曰：雷震电闪是噬嗑卦的卦象；先王观雷电之象，(宜效法雷电之威明)明确刑罚，整治法律。

【注释】

①噬嗑(shìhé)：卦名，为卦震下离上，火雷噬嗑；噬，啮(niè)也，咬也；嗑，合也。口中有梗阻之物，啮咬而后合拢也。

②利用狱：利于(将噬嗑之道)用于治理刑狱。

③颐(yí)：颔也；"颔"为多音字，读 hé 时，指构成口腔上部和下部的骨头和

肌肉组织;读 gé 时,意思是口。

④章:文采,条理。此处指雷鸣电闪而形成的威武明亮之壮观自然天象。

⑤明罚敕法:敕(chì),同"饬(chì)",整治。按威严与光明兼济的原则明确刑罚、整治法律。

【古文】

初九:屦校灭趾①,无咎。

象曰:屦校灭趾,不行也。

六二:噬肤灭鼻②,无咎。

象曰:噬肤灭鼻,乘刚也。

六三:噬腊肉,遇毒③,小吝,无咎。

象曰:遇毒,位不当也。

九四:噬干胏得金矢④,利艰贞,吉。

象曰:利艰贞吉,未光⑤也。

六五:噬干肉得黄金⑥,贞厉,无咎。

象曰:贞厉无咎,得当也。

【白话】

初九:脚上戴着木制刑具,遮没了脚趾,没有灾祸。

象曰:脚上戴着木制刑具,遮没了脚趾,不能(继续)行恶了。

六二:咬食柔脆的兽肉,遮没了鼻子,没有咎害。

象曰:咬食柔脆的兽肉,遮没了鼻子,是因为乘凌于阳刚之上。

六三:咬食干肉而遇到陈久肥厚坚硬之肉,虽有小憾惜,但没有咎害。

象曰:遇到陈久肥厚坚硬之肉,是因为(六三)居位不当。

九四:咬食带骨头的干肉得用刚强正直之法,利于艰难中持守正固,吉祥。

象曰:利于艰难中持守正固,吉祥,是因为(九四)阳刚之德未能发扬光大。

六五:咬食不带骨头的干肉宜用刚强执中之法,持守正固,心怀危厉,则无咎害。

象曰:持守正固,心怀危厉,则无咎害,是因为行为符合正当之道。

上九：何⑦校灭耳，凶。　　　　　上九：肩上扛负木枷，遮没了耳朵，有
象曰：何校灭耳，聪不　　凶险。
明⑧也。　　　　　　　　　　　　象曰：肩上扛负木枷，遮没了耳朵，是
　　　　　　　　　　　　　　　　因为（上九）听不进告诫。

【注释】

①屦校灭趾：屦（jù），履也，本义为用麻、葛等制成的鞋，后泛指鞋；校（jiào），木制刑具；灭，没也，遮没。六二灭鼻、上九灭耳之"灭"均为"遮没"之义。

②噬肤灭鼻：肤，不带骨头的兽肉。喻指六二中正，治理刑狱之事，有如咬食无骨的兽肉，深入到肉里遮没了鼻子。

③噬腊肉遇毒：腊（xī）肉，即现今腌制干肉或熏干肉；毒，腊肉之陈久太肥者。咬食干肉而遇到陈久肥厚坚硬之肉，喻指治理刑狱遇到陈久遗留之事，一时难于决断料理。

④噬干胏得金矢：干胏（zǐ），带骨的干肉；金矢，刚直。咬食带骨的干肉得用刚直之法，喻指九四办理艰难刑狱之事宜用刚强正直的方法。

⑤未光：光，光大。言九四阳德所施本光大，但陷险中，为阴所掩，故未光。

⑥噬干肉得黄金：干肉，不带骨的干肉；黄者，中也；金者，刚也。咬食不带骨的干肉宜用刚中之法，喻指六五办理艰难刑狱之事宜用刚强执中的方法。

⑦何：通"荷"，负也，谓担负在颈也。

⑧聪不明：聪，闻也，听也；明，明白。言上九的耳朵听不明白，指其不听告诫。

千方百计　全力助记

一、卦序卦形记忆

噬嗑卦为《周易》第二十一卦。
数字编码法记卦序
鳄鱼（21）吃了四盒（噬嗑）火雷，这下玩完了。

编码:21——鳄鱼。

火雷噬嗑

谐音法记卦形

噬嗑卦离上震下,离为火震为雷,火雷噬嗑;可谐音为火雷四盒。

注:火雷是南宋时期威力巨大的热兵器。

二、卦辞记忆

噬嗑:亨,利用狱。

故事谐音法记卦辞

在一个雷鸣电闪的风雨天,亨利(亨)捉了一条大鳙鱼,利用鳙鱼(利用狱)做了四盒(噬嗑)美味的鳙鱼盒饭送给了南宋火雷营主官。

图像:雷鸣电闪,洋人亨利,鳙(yōng)鱼;四盒鳙鱼饭;

情节:亨利利用鳙鱼做四盒盒饭送给火雷营主官。

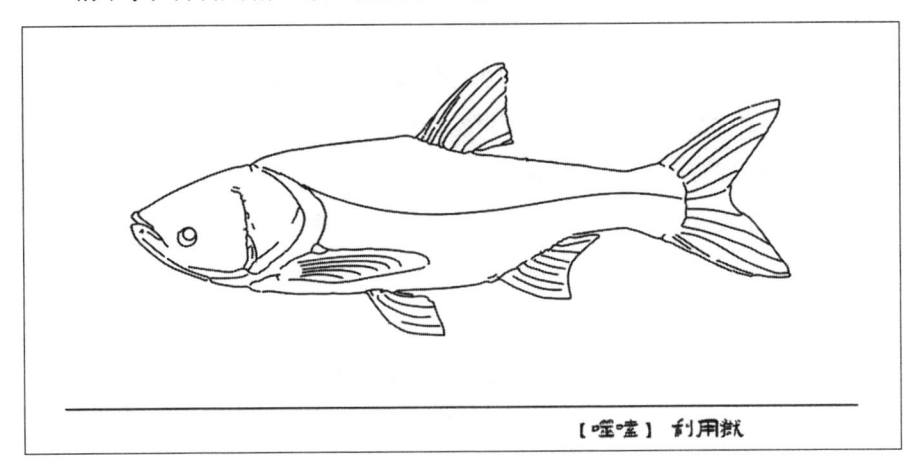

三、象辞记忆

象曰:噬嗑,颐中有物曰噬嗑。噬嗑而亨,刚柔分,动而明,雷电合而章。柔得中而上行,虽不当位,利用狱也。

故事谐音法记象辞

(清华)一中有物(颐中有物)理吴老师买了月饼四盒(曰噬嗑),四盒二份(噬嗑而亨),刚够分(刚柔分),分月饼的动作快速而明白(动而明),刚分完天上雷震电闪声光交合而惊吓了一只大蟑螂(雷电合而章),蟑螂跳到刚分好的月饼中,揉(柔)得中间两个月饼稀乱,而让人伤心(而上行)。他老婆责怪说:虽不在单位(当位)(单位有蟑螂药),你用鳙鱼去换也(利用狱也)行啊。

图像:(清华)一中校门口吴老师拿着月饼四盒(一只手两盒),电闪雷鸣,蟑螂,鳙鱼;

顺序:仪式刚动,雷欧随礼。(象辞每句首字谐音或首字:颐噬刚动,雷柔虽利)

四、大象辞记忆

象曰:雷电,噬嗑;先王以明罚敕法。

故事谐音法记象辞

大象说:干活累点(雷电)的人合起来分四盒(噬嗑)大力丸,仙王已(先王以)用一幅名画(明罚)介绍了吃法(敕法)。

图像:雷震电闪(天象),四盒大力丸,仙王,名画;

情节:干活累点分四盒大力丸,仙王已做名画介绍了吃法。

五、爻辞小象辞记忆

记忆宫殿法记爻辞小象辞

初九:屦校灭趾,无咎。

象曰:屦校灭趾,不行也。

①衣柜——初九

初九:一个脚戴木制刑具脚趾被刑具遮住(屦校灭趾)的犯人在**衣柜**里找他藏好的从药酒(初九)店里偷来的兀鹫(无咎)。

小象说:屦校灭趾之人,还想玩兀鹫是不行的嘢(不行也)。

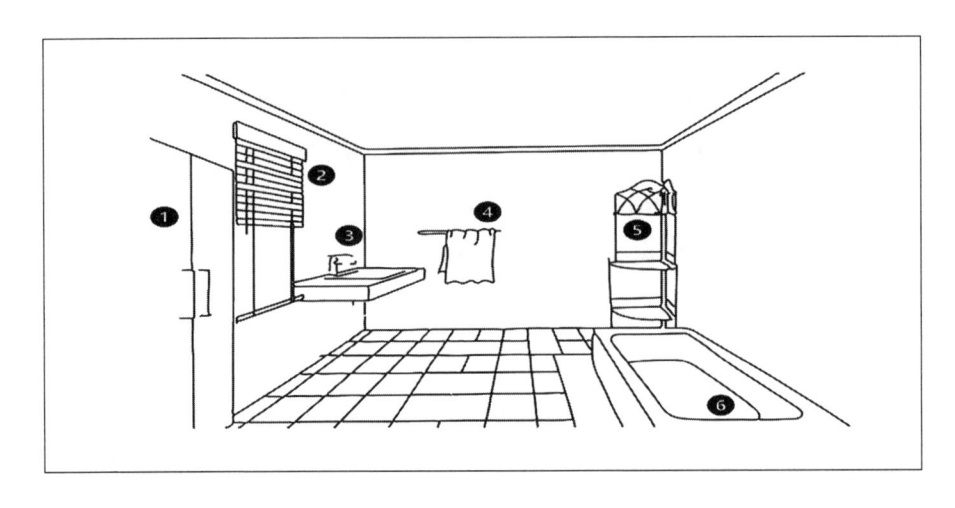

地点桩：①衣柜；②百叶窗帘；③洗手盆；④毛巾架；⑤三角置物架；⑥浴缸。

图像：衣柜，脚戴木制刑具脚趾被刑具遮住的犯人，兀鹫；

情节：屦校灭趾之人在衣柜里找兀鹫；

评论：想玩兀鹫是不行的。

六二：噬肤灭鼻，无咎。

象曰：噬肤灭鼻，乘刚也。

②百叶窗帘——六二

六二：狱吏乙站在**百叶窗帘**前吃牛儿（六二）嫩肉，咬柔脆没有骨头的肉遮没了鼻子（噬肤灭鼻），他一边吃一边含混不清地嘟囔：无酒（无咎），我放在窗台上的酒哪去啦？

小象说：你吃相真难看，到了噬肤灭鼻的程度，告诉你吧，酒让程刚偷喝了嘢（乘刚也）。

图像：百叶窗帘，吃肉遮没了鼻子的狱吏乙；

情节：咬不带骨头的柔脆肉深入到遮没了鼻子，无酒喝；

评论：酒让程刚偷喝了。

六三：噬腊肉，遇毒，小吝，无咎。

象曰：遇毒，位不当也。

③洗手盆——六三

六三:狱吏丁站在**洗手盆**前洗腊肉(噬腊肉),遇到毒虫(遇毒),狱警小林(小吝)告诉他:无酒精(无咎),可用硫酸(六三)杀死毒虫。

小象说:遇到毒虫(遇毒),是因为腊肉放的位置不当嘢(位不当也)。

图像:洗手盆,洗腊肉的狱吏丁,毒虫;

情节:狱吏丁洗腊肉遇到毒虫,小林说无酒精可用硫酸杀毒虫;

评论:洗腊肉遇到毒虫,是放的位置不当。

九四:噬干肺得金矢,利艰贞,吉。

象曰:利艰贞吉,未光也。

④毛巾架——九四

九四:典狱长鸠四(九四)拆下**毛巾架**的一根杆子就咬,很奇怪,他咬噬杆子(噬干肺),居然从里面得到一支金色箭矢(得金矢),箭头锋利得像尖针(利艰贞)一样,箭尾有一个鸡(吉)的图案。

小象说:锋利得像尖针有鸡(利艰贞吉)图案的金色箭矢,是魏广的嘢(未光也)。

注:魏广是电视剧《凤弈》中的男主角。

图像:毛巾架,咬杆子的鸠四,箭头锋利的金色箭矢,尖针,大公鸡;

情节:鸠四咬杆子得到金色箭矢,箭头锋利得像尖针,还有鸡的图案;

评论:金色箭矢是魏广的。

六五:噬干肉得黄金,贞厉,无咎。

象曰:贞厉无咎,得当也。

⑤三角置物架——六五

六五:刑部尚书刘武(六五)从**三角置物架**上拿下一块干肉咬(噬干肉),得到一块黄金(得黄金),他对小象说:真厉害(贞厉),居然把黄金藏在干肉里,好在那家伙藏的时候被我的兀鹫(无咎)看见了。

小象说:真厉害(贞厉)的是您的兀鹫(无咎),您养得值当嘢(得当也)。

图像:三角置物架,咬干肉的刑部尚书刘武,一块黄金,兀鹫;

情节:咬干肉得到一块黄金,坏人藏赃物时被真厉害的兀鹫侦察到了;

评论:真厉害的兀鹫养得值当。

上九:何校灭耳,凶。

象曰:何校灭耳,聪不明也。

[噬嗑] 何校灭耳

⑥浴缸——上九

上九:脖颈上戴着木枷遮没了耳朵(何校灭耳)的犯人头子商鹫(上九)在浴缸里泡澡,一只很凶的黑熊监视着他。

小象说:何校灭耳的犯人,污秽太重,即使用高压水枪冲,也冲(聪)不明净嘢(聪不明也)。

图像:浴缸,戴木枷遮没耳朵的商鹫,黑熊;

情节:戴木枷遮没耳朵的商鹫在浴缸泡澡;

评论:何校灭耳的犯人污秽太重冲不明净。

贲卦第二十二

离下艮上

对照译注　理解大意

【古文】

贲①：亨②，小③利有攸往。

彖曰：贲，亨，柔来而文④刚，故亨。分刚上而文柔，故小利有攸往。刚柔交错，天文⑤也；文明以止⑥，人文⑦也。观乎天文以察时变，观乎人文以化成⑧天下。

象曰：山下有火，贲；君子以明庶政⑨，无敢折狱⑩。

【白话】

贲卦：亨通，小的方面（或小程度）利于有所前进。

彖曰：贲卦，亨通，柔爻自外来而文饰刚爻，所以亨通。分出刚爻上行而文饰柔爻，所以小程度利于有所前行。刚柔爻交相错杂，是天地的文采；以文明约束行为，是人类的文采。观察天地文采可以知晓四时变化，观察人类文采可以教化天下成就礼俗。

象曰：山下有火光照耀，这是贲卦的卦象；君子体悟此象，应文饰明确各种繁庶政事，但不可用（文饰之道）来断狱。

【注释】

①贲(bì)：卦名，为卦离下艮上，山火贲；象征文饰。
②亨：亨通。此处指事物在实质好的情况下加以必要的文饰可致亨通。

③小:阴称小。一是指小的方面;二是指柔小。

④文:文饰。

⑤天文:天地的文采。

⑥文明以止:人类行为止于礼仪。

⑦人文:人类的文采。

⑧化成:化者,变而为新;成者,久而成俗。教化天下,成就礼俗。

⑨庶政:庶,众也,繁庶小事,如钱谷出纳之类。关于繁庶小事的政务。

⑩折狱:折,断也。判断、明辨狱事之是非曲直。

【古文】

初九:贲其趾,舍车而徒①。

象曰:舍车而徒,义弗乘也。

六二:贲其须②。

象曰:贲其须,与上兴也。

九三:贲如,濡如③,永贞吉。

象曰:永贞之吉,终莫之陵也④。

六四:贲如皤如⑤,白马翰如⑥,匪寇婚媾。

象曰:六四当位,疑也;匪寇婚媾,终无尤⑦也。

【白话】

初九:文饰其脚趾,舍弃车舆而徒步行走。

象曰:舍弃车舆而徒步行走,是道义上不应该乘坐车舆。

六二:文饰其胡须。

象曰:文饰其胡须,说明(六二的动止)跟随自己所依附的上面一同行动。

九三:文饰得很美,光采润泽,永远持守正固,吉祥。

象曰:永远持守正固吉祥,那就始终没有人能陵侮他。

六四:文饰状未成而成素白状,未被文饰之马如飞翰疾来,不是匪寇而是来求婚媾的。

象曰:六四居位适当,(但心中仍然)疑惧;不是匪寇而是来求婚媾的,最终没有怨尤。

六五:贲于丘园⑧,束帛戋戋⑨,吝,终吉。	六五:在山丘园圃文饰,持一束小小丝帛,会有遗憾,但结果是吉祥的。
象曰:六五之吉,有喜也。	象曰:六五的吉祥,是因为心中有崇朴返质的喜悦。
上九:白贲⑩,无咎。	上九:朴素无华的文饰,没有咎害。
象曰:白贲无咎,上得志也。	象曰:朴素无华的文饰,没有咎害,是上九(文饰尚质)的心志得以实现。

【注释】

①贲其趾,舍车而徒:以道义文饰脚趾,舍弃不合道义的车舆而宁愿徒步行走。

②贲其须:文饰胡须。以须为象者,动止随其所附也。

③濡如:濡(rú),润泽;如,语辞。润泽光滑的样子。

④终莫之陵也:陵者,侮也。始终没有人能陵侮他。

⑤皤如:皤(pó),白也,未获贲也。没有被文饰的样子。

⑥白马翰如:白马,未被文饰之马;翰(hàn)如,高飞貌。

⑦尤:怨尤,过尤。

⑧丘园:距离城邑比较近的城外高地与园圃。

⑨束帛戋戋(jiānjiān):浅小的丝帛。。

⑩白贲:白,素也。文饰崇尚素净,不失其为本真。

千方百计 全力助记

一、卦序卦形记忆

贲卦为《周易》第二十二卦。

数字编码法记卦序

隔壁小毕(贲)家的一对双胞胎(22)可爱极了。

编码:22——双胞胎。

　　　　　山火贲

口诀法记卦形

贲卦,艮上离下,艮为山离为火,山火贲。可联想一个告示语:小心火烛,避(贲)免山火(山火贲)。

图像,山,火;

谐音:避——贲。

二、卦辞记忆

贲:亨,小利有攸往。

故事谐音法记卦形

小毕拿着一幅壁(贲)画,哼(亨)着小调,骑着毛驴(小利有攸往)从小路上过来了。

图像,壁画,毛驴;

谐音:壁——贲,哼——亨;

编码:毛驴——小利有攸往。

三、象辞记忆

象曰:贲,亨,柔来而文刚,故亨。分刚上而文柔,故小利有攸往。刚柔交错,天文也;文明以止,人文也。观乎天文以察时变,观乎人文以化成天下。

故事法记象辞

贲,亨,柔来而文刚,故亨

美女小毕(贲)哼(亨)着小调,柔柔地前来以文化人身份给刚猛(柔来而文刚)战士唱歌,所以一路畅通(故亨)。

图像:小毕,刚猛战士;

会意:所以——故,畅通——亨。

分刚上而文柔,故小利有攸往

团长分配刚猛战士上山来保护文弱柔美(分刚上而文柔)的小毕,所以小毕骑毛驴(故小利有攸往)能走到团部。

图像:刚猛战士,小毕,毛驴;

编码:毛驴——小利有攸往。

刚柔交错,天文也;文明以止,人文也

团长说,男女同台刚柔交错,可以演《天问》戏曲嘞(天文也);以文明来抑制(文明以止)野蛮,女人家文弱才能做到嘞(人文也)。

图像:刚猛战士,文弱小毕;

谐音:天问——天文,抑制——以止。

观乎天文以察时变,观乎人文以化成天下

这时天空呈现出彩虹,十分好看。团长说,我前天听一位道长讲课说,观乎天空文采,可以觉察到四季的变化(观乎天文以察时变),观乎人的文明礼貌,可以教化天下(观乎人文以化成天下)。

图像:团长,道长;

会意:四季变化——时变,教化天下——化成天下。

四、大象辞记忆

故事法记大象辞

象曰:山下有火,贲;君子以明庶政,无敢折狱。

大象说(象曰):山下有大火了(山下有火),消防队正在施行人工降雨救火,赶快避(贲)开。但君子拿着断明案情的关键书证(明庶政)不敢遮雨(无敢折狱),正冒雨快速赶路。

图像:高山,大火,君子,书证;

谐音:避——贲,书证——庶政,遮雨——折狱;

会意:不敢——无敢。

[贲卦] 山下有火

五、爻辞小象辞记忆

故事法记爻辞小象辞

初九：贲其趾，舍车而徒。

象曰：舍车而徒，义弗乘也。

初九：潮男幺舅文饰他的脚趾（贲其趾），弄得花里胡哨的，舍弃他的宝马车不开，而穿露脚趾的凉鞋徒步行走（舍车而徒）。

小象说：舍弃车不开而徒步行走（舍车而徒），也许他认为从道义上讲，他不应该乘坐宝马车嘞（义弗乘也）。

图像：潮男的脚趾，宝马车；

会意：文饰——贲，他的——其，不应该——弗；

情节：文饰他的脚趾，舍弃坐车而徒步行走；

评论：从道义上不该乘坐豪车。

六二：贲其须。

象曰：贲其须，与上兴也。

六二：一放牛娃正文饰牛儿的胡须（贲其须）。

小象说：放牛娃文饰牛儿的胡须（贲其须），他想看到牛儿胡须与上面嘴巴一起动的搞笑情景嘞(与上兴也)。

图像:牛儿,胡须;

会意:文饰——贲,动——兴;

情节:文饰牛儿的胡须;

评论:牛儿胡须与上面嘴巴一起动,很搞笑。

九三:贲如,濡如,永贞吉。

象曰:永贞之吉,终莫之陵也。

九三:男子鸠山将自己文饰得油光水滑的(贲如濡如),嘴里嚼着永安蒸鸡(永贞吉)。

小象说,永安人蒸的鸡(永贞之吉),之所以好吃,是因为他们在鸡肚中(终)抹(莫)芝(之)麻淋(陵)香油了嘞(终莫之陵也)。

注:永安是福建省三明市下辖的县级市。

图像:油光水滑的鸠山,蒸鸡,永安市,芝麻,香油;

会意:永安人蒸的鸡——永贞之吉;

情节:鸠山将自己文饰得油光水滑的,嘴里嚼着永安蒸鸡;

评论:永安人蒸的鸡,在鸡肚中抹芝麻淋香油了。

六四:贲如,皤如,白马翰如,匪寇婚媾。

象曰:六四当位,疑也;匪寇婚媾,终无尤也。

六四:刘四文饰得(贲如)一身朴素洁白(皤如),骑一匹白马如鸟儿飞翔一般(白马翰如)疾驰而行,人家看了还以为是匪寇呢,其实他是去求婚的(婚媾)。

小象说:刘四先被党委(六四当位)怀疑(疑也),但弄清楚了他不是匪寇,是求婚的(婚媾)。最终无有(终无尤也)什么事儿了。

图像:一身朴素洁白的刘四,白马;

谐音:党委——当位,无有——无尤;

编码:刘四——六四;

会意:朴素洁白——皤如,鸟儿飞翔一般——翰如,求婚的——婚媾;

情节:刘四文饰得一身朴素洁白,骑一匹白马如鸟儿飞翔一般,让人误

以为是匪寇,其实是去求婚的;

评论:刘四被党委怀疑,但弄清他不是匪寇是求婚媾的后,最终无有什么事了。

六五:贲于丘园,束帛戋戋,吝,终吉。

象曰:六五之吉,有喜也。

六五:最近一直下雨,避雨的球员(贲于丘园)刘武用束帛戋戋简单地装饰了一下树林(吝),最终放养了一只走地鸡(吉)。

小象说:据说刘武的鸡(六五之吉)有喜了嘢(有喜也)。

注:有喜即怀孕,鸡有喜即母鸡孵小鸡。

图像:雨天,球员刘武,一朵朵束帛绢花,鸡;

编码:刘武——六五;

谐音:避雨——贲于,球员——丘园,林——吝;

情节:避雨的球员用束帛戋戋简单地装饰了一下树林,最终放养了一只走地鸡;

评论:刘武的鸡有喜了。

上九:白贲,无咎。

象曰:白贲无咎,上得志也。

上九:山上酒楼有一大块白墙壁(白贲),一只兀鹫(无咎)正在上面作画。

小象说:白壁(白贲)前作画的兀鹫(无咎)是山上得道志士喂养的嘢(上得志也)。

图像:酒楼的白墙壁,兀鹫;

情节:酒楼有一大块白墙壁,一只兀鹫正在上面作画;

评论:白壁前作画的兀鹫是山上得道志士喂养的。

剥卦第二十三

坤下艮上

对照译注　理解大意

【古文】

剥①：不利有攸往。

彖曰：剥，剥也，柔变刚也。不利有攸往，小人长也。顺而止之，观象也。君子尚消息盈虚②，天行也。

象曰：山附于地，剥；上以厚下安宅③。

【白话】

剥卦：不利于有所前往。

彖曰：剥，是剥落之意，阴柔渐进侵蚀阳刚而变刚为柔。不利于有所前往，是因为小人势力在增长。此时应顺应天时而停止行动，这是观卦象获得的启示。君子崇尚万物消衰息长、盈满虚损（循环往复生生不息）之道，这是天地运行的大规律啊！

象曰：高山附于地上，是剥卦之象；居上者体而用之，宜加固下面根基，安定住宅。

【注释】

①剥：卦名，为卦坤下艮上，山地剥；象征剥落；十二消息卦之一，九月之卦。

②消息盈虚：消衰息长，盈满虚损，乃天之理，顺之则吉，逆之则凶。

③厚下安宅：言上厚待民众而不剥夺，乃为自安其宅也。有民为邦本、本固邦宁之意。

【古文】

初六:剥床以足,蔑贞①,凶。
象曰:剥床以足,以灭下也。

六二:剥床以辨②,蔑贞,凶。
象曰:剥床以辨,未有与③也。

六三:剥之,无咎。
象曰:剥之无咎,失上下也。

六四:剥床以肤④,凶。
象曰:剥床以肤,切近灾也。

六五:贯鱼,以宫人宠⑤,无不利。
象曰:以宫人宠,终无尤也。

上九:硕果不食⑥,君子得舆,小人剥庐⑦。
象曰:君子得舆,民所载也;小人剥庐,终不可用⑧也。

【白话】

初九:剥蚀床脚,灭没正道,凶险。
象曰:剥蚀床脚,其用意是灭掉下部基础。

六二:剥蚀床板,灭没正道,凶险。
象曰:剥蚀床板,是因为没有阳刚者(制止六二剥蚀的行为)。

六三:处剥蚀之时,(与上九阳刚者为正应)无咎害。
象曰:处剥蚀之时无咎害,因此而失去了上下同类私党。

六四:剥蚀床上人之肌肤,凶。
象曰:剥蚀床上人之肌肤,是灾祸已经切近身体。

六五:带着如一串鱼一样整齐有序的宫女们,承宠于君王,没有不利的。
象曰:带着宫女们承宠于君王,最终不会有过尤。

上九:硕大果实未被食用,君子居之得到大车承载,小人居之则自剥其屋。
象曰:君子得到大车,是说阳刚君子为民所承载;小人自剥其屋,是说尊崇高位不可任用小人。

【注释】

①蔑贞:蔑,消灭;贞,正道。
②床辨:床板。(李守力《周易诠释·卷一》论证"床辨"为"床板")

③未有与:"有与"即"有应"。六二为阴爻,"未有与"即没有相应的阳刚者。
④肤:人之肌肤。剥及其肤,身垂于亡,切近于灾祸也。
⑤以宫人宠:以宠爱宫人的方式宠爱,喻指不涉及政事。
⑥硕果不食:硕,大也;阳为大,硕果指上九。硕大的果实没被摘吃。
⑦君子得舆,小人剥庐:阳为君子,阴为小人。上九为阳爻,全卦为车舆之象;倘若为阴爻,则为屋宇被剥落之象。
⑧终不可用:尊崇高位终究不可任用小人。

千方百计　全力助记

一、卦序卦形记忆

剥卦为《周易》第二十三卦。

数字编码法记卦序

和尚(23)剥下床板上面的一层,露出了里面藏着的真经。

编码:23——和尚。

山地剥

故事法记卦形

剥卦,艮上坤下,艮为山坤为地,山地剥。可以编一小故事:抗日战争期间,山地植被被日寇的炮弹轰炸剥落了(山地剥)。

二、卦辞记忆

剥:不利有攸往。

推理故事法记卦辞:

山地植被被剥落,无法养马,方圆几十里都没有(不)骏马(利有攸往)。

图像:光秃秃的山体,骏马;

编码：骏马——利有攸往。

另，卦形释义法：剥卦下面五爻全是阴爻仅上面一爻为阳爻，阳气快被剥尽，阴代表小人，阳代表君子，君子之道消减殆尽，故"不利有攸往"。

三、彖辞记忆

彖曰：剥，剥也，柔变刚也。不利有攸往，小人长也。顺而止之，观象也。君子尚消息盈虚，天行也。

卦形释义法记彖辞

剥，剥也，柔变刚也

此句解释卦名：剥是剥落的意思。柔爻侵蚀阳刚，变刚为柔，故曰："剥，剥也，柔变刚也。"

不利有攸往，小人长也

此句释卦辞：之所以不利有攸往，是因为小人之道长也。

顺而止之，观象也

此句释卦象：剥卦下坤为顺，上艮为止。所以观此卦象可得到"顺而止之"的启示。

君子尚消息盈虚，天行也

此句释天道规律：阳消阴息，阳息阴消，此盈彼虚，此虚彼盈，乃是大自然运行规律（天行也）；同时也给人以希望的曙光，即小人道长之日是不会长久的（君子尚消息盈虚，天行也）。

逻辑顺序：卦名——卦辞——卦德——卦象——天道。

四、大象辞记忆

象曰：山附于地，剥；上以厚下安宅。

释卦形记大象辞

山附于地，艮为山，艮一阳在上二阴在下；坤为地，坤为三阴。阴虚阳实，全卦下面五阴上面一阳，下面极度空虚，这是剥卦之象，居上位者观此卦象，应体悟到一定要加厚下面（上以厚下）的基础，安全稳固住宅（安宅）。

弘远按：山附于地，此乃自然界之正常现象，所有大山小山都附着于大地之上,并成为大地的一部分。山附于地的剥卦之象,弘远认为此处不是取自然界之山地物象,而是取剥卦下面五阴上面一阳的卦爻之象。

五、爻辞小象辞记忆

寓言故事法记爻辞小象辞

【剥卦】剥床以足

缘起:森林里,老鼠经常被大野猫欺侮,大野猫有一张睡着舒适的精美的床,几个老鼠经过一番密谋策划,一场报复大野猫的行动悄悄地开始了。

初六:剥床以足,蔑贞,凶。

象曰:剥床以足,以灭下也。

初六:16只老鼠啮(niè)咬床脚(剥床以足),老鼠们藏在床底一卷篾片里,正(蔑贞)咬得起劲,有一头熊(凶)走了过来,它们不得不暂时停下来。

小象说:啮咬床脚(剥床以足),老鼠们是想先以隐蔽的方式灭掉床下面的基础嘞(以灭下也)。

图像:老鼠,床,篾片,熊;

编码:熊——凶;

情节:老鼠藏在一卷篾片里正咬床脚,熊走过来了;

评论:老鼠想先以隐蔽的方式灭掉床下面的基础。

六二:剥床以辨,蔑贞,凶。

象曰:剥床以辨,未有与也。

六二:62只老鼠齐上阵,啃咬床板(剥床以辨),它们分别藏在床底篾片的不同地方,正(蔑贞)咬得起劲,巡逻的熊(凶)走过来,它们又暂时停了下来。

小象说:啃咬床板(剥床以辨),可是几乎派出了全部老鼠,再未有可以参与的老鼠了嘢(未有与也)。

图像:62只老鼠,床,篾片,熊;

情节:众老鼠藏在篾片各处正咬床板,熊走过来了;

评论:老鼠几乎全部派出,再未有可以参与的老鼠了。

六三:剥之,无咎。

象曰:剥之无咎,失上下也。

六三:第63只老鼠没有参与这一集体报复大野猫的行动,它想在大队老鼠正啃咬之(剥之)时,赶紧跑去兀鹫(无咎)那儿玩一会儿。

小象说:第63只老鼠在其他老鼠剥床之时去找兀鹫(剥之无咎)玩,是因为他失去上下同伴了嘢(失上下也)。

图像:老鼠,兀鹫;

情节:在众老鼠剥床之时,第63只老鼠去找兀鹫玩了;

评论:第63只老鼠失去上下同伴了。

六四:剥床以肤,凶。

象曰:剥床以肤,切近灾也。

六四:第64只老鼠悄悄爬上床板,啃咬床上熟睡的大野猫皮肤(剥床以肤)。熊(凶)又走过来了,老鼠缩进了被子里。

小象说:啃咬到床上熟睡的大野猫皮肤(剥床以肤),这个大野猫已是接近灾祸了嘢(切近灾也)。

图像:老鼠,床上熟睡的大野猫,熊;

情节:啃咬到床上熟睡的大野猫皮肤,熊又走过来了;

评论:大野猫已接近灾祸了。

六五:贯鱼,以宫人宠,无不利。

象曰:以宫人宠,终无尤也。

六五:大野猫醒了,第65只老鼠拿出一串鱼(贯鱼),在远处引诱猫,猫马上被鱼的味道吸引跑了;此时,已完成任务的众老鼠,以宫中女人接受皇帝宠爱(以宫人宠)的整齐队形往预定地点冲去,顺利完成了撤退,没有一个不利索的(无不利)。

小象说:老鼠们以宫中女人接受宠爱(以宫人宠)的整齐队伍有序撤离,最终无有(终无尤也)什么过失,全部安全撤离。

图像:老鼠,一串鱼,大野猫,排列整齐的宫女;

情节:一串鱼引跑了大野猫,众老鼠以宫女接受宠爱时的整齐队形有序撤离,没有不利索的;

评论:以宫女接受宠幸的队形,全部安全撤离,最终无有过失。

上九:硕果不食,君子得舆,小人剥庐。

象曰:君子得舆,民所载也;小人剥庐,终不可用也。

上九:胜利后,老鼠们召开总结大会,先上酒喝了个半醉后,老鼠头儿开始讲话:硕大果实不要咬食(硕果不食),也不咬君子的车舆(君子得舆),不然,人人喊打,我们会无处藏身;今后我们就盯紧居于高位的小人,小人会剥坏很多屋宇(小人剥庐),到时候咱们就会有好东西吃了。

小象说:君子能得到车舆(君子得舆),是因为君子受民众拥戴(民所载也);小人只会剥塌屋宇(小人剥庐),崇高的位置终究是不可任用小人的嘚(终不可用也)。

图像:硕大果实,君子,车舆,小人,屋宇;

情节:老鼠头儿讲话,硕大果实不咬食,也不咬君子的车舆;到小人自己剥塌的屋宇里找好东西吃;

评论:君子得到车舆乘坐,是因为其受民众拥戴;小人剥塌屋宇,说明尊崇高位终究不可任用小人。

复卦第二十四

震下坤上

对照译注　理解大意

【古文】

复①：亨，出入无疾②，朋来无咎③；反复其道④，七日来复；利有攸往。

彖曰：复，亨，刚反，动而以顺行，是以出入无疾，朋来无咎，反复其道，七日来复，天行也；利有攸往，刚长也。复，其见天地之心乎！

象曰：雷在地中，复；先王以至日⑤闭关，商旅不行，后⑥不省方。

【白话】

复卦：亨通，生于内长于外没有危害，友朋结伴前来没有差忒；阳刚复返生长会沿着一定的规律，（消去的）七日后会回来重长；利于有所前往。

彖曰：复卦，亨通，阳刚返回，（阳气）萌动而能顺畅上行，所以微阳生于内长于外没有危害，（诸阳）友朋结伴前来没有差忒，阳刚返回复长会沿着一定的规律，（消去的）七日会回来重长，这是自然运行规律；利于有所前往，说明阳气日益生长。复卦，真是可以体现天地生育万物的用心啊！

象曰：雷在地中孕育，这是复卦的卦象；先王由此得到启示，在冬至日闭关静养，商旅不外出，君主也不巡省四方。

【注释】

①复:卦名,为卦震下坤上,地雷复;象征复返、返善;十二消息卦之一,十一月之卦。

②出入无疾:复生于内,入也;长进于外,出也。谓微阳生长,而无危害也。

③朋来无咎:言一阳始生而至微,必待诸阳之来,然后能成生物之功而无差忒。

④道:运行轨道,规律。

⑤至日:冬至日。

⑥后:君主。

【古文】

初九:不远复,无祗悔①,元吉。

象曰:不远之复,以修身也。

六二:休②复,吉。

象曰:休复之吉,以下仁③也。

六三:频④复,厉,无咎。

象曰:频复之厉,义无咎也。

六四:中行独复。

象曰:中行独复,以从道也。

【白话】

初九:失之不远就复返,不至于后悔,大为吉祥。

象曰:失之不远就复返,说明(初九)善于修正自身。

六二:美好的复返,吉祥。

象曰:美好的复返,吉祥,说明(六二)能亲近礼遇仁者。

六三:皱眉的复返,有危险,但没有灾祸。

象曰:皱眉复返的危险,从其复返善道的意义看没有灾祸。

六四:居中行走,独自复返。

象曰:居中行走,独自复返,说明(六四)顺从正道。

六五:敦复无悔。

象曰:敦复无悔,中以自考⑤也。

上六:迷复,凶,有灾眚⑥;用行师,终有大败;以其国君凶,至于十年不克征。

象曰:迷复之凶,反君道也。

六五:敦厚笃诚地复返,没有悔恨。

象曰:敦厚笃诚地复返,没有悔恨,说明(六五)行为居中并能自我省察而成就复善之道。

上六:沉迷其道而不知复返,凶险,有天灾人祸;(这种人)用于行师打仗,最终会大败;(在此时位)治理国家的君主,有凶险,以至于十年不能出征。

象曰:沉迷其道而不知复返的凶险,是(上六)违反君主之道所导致的。

【注释】

①无祗悔:祗,至于。不至于后悔。

②休:美好。

③下仁:亲近礼遇仁者。

④频:通"颦"(pín),皱眉,表示愁眉苦脸。

⑤自考:考,省察,完成。自我省察以成就其事功。

⑥灾眚:灾,天灾,自外来;眚,己过,由自作。天灾人祸。

千方百计　全力助记

一、卦序卦形记忆

复卦为《周易》第二十四卦。

数字编码法记卦序

闹钟(24)总是周而复始地转动着。

编码:24——闹钟。

地雷复

一句话小故事记卦形

复卦,坤上震下,坤为地震为雷,<u>地雷复</u>。编一个一句话的小故事:埋<u>地雷覆</u>(地雷复)上土,才可能让鬼子踩上去。

二、卦辞记忆

复:亨,出入无疾,朋来无咎;反复其道,七日来复;利有攸往。

卦形与语言特点记卦辞

复卦为消息卦,十一月之卦,乃是前阳全部剥落后的一阳复返而萌生于下,阳气萌发生长,阳为君子,君子之道长,故曰"<u>复,亨</u>"。

卦辞后五句特点:二无二复一有。

二无:其一,阳气萌发生长,导致万物亨通,故曰"<u>出入无疾</u>";其二,阳气萌发,为阳气的进一步生长打下良好基础,因而其阳朋前来会无差忒,故曰"<u>朋来无咎</u>"。

二复:其一,此消彼长,此长彼消,乃是循环往复、周而复始、永不停息之天道,故曰"<u>反复其道</u>";其二,由乾卦一阳始消至乾阳全消为六日,之后乾阳复返而萌发于下,共七日,故曰"<u>七日来复</u>"。

一有:阳气已复返并将逐渐生长壮大,阳为君子,君子道长,故"<u>利有攸往</u>"。

逻辑顺序:阳气复萌于下(复,亨)——二无(无疾、无咎)——二复(反复,来复)——一有(有往)。

三、象辞记忆

象曰:复,亨,刚反,动而以顺行,是以出入无疾,朋来无咎;反复其道,七日来复,天行也;利有攸往,刚长也。复,其见天地之心乎!

卦形卦德卦辞释义法记象辞

先记"复,亨";再记下五句即"二无二复一有"。

卦形卦德释"二无""二复"：

复,亨,刚反,动而以顺行,是以出入无疾,朋来无咎；反复其道,七日来复,天行也

复卦一阳复生于下,亨通,刚爻返(刚反)回,为卦震下坤上,震为动坤为顺,初九乾阳主健行,故曰"动而以顺行,是以出入无疾,朋来无咎"；

按循环往复、生生不息的天道运行规律,阳消退后第七日后又返回来,这是天地运行之道,故曰"反复其道,七日来复,天行也"。

以君子之道长释"利有攸往"：

利有攸往,刚长也

阳为刚为君子,刚长即君子之道长,故"利有攸往"。

复,其见天地之心乎

此为盛赞天地生养万物之大德。阳气消退而又复返,循环不已。从中可以看到天地生养万物的至善心愿。一阳复生于下,此一阳乃见天地之心,故曰"复,其见天地之心乎"。

[复卦] 先王以至日闭关

四、大象辞记忆

象曰：雷在地中,复；先王以至日闭关,商旅不行,后不省方。

故事法记大象辞

大象说:有地雷在地中被土覆(复)盖着;先王从冬至日已开始闭关(先王以至日闭关),思考取出地雷的方法,同时号召在危险未解除之前,全国商旅都不要行走(商旅不行),君王(后)也不要巡视(省)四方(后不省方),以免出人身安全事故。

图像:地雷,先王,商人旅客,君王;

情节:先王于冬至日闭关思考解除地中有雷这一危险的办法,号召近几日商旅不要行走,君王不要巡视四方。

五、爻辞小象辞记忆

故事法记爻辞小象辞

缘起:复卦一阳复返生发于下,全卦六爻均取复返善道之意,且六爻都有一"复"字,特征明显,故以六个犯错误之人返归正道为意。

初九:不远复,无祗悔,元吉。

象曰:不远之复,以修身也。

初九:幺舅是一个阳光小子,一认识到自己走错路了,没走多远立即就返回正道了(不远复),不至于后悔(无祗悔),他妈妈赏了他一个圆鸡蛋(元吉)吃。

小象说:刚走错路不远就立即返回(不远之复)正途,说明(以)幺舅这个人善于修身正己嘞(以修身也)。

图像:阳光小子幺舅,圆鸡蛋;

情节:幺舅走错路不远就返回正途,不至于后悔被赏了一个圆鸡蛋;

评论:说明幺舅善于修身正己。

六二:休复,吉。

象曰:休复之吉,以下仁也。

六二:刘二知道自己错了,没有往前走,稍微休息了一下就复返(休复)正道,他得到了一只鸡(吉)的奖赏。

小象说:刘二休息后复返能得到鸡(休复之吉),是因为(以)他家下人捉到了一只野鸡(以下仁也)。

图像:刘二,鸡,下人;

情节:刘二知错后稍事休息就复返,得赏一只鸡;

评论:是因为下人捉到了一只野鸡。

六三:频复,厉,无咎。

象曰:频复之厉,义无咎也。

六三:刘三犯错后皱着眉头复返(频复)正道,有点危险(厉),兀鹫(无咎)一路跟着他。

小象说:皱眉复返的危险(频复之厉),好在有他义父的兀鹫跟着嘛(义无咎也)。

图像:皱着眉头的刘三,兀鹫;

情节:皱眉头复返有危险,兀鹫跟着;

评论:义父的兀鹫帮助解除危险。

六四:中行独复。

象曰:中行独复,以从道也。

六四:(刘四与阳光小子幺舅是亲戚,也感受到了一些阳刚之气)刘四从大路中间行走,独自复返了正道(中行独复)。

小象说:从中间行走独自复返(中行独复),说明(以)他内心是随从正道的嘛(以从道也)。

图像:刘四,大路;

情节:从大路中间行走独自复返正道;

评论:说明他内心是随从正道的。

六五:敦复无悔。

象曰:敦复无悔,中以自考也。

六五:刘武是一个忠厚本分之人,他发现自己走的路似乎有误,蹲下思考了一会马上复返(敦复),不再去舞厅(无悔)玩了。

小象说:蹲下后马上复返(敦复),不再去舞厅(无悔)玩了,说明他心中已把自己的道路考虑清楚了嘞(中以自考也)。

图像:刘武,舞厅;

编码:舞厅(舞会)——无悔;

情节:蹲下思考了一会马上复返,不再去舞厅玩了;

评论:说明他心中已把自己的路考虑清楚了。

上六:迷复,凶,有灾眚;用行师,终有大败;以其国君凶,至于十年不克征。

象曰:迷复之凶,反君道也。

上六:66岁的商路走入迷雾难以复返(迷复),又遇见一只熊(凶),有灾祸损失(有灾眚)。在这种情况下,若用行师(用行师)打仗,最终是会有大败的(终有大败),会连带他的国君陷入凶险(以其国君凶),以至于十年都不能出征(至于十年不克征)打仗。

小象说:商路迷路不能复返的凶险(迷复之凶),是因为他走的路,违反了君主所指的正道嘞(反君道也)。

图像:66岁的商路,迷雾,熊,国君;

情节:商路误入迷途难以复返,遇熊,有灾祸损失;此种情况下,若用行师打仗终有大败,会连带他的国君陷入凶险,以至于十年不能出征;

评论:商路迷途不能复返的凶险,是因为违反了君主所指的正道。

卷五

上经之五：无妄 大畜 颐 大过 坎 离

无妄卦第二十五

震下乾上

对照译注　理解大意

【古文】

无妄①：元亨利贞，其匪正有眚②，不利有攸往。

彖曰：无妄，刚自外来而为主于内，动而健，刚中而应，大亨以正，天之命也。其匪正有眚，不利有攸往，无妄之往何之矣③？天命不佑，行矣哉！

【白话】

无妄卦：大为亨通，利于正固，如果不正就有灾眚，不利于有所前往。

彖曰：无妄卦，阳刚者从外部前来而成为内部主宰，内动外健，阳刚中正而与阴柔者相应，奉行正道大为亨通，符合天道大规律。如果不守正道就有灾眚，不利于有所前往。在万物皆处于无妄之最佳状态下仍要前往，能走到哪里呢？天道不保佑，行动是不会有好结果的！

象曰：天下雷行，物与无妄④，先王以茂对时⑤，育万物。

象曰：雷行于天下，万物无敢虚妄，先王体而用之，应以盛大威势配合天时，养育万物。

【注释】

①无妄：卦名，为卦震下乾上，天雷无妄；象征没有胡乱的想法和行为。
②其匪正有眚：匪，通"非"；眚(shěng)，灾难。不正则有灾难。
③无妄之往何之矣：无妄，即最佳状态。处此最佳状态，还要往前走，能走到哪里去呢？
④物与无妄：万物都无敢虚妄。
⑤以茂对时：茂，盛也；对时，顺合天时。以盛大威势顺合天时。

【古文】

初九：无妄，往吉。

象曰：无妄之往，得志也。

六二：不耕获，不菑畬①，则利有攸往。

象曰：不耕获，未富②也。

六三：无妄之灾③，或系之牛，行人之得，邑人之灾。

象曰：行人得牛，邑人灾也。

【白话】

初九：以至诚无妄之道，前往必获吉祥。

象曰：以无妄之道前往，必会得遂进取的志愿。

六二：不耕耘不图收获，不垦地不谋熟田，就利于有所前往。

象曰：不耕耘不图收获，说明(六二)没有图谋富贵。

六三：没有妄为却有了灾祸，譬如系着一头牛，被行人偷走，村里人会有(遭诘捕之扰)灾祸。

象曰：行人偷走牛，村里人遭受灾祸。

九四:可贞无咎④。

象曰:可贞无咎,固有之也。

九五:无妄之疾⑤,勿药有喜。

象曰:无妄之药,不可试也。

上九:无妄,行有眚⑥,无攸利。

象曰:无妄之行,穷之灾也。

九四:能守持正固,就没有灾祸。

象曰:能守持正固就没有灾祸,是(九四)本来就应该有的情形。

九五:没有妄为却偶染小疾,不用吃药会有自愈之喜。

象曰:无妄为偶尔染疾不用吃药,是说药石不可(随意)试用。

上九:至诚无妄,(已处无妄之极而继续)前行必有灾眚,无所利益。

象曰:已处无妄之极而继续前行,是穷极而为妄,因此出现灾祸啊。

【注释】

①不耕获不菑畬:菑(zī),开垦一年刚形成的田;畬(yú),开垦三年的熟田。言六二柔顺中正,没有私欲,前面没有耕和菑的行动,后面也没有获和畬的期冀。

②未富:没有图谋富贵。言六二不计较其利益而为之。

③无妄之灾:遭遇的不幸灾难,不是自己的行为过错所导致的。

④可贞无咎:言九四刚阳而居乾体又无应与,刚而无私,可贞固守此,自无咎也。

⑤无妄之疾:没有妄为却偶染小疾。

⑥行有眚:言上九居卦之终,处无妄之极。极而复行,则有灾也。

千方百计　全力助记

一、卦序卦形记忆

无妄卦为《周易》第二十五卦。

数字编码法记卦序

天上雷神接走了拉二胡(25)的阿炳,这真是无妄之福啊。

编码:25——二胡。

☰☰ 天雷无妄

口诀法记卦形

无妄卦,乾上震下,乾为天震为雷,天雷无妄。可编一句口诀:天雷滚滚,钓鱼无望(无妄)。

二、卦辞记忆

无妄:元亨利贞,其匪正有眚,不利有攸往。

专用编码法记卦辞

无妄真君说:天(元亨利贞)道公正,如果(其)不正(匪正)就有小熊(有眚)来找麻烦,也不可能有骏马(利有攸往)骑。

图像:天,小熊,骏马;

编码:天——元亨利贞,小熊——有眚,骏马——利有攸往。

三、象辞记忆

象曰:无妄,刚自外来而为主于内;动而健,刚中而应,大亨以正,天之命也。其匪正有眚,不利有攸往,无妄之往何之矣? 天命不佑,行矣哉!

卦形卦辞释义法记象辞

无妄,刚自外来而为主于内

此句释无妄卦主爻,初九为刚爻自外卦乾卦而来,而成为内卦震卦的主宰(刚自外来而为主于内)。

动而健,刚中而应

下震为动,上乾为健,故曰"动而健"。上卦九五刚爻居中与下卦六二柔爻相应,故曰"刚中而应"。

大亨以正,天之命也

"大亨以正"即"元亨利贞"的另一种说法。"大亨以正"是天道运行的规律(即"天之命也")。

其匪正有眚,不利有攸往,无妄之往何之矣?天命不佑,行矣哉

前两句"其匪正有眚,不利有攸往"为卦辞,后三句解释前两句。在万物都处于无妄之最佳状态下仍然想着往前走,能走到哪里去呢(何之矣)?

以"天命不佑,行矣哉"释"不利有攸往",意即与天道相违,老天爷不佑助,行动是没有其好结果的。

逻辑顺序:下主爻——卦德——上主爻——第一句卦辞——后两句卦辞。

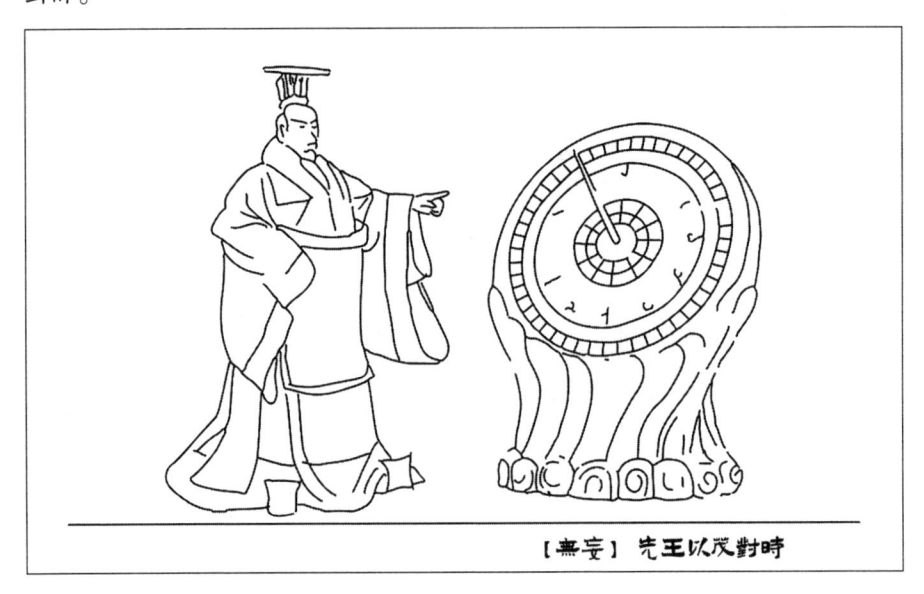

[无妄] 先王以茂對時

四、大象辞记忆

象曰:天下雷行,物与无妄,先王以茂对时,育万物。

故事法记大象辞

大象说:无妄真君要甜虾类型(天下雷行)的寿司和乌鱼五万(物与无妄)举办宴会招待宾客,宴会上他将穿先王衣帽(以茂)对诗(对时),并吃鱼丸五(育万物)个。

注:甜虾主要产于日本海附近,质软味甜。

图像:无妄真君,甜虾,乌鱼,先王衣帽,鱼丸五个;

谐音:甜虾类型——天下雷行,乌鱼五万——物与无妄,衣帽——以茂,对诗——对时,鱼丸五个——育万物;

情节:无妄真君穿先王衣帽对诗吃鱼丸五个。

五、爻辞小象辞记忆

故事法记爻辞小象辞

初九:无妄,往吉。

象曰:无妄之往,得志也。

初九:无妄真君带着药酒前往古镇换鸡(往吉)。

小象说:无妄真君之前去往(无妄之往)古镇,那一次主要是想得到一幅字嘚(得志也)。

图像:无妄真君,鸡,字画;

情节:无妄真君带药酒去往古镇换鸡;

评论:主要是想得到字画嘚。

六二:不耕获,不菑畬,则利有攸往。

象曰:不耕获,未富也。

六二:无妄真君看到一个牵着牛儿的男子说:不耕田能获得(不耕获)稻谷吃,不吃药病能自愈(不菑畬),有这样的好地方你去不去?男子马上回答说,有这地方我就(则)立即骑着骏马(利有攸往)飞奔而去。

小象说:不耕田能获得(不耕获)吃的,像牵牛男子这样未富的人是做梦都想的好事嘚(未富也)。

图像:牵着牛儿的男子,骏马;

谐音:自愈——菑畬;

编码:骏马——利有攸往;

情节:不耕获得吃的,不吃药病自愈,牵牛男子就想骑骏马奔去;

评论:这样的好事,未富的人连做梦都在想。

六三：无妄之灾,或系之牛,行人之得,邑人之灾。

象曰：行人得牛,邑人灾也。

六三：无妄真君给刘三讲了一个他亲眼看见的无妄之灾的故事:有人把牛系在路边小树上(或系之牛)去小解,一个行人顺手把牛牵走了(行人之得),这头牛是村子里可耕田的主力牛。牛不见了,是村里人的灾(邑人之灾)难。

小象说:是啊,行人得到了牛(行人得牛),那就是村里人之灾难嘚(邑人灾也)。

图像:放牛娃,牵牛的行人,村庄；

情节:牛系在路边被行人牵走,是村里人的灾难；

评论:行人得牛,是村里人的灾难。

[无妄] 行人得牛

九四：可贞无咎。

象曰：可贞无咎,固有之也。

九四：鸠四听说爱喝酒的无妄真君一天后驾到,他既高兴又着急,他家可真(可贞)的无酒(无咎)了。

小象说:鸠四还好意思说可真无酒(可贞无咎),他家本来有的嘚(固有之也)。但他嗜酒如命,哪能存得住酒啊!

图像:鸠四,空酒瓶;

情节:爱酒的无妄真君一天后驾到,鸠四家可真的无酒了;

评论:鸠四家本来有的,但他嗜酒如命,存不住酒。

九五:无妄之疾,勿药有喜。

象曰:无妄之药,不可试也。

九五:<u>无妄真君</u>患了<u>疾病</u>(无妄之疾),他在旧屋静养了几天,<u>没吃药</u>(勿药)就好了,现在正<u>玩游戏</u>(有喜)呢。

小象说:<u>无妄真君的药</u>(无妄之药)隐秘得很,是<u>不可能进入常人视野</u>(不可试也)的。

图像:无妄真君,旧屋,游戏机;

谐音:游戏——有喜,视野——试也;

情节:无妄真君患了疾病,没吃药就好了,正玩游戏呢;

评论:无妄真君的药不可能进入常人视野。

上九:无妄,行有眚,无攸利。

象曰:无妄之行,穷之灾也。

上九:穿太极服的<u>无妄真君行</u>走了<u>有好几个省</u>(行有眚)份,才找齐<u>五个油梨</u>(无攸利)。

小象说:<u>无妄真君的行程</u>(无妄之行)中,他见到很多<u>穷苦乡村之灾难</u>嘞(穷之灾也)。

图像:穿太极服的无妄真君,五个油梨,穷人;

编码:五个油梨——无攸利;

谐音:省——眚;

情节:无妄真君行走了有好几个省才找齐五个油梨;

评论:无妄真君行程中见到很多穷苦乡村之灾难。

大畜卦第二十六

乾下艮上

对照译注　理解大意

【古文】

大畜①：利贞②，不家食③吉，利涉大川④。

彖曰：大畜，刚健笃实辉光，日新⑤其德，刚上而尚贤，能止健，大正也。不家食吉，养贤也；利涉大川，应乎天也。

象曰：天在山中，大畜；君子以多识前言往行⑥，以畜其德。

【白话】

大畜卦：利于守持正固，（贤人）不在家中自食，吉祥；利于涉越大河。

彖曰：大畜，刚健笃实，光辉显著；日日休美其德行。阳刚居上而崇尚贤者，能禁止刚暴行为，是极大的正道。不在家中自食而吉祥，是说君主养贤（提供俸禄）；利于涉越大河，是说行动合乎天道。

象曰：天在山中，是大畜卦之象；君子体而用之，应多多记取古圣先贤的嘉言善行，以蕴蓄自身道德。

【注释】

①大畜：卦名，为卦乾下艮上，山天大畜；象征大为蓄聚、蓄积。

②利贞：大畜卦艮在上而止乾于下，乃蕴蓄至大之象。在人为学术道德充积于内，乃所蓄之大也。人之蕴蓄，宜得正道，故云利贞。

③不家食：不在家里吃饭而吃朝廷俸禄，喻指为国家做事。

④利涉大川:所蓄既大,宜施之于时,济天下之险难,乃大畜之用也。
⑤新:休美。
⑥识(zhì):通"志",记取。

【古文】

初九:有厉,利已①。
象曰:有厉利已,不犯灾也。

九二:舆说輹②。
象曰:舆说輹,中无尤也。

九三:良马逐,利艰贞,曰③闲舆卫,利有攸往。
象曰:利有攸往,上合志也。

六四:童牛之牿④,元吉。
象曰:六四元吉,有喜也。

六五:豮豕之牙⑤,吉。
象曰:六五之吉,有庆也。

上九:何⑥天之衢,亨。
象曰:何天之衢,道大行也。

【白话】

初九:有危险,利于停止。
象曰:有危险,利于停止,是说不可冒着有灾祸的危险前行。

九二:车舆脱落了轮辐(不能行进)。
象曰:车舆脱落了轮辐,(九二)有中德(能自止而不冒进)故无过错。

九三:良马奔逐,利于牢记艰险,守持正固,平日操练熟悉车马防卫战术,利于有所前往。
象曰:利于有所前往,说明(九三)与上九志向相合。

六四:束缚在尚未长角的小牛头上的横木,原本吉祥。
象曰:六四原本吉祥,(制止邪恶于初始)是可喜之事。

六五:去势的猪的牙齿(不再躁猛伤人),吉祥。
象曰:六五的吉祥,(止暴有道)是天下的福庆。

上九:走在担负天地重任的宽广大道上,亨通。
象曰:走在担负天地重任之大道上,(上九)道路大为畅达通行。

【注释】
①有厉利已:厉,危险;已,止。有危险,利于停止。
②舆说輹:舆,车;说,通"脱";輹(fù),即马车的轮辐。
③日:日月之日,平日。
④牿(gù):绑在牛角使牛不能顶人的横木。
⑤豮豕(fénshǐ):去势的猪。
⑥何(hè):通"荷",担负。

千方百计 全力助记

一、卦序卦形记忆

大畜卦为《周易》第二十六卦。

数字编码法记卦序

河流(26)里突然冲出一个大畜牲。

编码:26——河流。

☶☰ 山天大畜

故事法记卦形

大畜卦,艮上乾下,艮为山乾为天,山天大畜。可编一个小故事:这家人三天吃了一个大牲畜,简化为三天(山天)吃了一个大畜。

注:畜为多音字——大畜(xù)卦,牲畜(chù)。

二、卦辞记忆

大畜:利贞,不家食吉,利涉大川。

专用编码法记卦辞

大徐(大畜)在大雨天(利贞)不在家里吃鸡(不家食吉),坐大船(利涉大川)去看管大牲畜。

图像:男人大徐,大雨天,鸡,大船,大牲畜(如牛);

编码:大雨天——利贞,大船——利涉大川;

情节:大雨天不在家里吃鸡,坐大船去看管大牲畜。

三、彖辞记忆

彖曰:大畜,刚健笃实辉光,日新其德,刚上而尚贤,能止健,大正也。不家食吉,养贤也;利涉大川,应乎天也。

释义法记彖辞

大畜,刚健笃实辉光,日新其德,刚上而尚贤,能止健,大正也

以卦形卦德释卦辞"利贞":

大畜卦乾下艮上,乾刚健,艮笃实(即坚实),上下卦均为阳卦,故辉耀其阳刚之光明(辉光),又乾行艮止,不致妄进,故曰"日新其德";

卦主上九为刚爻,是为"刚上",卦象是山包容天之象,是为"尚贤",上艮下乾,艮止乾健,是为"能止健"。综上,因刚健笃实辉光,日新其德,刚上而尚贤,能止健,所以"大正也"。

不家食吉,养贤也;利涉大川,应乎天也

不家食,指为天下人做事而食朝廷俸禄,这是吉祥之事,对天下人和朝廷来说,是敬养贤人也,故曰"不家食吉,养贤也"。本卦卦义为有大的蓄积,加上守正与养贤,具有做大事解决大问题的实力,故曰"利涉大川",抓住时机,利涉则涉,与天道相应,故曰"应乎天也"。

逻辑顺序:卦德——卦主——卦辞。

[大畜] 君子以畜其德

四、大象辞记忆

象曰：天在山中，大畜；君子以多识前言往行，以畜其德。

故事法记大象辞

牵着一头大象的猎人说，那天在山中打猎，他看见一头超级大的牲畜（大畜），他在附近做了标识，提醒君子以后去山中修行，要多识别前面岩石（多识前言）上的标志，再往前行走（往行），就可以到积蓄其道德（以畜其德）的修行之处。

图像：猎人，山，大牲畜；

情节：猎人提醒君子多识别前面岩石再往前行，就可以到积蓄其道德的处所了。

五、爻辞小象辞记忆

故事法记爻辞小象辞

初九：有厉，利巳。

象曰：有厉利巳，不犯灾也。

初九：村长说，村东头梨树的树梢上有梨子（有厉），谁能爬上树梢，这利益(利己)就归谁了。

小象说:谁能爬到有梨子(有厉)的树梢,谁得这利益(利己),这个不会犯法惹灾祸嘢(不犯灾也)。

图像:梨树,梨子;

编码:梨——厉;

情节:村长说,谁能爬上有梨子的树梢就可得到这利益;

评论:得到这利益不会犯法惹灾祸。

九二:舆说輹。

象曰:舆说輹,中无尤也。

九二:二舅回来说,他看见一个挂着球儿的车子脱落了轮胎(舆说輹)。

小象说:车子脱落了轮胎(舆说輹),可能是油箱中无油(中无尤也)了,驾驶员趁机更换轮胎。

注:现代车的轮胎相当于古代车的轮辐。

图像:球儿,车子,轮胎;

情节:车脱落了轮胎,驾驶员在更换轮胎;

评论:趁油箱中无油时更换轮胎,可节省赶路的时间。

九三:良马逐,利艰贞,日闲舆卫,利有攸往。

象曰:利有攸往,上合志也。

九三:三舅在军营训练战马,他先让两匹良马竞相追逐(良马逐),然后又设置锋利剑阵(利艰贞),让马从中穿越,每日用咸鱼喂马(日闲舆卫)。经过一个月,他训练出两匹能征善战的骏马(利有攸往)。

小象说,这两匹骏马(利有攸往)正与上面心意相合(上合志也)。

图像:三舅,马,剑阵,咸鱼;

谐音:剑阵——艰贞,咸鱼喂——闲舆卫;

编码:骏马——利有攸往;

情节:两匹良马竞相追逐,穿越锋利剑阵,每日用咸鱼喂马,训练出了骏马;

评论:训练出骏马正与上面心意相合。

[大畜] 童牛之牿

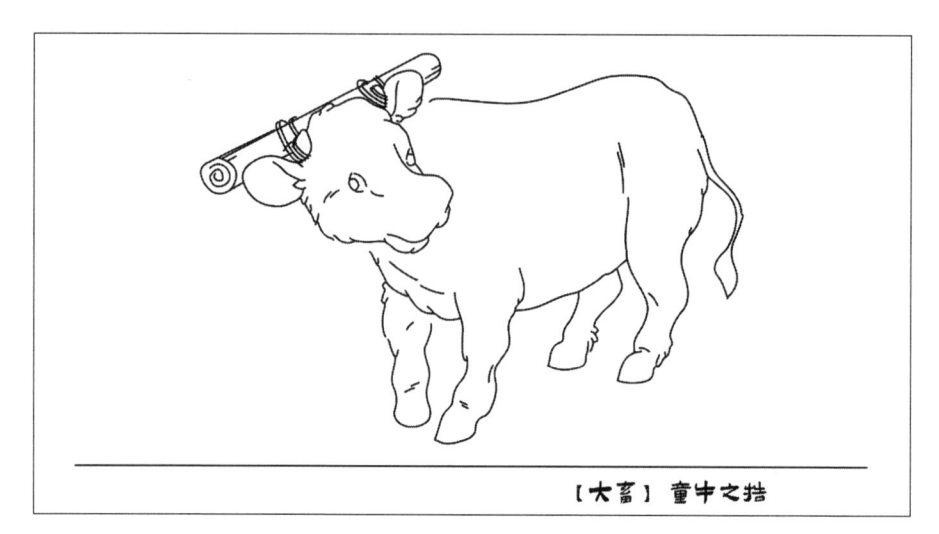

六四：童牛之牿，元吉。

象曰：六四元吉，有喜也。

六四：刘四看到一件奇事儿，一老头给一头还未长角的小牛头上安了一根横木（童牛之牿），然后给小牛吃圆鸡蛋（元吉）。

小象说：刘四看到的圆鸡蛋（六四元吉），是那老头的儿媳妇有喜后买的喜蛋嘢（有喜也）。

图像：刘四，头上有横木的小牛，圆鸡蛋；

情节：老头给童牛头上安横木后给它吃圆鸡蛋；

评论：刘四看到的圆鸡蛋是儿媳妇有喜后剩下来的。

六五：豮豕之牙，吉。

象曰：六五之吉，有庆也。

六五：刘武说了一件更奇怪的事儿，他看到一个65岁的老人用手抚摸一头刚被阉割公猪的牙齿（豮豕之牙），摸了一会儿，他就给那公猪吃了一只鸡（吉）。

小象说：刘武看到的鸡（六五之吉），是有人庆祝那老头65岁生日时留下来的嘢（有庆也）。

图像：刘武，被阉割了的公猪，鸡；

情节：65岁老人抚摸刚被阉割公猪的牙齿，并给猪吃了一只鸡；

评论:刘武看到的鸡是有人庆祝生日时留下来的。

上九:何天之衢,亨。

象曰:何天之衢,道大行也。

上九:通往和田的大路(何天之衢)很通畅,一群人乘晴天(亨)在赶路。

小象说:通往和田的大路(何天之衢)很通畅,所以道路上有一大群人在行走嘢(道大行也)。

注:和田是新疆的一个县级市,以和田玉闻名。

图像:和田市,大路,一群人,晴天;

编码:晴天——亨;

谐音:和田——何天;

情节:通往和田的大路很通畅,一群人乘晴天在赶路;

评论:道路上有一大群人在行走。

颐卦第二十七

震下艮上

对照译注　理解大意

【古文】

颐①：贞吉，观颐，自求口实。

彖曰：颐，贞吉，养正则吉也。观颐，观其所养也；自求口实，观其自养也。天地养万物，圣人养贤以及万民。颐之时大矣哉！

象曰：山下有雷，颐；君子以慎言语，节饮食②。

【白话】

颐卦：守正道则吉祥。观看颐养对象，自求养身之道。

彖曰：颐卦，守正道则吉祥，说明颐养对象与颐养之道皆正就吉祥。"观颐"，是观看所颐养的对象与颐养之道；"自求口实"，是观察自我颐养之道。天地养育万物，圣人养育贤人以及万民。颐卦的时势意义多么重大啊！

象曰：山下有雷，颐卦之象；君子体而用之，应谨慎说话，节制饮食。

【注释】

①颐：卦名，为卦震下艮上，山雷颐；颐是养的意思。

②慎言语，节饮食：谨慎说话，以养其德；节制饮食，以养其体。引申至国家政治，言语指政策法令，饮食指税收赋入。

【古文】

初九：舍尔灵龟，观我朵颐①，凶。

象曰：观我朵颐，亦不足贵也。

六二：颠颐拂经②，于丘颐，征凶。

象曰：六二征凶，行失类也。

六三：拂颐贞凶③，十年勿用，无攸利。

象曰：十年勿用，道大悖也。

六四：颠颐，吉；虎视眈眈④，其欲逐逐⑤，无咎。

象曰：颠颐之吉，上施光也⑥。

六五：拂经⑦，居贞吉，不可涉大川。

象曰：居贞之吉，顺以从上也。

上九：由颐，厉吉⑧，利涉大川。

象曰：由颐厉吉，大有庆也⑨。

【白话】

初九：舍弃近处灵龟般优渥的生活，却来观看国内其他人动腮进食，凶险。

象曰：观看国内其他人动腮进食，这是不值得尊敬的。

六二：向头顶（上九）索求颐养，是违背常理的；向高处求取颐养，往前行有凶险。

象曰：六二前行有凶险，是因为没有按其类别行动。

六三：违背颐养常理，虽为正应亦有凶险，十年之内不可行动，没有什么利益。

象曰：十年之内不可行动，因为（六三）大大违背了颐养之道。

六四：向头顶求取颐养，吉祥；（求养于上）犹如老虎捕食眈眈注视，上九施养之物接连不断，没有咎害。

象曰：向头顶求取颐养的吉祥，是因为上九的福泽惠及（六四）。

六五：（居尊位本应自养及养天下，但才弱不能自养反求养于上九）违背颐养常理，安居守正可获吉祥，不可去涉越大河。

象曰：安居守正吉祥，说明（六五）顺从倚靠上九阳刚贤者。

上九：倚靠他颐养（天下），常怀危厉可获吉祥，有利于涉越大河。

象曰：倚靠他颐养，常怀危厉可获吉祥，因为（上九）大有福庆。

【注释】

①舍尔灵龟,观我朵颐:尔,近也;灵龟,龟能咽息不食,灵龟喻其明智而可不求养于外也;我,父母国曰我,如《春秋·隐公八年》"我入祊";朵,垂也;朵颐,欲食之貌。灵龟,以静止为养;朵颐,以震动为养。舍弃近处优渥的生活,却来观看国内其他人吃东西,垂涎别人的生活。

②颠颐拂经:颠,顶;拂,违背;经,常理。求颐养于顶上,违背常理。

来知德《周易集注》训"颠"为"顶",视"求养于同体之阳"为"经"为常道,位于下卦之阴爻而求养于上卦上九之阳爻则为"颠颐"为"拂经"。

③拂颐贞凶:贞,正,指六三与上九为正应。违拂所养之道,虽正亦凶。

④虎视眈眈:眈,视近而志远也。犹如老虎捕食眈眈注视。言六四应爻初九处地位,虎行垂首,下视于地,视近也;而其心志乃求养于天位之上九,志远也。

⑤其欲逐逐:阴者,人欲之象也;下卦二阴,欲也;上卦二阴,欲也。人欲乃颐养之物,人欲重叠追逐而来,故曰"逐逐"。

⑥上施光也:施,及也,布散惠与之义;光,艮体笃实光辉,其道光明也。言上九颐养惠及六四也。

⑦拂经:言六五居尊位本应自养及养天下,但其不能自养反求养于上九,违背颐养常理。

⑧由颐厉吉:由,从也。倚靠他颐养(天下),常怀危厉可获吉利。

千方百计　全力助记

一、卦序卦形记忆

颐卦为《周易》第二十七卦。

数字编码法记卦序

小姨(颐)戴耳机(27)听音乐,手舞足蹈。

编码:27——耳机。

山雷颐

谐音法记卦形

颐卦艮上震下,艮为山震为雷,山雷颐。可编一句简短提示语:山上打雷,小姨(颐)得先躲一下。

二、卦辞记忆

颐:贞吉,观颐,自求口实。

故事法记卦辞

小姨(颐)正做蒸鸡(贞吉),小男孩盯着观看小姨(观颐),只夸小姨长得好看。小姨笑着说,鬼精灵,你只求这鸡成为你口中食(自求口实)物,你以为我不知道吗?

图像:小姨,蒸鸡,小男孩;

情节:小姨正做蒸鸡,小男孩观看小姨并夸她长得好看;小姨笑着说,小男孩只求鸡成为口中食物。

三、象辞记忆

象曰:颐,贞吉,养正则吉也;观颐,观其所养也;自求口实,观其自养也。天地养万物,圣人养贤以及万民。颐之时大矣哉!

卦辞释义法记象辞

颐,贞吉,养正则吉也

颐为养之义,贞为正之义,故称卦辞"颐,贞吉"为"养正则吉也"。

观颐,观其所养也

观颐,即观其所养对象之义,故曰"观颐,观其所养也"。

自求口实,观其自养也

自求口实,意为自己求取口中食物的方法,此即"观其自养也"。

天地养万物,圣人养贤以及万民

颐卦震雷艮山,均为天地间自然物象,由山与雷联想到天地养育万物,进而联想到圣人效法天地颐养万物之道,养育贤人以及万民。

颐之时大矣哉

因卦象征天地养万物、圣人养贤以及万民、养人以及自养,故盛赞颐之时的伟大意义(矣)。

逻辑顺序:先释卦辞,次引申,后赞叹。

四、大象辞记忆

象曰:山下有雷,颐;君子以慎言语,节饮食。

卦形引申法记大象辞

颐卦,上艮山下震雷(山下有雷),上下各一根阳爻,中间四根阴爻,像口形。口的功能一是说话,二是饮食;颐卦大象辞从这两方面引申发挥君子颐养之道,慎言语、节饮食。慎言语,以养德而言;节饮食,以养生而言。

图像:颐象口;

情节:口的两大功能为言语和饮食,颐养之道在于慎言语与节饮食。

[颐卦] 君子以慎言语节饮食

五、爻辞小象辞记忆

故事法记爻辞小象辞

初九:舍尔灵龟,观我朵颐,凶。

象曰:观我朵颐,亦不足贵也。

初九:幺舅正在数钱,突然发现刘四盯着他看,心想这家伙<u>舍弃你有灵性的乌龟</u>(舍尔灵龟),<u>观看我</u>的一个<u>多亿</u>(观我朵颐),幸好我有<u>熊</u>(凶)保驾。

小象说:刘四<u>观看我</u>家幺舅的一个<u>多亿</u>(观我朵颐),看来他的品德<u>也不值得尊敬嘢</u>(亦不足贵也)。

图像:幺舅,乌龟,一个多亿人民币,熊;

谐音:多亿——朵颐;

会意:也不值得尊敬——亦不足贵;

情节:舍弃你有灵性的乌龟,观看我一个多亿,幸好有熊保驾;

评论:他的品德也不值得尊敬。

六二:颠颐拂经,于丘颐,征凶。

象曰:六二征凶,行失类也。

六二:<u>牛儿乘电椅带着佛经</u>(颠颐拂经)<u>与秋衣</u>(于丘颐),正走着遇见一只<u>熊瞎子</u>(征凶)。

小象说:<u>牛儿正走着撞见熊瞎子</u>(六二征凶),是因为他的<u>行为失去了同类的规矩嘢</u>(行失类也)。

图像:牛儿,电椅,佛经,秋衣,熊瞎子;

编码:熊瞎子——征凶;

谐音:电椅——颠颐,佛经——拂经,与——于,秋衣——丘颐;

情节:牛儿乘电椅带着佛经与秋衣,正走着遇见一只熊瞎子;

评论:牛儿行为失去了同类的规矩。

六三:拂颐贞凶,十年勿用,无攸利。

象曰:十年勿用,道大悖也。

六三:服役的刘三做蒸熊掌(拂颐贞凶)吃,这是他十年没用(十年勿用)的厨艺了。他说要是有五个油梨(无攸利)当配菜就更好啦。

小象说,十年没用(十年勿用)的厨艺生疏了不少,为了好吃,他倒了一大杯油(道大悖也)。

图像:刘三,蒸熊掌,油梨,大杯子,油;

编码:蒸熊掌——贞凶,五个油梨——无攸利;

谐音:服役——拂颐,倒大杯——道大悖;

情节:服役的刘三蒸熊掌,他十年没用这厨艺了;他想要有五个油梨就更好啦;

评论:为了好吃,他倒了一大杯油。

六四:颠颐,吉;虎视眈眈,其欲逐逐,无咎。

象曰:颠颐之吉,上施光也。

六四:刘四坐在电椅(颠颐)上吃鸡(吉);一群鸡跑过来对着刘四忿忿地叫个不停,一只老虎虎视眈眈地盯着;一个飞跃上前咬住了一只鸡开始吃起来,其余的鸡吓得足足(其欲逐逐)飞了十几丈远,吓倒了一只正打盹的兀鹫(无咎)。

小象说:刘四坐在电椅上吃的鸡(颠颐之吉)是上面施舍的,上面施舍的鸡已经快吃光了嘢(上施光也)。

图像:刘四,电椅,鸡,老虎,兀鹫;

情节:刘四坐在电椅上吃鸡,一只老虎虎视眈眈地盯着,飞跃上前咬住了一只鸡,其余的鸡吓得足足飞了十几丈远,吓倒了正打盹的兀鹫;

评论:上面施舍的鸡已经快吃光了。

六五:拂经,居贞吉,不可涉大川。

象曰:居贞之吉,顺以从上也。

六五:师傅让刘武念佛经(拂经),这家伙居然做蒸鸡(居贞吉)吃,这种人不可带他乘大船(不可涉大川)去向穷苦人家布施。

小象说:刘武居家做的蒸鸡(居贞之吉),是他趁师傅外出,顺便以拿佛经为由从上房偷来的嘢(顺以从上也)。

图像:刘武,佛经,蒸鸡,大船;

编码:蒸鸡——贞吉,大船——涉大川;

情节:刘武不好好念佛经,居然做蒸鸡吃,不可带他乘大船;

评论:刘武居家得到的鸡,是顺便以拿佛经为由从上房偷来的。

上九:由颐,厉吉,利涉大川。

象曰:由颐厉吉,大有庆也。

上九:一批右翼(由颐)分子去酒楼搞破坏,军人(厉吉)乘大船(利涉大川)去镇压。

小象说:右翼(由颐)分子被军人(厉吉)立即镇压下去,大家有请军人一起庆祝嘢(大有庆也)。

图像:右翼分子,酒楼,军人,大船;

谐音:右翼——由颐;

编码:军人——厉吉,大船——利涉大川;

情节:右翼分子去酒楼搞破坏,军人乘大船去镇压;

评论:大家有请军人一起庆祝。

大过卦第二十八

巽下兑上

对照译注　理解大意

【古文】

大过①：栋桡②，利有攸往，亨。

彖曰：大过，大者过也；栋桡，本末弱也。刚过而中，巽而说行，利有攸往，乃亨。大过之时大矣哉！

象曰：泽灭木③，大过；君子以独立不惧，遁世无闷④。

【白话】

大过卦：房檩(lǐn)桡曲(阳强阴弱，君子盛而小人衰)，利于有所前往，亨通。

彖曰：大过，阳刚者可以办成大事；房檩桡曲，说明根基和末端都是柔弱的。阳刚过甚但处于中位，谦顺而和悦地行事，利于有所前往，所以亨通。大过卦的时势意义多么重大啊！

象曰：泽水淹没树木，是大过卦之象；君子体而用之，应做到独立人间而不畏惧，隐居世间而不苦闷。

【注释】

①大过：卦名，为卦巽下兑上，泽风大过；象征大幅超过。

②栋桡(náo)：梁上屋脊之木曰栋，木曲曰桡。本末弱而栋不正，有如木之曲也。

③泽灭木：泽，润养树木者也，乃至淹没树木，则过甚矣，故为大过。

④独立不惧,遁(dùn)世无闷:君子遭天下非难而不顾,独立不惧也;举世不见知而不悔,遁世无闷也。如此,然后能自守,所以为大过人也。

【古文】

初六:藉用白茅①,无咎。

象曰:藉用白茅,柔在下也。

九二:枯杨生稊②,老夫得其女妻,无不利。

象曰:老夫女妻,过以相与也③。

九三:栋桡,凶。

象曰:栋桡之凶,不可以有辅也。

九四:栋隆④,吉;有它,吝。

象曰:栋隆之吉,不桡乎下也。

九五:枯杨生华⑤,老妇得其士夫,无咎无誉。

象曰:枯杨生华,何可久也?老妇士夫,亦可丑也。

上六:过涉灭顶⑥,凶,无咎。

象曰:过涉之凶,不可咎也。

【白话】

初六:(虔诚地)用白茅垫着,没有咎害。

象曰:(虔诚地)用白茅垫着,说明(初六)柔顺居下(行为敬慎)。

九二:枯槁的杨树长出新的根芽,老汉娶了年轻女妻,无所不利。

象曰:老汉娶了年轻女妻,说明九二与初六结为夫妻,超过常分。

九三:房檩桡曲,凶险。

象曰:房檩桡曲的凶险,因为不可以再有其他辅助。

九四:房檩不下桡,吉利;若有它志(与初六阴柔相应的行为),必有憾惜。

象曰:房檩不下桡的吉利,因为(九四)不桡曲以就应于下(初六)。

九五:枯槁杨树生长出新花,老妇配了强壮丈夫,没有咎害也没有赞誉。

象曰:枯槁杨树生长出新花,怎可长久呢?老妇配了强壮丈夫,也是一件羞愧的事情!

上六:涉水过深而被淹没了头顶,凶险,但无可咎责。

象曰:涉水过深的凶险,(济险灭身)不可咎责。

【注释】
①藉用白茅:藉(jiè),垫,衬。用白茅草垫着。喻指敬慎而虔诚。
②枯杨生稊:稊(tí),树根新生之嫩芽。喻指老夫女妻能成生育之功。
③过以相与也:过,超过常识。谓九二初六阴阳相与结为夫妻,过于常也。
④栋隆:取不下桡之义。九四以刚处柔为得宜也。
⑤枯杨生华:华,通"花",树上之枝生也。杨树开花则散漫,终无益于枯杨也。
⑥过涉灭顶:上六处大过已极之时,有冒险"过涉"之象;然才弱不能以济,故又有"灭顶"之象;然能不避艰险,慷慨赴死,杀身成仁,其义无可咎责也。

千方百计　全力助记

一、卦序卦形记忆

大过卦为《周易》第二十八卦。

数字编码法记卦序

这恶霸(28)犯了大过错。

编码:28——恶霸。

泽风大过

一句话法记卦形

大过卦,兑上巽下,兑为泽巽为风,泽风大过。可编一句话:这(泽)风大过以往刮的风。

二、卦辞记忆

大过:栋桡,利有攸往,亨。

故事法记卦辞

大哥(大过)的那栋马厩屋顶脊梁弯曲(栋桡)了,一匹骏马(利有攸往)在一个晴天(亨)跑了。

注:大哥的"哥",湖北方言念(guō)。

图像:大哥,马厩,弯曲的屋顶脊梁,骏马,晴天;

编码:骏马——利有攸往,晴天——亨;

情节:大哥的马厩屋顶脊梁弯曲,骏马在一个晴天跑了。

三、彖辞记忆

彖曰:大过,大者过也;栋桡,本末弱也。刚过而中,巽而说行,利有攸往,乃亨。大过之时大矣哉!

释义法记彖辞

大过,大者过也;栋桡,本末弱也

阳为大,<u>大过</u>卦阳爻四根,所以说"<u>大者过也</u>";栋桡是房梁弯曲之义,而房梁弯曲是因为树木两头太弱中间结实所致,故曰"<u>栋桡,本末弱也</u>"。

刚过而中,巽而说行,利有攸往,乃亨

前两句释卦形,并以此解释后两句。本卦刚爻四根超过柔爻,并且二五两个中位均是刚爻,故曰"<u>刚过而中</u>"。下卦为巽,上卦为兑为说(即悦),中爻(即互卦)为乾,乾主行,故曰"<u>巽而悦行</u>"。因"刚过而中,巽而说行",所以"<u>利有攸往,乃亨</u>"。

大过之时大矣哉

大过之时,做非常之大事,兴百世之大功。故赞曰"<u>大过之时大矣哉!</u>"

〔大过〕君子以遁世无闷

四、大象辞记忆

象曰:泽灭木,大过;君子以独立不惧,遁世无闷。

故事法记大象辞

沼泽淹没了树木(泽灭木),大哥(大过)很郁闷,找君子商量对策;君子告诉他,宰相肚里(独立)能撑船,不要惧怕(独立不惧),他顿时(遁世)就无郁闷(遁世无闷)的感觉了。

图像:沼泽,树木,大哥,君子;

情节:大哥听君子说宰相肚里能撑船不要惧怕,顿时就无郁闷的感觉了。

五、爻辞小象辞记忆

故事法记爻辞小象辞

初六:藉用白茅,无咎。

象曰:藉用白茅,柔在下也。

初六:有人借用白茅草(藉用白茅)在杨柳树杈上给兀鹫(无咎)做窝。

小象说:那人用白茅草垫在窝里(藉用白茅),柔软的茅草在下面(柔在下也),兀鹫会很舒服。

图像:白茅草,杨柳树,兀鹫;

情节:借用白茅草在杨柳树杈上给兀鹫做窝;

评论:柔软的茅草在下面,兀鹫会很舒服。

九二:枯杨生稊,老夫得其女妻,无不利。

象曰:老夫女妻,过以相与也。

九二:二舅发布消息说,有一根枯杨树生长出了新芽(枯杨生稊),有一个老头儿娶了一个年轻少女做妻子(老夫得其女妻)。老头儿有一个梨园(无不利)。

小象说:老头儿娶年轻少女做妻子(老夫女妻),这是以过(倒字法)去项羽(相与)为榜样嘛(过以相与也)。

图像:二舅,生出新芽的枯杨树,老头,年轻女子,梨园;

编码:梨园——无不利;

情节:枯杨树生长出新芽,老头儿娶了年轻女子做妻子;

评论:这是以过去项羽为榜样嘞。

九三:栋桡,凶。

象曰:栋桡之凶,不可以有辅也。

九三:三舅家的屋梁弯曲(栋桡),一番察看,发现一头熊(凶)趴在上面。

小象说:导致屋梁弯曲的熊(栋桡之凶),是不可以用汽油壶(不可以有辅也)喷油驱赶的。

图像:弯曲的屋梁,熊,汽油壶;

情节:屋梁弯曲了,发现一头熊趴在上面;

评论:不可以用油壶喷油驱赶。

九四:栋隆,吉;有它吝。

象曰:栋隆之吉,不桡乎下也。

九四:四舅家鸡舍的屋梁向上隆起(栋隆)了,有一只鸡(吉)趴在那里,旁边还有它的一个臭蛋(吝)。

小象说:鸡舍屋梁隆起地方趴着的鸡(栋隆之吉),听说有一头大野兽最近常常来附近捕食,它所到之处不饶过下面任何一只家禽嘞(不桡乎下也)。

图像:隆起的屋梁,鸡,臭蛋;

编码:臭蛋——吝;

情节:屋梁向上隆起,有鸡趴在那里,还有它的一个臭蛋;

评论:一头大野兽所到之处不饶过下面任何一只家禽。

九五:枯杨生华,老妇得其士夫,无咎无誉。

象曰:枯杨生华,何可久也?老妇士夫,亦可丑也。

九五:五舅发布新闻说,一棵枯杨树生长出花朵(枯杨生华),一个老妇人娶了一个年轻男子做丈夫(老妇得其士夫),但办喜事时却无酒(无咎)无鱼(无誉)。

小象说:枯杨树生长出的花朵(枯杨生华),怎么可以长久嘞(何可久也)? 老妇人年轻丈夫(老妇士夫),也是可当丑事来讲的嘞(亦可丑也)。

图像:生长出花朵的枯杨树,老妇人,年轻男子,空酒瓶;

情节:枯杨树生长出花朵,老妇人娶年轻男子做丈夫,办喜事时无酒无鱼;

评论:这也是可当丑事来讲的。

上六:过涉灭顶,凶,无咎。

象曰:过涉之凶,不可咎也。

上六:一个手拿蝌蚪的人过河涉水时淹没了头顶(过涉灭顶),这时,一头熊(凶)和一只兀鹫(无咎)合力把他拖上岸了。

小象说:这个人过河涉水遇到的熊(过涉之凶),一般是不可能救(咎)人的嘞(不可咎也),他真是好运。

图像:河,过河的人,熊,兀鹫;

情节:一人过河涉水时淹没了头顶,一头熊和一只兀鹫合力救了他;

评论:熊一般是不可能救人的。

坎卦第二十九

坎下坎上

对照译注　理解大意

【古文】

习坎①：有孚，维心亨②，行有尚。

彖曰：习坎，重险也。水流而不盈，行险而不失其信。维心亨，乃以刚中也。行有尚③，往有功也。天险不可升也，地险山川丘陵也，王公设险以守其国，险之时用大矣哉！

象曰：水洊④至，习坎；君子以常德行，习教事。

【白话】

习坎卦：胸有诚信，维系阳刚心态，亨通，行动可获嘉尚。

彖曰：习坎卦，重重的艰险。水流动而不盈满，行走在险难之中而不丧失诚信。维系良好心态，亨通，因为阳刚居中。行动获得嘉尚，因为前行（济险）建有功业。天险（太高）不可攀升，地险表现为山川丘陵，王公设置险要关隘用来守护自己的国家，坎险的时用意义是重大的。

象曰：水再次流至，是习坎卦的卦象；君子应恒久修持德行，习熟政教之事。

【注释】

①习坎：卦名，为卦坎下坎上，坎为水；象征险陷。
②维心亨：维持阳刚心态可获亨通。
③行有尚：坎以能行为功，行动可获嘉尚。

④洊(jiàn):再;屡次;接连。

【古文】

初六:习坎,入于坎窞①,凶。

象曰:习坎入坎,失道凶也。

九二:坎有险,求小得。

象曰:求小得,未出中也。

六三:来之坎坎②,险且枕③,入于坎窞,勿用。

象曰:来之坎坎,终无功也。

六四:樽酒簋贰④,用缶,纳约自牖⑤,终无咎。

象曰:樽酒簋贰,刚柔际也。

九五:坎不盈,祗既平⑥,无咎。

象曰:坎不盈,中未大也。

上六:系用徽纆⑦,寘⑧于丛棘,三岁不得⑨,凶。

象曰:上六失道,凶三岁也。

【白话】

初六:重重坎险,陷入坎底,凶险。

象曰:重重坎险,陷入坎底,说明(初六)没有走正道所以遇到凶险。

九二:坎陷中有危险,从小处谋求脱险,必有所得。

象曰:小处谋求脱险会有所得,说明(九二)没有偏离中道。

六三:来往都处于坎险之中,坎险且深,陷入坎底,不可作为。

象曰:来往都处于坎险之中,终究是没有功绩的。

六四:一樽薄酒二簋淡食,用瓦缶盛物,从明亮的窗户递入信约,终究不会有灾祸。

象曰:一樽薄酒二簋淡食,因为(六四)阴柔与(九五)阳刚相邻交接。

九五:坎中水流而不盈满,必抵于(坎)已平,没有灾祸。

象曰:坎中水流而不盈满,说明(九五)具备中德而未自满自大。

上六:被绳索绑缚,囚置于荆棘丛中,多年不得解脱,有凶险。

象曰:上六偏离正道,所以凶险多年。

【注释】

①窞(dàn):坎底,或坎中之坎。

②来之坎坎:之者,往也。来往都是坎险。

③险且枕:枕,古文作"沈";沈,深也。危险且深。

④樽酒簋贰:樽,古代盛酒的器具;簋(guǐ),古代盛食物的圆口两耳竹器。

⑤纳约自牖:牖(yǒu),窗户,喻通达开明。进言取信于君要自通达开明之处。

⑥祗(dǐ):抵于。

⑦系用徽纆:系,缚也;徽纆,皆索名,三股曰徽,二股曰纆。

⑧寘(zhì):置也,囚禁之意。

⑨三岁不得:言上六被囚禁时间长久不得脱离。

千方百计　全力助记

一、卦序卦形记忆

坎卦为《周易》第二十九卦。

数字编码法记卦序

这个**恶囚**(29)进监狱前**砍**(坎)了路人一刀。

编码:29——恶囚。

☵☵ 坎为水

口诀法记卦形

坎卦,坎下坎上,上下卦均为坎,记"坎为水"三字口诀即可。

二、卦辞记忆

习坎:有孚,维心亨,行有尚。

故事法记卦辞

习嫂侃(习坎)大山时说:这种油壶(有孚)唯有新的很好用(维心亨),她刚买一个新的又用上(行有尚)了。

图像:习嫂,油壶;

谐音:侃——坎,维、新、很——维心亨,新、又、上——行有尚;

编码:油壶——有孚;

情节:油壶唯有新的很好用,刚买一个新的又用上了。

三、象辞记忆

象曰:习坎,重险也。水流而不盈,行险而不失其信。维心亨,乃以刚中也。行有尚,往有功也。天险不可升也,地险山川丘陵也,王公设险以守其国,险之时用大矣哉!

卦形卦辞释义法记象辞

习坎,重险也

坎为险,习坎卦上下均为坎卦,坎为险,故曰"习坎,重险也"。

水流而不盈,行险而不失其信

这两句以水德释卦辞"有孚"。水往低处流,不会盈满溢出;最是危险低陷之处,水也不惧,照样不失其本性而流过去。故曰"水流而不盈,行险而不失其信"。此为"有孚"。

维心亨,乃以刚中也

释卦辞"维心亨":坎卦两阳爻居二、五位,是为"刚中",二五位分别为内外卦中心,是为"心",阳实在中,故"亨"。故曰"维心亨,乃以刚中也"。

行有尚,往有功也

"行有尚",承前句,说明有孚信,维心亨,则行动可以成功。行动成功在坎卦即为出险,则必被嘉奖崇尚;如不行动则常在险中矣。故曰"行有尚,往有功也"。

天险不可升也,地险山川丘陵也,王公设险以守其国,险之时用大矣哉辞完卦形卦辞，引申出天地自然之险和王公用险，并盛赞"险之时用"。

高是天最显著的特征，人与物从高空掉落下来，粉身碎骨。天以高为险，高莫过于天，故曰"天险不可升也"。大地的复杂危险莫过于山川丘陵。天地自然之险可为人所用，抵御自然界猛兽和人类敌人的侵扰，故曰"王公设险以守其国"。

天险地险，顺应时势利用之可保家卫国，所以盛赞"险之时用大矣哉"。

逻辑顺序：卦形——卦辞——自然之险——用险——赞险。

[坎卦] 君子以习教事

四、大象辞记忆

象曰：水洊至，习坎；君子以常德行，习教事。

故事法记大象辞

在水边踢毽子（水洊至）的习老爷侃（习坎）大山时说，道德真君告诉他，作为君子应该（以）常检讨自己的德行（常德行），以此练习做好教师（习教事）的本领。

图像：河边，毽子，习老爷；

情节：君子应常检讨德行，练习做教师的本领。

五、爻辞小象辞记忆

故事法记爻辞小象辞

缘起：习坎卦为坎险重险，以入险出险为义设计一个小型军事演习。

初六：习坎，入于坎窞，凶。

象曰：习坎入坎，失道凶也。

初六：森林里一棵粗柳树边有两个大深坑(习坎)，编号16的战士不小心掉进了坑中更深的坑(入于坎窞)，里面有一只熊(凶)正在睡觉。

小象说：这名战士遇到两个深坑(习坎)，又掉入坑中(入坎)，是因为他走错道路误进了熊窝嘞(失道凶也)。

图像：粗柳树，两个大深坑，坑中坑，熊；

情节：战士陷入坑中坑，遇见熊；

评论：走错道误入了熊窝。

九二：坎有险，求小得。

象曰：求小得，未出中也。

九二：编号92的班长也掉进深坑(坎)，有危险(坎有险)，但他没有惊慌，他寻找一些小的(求小得)枝条编绳子，准备抓住绳子慢慢往上爬。

小象说：熊发现有人意外掉入熊窝后，会在洞中间划一条分界线，寻求小的(求小得)枝条可以，但不能超出中间界限嘞(未出中也)。

图像：掉进深坑的92号班长，小的枝条，中间界限；

情节：班长掉进深坑后找小的枝条编绳子；

评论：不能超出熊划定的中间分界线。

六三：来之坎坎，险且枕，入于坎窞，勿用。

象曰：来之坎坎，终无功也。

六三：编号63的战士是一个跳高运动健将，给他安排军训的来往路上都是大坑(来之坎坎)，大坑危险而且都很深(险且枕)。他行进途中也掉入了一个坑中坑(入于坎窞)。他试着往上跳，跳了很多次都没有用(勿用)。

小象说：来往路上都是深坑(来之坎坎)，再能跳最终也是做无用功嘞

(终无功也)。

图像:掉进坑中坑的63号战士;

情节:往来路上都是深坑,危险且深,战士在坑中坑往上跳,没有用;

评论:往来都是深坑,再能跳,终究是做无用功。

六四:樽酒簋贰,用缶,纳约自牖,终无咎。

象曰:樽酒簋贰,刚柔际也。

六四:编号64的战士军训时有奇遇,他见到一间古老的小石屋,屋里面有一个古时的酒樽(樽酒,倒字法),两个有双耳大肚的敞口竹编器物(簋贰);还有一个用来装水的瓦罐子(用缶),石屋有一个可透光的窗户(牖)。他想,这间石屋可能是古代关押高级官员的地方,那个可透光的窗户应该是递送信件和食物用的(纳约自牖)。战士看到酒樽,忽然酒瘾上来了,但几千年过去了,酒樽里终究是无酒(终无咎)。

小象说:樽里放酒,两个簋里(樽酒簋贰)放食物,这可是远在天地交际之时的事嘢(刚柔际也)。

图像:编号64的战士,有窗户的小石屋,一个酒樽,两个簋,一个瓦罐子;

会意:可透光的窗户是递送信件和食物用的——纳约自牖,天地——刚柔;

情节:战士发现有窗户的小石屋,屋内有古时的酒樽,两个簋,瓦罐子,还有用来递送信件和食物的窗户,终究没有酒喝;

评论:这可是远在天地交际之时的事。

九五:坎不盈,祗既平,无咎。

象曰:坎不盈,中未大也。

九五:95号战士陷入的深坑开始有水进来,但一个多小时了深坑还没有注满水(坎不盈)。等水位抵至齐平(祗既平)第一个坑口,战士就可以爬上去了。他养的兀鹫(无咎)一直衔石子填深坑呢。

小象说:深坑注不满水(坎不盈),是因为中间流水的口子未放大嘢(中未大也)。

图像:95号战士,流进水的深坑,兀鹫;

情节:深坑水未注满,水位要抵平坑口才可以,兀鹫帮忙;

评论:中间流水口子未开大。

上六:系用徽纆,寘于丛棘,三岁不得,凶。

象曰:上六失道,凶三岁也。

上六:66号战士在军训中也遇到了一件奇事儿,他见到一个被两三股粗绳子绑着的人(系用徽纆),放置在荆棘丛林中(寘于丛棘),好奇心驱使他上前询问,那人说绳子非常牢固,他挣扎了三年也没能挣脱(三岁不得)。好在有一头熊(凶)可怜他,一直给他送吃的。

小象说:66(上六)号战士走错了(失)道路(上六失道),才遇见那个和熊相处了三年的人嘞(凶三岁也)。

图像:66号战士,被两三股绳子捆着的男人,熊;

会意:两三股粗绳子绑着——系用徽纆,放置在荆棘丛中——寘于丛棘;

情节:荆棘丛中被两三股绳子绑着的人,三年没能挣脱,熊给他送吃的;

评论:66号战士走错了路,遇见那个和熊相处了三年的人。

离卦第三十

离下离上

对照译注 理解大意

【古文】

离①:利贞,亨,畜牝牛②吉。

彖曰:离,丽③也。日月丽乎天,百谷草木丽乎土。重明以丽乎正,乃化成天下;柔丽乎中正,故亨,是以畜牝牛吉也。

象曰:明两作④,离;大人⑤以继明⑥照于四方。

【白话】

离卦:利于守持正固,亨通,畜养母牛般顺德,可获吉祥。

彖曰:离,附丽之意。日月附丽于天,百谷草木附丽于地。光明相继而附丽于正道,就能教化成就天下。柔顺者附丽于中正君子,所以亨通。这就是畜养牝牛般顺德可致吉祥的道理。

象曰:光明相继升起,这是离卦的卦象;大人因此用世袭相继的明德去照临四方。

【注释】

①离:卦名,为卦离下离上,离为火;附丽之义,亦有明亮之义。
②畜牝牛:牝牛即母牛。畜牝牛,谓养其顺德。
③丽:附着其上,依附,系于其上。
④两作:两,再也,相继;作,起也。相继兴起。

⑤大人:圣人或王者。大人,以德言则圣人,以位言则王者。
⑥继明:以世袭继续明德。

【古文】

初九:履错然①,敬之无咎②。
象曰:履错之敬,以辟③咎也。

六二:黄离,元吉④。
象曰:黄离元吉,得中道也。

九三:日昃⑤之离,不鼓缶而歌,则大耋之嗟⑥,凶。
象曰:日昃之离,何可久也?

九四:突如其来如,焚如,死如,弃如。
象曰:突如其来如,无所容也。

六五:出涕沱若⑦,戚嗟若,吉。
象曰:六五之吉,离王公也。

【白话】

初九:躁动与明静交错于胸地行走,保持敬慎,就没有咎害。
象曰:躁动与明静交错于胸地行走,保持敬慎,是避免咎害的良好方法。

六二:以中正顺德附丽于人,原本吉祥。
象曰:以中正顺德附丽于人,原本吉祥,说明(六二)深得中正之道。

九三:太阳西斜时的离明,不是敲击瓦缶歌唱,就是发出年老衰弱的嗟叹,有凶险。
象曰:太阳西斜的离明,怎么可能长久呢?

九四:突如其来的刚盛状,(其气焰)如火烧,(其祸害)如死人,(其结果)必将招致众所弃绝。
象曰:突如其来的刚盛状,人恶众弃,为天下所不容。

六五:(畏惧到)眼泪滂沱而流,(忧虑得)悲戚戚嗟叹,吉祥。
象曰:六五的吉祥,是因为其所附丽之处是王公的正位。

上九：王用出征，有嘉，折首，获匪其丑⑧，无咎。

象曰：王用出征，以正邦也。

上九：君王以刚明之道出征，有嘉美之功；折取（敌方）魁首，执获的不是跟随魁首的众多普通兵士，没有咎害。

象曰：君王以刚明之道出征，是用正道治理其邦国。

【注释】

①履错然：履，行走；错，交错；然，助语辞。言初九阳刚而居明体，刚则躁，明则察，二者交错于胸，未免东驰西走也。

②敬之无咎：敬慎是医治"错然"之药，故无咎。

③辟：通"避"，避免。

④元吉：元，原本，本然。原本吉祥。

⑤昃(zè)：太阳偏西。

⑥不鼓缶而歌，则大耋之嗟：缶(fǒu)，古代一种大肚子小口的瓦质打击乐器；耋(dié)，年八十曰耋。不是敲击瓦缶歌唱，就是发出年老衰弱的嗟叹。

⑦出涕沱若：涕(tì)，眼泪；沱若(tuóruò)，眼泪纷落如雨貌。

⑧获匪其丑：匪，通"非"；丑，类，众多。执获的不是众多普通的士兵。

千方百计　全力助记

一、卦序卦形记忆

离卦为《周易》第三十卦。

数字编码法记卦序

毛毛虫(30)一离开森林就玩不转了。

编码：30——毛毛虫。

离为火

口诀法记卦形

离卦,离上离下,上下卦均为离,只记"离为火"三字口诀即可。

二、卦辞记忆

离:利贞,亨,畜牝牛吉。

专用编码故事法记卦辞

<u>李</u>(离)老二在<u>大雨天</u>(利贞)和<u>晴天</u>(亨)都放养他家的<u>母牛和鸡</u>(畜牝牛吉)。

图像:李老二,大雨天,晴天,母牛,鸡;

编码:大雨天——利贞,晴天——亨,鸡——吉;

情节:李老二在大雨天和晴天都放养母牛和鸡。

三、象辞记忆

象曰:离,丽也。日月丽乎天,百谷草木丽乎土。重明以丽乎正,乃化成天下;柔丽乎中正,故亨,是以畜牝牛吉也。

释义法记象辞

离,丽也。日月丽乎天,百谷草木丽乎土

先以自然物象解释"<u>离</u>"的附丽之意,举例予以说明:<u>日月附丽乎天</u>,<u>百谷草木附丽乎土</u>,说明天地万物莫不各有所附着。

重明以丽乎正,乃化成天下

接着以卦象解释"离"的"附丽"之意,并引申到人事:离为日,太阳一照,黑暗变光明,离卦上下皆为日,故曰"重明";日丽乎天,"正"莫过乎天,故曰"<u>重明以丽乎正</u>";离卦上下光明,引申到人事,乃是君臣上下德行光明,如此<u>乃能化成天下</u>。

柔丽乎中正,故亨,是以畜牝牛吉也

离卦为阴卦,二五两爻为柔爻,是离卦主爻,二为离卦正位,五亦为上体离卦的中正之位,故曰"柔丽乎中正",卦主柔爻所附丽之位既中又正,"故亨"。牝牛即母牛,"畜牝牛"是以比喻方式表述"柔顺中正",因柔顺中正,"是以畜牝牛吉也"。

逻辑顺序:离,丽也——自然物象——重明——人事——二五主爻。

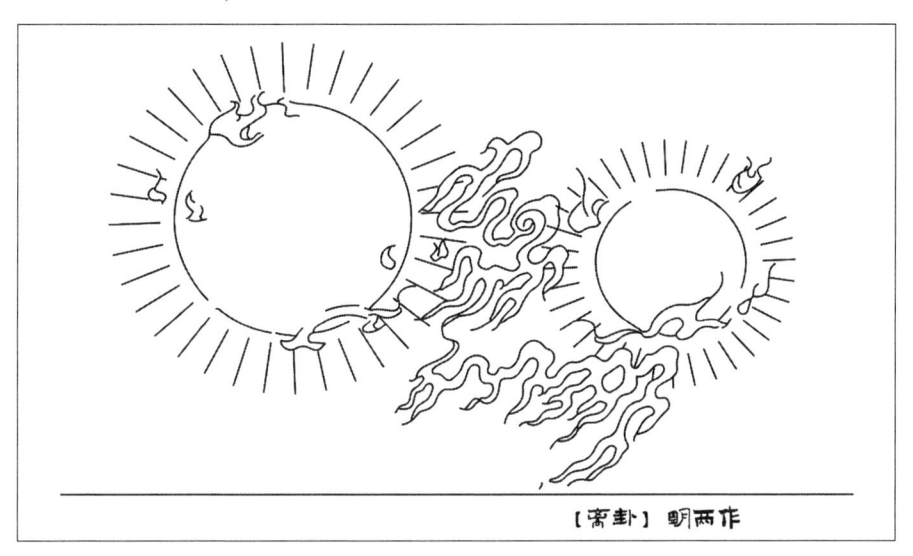

[离卦] 明两作

四、大象辞记忆

象曰:明两作,离;大人以继明照于四方。

释义法记大象辞

明即太阳,明两作,即太阳接连升起,照临万物,这是离卦的外象;大人观离卦之象,应承继先贤道德光明(大人以继明),照临天下四方(照于四方)。

会意:继承先贤道德光明——继明,照临——照于,即照射到。

五、爻辞小象辞记忆

故事法记爻辞小象辞

初九:履错然,敬之无咎。

象曰:履错之敬,以辟咎也。

初九:一个19岁的男子喝醉了药酒,歪歪倒倒的,走路左右交错(履错然),手里拿着一块金子(敬之),他当成了窝窝头,说拿回家去喂兀鹫(无咎)。

小象说:千万盯着走路左右交错的那个醉汉手里的金子(履错之敬),要避免他又去买酒(咎)嘢(以辟咎也)。

图像:走路左右交错的19岁男子,金子,兀鹫;

情节:醉汉走路左右交错,要用金子喂兀鹫;

评论:要避免醉汉去买酒。

六二:黄离,元吉。

象曰:黄离元吉,得中道也。

六二:牛儿口中含着一个黄色的梨子,舍不得咬着吃,他说这个黄梨(黄离)像圆鸡蛋(元吉)一样光滑,他太喜欢了。

小象说:他说的黄梨(黄离)像圆鸡蛋(元吉),得到过山中道士的加持嘢(得中道也)。

图像:黄梨子,圆鸡蛋,山中道士;

情节:牛儿口含的黄梨像圆鸡蛋,他舍不得吃;

评论:黄梨像圆鸡蛋,是因为得到过山中道士的加持。

[离卦] 大壹之嘢

九三:日昃之离,不鼓缶而歌,则大耋之嗟,凶。

象曰:日昃之离,何可久也?

九三:在太阳偏西将落未落之时(日昃之离),住在村西头的一个93岁的老人家,今天没有像往常一样敲击瓦罐唱儿歌(不鼓缶而歌)了,而是坐在家门口大声发出耄耋之嗟叹(则大耋之嗟),旁边有一头熊(凶)陪着他。

小象说:老人家看到太阳偏西将落下(日昃之离),知道白天怎么可能长久呢(何可久也)?

图像:偏西将落的太阳,93岁的老人,瓦罐,熊;

情节:93岁老人未鼓缶而歌,而是大声发出耄耋之嗟叹;

评论:太阳偏西,白天怎么可能长久呢?

九四:突如其来如,焚如,死如,弃如。

象曰:突如其来如,无所容也。

九四:抗战期间,一群日寇突如其来如豺狼一般冲进一个有94户人家的村子里,焚烧(焚如)房屋,杀死(死如)牲畜,翻箱倒柜,丢弃(弃如)物品。

小象说:这群突如其来如豺狼般的日寇这么做,是想让藏在村子里的八路无处容身嘞(无所容也)。

图像:突如其来的日寇,94户人家的村子,被火烧的房屋,杀死的猪,乱丢的物品;

情节:突如其来的日寇放火烧房屋,杀牲畜,乱扔物品;

评论:想让八路无处容身。

六五:出涕沱若,戚嗟若,吉。

象曰:六五之吉,离王公也。

六五:另一个处于河流上游的65户人家村庄,也刚被日寇血洗过,村民正在放声大哭,流出的眼泪鼻涕像下雨一样(出涕沱若),老人们都在悲戚地嗟叹(戚嗟若),几只鸡(吉)也吓得发抖。

小象说:65户人家的几只鸡(六五之吉),是离这不远的王公安刚送来的嘞(离王公也)。

图像:65户人家的村庄,正放声大哭的人们,鸡;

情节:村里人哭得眼泪鼻涕如下雨一般,悲戚地嗟叹,鸡吓得发抖;

评论:鸡是离这不远的王公安送来的。

上九:王用出征,有嘉折首,获匪其丑,无咎。

象曰:王用出征,以正邦也。

上九:69岁的<u>王</u>公安<u>用</u>八卦盘当武器<u>出征</u>剿寇(王用出征),为村民报仇雪恨。村里人听说此事,大家群情激愤,纷纷响应。<u>有</u>家庭<u>折卖首</u>饰(有嘉折首)筹措军费,有的家里让青年人一起出征,王公安吩咐他们<u>不抓匪首的普通小兵</u>(获匪其丑),还有<u>兀鹫</u>(无咎)随同侦察敌情。

小象说:<u>王</u>公安<u>用</u>八卦盘作武器<u>出征</u>(王用出征),可以正军威,可以<u>正邦也</u>(以正邦也)。

图像:王公安,首饰,青年人,兀鹫;

情节:王公安用八卦盘作武器出征,有家庭折卖首饰,青年人参与抓获不是匪首的匪寇,兀鹫随征;

评论:王公安用八卦盘当武器出征,可以正邦国。

卷六

下经之一：咸 恒 遁 大壮 晋 明夷

咸卦第三十一

艮下兑上

对照译注　理解大意

【古文】

咸①：亨②，利贞，取女吉③。

彖曰：咸，感也。柔上而刚下，二气感应以相与，止而说，男下女，是以亨、利贞、取女吉也。天地感而万物化生，圣人感人心而天下和平；观其所感，而天地万物之情可见矣。

象曰：山上有泽，咸；君子以虚受人④。

【白话】

咸卦：亨通，利于守持正固，娶妻吉祥。

彖曰：咸，感的意思。柔卦居上而刚卦居下，阴阳二气互相感应互相亲和，稳重自制而又喜悦，男子以礼相待下求女子，所以亨通、利于守持正固、娶妻可获吉祥。天地互相感应而带来万物化生，圣人感化人心而带来天下和谐。观察咸卦的感应现象，天地万物的情状就可以明白了。

象曰：山上面有泽水，咸卦之象；君子体而用之，宜虚心接受容纳众人。

【注释】

①咸:卦名,为卦艮下兑上,泽山咸;咸是感的意思。
②亨:物之相感,则有亨通之理。
③取女吉:取,通"娶"。(男女相感)娶妻可获吉祥。
④以虚受人:以虚中而接纳他人。

【古文】

初六:咸其拇。

象曰:咸其拇,志在外也①。

六二:咸其腓,凶;居吉②。

象曰:虽凶居吉,顺不害也。

九三:咸其股,执其随③,往吝。

象曰:咸其股,亦不处也④;志在随人⑤,所执下也⑥。

九四:贞吉悔亡。憧憧往来⑦,朋从尔思⑧。

象曰:贞吉悔亡,未感害也;憧憧往来,未光大也。

九五:咸其脢⑨,无悔。

象曰:咸其脢,志末也⑩。

【白话】

初六:感应从脚拇指开始。

象曰:感应从脚拇指开始,说明其想法是向外面发展。

六二:感应在小腿肚,凶险,静居则吉。

象曰:虽然凶险但静居则吉,是说顺应正理就不会有害。

九三:感应在大腿,执着而盲目地随从他人,前往会有遗憾。

象曰:感应在大腿,是说九三也不能静处;其志向在于随从他人,说明他所执守的志向是卑下的。

九四:守持正固吉祥,悔恨消亡;心意不定地频频往来,那朋友们也会随着遐想。

象曰:守持正固吉祥,悔恨消亡,是说九四没有感应到伤害;怀有私心而频频往来,是说感应之道未被发扬光大。

九五:感应到背肉,没有悔恨。

象曰:感应到背肉,说明九五的志向是感应末端的事物。

上六:咸其辅颊舌。

象曰:咸其辅颊舌⑪,滕⑫口说也。

上六:感应到口部。

象曰:感应到口头上,说明上六仅是发挥口头功夫而已。

【注释】

①咸其拇,志在外也:咸,感应;拇,脚拇指;外,外卦,也即上卦。

②咸其腓,凶,居吉:腓(féi),小腿肚。六二应在九五。腓体,动躁者也。感物以躁,由躁故凶,静居则吉。

③咸其股,执其随:股,大腿,股随足而动;执,持守。喻指盲目随从他人。

④亦不处也:处,静居;不处,不能静居,即有感而动。也不能静居(而随足而动)。

⑤志在随人:九三有刚阳之质,而不能自主,志向反在于随于人后。

⑥所执下也:下,卑下。所持守的志向是卑下的。

⑦憧憧往来:憧(chōng)憧,频频往来之状。意为心意不定地频繁往来。

⑧朋从尔思:朋,指初六;尔,指九四。你的朋友也会跟随你遐想。

⑨咸其脢:脢(méi),背肉。感应到后背,喻指感应能背其私心。

⑩志末也:末,末端,指上六。其志向是感应末端的事物。

⑪咸其辅颊舌:辅,牙床;颊,面颊。咸道转末,仅在口舌言语而已。

⑫滕:水向上腾涌,引申为张口放言。

千方百计　全力助记

一、卦序卦形记忆

咸卦为《周易》第三十一卦。

数字编码法记卦序

鲨鱼(31)腌制后太咸不好吃。

编码:31——鲨鱼。

泽山咸

情境法记卦形

咸卦兑上艮下,兑为泽艮为山,泽山咸。可编一个小情境:这山有一个盐矿,所以这(泽)山弥漫着咸味。

图像:山,盐矿;

情境:这山弥漫着咸味。

二、卦辞记忆

咸:亨,利贞,取女吉。

情景法记卦辞

咸亨酒店,大雨天(利贞)有人办娶女的宴席,宾客正在吃鸡(取女吉)。

注:咸亨酒店是酒乡绍兴最负盛名的百年老店。

图像:咸亨酒店,大雨天,新郎新娘,鸡;

编码:大雨天——利贞;

情节:咸亨酒店在大雨天还有娶女的宴席,宾客正在吃鸡。

三、象辞记忆

象曰:咸,感也。柔上而刚下,二气感应以相与,止而说,男下女,是以亨,利贞,取女吉也。天地感而万物化生,圣人感人心而天下和平。观其所感,而天地万物之情可见矣。

释义法记象辞

释卦名:"咸,感也"。

以卦形卦德释卦辞"亨,利贞,取女吉"。

先释卦形:咸卦兑上艮下,上兑为阴卦为柔,下艮为阳卦为刚,故曰"柔上而刚下";阴气下降阳气上升,是为"二气感应";本卦一与四、二与五、三与六爻都相应,是为"相与",故曰"二气感应以相与"。

次释卦德:艮止而兑说(即悦),下艮为男上兑为女,是为"止而说,男下女"。

以上卦形卦德合起来,"是以亨、利贞、娶女吉也"。

引申感应之道:因天地交感而万物化生,圣人感人心而天下和平。

总结感应之道:观其所感,而天地万物之情可见矣。

逻辑顺序:释卦名——卦形——卦德——卦辞——引申——总结。

【咸卦】以虚受人

四、大象辞记忆

象曰:山上有泽,咸;君子以虚受人。

情景法记大象辞

山上有这(山上有泽)一带唯一一家咸亨酒店,老板是一位君子,这个酒店以谦虚态度接受人(以虚受人)住店。

图像:山,咸亨酒店,君子老板;

情节:咸亨酒店以谦虚态度接受客人住店。

五、爻辞小象辞记忆

故事法记爻辞小象辞

缘起:杨万里《诚斋易传》曰:"咸以少男下少女,此男女之新婚。"故以古代男女新婚之夜相互感应为义编撰故事。

初六：咸其拇。

象曰：咸其拇，志在外也。

初六：新郎新娘从脚拇指互相触碰开始感应(咸其拇)。

小象说：从脚拇指互相触碰开始感应(咸其拇)，其心思(志)是在上面(外)嘚(志在外也)。

注：六画卦上卦即外卦，故此处"上"即"外"。

图像：新郎新娘，脚拇指；

情节：一对新人互相触碰脚拇指；

评论：其心思是在上面。

六二：咸其腓，凶；居吉。

象曰：虽凶居吉，顺不害也。

六二：一对新人互相触碰小腿肚子(咸其腓)，正在兴头上，突然听到熊(凶)叫声，之后，又看到新房聚集了一群鸡(居吉)。

小象说：虽然熊(虽凶)的叫声，使新房聚集了几只鸡(居吉)，但这对新人因为静居新房没有乱动，后面也很顺利没有(不)受到伤害(顺不害也)。

图像：新房，新人，小腿肚子，熊，鸡；

会意：小腿肚子——腓，互相触碰——咸；

情节：新人互相触碰小腿肚子，突然的熊叫声使几只鸡聚集到新房；

评论：虽然又有熊叫声又聚集了几只鸡，但洞房里的新人还是很顺利没有受到伤害。

九三：咸其股，执其随，往吝。

象曰：咸其股，亦不处也；志在随人，所执下也。

九三：新人互相触碰大腿(咸其股)，突然新娘支起新郎的腿随即(执其随)往屋后树林(往吝)去了。

小象说：互相触碰大腿(咸其股)，说明两人也都不是处男处女嘚(亦不处也)；男子的心思只在随便找个女人(志在随人)，所以他所置办的新婚物品都是下等的便宜货嘚(所执下也)。

图像:新人,树林;

会意:大腿——股;

谐音:支起——执其,林——吝,只——志;置——执;

情节:刚触碰大腿,新娘支起新郎的腿,随即去树林上茅厕去了;

评论:也不都是处男处女,男子所置办的物品是下等的便宜货。

九四:贞吉悔亡。憧憧往来,朋从尔思。

象曰:贞吉悔亡,未感害也;憧憧往来,未光大也。

九四:新郎要新娘笑一个。新娘说,你给我蒸鸡(贞吉)吃,我才会有笑脸(悔亡);新郎听了重重点头,立即往来于屋里屋外捉鸡(憧憧往来);朋友从二十(朋从尔思)米的地方过来帮忙。

小象说:新娘说吃了蒸鸡(贞吉)就会露笑脸(悔亡),是因为她还未感受到便宜货带来的伤害嘢(未感害也);新郎官重重点头并往来屋里屋外捉鸡(憧憧往来),是因为他未敢光明正大地承认买便宜货的真实想法嘢(未光大也)。

图像:一对新人,鸡,朋友;

编码:蒸鸡——贞吉,笑脸——悔亡;

情节:新娘说吃了蒸鸡会露出笑脸,新郎重重点头并往来捉鸡,朋友从二十米远处过来帮忙;

评论:新娘还未感受到使用便宜货的害处,新郎未敢光明正大地承认买便宜货的真实想法。

九五:咸其脢,无悔。

象曰:咸其脢,志末也。

九五:新人触碰到了后背(咸其脢),正亲昵间,从邻居屋子里传来了舞厅(无悔)的音乐声。

小象说:互相触碰后背(咸其脢),两人的志向正逐步达到默契嘢(志末也)。

图像:新人,舞会;

编码:舞厅——无悔;

会意:后背——脢;

谐音:默——末;

情节:互相触碰后背,突然传来舞会音乐声;

评论:两人的志向逐步达到默契。

上六:咸其辅颊舌。

象曰:咸其辅颊舌,滕口说也。

上六:新人触碰脸颊亲吻(咸其辅颊舌)。

小象说:触碰脸颊亲吻(咸其辅颊舌),说明二人交感达到高潮而很喜悦嘢(滕口说也)。

注:滕,水超涌,引申为互相感应到了高潮;此处"说"通"悦",喜悦之意。

图像:一对新人;

情节:触碰脸颊亲吻;

评论:交感达到高潮很喜悦。

恒卦第三十二

巽下震上

对照译注　理解大意

【古文】

恒①：亨，无咎，利贞，利有攸往。

彖曰：恒，久也。刚上而柔下，雷风相与②，巽而动，刚柔皆应，恒。恒，亨，无咎，利贞，久于其道也。天地之道，恒久而不已也。利有攸往，终则有始③也。日月得天④而能久照，四时变化而能久成，圣人久于其道而天下化成。观其所恒，而天地万物之情可见矣。

象曰：雷风，恒；君子以立不易方⑤。

【白话】

恒卦：亨通，没有灾祸，利于守持正固，利于有所前往。

彖曰：恒，长久之义。刚卦居上而柔卦居下，雷震风行相互助势，逊顺地行动，恒卦六爻刚柔都相应，所以恒久。恒卦，亨通，没有灾祸，利于守持正固，是说要长久保持正道。天地之道是恒久而不停止的。利于有所前往，因为事物变化的规律是有终结就一定有开始。日月顺应天道而能长久地照耀大地，四季往复变化而能长久成就万物，圣人长久地顺应天地之道而能教化天下百姓。观察恒久之道，可见天地万物之情状。

象曰：雷与风相互助势，恒卦之象；君子体而用之，宜立身修德不改变恒久之道。

【注释】

①恒:卦名,为卦巽下震上,雷风恒;象征恒久。

②雷风相与:相与,相互支持配合。雷震风发,二者交助其势。

③利有攸往,终则有始:天下之理,未有不动而能恒者也。动则终而复始,恒而不穷。

④得天:顺应天理。

⑤立不易方:立,立身;易,改变;方,道。君子立身,不改易其恒久之道。

【古文】

初六:浚恒①,贞凶,无攸利。

象曰:浚恒之凶,始求深也。

九二:悔亡。

象曰:九二悔亡,能久中也。

九三:不恒其德,或承之羞,贞吝。②

象曰:不恒其德,无所容也。

九四:田无禽③。

象曰:久非其位,安得禽也?

六五:恒其德,贞④,妇人吉,夫子凶。

象曰:妇人贞吉,从一而终也⑤;夫子制义,从妇凶也⑥。

【白话】

初六:深求恒久,坚固于此,有凶险,没有什么好处。

象曰:深求恒久的凶险,是因为刚开始就求之过深。

九二:悔恨消亡。

象曰:九二悔恨消亡,是因为它能长久地持守中道。

九三:不能长久保持其美德,有时会受到别人的羞辱,正而不恒可为羞吝。

象曰:不能长久保持其美德,就会无处容身。

九四:打猎没有猎到禽兽。

象曰:长久居于不正之位,怎么可能猎到禽兽呢?

六五:恒久保持其美德,守持正固,女人吉祥,男子凶险。

象曰:妇人守持正固吉祥,因为从一而终;男子须裁决操持事宜,如果顺从妇人之德,会有凶险。

上六：振恒⑦，凶。

象曰：振恒在上，大无功也⑧。

上九：振动不已，动摇了恒心，有凶险。

象曰：高高在上却动摇了恒心，其结果必然无所成就。

【注释】

①浚(jùn)恒，贞凶：浚，深也。言初六一开始即深求恒久，并坚固于此，有凶险。

②不恒其德，或承之羞，贞吝：或，有时；贞，正；吝，羞吝。九三位虽得正，然过刚不中，志从于上而不能恒久，正而不恒，为可羞吝。

③田无禽：田，通"畋"，田猎。田猎没有猎到禽兽，比喻徒劳无功。

④恒其德，贞：贞，正固。恒久持守其柔顺之德，守持正固。

⑤妇人贞吉，从一而终也：妇人用心专贞，从唱而已，从一而终是妇人之吉。

⑥夫子制义，从妇凶也：男子须制断事宜，若男子遵从妇德专贞于从唱，则为凶险。

⑦振恒：振，快速运动。(本应恒久而)反复变动不已，是不能恒久也。

⑧大无功也：大，大概率，引申为"必定"。必定没有功绩。

千方百计　全力助记

一、卦序卦形记忆

恒卦为《周易》第三十二卦。

数字编码法记卦序

扇儿(32)一扇，扇出了恒风。

注：恒风即持续不停的大风。

编码：32——扇儿。

☷ 雷风恒

一句话故事记卦形

恒卦,震上巽下,震为雷巽为风,雷风恒。可编一句话:雷锋(风)有恒心读毛主席著作。

图像:雷锋;

情节:雷锋有恒心读毛主席著作。

【恒卦】恒心

二、卦辞记忆

恒:亨,无咎,利贞,利有攸往。

专用编码法记卦辞

很(恒)多人喜欢晴天(亨)训练兀鹫(无咎),大雨天(利贞)训练骏马(利有攸往)。

图像:晴天,兀鹫,大雨天,骏马;

编码:晴天——亨,大雨天——利贞,骏马——利有攸往;

情节:晴天训练兀鹫,大雨天训练骏马。

三、象辞记忆

象曰:恒,久也。刚上而柔下,雷风相与,巽而动,刚柔皆应,恒。恒,亨,无咎,利贞,久于其道也。天地之道,恒久而不已也。利有攸往,终则有始也。日月得天而能久照,四时变化而能久成,圣人久于其道而天下化成。观其所恒,而天地万物之情可见矣。

释义法记象辞

恒,久也

先释卦名"恒"之字义:"<u>恒,久也</u>。"

刚上而柔下,雷风相与,巽而动,刚柔皆应,恒

次以卦形、卦德和全卦爻位特点释"恒":卦形为<u>刚</u>卦居<u>上柔</u>卦居<u>下</u>(刚上而柔下),上卦震为雷,下卦巽为风,<u>雷与风相互助势</u>(雷风相与);<u>卦德下巽顺而上震动</u>(巽而动),全卦六爻<u>刚柔都相应</u>(刚柔皆应),综上,故"恒"。

恒,亨,无咎,利贞,久于其道也。天地之道,恒久而不已也

为什么卦辞说"<u>恒,亨,无咎,利贞</u>"?是因为"<u>久于其道也</u>"。"久于其道"的道为何道呢?是"<u>天地之道</u>"。"天地之道"的特点,是<u>恒久而不停止</u>(已)<u>也</u>。

利有攸往,终则有始也

为什么卦辞说"<u>利有攸往</u>",因为恒久之道讲究有始有终(终则有始也)。

日月得天而能久照,四时变化而能久成,圣人久于其道而天下化成

将恒久之道由自然引申到人事:<u>日月遵循</u>(得)<u>天道而能长久照耀</u>(日月得天而能久照)大地,<u>四季交替变化遵循天道而能长久成就</u>(四时变化而能久成)万物,<u>圣人长久遵循天道而能教化天下万民</u>(圣人久于其道而天下化成)。

观其所恒,而天地万物之情可见矣

总结恒久之道:<u>观其所恒,而天地万物之情可见矣</u>。

四、大象辞记忆

象曰：雷风，恒；君子以立不易方。

故事法记大象辞

大象对雷锋评价很高。它说雷锋(风)有恒心，是真君子，为人恒定，立马步如磐石，不易被人放倒(立不易方)。

图像：雷锋，磐石；

情节：雷锋立马步不易被人放倒。

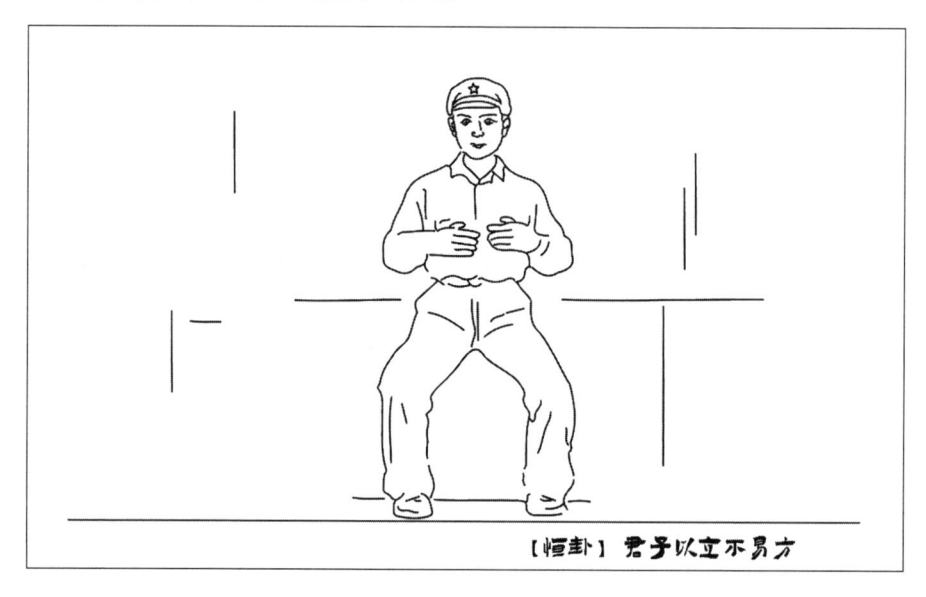

【恒卦】君子以立不易方

五、爻辞小象辞记忆

故事法记爻辞小象辞

缘起：圣人道德真君为化成天下，开设了如何保持夫妻恒久之道的专题讲座。

初六：浚恒，贞凶，无攸利。

象曰：浚恒之凶，始求深也。

初六：夫妻两人刚组建一个新的家庭，要均衡(浚恒)用度，蒸熊掌(贞凶)和五个油梨(无攸利)要细水长流。

小象说:要均衡吃的熊(浚恒之凶)肉,是求深圳人买的嘢(始求深也),确实要珍惜。

图像:蒸熊掌,五个油梨;

编码:蒸熊掌——贞凶,五个油梨——无攸利;

情节:要均衡地吃蒸熊掌和五个油梨;

评论:要均衡吃的熊肉,是求深圳人买的。

九二:悔亡。

象曰:九二悔亡,能久中也。

九二:二舅终于买了婚房,露出了久违的笑脸(悔亡)。

小象说:二舅(九二)露出了久违的笑脸(悔亡),是因为有了婚房就能长久与中意的美女在一起了嘢(能久中也)。

图像:二舅,笑脸;

编码:笑脸——悔亡,二舅——九二;

情节:二舅露出了久违的笑脸;

评论:有了婚房就能长久与中意的美女在一起了。

九三:不恒其德,或承之羞,贞吝。

象曰:不恒其德,无所容也。

九三:不戴大红花(不恒其德),就有可能受人羞辱(或承之羞),身上会像有毛毛虫(贞吝)爬一样难受。

小象说:对爱虚荣的人来说,不戴大红花(不恒其德),就好似无处容身一般(无所容也)。

图像:大红花,毛毛虫;

编码:大红花——恒其德,毛毛虫——贞吝;

情节:不戴大红花就可能受人羞辱,像毛毛虫在身上爬;

评论:不戴大红花好似无处容身一般。

九四:田无禽。

象曰:久非其位,安得禽也?

九四:鸠四一人在田里打猎,没有打到一只禽兽(田无禽)。

小象说:鸠四已很久不在打猎的位置上(久非其位),怎么(安)可以打得到禽(安得禽也)兽呢?

图像:鸠四,田地;

情节:鸠四在田里打猎没有打到一只禽兽;

评论:鸠四已很久不在打猎的位置上,怎么可能打得到禽兽呢?

六五:恒其德,贞,妇人吉,夫子凶。

象曰:妇人贞吉,从一而终也;夫子制义,从妇凶也。

六五:妇女恒守女德,可以戴上大红花(恒其德),下雨天(贞)不用做事,还可奖励妇人吃鸡(妇人吉);男子外出打熊(夫子凶)。

小象说:妇人吃蒸鸡(妇人贞吉),是对她从一而终的奖赏嘢;男人执意(夫子制义)从妇人房间出来打熊去了(从妇凶也)。

图像:大红花,雨天,妇人,鸡,男子,熊;

编码:大红花——恒其德;雨天——贞,蒸鸡——贞吉;

情节:妇人戴上大红花,雨天妇人吃鸡,男子去打熊;

评论:妇人吃蒸鸡,是对她从一而终的奖赏嘢;男人执意从妇人房间出来打熊去了。

上六:振恒,凶。

象曰:振恒在上,大无功也。

上六:这个66岁的老妇人真狠(振恒),居然敢说上山去打熊(凶)。

小象说:老妇人真狠是表现在口头上(振恒在上),只是打死了一只大蜈蚣嘢(大无功也)。

图像:老妇人,熊,大蜈蚣;

情节:老妇人真狠,居然敢说上山去打熊;

评论:真狠是在口头上的,只是打死了一只大蜈蚣。

遁卦第三十三

艮下乾上

对照译注　理解大意

【古文】

遁①:亨,小利贞②。

彖曰:遁,亨;遁而亨也③。刚当位而应,与时行也。小利贞,浸而长也④。遁之时义大矣哉⑤。

象曰:天下有山,遁;君子以远小人,不恶而严⑥。

【白话】

遁卦:亨通,柔小者利于守持正固。

彖曰:遁卦,亨通,说明隐退就可亨通。九五刚爻当位与六二爻相应,顺应时势施行遁退。柔小者利于守持正固,因为阴气渐渐地往上长。遁卦的时位意义多么宏大啊。

象曰:天下有山,遁卦之象;君子体而用之,宜远避小人,不显露出憎恶,而保持庄重威严。

【注释】

①遁:卦名,为卦艮下乾上,天山遁;遁,又写作"遯"(dùn),象征退避;十二消息卦之一,六月之卦。

②小利贞:小,阴柔。本卦阴气浸长,为小人道长之时,故利于柔小者守持正固。

③遁而亨也:小人道长之时,君子隐退而存道或伸道,是身遁而道亨也。

④小利贞,浸而长也:小,阴;浸,渐渐。阴浸而长,其势必至于害君子,故戒以利贞。

⑤遁之时义大矣哉:时,时势。此为感慨赞美阳刚隐遁的宏大意义。

⑥不恶而严:恶(wù),厌恶;严,庄重威严。不能明面厌恶而应矜严自守,使小人不能近身。

【古文】

初六:遁尾,厉①,勿用攸往。

象曰:遁尾之厉,不往何灾也。

六二:执之用黄牛之革②,莫之胜说③。

象曰:执用黄牛,固志也。

九三:系遁④,有疾厉⑤;畜臣妾吉⑥。

象曰:系遁之厉,有疾惫也;畜臣妾吉,不可大事也。

九四:好遁⑦,君子吉,小人否⑧。

象曰:君子好遁,小人否也。

九五:嘉遁⑨,贞吉。

象曰:嘉遁贞吉,以正志也。

【白话】

初六:处隐遁之世,居处末尾,有危险,但不用有所前往。

象曰:处隐遁之世居处末尾的危险,如果不前往有什么灾祸呢?

六二:用黄牛皮革捆缚,没有人能挣脱。

象曰:用黄牛皮革捆绑,说明六二固守辅助君王的意志。

九三:心怀留恋地退避,有疾患,危险;若畜养臣仆侍妾可获吉祥。

象曰:心怀留恋退避的危险,是说九三会有疾患而疲惫不堪;畜养臣仆侍妾吉祥,说明此时不可做大事情。

九四:有所喜好但仍遁退,君子吉祥,小人则做不到。

象曰:君子虽有喜好但仍能遁退,小人做不到。

九五:嘉美地遁退,守持正固吉祥。

象曰:嘉美地遁退守持正固吉祥,说明九五能端正自己遁退的心志。

上九：肥遁⑩，无不利。

象曰：肥遁无不利，无所疑也。

上九：宽裕地遁退，无所不利。

象曰：宽裕地遁退无所不利，说明上九没有迟疑。

【注释】

①遁尾，厉：遁，居当遁之时；尾，在后之物；厉，危险。

②执之用黄牛之革：执，绑缚；革，皮革。用黄牛皮革绑缚。

③莫之胜说：莫，没有；胜，能；说，通"脱"，脱开。没有谁能够挣脱它。

④系遁：系，系恋。遁贵速而远，有所系累（三与二切比，系乎二者也），不能速而远也。

⑤有疾厉：疾，疾患；厉，危险。遁而有所系累，是为有疾也；遁而不速，是以危也。

⑥畜臣妾吉：畜止同体在下二阴（臣妾），使其受制于阳而不陵上，则吉矣。

⑦好遁：好（hào），喜好。君子虽有所爱好，义苟当遁，则以道制欲，仍然遁退。

⑧小人否：否（fǒu），不能。小人贪念其嗜好而不能以义处，当退而不退。

⑨嘉遁：嘉，嘉美。九五中正，遁之嘉美者也，处中正之道，时止时行，乃所谓嘉美也。

⑩肥遁：肥，宽裕。上六处遁之极、困穷之时，能善处则为肥遁也。

千方百计　全力助记

一、卦序卦形记忆

遁卦为《周易》第三十三卦。

数字编码法记卦序

如来佛默念咒语，<u>天山</u>上的钻石（33）<u>顿</u>（遁）时闪闪发光。

编码：33——钻石。

☰
☶ 天山遁

一句话故事记卦形

遁卦,乾上艮下,乾为天艮为山,天山遁。可编一句话故事:天山童姥隐遁天山。

注:天山童姥是金庸武侠小说《天龙八部》中的人物。

[遁卦] 亨小利贞

二、卦辞记忆

遁:亨,小利贞。

故事法记卦辞

天山童姥决定遁隐山林,她有一癖好,只在晴天(亨)和小雨天(小利贞)行走。

图像:天山童姥,晴天,小雨天;

编码:晴天——亨,小雨天——小利贞;

情节:只在晴天和小雨天行走。

三、彖辞记忆

彖曰：遁，亨；遁而亨也。刚当位而应，与时行也。小利贞，浸而长也。遁之时义大矣哉。

释义法记彖辞

遁，亨；遁而亨也

将卦辞"遁亨"二字扩展为四字"遁而亨也"。

刚当位而应，与时行也

卦主九五刚爻当位而下应六二，遁卦为阴长阳消之时，九五与六二中正而应，符合顺应时势之天道，故曰"刚当位而应，与时行也"。

小利贞，浸而长也

遁卦二阴在下四阳在上。阴为小，"利贞"是利于守正，告诫其守正而不害阳也；"浸而长"指下二阴爻，故曰"小利贞，浸而长也"。

遁之时义大矣哉

总结：因"遁亨，与时行，小利贞"，故曰"遁之时义大矣哉！"

逻辑顺序：卦名——卦主——卦形——时义。

四、大象辞记忆

象曰：天下有山，遁；君子以远小人，不恶而严。

故事法记大象辞

天下有山曰天山。小孩模样的天山童姥牵着一头大象遁退，君子告诫他的学生们，以后要远离小女孩模样的人（远小人），表面看上去不是恶人，而惹上她后果会很严重（不恶而严）。

图像：小孩模样的天山童姥；

情节：远离小孩模样的人，表面看上去不是恶人，而惹上她后果很严重。

五、爻辞小象辞记忆

故事法记爻辞小象辞

缘起:适逢小人道长君子道消之乱世,小人与君子如何自处?道德真君讲述六个人的处世之道。

初六:遁尾,厉,勿用有攸往。

象曰:遁尾之厉,不往何灾也。

初六:天道循环不爽。现处于君子<u>遁退之世</u>,16#庶民虽是<u>一介草民</u>(遁尾),但处此乱世也有一定的<u>危险</u>(厉),最好待在家里,他<u>不用往前走</u>(勿用有攸往)。

小象说:君子<u>遁退之世一介草民的危险</u>(遁尾之厉),不动就可以避免,如果他<u>不前往会有什么灾难呢</u>(不往何灾也)?

图像:草民,断桥;

会意:一介草民——尾;

情节:处遁之世,草民也有危险,最好的避祸方法是不要往外走;

评论:遁之时草民的危险,不前往会有什么灾呢?

六二:执之用黄牛之革,莫之胜说。

象曰:执用黄牛,固志也。

六二:62#乡绅为人执守中庸之道,颇得当今圣上欣赏,圣上传话让他不要遁退。乡绅得圣上青睐,甚是感激,决定紧紧跟随明君多为国家做事。为表达自己心志坚固,在众君子纷纷遁退之时,他<u>用黄牛皮革将自己绑缚住</u>(执之用黄牛之革),十分坚固,<u>没有人能挣脱</u>(莫之胜说)。

小象说:62#乡绅<u>用黄牛皮革将自己绑缚住</u>(执用黄牛),是想表达他紧随明君的<u>坚固意志嘢</u>(固志也)。

图像:乡绅,黄牛皮革带;

情节:用黄牛皮革带将自己绑缚,坚固得无人能挣脱;

评论:是表达紧随明君的坚固意志。

九三:系遁,有疾厉;畜臣妾吉。

象曰:系遁之厉,有疾惫也;畜臣妾吉,不可大事也。

九三:93#县令既想遁退又留恋(系遁)自己的官位俸禄,犹豫徘徊之际,他原有的老疾发作,有一定的危险(有疾厉)。道德真君知道了,提点他既然如此,就不要遁了,畜养好家臣和侍妾,教育他们不要做有害于君子的事,这也是吉祥的(畜臣妾吉)。

小象说:心有留恋遁退的危险(系遁之厉),是因有疾病而又疲惫嘞(有疾惫也);道德真君说畜养好家臣和侍妾也是吉祥的(畜臣妾吉),是说当此遁退之世,做些有益的小事就可以了,不可能做什么大事嘞(不可大事也)。

图像:县令,家臣,侍妾;

情节:留恋不舍地遁退,原有的老疾发作有危险;在家畜养教育家臣和侍妾使他们走正道也可获得吉祥;

评论:因有疾病而身心疲惫,遁退之世不可做大事。

九四:好遁,君子吉,小人否。

象曰:君子好遁,小人否也。

九四:94#中书令喜好读四库全书,他这个职位对读书十分方便,但他是明白人,虽然有所喜好,但他还是果断地遁退了(好遁);道德真君边讲述边评价说,这才是君子趋吉的智慧行为(君子吉);他又讲了一个待在皇帝身边暗中把持权力的宦官小人,迷恋权力而不肯遁退(小人否),后来被凌迟处死。

小象说:君子虽有喜好,但能以道义抑制自己欲望,果断遁退(君子好遁);小人则不能控制自己的私欲,所以结局往往不善(小人否也)。

图像:中书令,四库全书,宦官;

情节:虽有喜好而遁退,君子能做到而获吉祥,小人则做不到;

评论:君子虽有喜好而能遁退,小人不能做到结局会不善。

九五:嘉遁,贞吉。

象曰:嘉遁贞吉,以正志也。

九五：九五君王嘉奖遁退之世为国家做出贡献之人（嘉遁），拿出蒸鸡（贞吉）奖赏有功之人。

小象说：君王嘉奖遁退之世的有功之人（嘉遁），并拿出他心爱的蒸鸡（贞吉），是以此表扬有正确志向的人嘞（以正志也）。

图像：君王，有功人员，蒸鸡；

情节：获得君王嘉奖的遁退之世有功人员吃到了蒸鸡；

评论：以此表扬有正确志向的人。

上九：肥遁，无不利。

象曰：肥遁，无不利，无所疑也。

上九：69岁太上皇穿着宽松肥大的衣服遁退（肥遁），他退到山上一个梨园（无不利）去种梨子。

小象说：太上皇穿着宽松肥大衣服遁退（肥遁）到梨园（无不利）种梨子，这样皇上对他就无所怀疑了嘞（无所疑也）。

图像：穿宽松肥大衣服的太上皇，梨园；

编码：梨园——无不利；

情节：太上皇穿着宽松肥大衣服遁退到梨园种梨子；

评论：皇上对他无所怀疑。

大壮卦第三十四

乾下震上

对照译注　理解大意

【古文】

大壮①：利贞②。

彖曰：大壮，大者壮也。刚以动，故壮。大壮利贞，大者正也③。正大而天地之情可见矣④！

象曰：雷在天上，大壮；君子以非礼勿履⑤。

【白话】

大壮卦：利于守持正固。

彖曰：大壮，刚大者强壮。刚健而又行动，所以强壮。大壮有利于守持正固，是说刚大者必须走正道。保持正直刚大，就能看出天地的情怀了。

象曰：雷声响彻天空，大壮卦之象；君子体而用之，不做不合仪礼之事。

【注释】

①大壮：卦名，为卦乾下震上，雷天大壮；象征大为壮盛；十二消息卦之一，二月之卦。

②利贞：言大壮之道，利于守持正固。

③大壮利贞，大者正也：言真正强大者无不行为端正，故阳刚大者利于守持正固。

④正大而天地之情可见矣：天地包容万物，无偏无私，是为"正"；既正，岂不大？故曰"正大"；又推及上天下地莫非此正大之理，并非人为使然也。

⑤履:本义为践踩,引申为实行、执行。

【古文】

初九:壮于趾,征凶有孚①。
象曰:壮于趾,其孚穷也②。

九二:贞吉。
象曰:九二贞吉,以中也。

九三:小人用壮,君子用罔③,贞厉;羝羊触藩,羸其角④。
象曰:小人用壮,君子罔也。

九四:贞吉悔亡,藩决不羸,壮于大舆之輹⑤。
象曰:藩决不羸,尚⑥往也。

六五:丧羊于易⑦,无悔。
象曰:丧羊于易,位不当也⑧。

上六:羝羊触藩,不能退,不能遂,无攸利,艰则吉⑨。
象曰:不能退,不能遂,不详⑩也;艰则吉,咎不长也。

【白话】

初九:脚趾强壮(比喻末尾处强盛),往前进有凶险是必然的。
象曰:处于下位就很强盛,是必然会穷困的。

九二:守持正固吉祥。
象曰:九二守正吉祥,是因为持守中道。

九三:小人妄用强壮,君子不用强壮,若以用强壮为正理,则必有凶险。就像公羊强撞藩篱,羊角被缠住一样。
象曰:小人妄用强壮,君子虽强不用。

九四:守持正固吉祥,悔恨消亡。藩篱被撞开,不再缠住羊角,公羊如同大车的轮辐一样强壮。
象曰:藩篱被撞开了缺口,不再缠住羊角,说明九四崇尚前进。

六五:羊的刚强丧失于平易,没有悔恨。
象曰:羊的强盛丧失于平易,是六五居位不当的缘故(柔而处刚,刚柔相济)。

上六:公羊冲撞藩篱,不能退,不能进,无所利益。以艰贞自守可获吉祥。
象曰:不能退不能进,不吉祥;艰贞自守可获吉祥,说明灾祸不会长久。

【注释】

①征凶有孚:有孚,必然。出行有凶险是必然的。

②其孚穷也:孚,必然;穷,困穷,穷途末路。言必然困穷。

③君子用罔:罔(wǎng),无,不。用壮者,小人之事也。君子不用强壮。

④羝羊触藩,羸其角:羝(dī),公羊;藩,藩篱;羸(léi),拘累缠绕。

⑤藩决不羸,壮于大舆之輹:决,开也;輹,车之轮辐,轮辐壮则车强。言藩篱决开口子,公羊不再被拘累缠绕,其强壮如同大车的轮辐一般。

⑥尚:崇尚。

⑦丧羊于易:羊,喻指壮盛;易,和易,平易。六五柔中,丧下四阳之壮盛于和易也。

⑧位不当也:指六五以阴居阳。六五以柔处刚又持中,刚柔相济,故能"丧羊于易"。

⑨艰则吉:言上六阴柔处壮,用壮则不利,知艰处柔则吉。

⑩详:通"祥",吉祥。

千方百计　全力助记

一、卦序卦形记忆

大壮卦为《周易》第三十四卦。

数字编码法记卦序

搬运山石(34)这种重货,得大壮劳力才行。

编码:34——山石。

☳☰ 雷天大壮

一句话法记卦形

大壮卦,震上乾下,震为雷乾为天,雷天大壮。可编一句话:在打雷天练武可使身体大壮。

二、卦辞记忆

大壮：利贞。

专用编码法记卦辞

大壮汉喜欢在大雨天（利贞）锻炼身体。

图像：大壮汉，大雨天；

编码：大雨天——利贞。

三、象辞记忆

象曰：大壮，大者壮也。刚以动，故壮。大壮利贞，大者正也。正大而天地之情可见矣！

释义法记象辞

大壮，大者壮也。

将"大壮"二字扩展为四字"大者壮也"。

刚以动，故壮

大壮卦乾下震上，上下均为刚卦，乾行震动，上下都动；若刚而不动，则不叫壮，故曰"刚以动，故壮"。

大壮利贞，大者正也

"大壮利贞"是卦辞，以"大者正也"释卦辞。为何"大壮利贞"？是因为能大者没有不正的。故曰"大壮利贞，大者正也"。

正大而天地之情可见矣

"正"字承前句"大者正也"，正且大是天地之道，由此可见天地之情，故曰"正大而天地之情可见矣"。

[大壮] 君子以非礼勿履

四、大象辞记忆

象曰:雷在天上,大壮;君子以非礼勿履。

谐音法记大象辞

雷在天上轰鸣作响,大壮汉丝毫不惧,君子以严肃口吻提醒他,没有向老天敬礼之前不要外出履行司天职责(非礼勿履)。

图像:打雷的天象,大壮汉;

情节:雷在天上轰鸣,大壮汉没有敬礼不要履行司天职责。

五、爻辞小象辞记忆

故事法记爻辞小象辞

初九:壮于趾,征凶有孚。

象曰:壮于趾,其孚穷也。

初九:庄子(壮于趾)知道熊瞎子(征凶)最近身体不适,让书童小九送它一油壶(有孚)油调养身体。

小象说:庄子(壮于趾)真圣人嘢,除了帮助兽类,他还常常将自己油壶(有孚)中的油分送给穷人(其孚穷也)。

图像:庄子,熊瞎子,油壶;

编码:熊瞎子——征凶,油壶——有孚;

情节:庄子送熊瞎子一油壶油;

评论:庄子常常将自己油壶中的油分送给穷人。

九二:贞吉。

象曰:九二贞吉,以中也。

九二:在比赛前,壮汉子丘二吃着蒸鸡(贞吉)积累能量。

小象说:丘二吃的蒸鸡(九二贞吉),是他以中华香烟换的嘚(以中也)。

图像:丘二,蒸鸡,中华牌香烟;

编码:丘二——九二,蒸鸡——贞吉;

情节:丘二正吃蒸鸡;

评论:丘二吃的蒸鸡是以中华香烟换的。

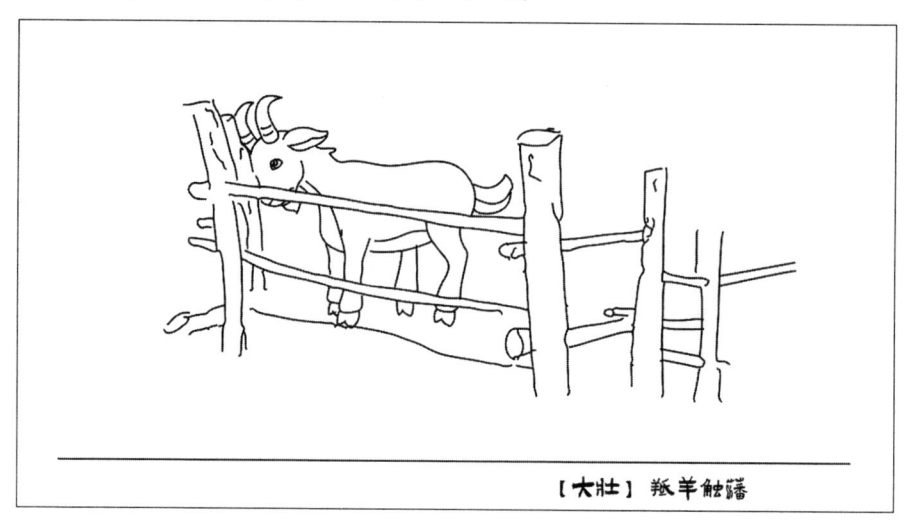

[大壮] 羝羊触藩

九三:小人用壮,君子用罔,贞厉。羝羊触藩,羸其角。

象曰:小人用壮,君子罔也。

九三:一场抓公羊的比赛,鸠山带领几个小人物用木桩(小人用壮)做好羊圈后,用武力驱赶公羊,几个君子用网(君子用罔)从外往内包围公羊,狮子王(贞厉)做裁判。被逼进了羊圈后,公羊冲撞羊圈栏杆(羝羊触藩),羊角被栏杆上的枝蔓缠住了(羸其角)。

小象说:小人物用壮盛强力(小人用壮),君子则不用嘢(君子罔也)。

图像:小人物,君子,羊,羊圈,网,狮子王;

编码:狮子王——贞厉;

情节:抓羊比赛,小人用木桩做羊圈,君子用网围,狮子王做裁判,公羊冲撞羊圈被缠住羊角;

评论:小人物用壮盛强力,君子则不用嘢。

九四:贞吉悔亡,藩决不羸,壮于大舆之輹。

象曰:藩决不羸,尚往也。

九四:狮鹫拿出蒸鸡(贞吉)给羊,羊露出了笑脸(悔亡);狮鹫说,现在羊圈围栏(藩)已被冲开口子(决)不再缠绕羊角(藩决不羸),你们的强壮与大车的轮輹(壮于大舆之輹)一样,将会无往而不胜。

小象说:羊圈围栏被冲开不再缠绕羊角(藩决不羸),这些羊居然跑去网吧上网嘢(尚往也)。

图像:狮鹫,蒸鸡,羊,羊圈,大车,网吧;

编码:蒸鸡——贞吉,笑脸——悔亡;

情节:狮鹫给羊吃蒸鸡,羊露出笑脸,羊圈已被冲开不再缠绕羊角;

评论:冲开羊圈不再被缠绕,羊跑去上网。

六五:丧羊于易,无悔。

象曰:丧羊于易,位不当也。

六五:比赛结束后,老虎说它亲眼看见秦国丞相商鞅穿雨衣(丧羊于易)去舞厅(无悔)参加舞会。

小象说:商鞅穿雨衣(丧羊于易),与他的地位不相当嘢(位不当也)。

图像:商鞅,雨衣,舞厅;

编码:舞厅——无悔;

情节:商鞅穿雨衣去舞厅参加舞会;

评论:与他的地位不相当嘢。

上六：羝羊触藩，不能退，不能遂，无攸利，艰则吉。

象曰：不能退，不能遂，不详也；艰则吉，咎不长也。

上六：下面鸠山捉住的几只羊送给高高在上的皇太后，并用藤蔓枝条做了一个羊圈把羊圈住了。三天后，几只羊突然特别想去抓蝌蚪。一只公羊拼命冲撞羊圈(羝羊触藩)，被羊圈的藤蔓缠住了，既不能退回去，也不能冲出去(不能遂)，难受的很。皇太后为稳住几只羊，给了五个油梨(无攸利)它们吃；她想，再坚持几天则与鸡(艰则吉)一起做祭祀天地的祭品。

小象说：几只羊被羊圈藤蔓缠住，既不能退回，又不能出去(不能遂)，这对它们是很不吉祥(不详也)的；坚持几天则与鸡(艰则吉)一起作祭品，就(咎)说明它们活不长了嘢(咎不长也)。

图像：皇太后，羊圈，羊，五个油梨；

编码：五个油梨——无攸利；

情节：公羊冲撞羊圈被缠住角，不能退回不能出去，皇太后拿出五个油梨稳住，坚持几天后则与鸡一起作祭品；

评论：不能退回不能出去是不吉祥的，坚持几天则与鸡一起作祭品，就说明活不长了。

晋卦第三十五

坤下离上

对照译注　理解大意

【古文】

晋①：康侯用锡马蕃庶②，昼日三接③。

彖曰：晋，进也。明出地上，顺而丽乎大明④，柔进而上行，是以康侯用锡马蕃庶，昼日三接也。

象曰：明出地上，晋；君子以自昭明德⑤。

【白话】

晋卦：安国之侯受君王赏赐众多车马，一个白天内受到多次接见。

彖曰：晋，是前进、上升之意。太阳从地上升起，柔顺的大地附丽于太阳的光明，柔顺者前进且往上行，所以安国之侯受君王赏赐众多车马，一个白天内受到多次接见。

象曰：太阳从地上升起，晋卦之象；君子体而用之，宜自我昭著其光辉美德。

【注释】

①晋：卦名，为卦坤下离上，火地晋；象征前进。
②康侯用锡马蕃庶：康侯，安国之侯；锡，通"赐"，赏赐；蕃庶，众多。
③昼日三接：昼日即白日，此指一个白天；三接，多次接见。
④顺而丽乎大明：丽，附丽；大明，指上体离卦，离为日，喻指光明正道。
⑤自昭明德：昭，明也，作动词，昭著之意；明，上体离卦，光明，光辉。

【古文】

初六：晋如摧①如，贞吉，罔孚，裕无咎。

象曰：晋如摧如，独行正也；裕无咎，未受命也。

六二：晋如愁如，贞吉；受兹介福，于其王母②。

象曰：受之介福，以中正也。

六三：众允③，悔亡。

象曰：众允之志，上行也。

九四：晋如鼫鼠，贞厉④。

象曰：鼫鼠贞厉，位不当也。

六五：悔亡，失得勿恤⑤，往吉，无不利。

象曰：失得勿恤，往有庆⑥也。

上九：晋其角⑦，维用伐邑⑧，厉吉无咎，贞吝⑨。

象曰：维用伐邑，道未光也⑩。

【白话】

初六：时而前进，时而后退，守持正固吉祥；虽然未得到信任，但宽裕时就没有灾祸。

象曰：时而前进时而后退，说明初六应当独自行动持守正道；宽裕待时就没有灾祸，说明初六尚未得到任命。

六二：上进时面露愁容，守持正固吉祥；将会得到大的福报，来自其祖母。

象曰：得到大的福报，是因为六二居中守正。

六三：获得众人信任，悔恨消亡。

象曰：获得众人信任的志向，是向上行进的。

九四：如鼫鼠一般贪居高位而畏人上进，贞固守此，危险。

象曰：如鼫鼠贪而畏人，固守其地，危险，是因为其居位不当。

六五：悔恨消亡，不须担心失得；前往可获吉祥，无所不利。

象曰：无须担忧得失，说明六五前往必有福庆。

上九：上升到头了，唯有征伐别的邑国建立功业，是先危险后吉祥，没有灾祸；贞正于此，亦可鄙吝。

象曰：唯有征伐别的邑国建立功业，说明上九的道德尚未发扬光大。

【注释】

①摧:退。

②受兹介福,于其王母:受,获得;兹,语气词;介,大;王母,祖母,指六五。

③允:信也。

④晋如鼫鼠:晋,上升;鼫(shī)鼠,即硕鼠,喻指贪居权位者。

⑤恤:担忧。

⑥有庆:有人一起庆祝喜悦之意。

⑦晋其角:角,刚而居上之物。比喻前进到至极之地,好似已处于兽角之上。

⑧维用伐邑:维,唯有;伐邑,征伐邑国。唯有攻伐他邑以建功。

⑨厉吉无咎,贞吝:贞,以此为正;吝,鄙吝。兵者凶器也,伐而服之,是危乃得吉,吉乃无咎也;以此为正,亦为贱矣,故曰"贞吝"。

⑩道未光也:道,道德;光,光大。用伐乃服,虽得之,其道未光大也。

千方百计　全力助记

一、卦序卦形记忆

晋卦为《周易》第三十五卦。

数字编码法记卦序

我进(晋)龙宫看见很多美轮美奂的珊瑚(35)。

编码:35——珊瑚。

火地晋

一句话故事记卦形

晋卦,上离下坤,离为火坤为地,火地晋。可编一句话:到最后只有活的人才能进去(火地晋)。

【晋卦】康侯用锡马蕃庶

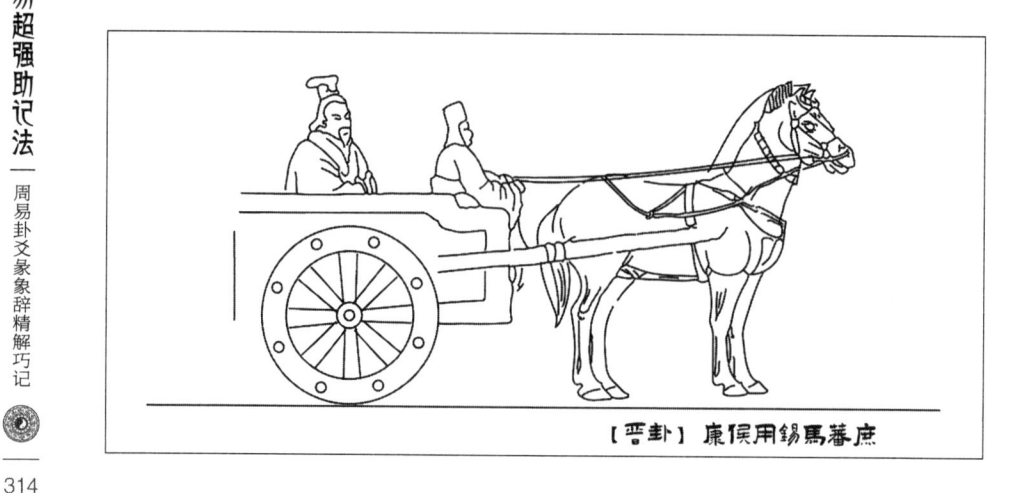

二、卦辞记忆

晋：康侯用锡马蕃庶，昼日三接。

故事法记卦辞

山西(晋)的康侯爷用锡矿换了马和番薯(康侯用锡马蕃庶)，周日去三姐(昼日三接)家做客。

图像：侯爷，锡矿，马，番薯，三姐；

情节：康侯爷用锡矿换了马和番薯，周日去三姐家做客。

三、象辞记忆

象曰：晋，进也。明出地上，顺而丽乎大明，柔进而上行，是以康侯用锡马蕃庶，昼日三接也。

释义法记象辞

晋，进也；明出地上，顺而丽乎大明，柔进而上行

先释卦名：晋，即"进"之意，故曰："晋，进也"。

次释卦形：晋卦离上坤下，离为丽为日为明为大明，坤为地为顺，故曰"明出地上，顺而丽乎大明"；又本卦卦主六五为柔爻而居上卦，故曰"柔进而上行"。

是以康侯用锡马蕃庶，昼日三接也

总结之言:因"进,明,顺,丽乎大明,柔进上行",是以康侯用锡马蕃庶,昼日三接也。

四、大象辞记忆

象曰:明出地上,晋;君子以自昭明德。

故事法记大象辞

名厨在地上架起锅灶(明出地上),做敬(晋)献给君子的美味佳肴,以表达自己朝思暮想光明道德达人(以自昭明德)的敬仰之情。

图像:名厨,锅灶,美味佳肴;

情节:敬献君子佳肴,以表达自己朝思暮想光明道德达人的心情。

五、爻辞小象辞记忆

故事法记爻辞小象辞

初六:晋如摧如,贞吉,罔孚,裕无咎。

象曰:晋如摧如,独行正也;裕无咎,未受命也。

初六:晋家儒生(晋如)、崔家儒生(摧如),各自分开送蒸鸡(贞吉)给王府(罔孚),王府回赠了鱼和兀鹫(裕无咎)。

小象说:晋家儒生(晋如)、崔家儒生(摧如),单独行动是正确的嘚(独行正也);回赠的鱼和兀鹫(裕无咎)是送给未接受任命的老儒生的嘚(未受命也)。

图像:晋家儒生,崔家儒生,老儒生,王府,蒸鸡,鱼,兀鹫;

情节:晋家儒生、崔家儒生送蒸鸡给王府,王府回赠鱼和兀鹫;

评论:单独行动是正确的,回赠的鱼和兀鹫是给未接受任命的宿儒的。

六二:晋如愁如,贞吉;受兹介福,于其王母。

象曰:受之介福,以中正也。

六二:今天晋家儒生面露愁容(晋如愁如),蒸鸡(贞吉)被瘦子姐夫(受兹介福)要去,与其王姓祖母(于其王母)一起吃了。

小象说:瘦子姐夫(受兹介福),是以中正总裁的名义强要去的嘚(以中正也)。

图像:面露愁容的晋家儒生,蒸鸡,瘦子姐夫,祖母;

情节:晋家儒生面露愁容,蒸鸡被瘦子姐夫要去与其王姓祖母一起吃了;

评论:瘦子姐夫是以中正总裁名义强要去的。

六三:众允,悔亡。

象曰:众允之志,上行也。

六三:刘三今天收到了任命书,终于(众允)露出了笑脸(悔亡)。

小象说:终于收到的那张纸(众允之志),是上面行政官发放的嘞(上行也)。

图像:刘三,任命书,笑脸;

情节:刘三收到任命书,终于露出了笑脸;

评论:刘三终于收到的那张纸,是上面行政官签发的。

九四:晋如鼫鼠,贞厉。

象曰:鼫鼠贞厉,位不当也。

九四:鸠四帮晋家儒生带了十只大老鼠(晋如鼫鼠)送给狮子王(贞厉)吃。

小象说:十只大老鼠送给狮子王(鼫鼠贞厉),这与狮子王的口味不相当嘞(位不当也)。

图像:晋家儒生,十只大老鼠,狮子王;

编码:狮子王——贞厉;

情节:晋家儒生送了十只大老鼠给狮子王;

评论:与狮子王口味不相当嘞。

[晋卦] 晋如鼫鼠

六五:悔亡,失得勿恤,往吉,无不利。

象曰:失得勿恤,往有庆也。

六五:刘武也露出了笑脸(悔亡),他对手下人说失得无须担忧(失得勿恤),往前走就会见到鸡(往吉)和梨园(无不利)。

小象说:失得无须担忧(失得勿恤),往前走就会见到有人开庆功大会嘢(往有庆也)。

图像:露出笑脸的刘武,鸡,梨园;

编码:笑脸——悔亡,梨园——无不利;

情节:露笑脸的刘武说失得勿须担忧,往前走会有鸡和梨园;

评论:往前走会见到有人开庆功会。

上九:晋其角,维用伐邑,厉吉无咎,贞吝。

象曰:维用伐邑,道未光也。

上九:酒楼的锦旗缺了一个角(晋其角),店老板唯有用法医(维用伐邑)送给军人(厉吉)(店老板的儿子是军人)的锦旗临时顶上;随后店老板带着兀鹫(无咎)去捉毛毛虫(贞吝)(最近客人都喜欢吃毛毛虫)。

小象说:唯有用法医(维用伐邑)送的锦旗顶上,这样,店老板在道上也没有什么光彩(道未光也)。

图像:酒楼,缺了角的锦旗,法医,军人,兀鹫,毛毛虫;

编码:军人——厉吉,毛毛虫——贞吝;

情节:酒楼锦旗缺角,唯有用法医送给军人的锦旗顶上,店老板带着兀鹫去捉毛毛虫;

评论:唯有用法医送的东西顶上,店老板在道上没有光彩嘢。

明夷卦第三十六

离下坤上

对照译注　理解大意

【古文】

明夷①：利艰贞②。

彖曰：明入地中，明夷。内文明而外柔顺，以蒙大难，文王以之③。利艰贞，晦其明也④，内难而能正其志，箕子以之⑤。

象曰：明入地中，明夷；君子以莅⑥众，用晦而明。

【白话】

明夷卦：在光明损伤之时，利于艰难中委屈以守持正固。

彖曰：太阳落到地面下，明夷卦之象。内含文明而外显柔顺，以此蒙受大难，文王就是用此方法度过危难的。利于艰难中委屈以守持正固，晦藏自己的光明，身陷内难而能正固其心志，箕子就是用这种方法晦明守正的。

象曰：太阳落到地面下，明夷卦之象；君子体而用之，统领众人之时宜韬光养晦而赢得光明。

【注释】

①明夷：卦名，为卦离下坤上，地火明夷；象征光明损伤。
②利艰贞：言光明损伤之时，利于在艰难中委屈自己以守正。
③以蒙大难，文王以之：遭受大难之时，文王以此方法避过大难。

④利艰贞,晦其明也:晦,隐藏。利于在艰难中委屈以守其贞,晦藏其光明也。

⑤内难而能正其志,箕子以之:言箕子身处其国之内难,能晦藏其光明,端正其志向,此乃箕子所用之道也。

⑥莅(lì):视也,其引申意义为统领、统治、管理。

【古文】

初九:明夷于飞,垂其翼①。君子于行,三日不食,有攸往,主人有言。

象曰:君子于行,义不食也。

六二:明夷,夷于左股②,用拯马壮③,吉。

象曰:六二之吉,顺以则也④。

九三:明夷于南狩⑤,得其大首,不可疾贞⑥。

象曰:南狩之志,乃大得也。

六四:入于左腹,获明夷之心,于出门庭⑦。

象曰:入于左腹,获心意也。

六五:箕子之明夷,利贞⑧。

象曰:箕子之贞,明不可息也⑨。

【白话】

初九:光明损伤之时向外飞行而受伤,垂下双翅;君子快速行动,三天不吃食物;此时有所前往,受到主人的责怪。

象曰:君子快速退走,因为初九认为道义上不宜进食俸禄。

六二:光明损伤之时,左大腿受伤,用来拯救的马健壮,吉祥。

象曰:六二的吉祥,因为他能按法则柔顺处事。

九三:光明损伤之时向南方征伐,俘获了敌方元首,但不可操之过急,宜守持正固。

象曰:向南方征伐的志向,是不寻常的大志向。

六四:进入左边腹地,获得光明损伤时内部真实情况,于是跨出门庭遁去。

象曰:进入左边腹地,因为可获得内部真实情况。

六五:处于箕子面临的那种光明损伤至暗之时,利于守持正固。

象曰:箕子的守持正固,印证了光明是不可熄灭的。

上六：不明晦⑩，初登于天，后入于地。

象曰：初登于天，照四国也；后入于地，失则⑪也。

上六：不光明，黑暗；起初登临至高君位，后来坠落于地。

象曰：起初登临至高君位，光明照耀四方诸侯；后来坠落于地，是因为失去了光明之道。

【注释】

①明夷于飞，垂其翼：光明损伤之时向外飞行而受伤，垂下双翅，怀惧而行，飞不敢显。

②夷于左股：夷，受伤。左大腿受伤，指受伤不至于过重。

③用拯马壮：用来拯救的马很健壮。

④顺以则也：则，法则。意为按中正之道顺处。

⑤明夷于南狩：明夷，处明夷之时；南，在前而光明之处；狩，打猎；南狩谓前进而除害也。

⑥得其大首，不可疾贞：大首，昏暗之魁首，指上六；不可疾贞，正之不可急也。

⑦入于左腹，获明夷之心，于出门庭：言六四阴柔得正，与上六同体，已于幽暗之中得其暴虐之心意，于是走出门庭而遁隐山林。

⑧箕子之明夷，利贞：箕子居明夷之时以佯狂受辱而坚守其志，乃贞之至也。

⑨明不可息也：息，熄灭。言明可晦藏而不可熄灭。

⑩不明晦：不明，不光明；晦，黑暗。

⑪则：道，此指光明之道。

千方百计　全力助记

一、卦序卦形记忆

明夷卦为《周易》第三十六卦。

数字编码法记卦序

拥有地火的名医(明夷)骑着山鹿(36)在山里采药。

编码:36——山鹿。

䷣ 地火明夷

一句话故事记卦形

明夷卦,坤上离下,坤为地离为火,地火明夷。可编一句话:用地火炼丹药的是一位名医(明夷)。

注:地火即煤炭地层在地表下满足燃烧条件后产生自燃形成的火,在武侠小说中多用于炼丹药。

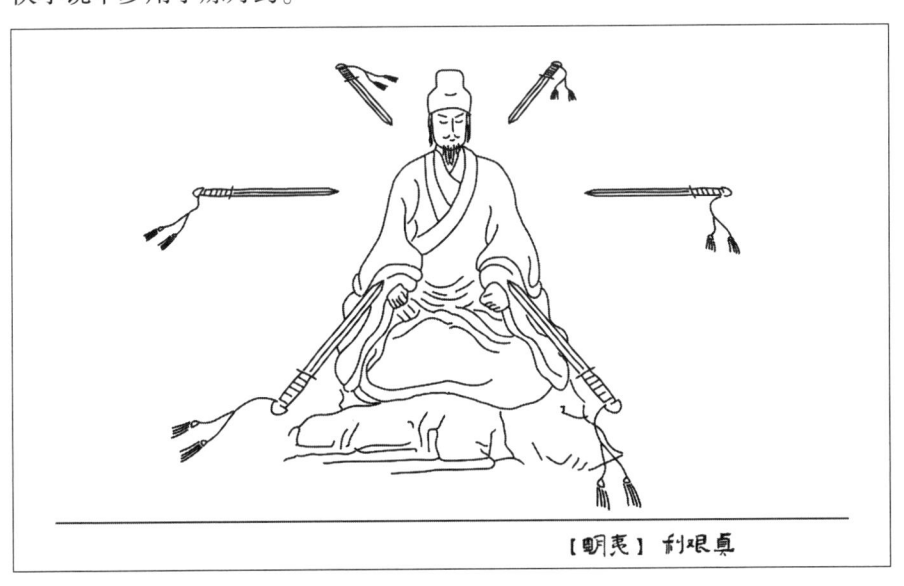

[明夷] 利艰贞

二、卦辞记忆

明夷:利艰贞。

谐音法记卦辞

匪寇来偷丹药,名医(明夷)利用剑阵(利艰贞)击退了匪寇。

图像:匪寇,名医,剑阵。

三、象辞记忆

象曰：明入地中，明夷。内文明而外柔顺，以蒙大难，文王以之。利艰贞，晦其明也，内难而能正其志，箕子以之。

故事法记卦辞

明入地中，明夷

为防止有人偷看，明天进入地洞中炼丹药（明入地中），名医（明夷）对徒弟们说。

内文明而外柔顺，以蒙大难，文王以之

文王被商纣王囚禁于羑（yǒu）里，周文王不怨天不尤人，在牢房内对看守们文明礼貌，而其外表又表现得柔弱温顺（内文明而外柔顺），以这种平和的态度蒙受了常人受不了的大难（以蒙大难），文王意志（文王以之）值得我们学习，孔夫子如是说。

利艰贞，晦其明也，内难而能正其志，箕子以之

孔明以武会友，利用剑阵（利艰贞）要会一会与其齐名的山野高人（晦其明也）。山野高人拒绝了，并说：国内遭受灾难也要能端正自己的志向（内难而能正其志），箕子以这种心志（箕子以之）渡过了大的危难。我们要向他学习。

图像：名医，地洞，文王，孔明，山野高人，剑阵，箕子。

四、大象辞记忆

象曰：明入地中，明夷；君子以莅众，用晦而明。

故事法记大象辞

准备明天入地洞中（明入地中）炼丹的名医（明夷）想炼制一枚上好的丹药送给君子，以感谢君子教他医治李总（君子以莅众）的病，用茴香豆治好了耳鸣（用晦而明）。

图像：名医，君子，李总，茴香豆；

情节：明天入地洞中炼丹的名医要感谢君子教他医治李总的病，用茴香

豆治好了耳鸣。

五、爻辞小象辞记忆

故事法记爻辞小象辞

缘起:来知德《周易集注》谓初爻指伯夷,二爻指文王,三爻指武王,四爻指微子,五爻指箕子,上六爻指纣王。下面即以此为义编撰相应的故事。

初九:明夷于飞,垂其翼;君子于行,三日不食,有攸往,主人有言。

象曰:君子于行,义不食也。

初九:名医听说品德高尚的伯夷生病了,急忙泡制了药酒,名医坐上他的飞鸟(明夷于飞),让它垂下翅膀(垂其翼)慢慢飞行,以防被纣王发现。这一人一鸟真乃君子也,为了赶路(君子于行),三日没吃食物(三日不食)。名医和鸟的义举感动了很多人,有人由家里往外走(有攸往),带着主人家的油盐(主人有言),到僻静处给他们做吃的。

小象说:君子的心思在行路上(君子于行),所以一直没有想起吃饭嘚(义不食也)。

图像:伯夷,名医,飞鸟,好心人,油盐;

情节:名医让鸟垂翼飞行,为赶路三日没吃饭,有人由家里往外走,带着主人家的油盐去给他们做饭;

评论:君子的心思在行路上,一直没想起吃饭。

六二:明夷,夷于左股,用拯马壮,吉。

象曰:六二之吉,顺以则也。

六二:第二个月,名医(明夷)又听说文王受伤了,伤在左大腿(夷于左股),他用一匹健壮的马当坐骑赶去拯救(用拯马壮),还带了一只鸡(吉)去给文王补身体。

小象说:那是十分敬仰文王的刘二送的鸡(六二之吉),是从顺义县沼泽地里抓到的野鸡(顺以则也)。

图像:名医,文王,受伤的左大腿,壮马,鸡;

情节:名医听说文王伤在左大腿,用一匹健壮的马当坐骑赶去拯救,还

带了一只鸡;

评论:刘二送的鸡,是从顺义县沼泽地里抓到的野鸡。

九三:明夷于南狩,得其大首,不可疾贞。

象曰:南狩之志,乃大得也。

九三:第三个月,名医与武王姬发去南边狩猎(明夷于南狩),得到了七(其)只大脑袋(得其大首)的野兽;还有一只最大的难以猎获,姜子牙告诉武王不可急躁(不可疾),等到雨天(贞)再来捕捉。

小象说:去南边狩猎之志向(南狩之志),乃是想获得大的猎物嘞(乃大得也)。

图像:名医,姬发,大脑袋野兽,姜子牙;

编码:雨天——贞;

情节:名医与武王去南边狩猎,得到了七只大头野兽;还有一只最大的没猎获,姜子牙告诉武王不可急躁,等雨天再来捕捉;

评论:去南边狩猎的志向,乃是获得大的猎物。

六四:入于左腹,获明夷之心,于出门庭。

象曰:入于左腹,获心意也。

六四:微子潜入到商朝都城左边腹地(入于左腹),偷听获得了名医的新动向(获明夷之心),于是走出门庭继续装疯卖傻(于出门庭)。(注:纣王安排名医来辨别微子疯癫之真假。)

小象说:微子偷偷潜入到左边腹地(入于左腹),就是想获得纣王心中的意思(获心意也)。

图像:微子,名医;

情节:微子潜入左边腹地,偷听获得了名医的新动向,于是走出门庭继续装疯;

评论:潜入到左边腹地,是为了获得纣王心中的意思。

六五:箕子之明夷,利贞。

象曰:箕子之贞,明不可息也。

六五:箕子看到纣王无道,自知无力劝阻,于是隐遁于一个山洞。近段时间山洞很潮湿,箕子得了很严重的风湿病,箕子的好友名医(箕子之明夷)在大雨天(利贞)赶去给箕子治病。

小象说:箕子是一个有大德之人,要是箕子执政(箕子之贞)就好了,这样光明是不可熄灭的(明不可息也)。

图像:箕子,山洞,名医,大雨天;

编码:大雨天——利贞;

情节:箕子的好友名医在大雨天赶去给箕子治病;

评论:箕子执政,光明是不可熄灭的。

上六:不明晦,初登于天,后入于地。

象曰:初登于天,照四国也;后入于地,失则也。

上六:商纣王荒淫无道,没有光明黑暗一片(不明晦)。元始天尊痛心疾首地说,他初登天子宝座时(初登于天)尚能按天道行事,但后来他让殷朝臣民陷入了地狱(后入于地)一般的痛苦之中,看来,该把他换下来了。

小象说:纣王起初刚登临天子之位(初登于天),尚能光照四方诸侯国(照四国也);后来他的德行坠落于地(后入于地),完全丧失了为君之道也(失则也)。

图像:商纣王,元始天尊;

会意:为君之道——则;

情节:商纣王没有光明只有黑暗,初登天子宝座时还可以,但后来让殷朝臣民陷入地狱般痛苦;

评论:最初登临天子位尚能光照四方诸侯国;后来他的德行坠落于地,丧失了为君之道。

卷七

下经之二：家人 睽 蹇 解 损 益

家人卦第三十七

离下巽上

对照译注　理解大意

【古文】

家人①：利女贞②。

彖曰：家人，女正位乎内，男正位乎外，男女正，天地之大义也。家人有严君③焉，父母之谓也。父父④、子子、兄兄、弟弟、夫夫、妇妇，而家道正；正家而天下定矣。

象曰：风自火出，家人；君子以言有物而行有恒⑤。

【白话】

家人卦：利于女子守持正固。

彖曰：家人卦，女子正位在内，男子正位在外，男女居位正当，是天地阴阳和谐的大道理。家里有严明的君长，指的是父母。父亲、儿子、哥哥、弟弟、丈夫、妻子各自尽到自己的责任，家道就端正了。端正了家道而天下就可安定了。

象曰：风从火里出来，家人卦之象；君子体而用之，宜言语有实物，行动能恒久。

【注释】

①家人:卦名,为卦离下巽上,风火家人;卦论治家之道。
②利女贞:利于女子守持正固。喻指利于先正其内也。
③严君:严,尊严;君,君长,首领之意。此处指父母。
④父父:前一个"父"为名词,父亲;后一个"父"为动词,尽父亲的责任。后"子子""兄兄""弟弟""夫夫""妇妇"仿此。
⑤言有物而行有恒:物,实物;恒,恒久。言语有实物,行动能恒久。

【古文】

初九:闲①有家,悔亡。
象曰:闲有家,志未变也。

六二:无攸遂,在中馈②,贞吉。
象曰:六二之吉,顺以巽也。

九三:家人嗃嗃③,悔厉吉;妇子嘻嘻④,终吝。
象曰:家人嗃嗃,未失也;妇子嘻嘻,失家节也。

六四:富家⑤大吉。
象曰:富家大吉,顺在位也⑥。

【白话】

初九:防止邪气入侵以保住自己的家庭,悔恨消亡。
象曰:防止邪气入侵以保住家庭,是说在志向未变之前预先防范效果更好。

六二:没有专门要完成的大事,主管家中饮食起居一类事情,守持正固吉祥。
象曰:六二的吉祥,是因为其顺从而谦逊。

九三:家长严肃大声说话,尽管有后悔有危险,但可获吉祥;妇人孩童每日嘻嘻哈哈,终究会有遗憾。
象曰:家长严肃大声说话,没有失去治家的原则;妇人孩童整天嘻嘻哈哈,失去了家中礼节。

六四:保持家庭富有,大为吉祥。
象曰:保持家庭富有大为吉祥,因为六四柔顺而得正位。

九五:王假有家⑦,勿恤吉。

象曰:王假有家,交相爱也。

九五:家长(以自身行为)感化家中人,无须忧虑,吉祥。

象曰:家长(以自身行为)感化家中人,是说家庭成员互相关爱。

上九:有孚威如⑧,终吉。

象曰:威如之吉,反身之谓也⑨。

上九:既讲诚信又有威严,终究是吉祥的。

象曰:有威严的吉祥。这是反躬自省的说法。

【注释】

①闲:阑(lán)也,从门中有木;引申为防止、防备、防闲之意。

②无攸遂在中馈:攸,所也;遂,必须做的事儿;中馈,家中饮食等事务。

③嗃嗃(hè):严大之声,或严酷之貌。

④嘻嘻(xī):嬉笑之貌。

⑤富家:富,使动用法,即"使……富有"。言六四能使家庭财富保持。

⑥顺在位也:八卦正位,巽在四。此指六四以柔顺居八卦之正位。

⑦王假有家:王,君长,此处指家长;假(gé),通"格",感格,感化。家长以自身模范行为感化家中人。

⑧威如:威严貌。

⑨反身之谓也:之谓,"是……的说法"。这就是反躬自省的说法。

千方百计　全力助记

一、卦序卦形记忆

家人卦为《周易》第三十七卦。

数字编码法记卦序

妈妈用<u>山鸡</u>(37)给家人做了一顿美味菜肴。

编码:37——山鸡。

☴ 风火家人

情景法记卦形

家人卦,巽上离下,巽为风离为火,风火家人。可编一小情景:吹风生火,家人做饭。

注:旧时农村烧柴火做饭,需要吹风筒吹风生火。

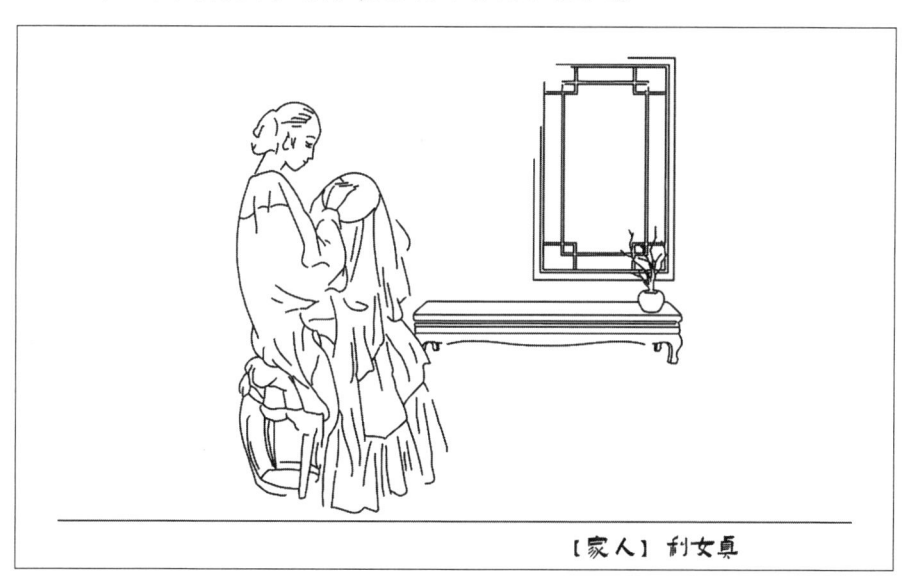

[家人] 利女贞

二、卦辞记忆

家人:利女贞。

释义法记卦辞

家人卦讲治家之道。古时讲男主外女主内,主内即主管家庭内部事务,女主内需要守持正道,故曰:"家人,利女贞。"

另:编码记忆法记卦辞

这家人在长白山(利女贞)盖了新房子。

图像:长白山,新房子;

编码:长白山——利女贞。

三、象辞记忆

彖曰：家人，女正位乎内，男正位乎外，男女正，天地之大义也。家人有严君焉，父母之谓也。父父、子子、兄兄、弟弟、夫夫、妇妇，而家道正；正家而天下定矣。

释义法记彖辞

家人，女正位乎内男正位乎外，男女正，天下之大义也

以卦形引出男女正为天下之大义：六二柔顺中正居于内卦之中，九五阳刚中正居于外卦之中。是为"<u>女正位乎内男正位乎外</u>"。男女正，即乾坤正，故曰："<u>男女正，天下之大义也</u>。"

家人有严君焉，父母之谓也

家人卦主讲治家之道，治家必有家长，家长即严君，即父母，故曰："<u>家人有严君焉，父母之谓也</u>。"

父父、子子、兄兄、弟弟、夫夫、妇妇，而家道正；正家而天下定矣

此句讲治家必理顺家庭成员之间的关系。父、子、兄、弟、夫、妇，能各行自己当行之礼仪，各担自己分内之责任，则是家道正。推而广之，如果天下所有家庭或绝大多数家庭的家道正，天下就安定了。故曰："<u>父父、子子、兄兄、弟弟、夫夫、妇妇，而家道正；正家而天下定矣</u>。"

四、大象辞记忆

象曰：风自火出，家人；君子以言有物而行有恒。

故事法记大象辞

缘起：古时有一女疯子，听说女人嫁人才有家，便豁出去了要嫁人。君子帮助协调此事。

女疯子豁出(<u>风自火出</u>)去要嫁人(<u>家人</u>)，<u>君子以</u>证婚人发言要求有屋(<u>君子以言有物</u>)给新娘住，<u>而</u>且新娘日常<u>行</u>为要有很(<u>而行有恒</u>)好的照顾。

图像：女疯子，君子，屋；

情节：女疯子豁出去要嫁人，君子发言要求有屋住，而且日常行为要有

很好的照顾。

五、爻辞小象辞记忆

故事法记爻辞小象辞

初九:闲有家,悔亡。

象曰:闲有家,志未变也。

初九:新娘悠闲又有家了(闲有家),总是露出笑脸(悔亡)。

小象说:新娘悠闲又有家(闲有家),所以自嫁人后一直未变回原来疯疯癫癫的模样嘢(志未变也)。

图像:屋子,新娘,笑脸;

编码:笑脸——悔亡;

情节:新娘悠闲又有家,露出了笑脸;

评论:一直未变回以前疯疯癫癫的模样。

[家人] 無攸遂在中饋

六二:无攸遂,在中馈,贞吉。

象曰:六二之吉,顺以巽也。

六二:刘二新娘觉得今天的菜无油水(无攸遂),就在中间柜(在中馈)子里拿了一只蒸鸡(贞吉)吃。

小象说:刘二新娘拿的鸡(六二之吉)是顺义(顺以)县农场驯养的野鸡(顺以巽也)。

图像:刘二新娘,无油水的菜,中间柜子,蒸鸡,顺义县;

情节:今天的菜无油水,刘二老婆在中间柜子拿了蒸鸡吃;

评论:刘二老婆拿的鸡是顺义农场驯养的。

九三:家人嗃嗃,悔厉吉;妇子嘻嘻,终吝。

象曰:家人嗃嗃,未失也;妇子嘻嘻,失家节也。

九三:女疯子嫁人三个月后,边走正步口里边发出嘿嘿(家人嗃嗃)声。她现在后悔嫁人了,想做一名军人(悔厉吉);这种情况被孔乙己知道了,孔乙己大发雷霆。他说:你一个妇人像孩子一样整天嘻嘻哈哈(妇子嘻嘻),成何体统?终究令(终吝)人笑话。

小象说:女疯子嫁人后发出嘿嘿(家人嗃嗃)声,是从卫视节目里学到的嘢(未失也);孔乙己训斥妇人像孩子一样嘻嘻哈哈(妇子嘻嘻)倒是有失家长的礼节嘢(失家节也)。

图像:女疯子,军人,孔乙己;

编码:军人——厉吉;

情节:女疯子嫁人后口里发出嘿嘿声,她后悔嫁人了,想做军人;孔乙己训斥说,妇人嘻嘻哈哈终究令人笑话;

评论:女疯子嫁人后发出嘿嘿声,是从卫视节目里学到的;孔乙己训斥妇人嘻嘻,有失家长的礼节。

六四:富家大吉。

象曰:富家大吉,顺在位也。

六四:刘四生长在富裕的家庭(富家),经常吃大鸡(大吉)。

小象说:富裕家庭有大鸡(富家大吉),是刘四他爸顺利在位的主要原因(顺在位也)。

图像:刘四,大鸡,刘四他爸;

编码:大鸡——大吉;

情节:富裕家庭经常吃大鸡;

评论:富家有大鸡,是顺利在位的原因。

九五:王假有家,勿恤吉。

象曰:王假有家,交相爱也。

九五:居位在旧屋的王府格格有家庭(王假有家),无须担心(勿恤)生活问题,经常有鸡(吉)吃。

小象说:王府格格有家庭(王假有家),她家里人急着把她嫁出去,正在交换相片寻找爱人嘢(交相爱也)。

图像:王府格格,鸡,相片;

情节:王府格格有家,无须担心生活,有鸡吃;

评论:正交换相片寻找爱人呢。

上九:有孚威如,终吉。

象曰:威如之吉,反身之谓也。

上九:有一只鸡饿得奄奄一息,酒楼老板用油壶喂乳汁(有孚威如)给鸡喝,终于救活了鸡(终吉)。

小象说:被喂乳汁的鸡(威如之吉),被放生之后胃里一直空空如也(反身之谓也)。

图像:油壶,乳汁,鸡;

编码:油壶——有孚;

谐音:喂乳——威如,放生——反身,胃——谓;

情节:用油壶喂乳汁给鸡喝,终于救活了鸡;

评论:鸡被放生之后胃里就一直是空的。

睽卦第三十八

兑下离上

对照译注　理解大意

【古文】

睽①：小事吉②。

象曰：睽，火动而上，泽动而下；二女同居③，其志不同行④；说而丽乎明⑤，柔进而上行⑥，得中而应乎刚⑦，是以小事吉。天地睽而其事同也，男女睽而其志通也，万物睽而其事类也。睽之时用大矣哉！

象曰：上火下泽，睽；君子以同而异。

【白话】

睽卦：做小事可获吉祥。

彖曰：睽卦，火焰升腾向上，泽水流动润下。两个女子同居一室，志向却不相同。卦形喻示喜悦附丽于光明，柔顺求进而向上前行，持守中道而应和阳刚，这样做小事可获吉祥。天地背离，但其化育万物的事理是相同的；男女背离，但其交合感应的志向是相通的；万物背离，但其阴阳消长的情状是相似的。睽卦的时势功用多么宏大啊！

象曰：火往上升腾，泽水向下流，睽卦之象；君子体而用之，宜求大同存小异。

【注释】

①睽：卦名，为卦兑下离上，火泽睽；睽是乖异、背离之意；作为卦名，象征分化，象征化分离为和同之道。

②小事吉:小事谓饮食衣服之类,不需积聚众力,虽乖异之世亦可为之,故曰"小事吉"。

③二女同居:睽卦兑下离上,兑为少女,离为中女,同处一卦,是为"二女同居"。

④其志不同行:二女年轻时同居,长大成人必各嫁其夫,是为"其志不同行"。

⑤说而丽乎明:睽卦兑下离上,兑为说(即悦),离为丽为明,是为"说而丽乎明"。

⑥柔进而上行:睽卦上体离卦是柔卦居上,是为"柔进而上行"。

⑦得中而应乎刚:上卦六五爻得中与下卦九二刚爻相应,是为"得中而应乎刚"。

【古文】

初九:悔亡,丧马勿逐,自复①;见恶人无咎②。

象曰:见恶人,以辟③咎也。

九二:遇主于巷④,无咎。

象曰:遇主于巷,未失道也。

六三:见舆曳,其牛掣⑤,其人天且劓⑥,无初有终⑦。

象曰:见舆曳,位不当也;无初有终,遇刚也。

【白话】

初九:悔恨消亡,走失的马不必追寻,它自己会回来。谦和地与恶人相处,没有灾祸。

象曰:与恶人相处,是为了避免灾祸。

九二:在巷道中遇会主人,没有过错。

象曰:在巷道中遇会主人,说明没有失去处睽之道。

六三:恍惚看见大车被拖曳,拉车的牛受牵制,又恍惚看见驾车之人头发被剃了,鼻子也被割了。起初时背离,最终将相处和谐。

象曰:恍惚见到大车被拖曳难行,因为六三居位不当;起初背离,最终和谐,因为与上九刚爻相应。

九四：睽孤，遇元夫⑧，交孚，厉无咎⑨。

象曰：交孚无咎，志行也。

六五：悔亡，厥宗噬肤⑩，往何咎。

象曰：厥宗噬肤，往有庆也。

上九：睽孤；见豕负涂⑪，载鬼一车；先张之弧，后说之弧⑫；匪寇婚媾，往遇雨则吉⑬。

象曰：遇雨之吉，群疑亡也。

九四：背离时孤立无助，遇见大丈夫相互信任，虽有危险，却没有灾祸。

象曰：相互信任，没有灾祸，说明其志向得以践行。

六五：悔恨消亡，其同党犹如噬咬肥肉一般容易亲和，这样前往有什么灾祸呢？

象曰：其同党犹如噬咬肥肉般容易亲和，这样前往必有福庆。

上九：背离至极，因为孤立而猜疑。恍惚看见一头猪背负污泥，一辆车满载鬼怪前移；先张弓欲射，后收功不射。原来那不是匪寇，而是求婚配的；往前行遇到下雨就会吉祥。

象曰：遇到下雨的吉祥，是因为众多猜疑都消亡了。

【注释】

①丧马勿逐，自复：马体大善动，难以隐藏，即便暂时丢失，不须寻求，势必自己回来。

②见恶人无咎：恶人，与自己乖异（行为怪癖、意见反常）之人。谦和地与恶人相处，可免于灾祸。

③辟：通"避"，避免。

④遇主于巷：巷，巷道。言处睽之时，委曲相求而得会遇。

⑤见舆曳，其牛掣：曳（yè），拖，牵引；掣（chè），拉。此处指曳滞于后，阻滞于前。

⑥其人天且劓：天，即"髡"（kūn），古代剃去男子头发的一种刑罚；劓（yì），古代割掉鼻子的酷刑。

⑦无初有终：无初，指起初分离；有终，指最终将和好。

⑧睽孤，遇元夫：九四无应与，故称"睽孤"；得遇初九，初九刚爻称"夫"，又为最初之爻，故曰"元"。

⑨交孚，厉无咎：交孚，谓同德相信。然当睽之时，故先有危厉，后因"遇元夫，交孚"乃得无咎。

⑩厥宗噬肤：厥宗，其同党；肤，柔脆的肥肉。喻指其同党如咬噬肥肉一般容易亲和。

⑪见豕负涂：豕，猪；负，背负；涂，污泥。恍惚看见一头猪背负污泥。

⑫先张之弧，后说之弧：弧，弓箭；说，同"脱"，放下。先是张弓欲射，而后看清不是匪寇，于是放下了弓箭。

⑬往遇雨则吉：遇雨，指阴阳交合。刚柔相济而前往则可获吉祥。

千方百计　全力助记

一、卦序卦形记忆

睽卦为《周易》第三十八卦。

数字编码法记卦序

三八节对**妇女**(38)有大优惠，现在买太吃**亏**(睽)。

编码：38——妇女。

火泽睽

一句话法记卦形

睽卦，离上兑下，离为火兑为泽，<u>火泽睽</u>。可以编一句励志的话语：人活<u>着亏</u>(火泽睽)欠自己可以，不能亏欠家人和社会。(此即严以律己，奉献社会之意)

二、卦辞记忆

睽：小事吉。

一句话法记卦辞

葵(睽)花的小女儿十(事)岁生日宴招待大家吃鸡(小事吉)。

图像：葵花，十岁小女孩，生日宴，鸡。

[睽卦] 小事吉

三、彖辞记忆

彖曰：睽，火动而上，泽动而下；二女同居，其志不同行；说而丽乎明，柔进而上行，得中而应乎刚，是以小事吉。天地睽而其事同也，男女睽而其志通也，万物睽而其事类也。睽之时用大矣哉！

卦形释义引申法记彖辞

睽，火动而上，泽动而下；二女同居，其志不同行

以卦象释"睽"：睽卦离上兑下，离为火，火性炎上；兑为泽，泽水润下，是为"火动而上，泽动而下"。又离为中女，兑为少女，二女年幼时同居一室，长大成人各嫁夫君，是为"二女同居，其志不同行"。

说而丽乎明，柔进而上行，得中而应乎刚，是以小事吉

以卦德卦形释卦辞：下兑为说（即悦），上离为丽为明，是为"说而丽乎明"；上卦为离，六五爻为柔爻，阴柔本居下，今在上又居中，下应九二刚爻，是为"柔进而上行,得中而应乎刚"。因本卦具有"说""明""柔进上行""得中应刚"的特性，"是以小事吉"也。

天地睽而其事同也,男女睽而其志通也,万物睽而其事类也。睽之时用大矣哉

由卦形卦德之义引申到天地、男女、万物和时用：

天地睽——而其事同也（化育万物的事理相同）；

男女睽——而其志通也（男婚女嫁的心志相通）；

万物睽——而其事类也（阴阳消长的情状类似）。

睽之时用——大矣哉（赞美睽卦的时势作用伟大）！

逻辑顺序：卦象——卦德卦形——引申（天地、男女、万物）——赞美。

四、大象辞记忆

象曰：上火下泽,睽；君子以同而异。

故事法记大象辞

半夜时分，仅一墙之隔的快递公司<u>上货</u>(上火)声音<u>吓着</u>(下泽)<u>葵花</u>(睽)夜里吃奶的小女儿，小女儿哇哇大哭，葵花的丈夫君子以<u>童儿椅车</u>(君子以同而异)哄小孩睡觉。

图像：正在上货的快递车，葵花的小女儿，君子丈夫，童儿椅车；

谐音：货——火，吓着——下泽，葵——睽，童儿椅——同而异；

情节：上货声音吓着小女儿，君子以童儿椅车哄小孩。

五、爻辞小象辞记忆

故事法记爻辞小象辞

初九：悔亡,丧马勿逐,自复；见恶人无咎。

象曰：见恶人,以辟咎也。

初九：幺舅今天露出了<u>笑脸</u>(悔亡)，他<u>丢了马没有出去找</u>(丧马勿逐)，

今天马自己回来了(自复)。马告诉幺舅,他在深山里遇见一恶人带着一只兀鹫(见恶人无咎),就立即跑回来了。

小象说:马见到恶人(见恶人)就跑,是想避开灾祸嘢(以辟咎也)。

图像:幺舅,马,恶人,兀鹫;

编码:笑脸——悔亡,兀鹫——无咎;

情节:幺舅露出了笑脸,他丢失的马没有去找,自己回来了,马遇见恶人和兀鹫;

评论:马见到恶人就跑,是想避开灾祸嘢。

九二:遇主于巷,无咎。

象曰:遇主于巷,未失道也。

九二:二舅说他遇见主人吃鱼香(遇主于巷)肉丝,兀鹫(无咎)在一旁馋得直流口水。

小象说:遇见主人吃鱼香(遇主于巷)肉丝就偷偷走开了,未失为仆之道嘢(未失道也)。

图像:主人,鱼香肉丝,兀鹫;

情节:二舅遇见主人吃鱼香肉丝,兀鹫馋得流口水;

评论:遇见主人吃鱼香肉丝,而偷偷走开,未失为仆之道。

六三:见舆曳,其牛掣,其人天且劓,无初有终。

象曰:见舆曳,位不当也;无初有终,遇刚也。

六三:监狱夜(见舆曳)晚,应高度警惕,而看守喝醉酒,刘三等七人乘机越狱,他们骑牛车(其牛掣)跑了一整天,七人仰天大笑,惬意(其人天且劓)地说,当初留下的五处有中(无初有终)式家具的房子终于派上用场啦。

小象说:监狱夜(见舆曳)晚最易出事,而看守喝醉酒,这种职位不应当嘢(位不当也);五处有中(无初有终)式家具的房子,是这七人以前倒卖鱼缸骗钱买的嘢(遇刚也)。

图像:监狱,夜晚,喝醉酒的看守,牛车,七个逃犯,五套房子,鱼缸;

情节:监狱夜晚看守醉酒,骑牛车逃跑的七人仰天大笑,惬意地说,五处有中式家具的房子终于可以住上啦;

评论:监狱夜晚应高度警惕,而看守喝醉酒,这种职位不应当嘢;五处有中式家具的房子,是以前倒卖鱼缸骗钱买的。

九四:睽孤,遇元夫,交孚,厉无咎。

象曰:交孚无咎,志行也。

九四:练就葵花宝典的大姑(睽孤)寻夫九十四年,终于遇见了原配丈夫(遇元夫)。丈夫交给他三件有助于进一步提升武功的宝物:塑料胶壶(交孚)、梨(厉)和兀鹫(无咎)。

小象说:塑料胶壶兀鹫(交孚无咎),都是天山之行必用的嘢(志行也)。

图像:葵花大姑,原配丈夫,胶壶,梨,兀鹫;

编码:梨——厉,兀鹫——无咎;

情节:葵花大姑遇见原夫,得到胶壶、梨、兀鹫;

评论:胶壶、兀鹫是天山之行必备之物。

六五:悔亡,厥宗噬肤,往何咎。

象曰:厥宗噬肤,往有庆也。

六五:刘武露出笑脸(悔亡),倔强的宗门师傅(厥宗噬肤)让他一同前往喝酒(往何咎)。

小象说:倔强的宗门师傅(厥宗噬肤)同意他前往,看来他们前往的地方有庆祝活动嘢(往有庆也)。

图像:刘武,倔强的宗门师傅,酒瓶;

编码:笑脸——悔亡;

情节:露出笑脸的刘武可以与倔强的宗门师傅前往喝酒;

评论:前往的地方有庆祝活动。

上九:睽孤。见豕负涂,载鬼一车;先张之弧,后说之弧;匪寇婚媾,往遇雨则吉。

象曰:遇雨之吉,群疑亡也。

上九:葵花大姑(睽孤)在去天山的路上遭遇埋伏,袭击她的箭矢上敷涂(见豕负涂)了剧毒,都被她用葵花宝典一一化解。敌人见硬来不行,又装了一车的鬼(载鬼一车)来吓唬她。她先张开宝弓(先张之弧)想击退鬼怪,后来又收回了宝弓(后说之弧);原来是她看晃了眼,前面的车队不是匪寇而是求取婚配(匪寇婚媾)的队伍。她告诉车队往前走,遇见遮雨棚则有鸡(往遇雨则吉)吃。

小象说:遇见遮雨棚里的鸡(遇雨之吉),是野炊的群众遗忘在那里的嘞(群疑亡也)。

图像:葵花大姑,敷涂了剧毒的箭矢,车舆,鬼怪,宝弓,匪寇,求婚队伍,渔夫,鸡,群众;

编码:鸡——吉;

情节:葵花大姑将箭矢敷涂的剧毒化解,看到一车鬼,先张开宝弓,后又收回宝弓,看清了不是匪寇而是求婚的,告诉他们往前走遇见遮雨棚则有鸡吃;

评论:遇见遮雨棚里的鸡是群众遗忘在那里的。

蹇卦第三十九

艮下坎上

对照译注　理解大意

【古文】

蹇①：利西南，不利东北②；利见大人，贞吉。

彖曰：蹇，难也，险在前也。见险而能止，知③矣哉！蹇利西南，往得中也；不利东北，其道穷也④；利见大人，往有功也；当位贞吉，以正邦也。蹇之时用大矣哉！

象曰：山上有水，蹇；君子以反身修德⑤。

【白话】

蹇卦：利于在西南行动，不利于在东北行动，利于出现大人，守持正固，吉祥。

彖曰：蹇，艰难的意思，因为危险就在前面。遇见危险而能及时停止，是很明智的。蹇难之时，利于在西南行动，这样前往是合符中道的；不利于在东北行动，因为前往东北会穷途末路。利于出现大人，说明前往能够成就功业。居位得当守持正固吉祥，说明可以端正邦国。蹇卦的时位功用意义是多么宏大啊！

象曰：山上有水，蹇卦之象；君子体而用之，宜反躬自省，修身养德。

【注释】

①蹇(jiǎn)：卦名，为卦艮下坎上，水山蹇；象征艰难。

②利西南，不利东北：艮下坎上为蹇卦，文王圆图艮坎皆在东北，故蹇难在东

北;若西南则无难矣,所以"利西南,不利东北"。

③知:通"智",明智,智慧。

④其道穷也:谓去往东北会达到蹇难之极。

⑤反身修德:反,通"返";反身,反求诸己;修,修持;修德,自修其德。

【古文】

初六:往蹇来誉①。

象曰:往蹇来誉,宜待也。

六二:王臣蹇蹇,匪躬之故②。

象曰:王臣蹇蹇,终无尤也。

九三:往蹇来反③。

象曰:往蹇来反,内喜之也。

六四:往蹇来连④。

象曰:往蹇来连,当位实也⑤。

九五:大蹇朋来⑥。

象曰:大蹇朋来,以中节也⑦。

【白话】

初六:往前走艰难,退回来可获得美誉。

象曰:往前走艰难,退回来可获得美誉,是说应当等待时机。

六二:君王的大臣在艰难中努力奔走济难,不是为了自己的私事。

象曰:君王的大臣在艰难中努力奔走济难,最终不会有什么怨恨。

九三:往前进有艰难,下来退居安全之所。

象曰:往前走有艰难,下来退居安全之所,说明内部人员都喜欢九三的到来。

六四:往前进有艰难,下来联合九三。

象曰:往前进有艰难,下来联合九三,是说六四当位,其联合的九三阳刚得正,实力强大。

九五:君王处于蹇难之中,友朋前来济难。

象曰:君王处蹇难之时,友朋前来相助,说明九五保持了阳刚中正的节操。

上六：往蹇来硕⑧,吉;利见大人。

象曰：往蹇来硕,志在内也⑨;利见大人,以从贵也⑩。

上六：往前进有艰难,向下来能建大功,吉祥,利于出现大人。

象曰：往前走艰难,向下来能建大功,是说上六的志向在于联合内部共济时艰;利于出现大人,是说上六应当随从尊贵的九五之君。

【注释】

①往蹇来誉:六居蹇之初,往进则益入于蹇也。"来"者,对"往"之辞。上进则为往,不进则为来。止而不进,是有见几知时之智,来则有誉也。

②王臣蹇蹇,匪躬之故:王臣,君王的大臣;蹇蹇,接连的蹇难;匪,通"非",不是;躬,自身,此处指自己的私事。

③往蹇来反:来,下来;反,返归。九三与上六为正应,然上六阴柔无位,不足以为援,故上往则蹇也;九三为下二阴所喜,故下来则为返归其所,可获稍安之地也。

④来连:连,相连,联合。六四连于九三,合力以济蹇。

⑤当位实也:六四当位且联合对象九三以阳刚得其正位,阳为实。

⑥大蹇朋来:九五尊居君位而处蹇难中,是天下之大蹇也;当蹇而又在险中,亦为大蹇。六二在下以中正相应,是其友朋前来相助也。

⑦以中节也:言九五得位居中,持守中正之节操,致朋来相助。

⑧往蹇来硕:硕,硕大。上六往前已无处可去,往下来响应九三,则可建硕大之功。

⑨志在内也:内指九三,对外卦而言称内。志向在于下应内卦九三。

⑩以从贵也:贵,指九五,九五君位故称贵。是说顺从尊贵的九五之君。

千方百计　全力助记

一、卦序卦形记忆

蹇卦为《周易》第三十九卦。

数字编码法记卦序

三舅运气真好,捡(蹇)到了一大包三九胃泰(39)。

编码:39——三九胃泰。

水山蹇

一句话法记卦形

蹇卦坎上艮下,坎为水艮为山,水山蹇。可编一句话:水山之间(蹇)有一间小木屋。

图像:河水,高山,小木屋;

想象:河水——小木屋——高山,小木屋位于河水和高山之间。

二、卦辞记忆

蹇:利西南,不利东北;利见大人,贞吉。

文王八卦方位图记卦辞

利西南,不利东北

蹇为坎上艮下,文王八卦方位,坎在北,艮在东北,故蹇难在东北;西南则为坤,南为离,离为明,坤为顺,故曰"利西南,不利东北"。

利见大人,贞吉

西南坤地平顺,靠近南方离明能享光明,故在西南利于见到大人,也能吃到蒸鸡(贞吉)。

三、彖辞记忆

彖曰：蹇,难也,险在前也。见险而能止,知矣哉！蹇利西南,往得中也；不利东北,其道穷也；利见大人,往有功也；当位贞吉,以正邦也。蹇之时用大矣哉！

释义法记彖辞

蹇,难也,险在前也

先释卦名："蹇,难也"；为卦坎在上,故曰"险在前也"。

见险而能止,知矣哉

释卦德：坎险艮止,是险而止；"见险而能止",是明智的行为,知矣哉！

蹇利西南,往得中也；不利东北,其道穷也；利见大人,往有功也；当位贞吉,以正邦也

分别说明四句卦辞：

蹇利西南——往得中也（九五往而得中也）；

不利东北——其道穷也（去东北无路可走）；

利见大人——往有功也（大人有功业可建）；

当位贞吉——以正邦也（二至上爻均当位）。

蹇之时用大矣哉

因"知矣哉""得中""往有功""正邦",盛赞蹇卦的时位功用至为宏大。

逻辑顺序：卦名——卦德——卦辞——时用。

四、大象辞记忆

象曰：山上有水,蹇；君子以反身修德。

故事法记大象辞

山上有一水塘（山上有水）,在水塘与山顶之间,矗立着一把天生石剑（蹇）,君子听说这一奇景后,立即翻身（反身）上马飞速赶去,他要在石剑下悟道修德（反身修德）。

【蹇卦】君子以反身修德

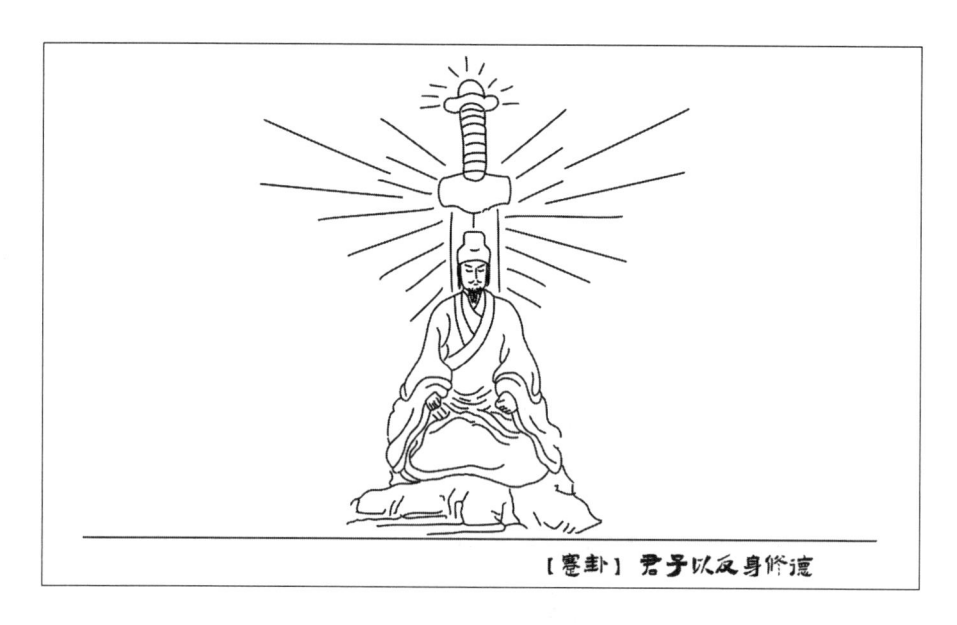

图像:山顶,水塘,石剑,君子,马;

情节:水塘与山顶间有一石剑,君子翻身上马赶去悟道修德。

五、爻辞小象辞记忆

故事法记爻辞小象辞

背景:小牛在东北开了一家网店,六天之内接待了六次检查,我们的故事以小牛的网店接受六次检查徐徐展开。

初六:往蹇,来誉。

象曰:往蹇来誉,宜待也。

初六:第一天,网监(往蹇)外勤部门来检查,小牛弄来鱼(来誉)招待。

小象说:招待网监(往蹇)弄来的鱼(来誉),是一袋野生鱼(宜待也)。

图像:网监检查人员,鱼,一个袋子;

情节:网监部门来检查,小牛弄来鱼招待;

评论:招待网监检查弄来的鱼是一袋野生鱼。

六二:王臣蹇蹇,匪躬之故。

象曰:王臣蹇蹇,终无尤也。

六二:第二天,像旧时王府臣子模样、戴着尖尖(王臣蹇蹇)帽子的人,说是代表地方乡绅来检查,一猜就是非公事之缘故(匪躬之故)。

小象说:旧王府臣子模样、戴着尖尖(王臣蹇蹇)帽子的人来检查,最终没有捞到油水嘢(终无尤也)。

图像:旧王府臣子,尖尖的帽子;

情节:旧王府臣子模样、戴尖尖帽子的人来检查,是非公事的缘故;

评论:最终没有捞到油水。

九三:往蹇来反。

象曰:往蹇来反,内喜之也。

九三:第三天,网监(往蹇)内务部门来检查,来吃了一顿饭(来反)。

小象说:网监(往蹇)检查来吃饭(来反)的人中,有一关内来的戏子嘢(内喜之也)。

图像:网监检查人员,餐桌,米饭,戏子;

情节:网监检查人员来吃饭;

评论:有一个关内来的戏子。

六四:往蹇来连。

象曰:往蹇来连,当位实也。

六四:第四天,网监(往蹇)部门,来了一个连(来连)的检查人员。

小象说:网监(往蹇)部门来的一个连(来连)人员,都是正当位有实权的人嘢(当位实也)。

图像:网监检查人员;

情节:网监部门来了一个连的检查人员;

评论:都是正当位有实权的人物。

九五:大蹇朋来。

象曰:大蹇朋来,以中节也。

九五:第五天,综合大检(大蹇)查,各方面的朋友都来了(朋来)。

小象说:大检查朋友们来(大蹇朋来),是因为一(以)周后中秋节就要到了嘢(以中节也)。

图像:各方面朋友;
情节:大检查各方面朋友都来了;
评论:因为一周后中秋节就到了。

上六:往蹇来硕,吉;利见大人。
象曰:往蹇来硕,志在内也;利见大人,以从贵也。
上六:第六天,网监(往蹇)部门来了一个硕士(来硕),对小牛说,要是有鸡(吉),立(利)即可以见到大人物(利见大人)。
小象说:网监(往蹇)部门来的硕士(来硕),平时只(志)在内部服务领导(志在内也);他说立即可以见到大人物(利见大人),是因为昨天已(以)从贵州调来的新领导是他亲戚嘢(以从贵也)。

图像:网监部门的硕士,鸡,大人物;
情节:网监来的硕士说,若有鸡,立即可见到大人物;
评论:平时只在内部服务领导,已从贵州调来的领导是他亲戚。

解卦第四十

坎下震上

对照译注　理解大意

【古文】

解①：利西南②，无所往③，其来复吉④；有攸往，夙吉⑤。

彖曰：解，险以动，动而免乎险，解。解利西南，往得众也。其来复吉，乃得中也。有攸往夙吉，往有功也。天地解而雷雨作，雷雨作而百果草木皆甲坼⑥。解之时大矣哉。

象曰：雷雨作，解；君子以赦过宥罪⑦。

【白话】

解卦：利于西南众庶之地，没有危难就无须前往，返回来修复治道才吉利；若有难需解则以早往为吉。

彖曰：解卦，遇到艰险应采取行动，只有行动才能免除艰难，这就称为解。解卦，利于西南众庶之地，前往解难将获得众人拥护；返回来修复治道可获吉祥，是因持守中道；出现艰难就要前往解难，早往吉祥，说明前往可取得功绩。天地舒解于是雷雨交加，雷雨交加时百果草木的种子都裂开发芽，蓓蕾绽放，解卦的时位意义是多么宏大啊。

象曰：雷雨兴起（草木发芽），解卦之象；君子体而用之，宜赦免过失，宽宥罪行。

【注释】

①解:卦名,为卦坎下震上,雷水解;象征舒解险难。
②利西南:文王八卦方位,坤卦在西南,坤之体广大平易,又代表众庶。解难济险,利于使用众人的力量。
③无所往:天下之难已解散,无所为也。
④其来复吉:其,发语辞;来,回来。蹇难既解,则当回来修复治道,如此则吉。
⑤有攸往,夙吉:夙,早。谓若尚有难当解,则早为之乃吉也。
⑥坼(chè):裂开,此处指种子裂开发牙,花苞绽开。
⑦赦过宥罪:赦(shè),免除和减轻;宥(yòu),宽缓。

【古文】

初六:无咎①。

象曰:刚柔之际,义无咎也②。

九二:田获三狐③,得黄矢④,贞吉。

象曰:九二贞吉,得中道也。

六三:负且乘⑤,致寇至,贞吝⑥。

象曰:负且乘,亦可丑也;自我致戎,又谁咎也?

九四:解而拇,朋至斯孚⑦。

象曰:解而拇,未当位也。

【白话】

初六:(艰难初解)没有灾祸。

象曰:初六与九四刚柔相应互为交际,在道义上没有灾祸。

九二:田猎时捕获多只狐狸,得到了黄色的箭失,守持正固吉祥。

象曰:九二守正获吉,是因为持守中道。

六三:背负重物而乘坐大车,必招强盗来抢夺。虽勉为正事,也是可鄙吝的。

象曰:背负重物反而乘车,也可看作是丑恶的行为;因自身缘故招来兵戎之难,又能归咎于谁呢?

九四:像解除脚拇指的束缚一样摆脱小人的附丽,朋友就会前来诚心相助。

象曰:像解除脚拇指的束缚一样摆脱小人的附丽,说明九四尚未居处正当的位置。

六五：君子维有解，吉；有孚于小人⑧。

象曰：君子有解，小人退也。

六五：君子可以解除患难，吉祥，能以诚信感化小人。

象曰：君子可以解除患难，小人将信服而退避。

上六：公用射隼⑨于高墉之上，获之，无不利。

象曰：公用射隼，以解悖⑩也。

上六：王公用箭射击占据高墙上的猛禽，一举捕获，无所不利。

象曰：王公用箭射击猛禽，是为了解除悖逆之人。

【注释】

①无咎：艰难初解除，初六以柔处下，上有九四正应，所以没有灾祸。

②刚柔之际，义无咎也：初六与九四相应，是刚柔相际接也；刚柔相济，为得其宜，故义无咎也。

③田获三狐：田，畋猎，去害之事；狐，邪媚之兽，喻指隐患。喻指去除小人。

④得黄矢：黄，中色；矢，刚直；黄矢，喻指居中刚直。喻指九二行其刚中之道。

⑤负且乘：负，背负重物，是小人做的事；且，反而；乘，车舆，是君子乘坐之物。

⑥贞吝：贞，正；吝，羞吝。即使所为得正，亦可羞吝。

⑦解而拇，朋至斯孚：言九四解除六三之附丽（即"拇"），然后朋（初六）至而信矣。

⑧君子维有解，有孚于小人：维，语辞。以君子之道解难释险，能用诚信感化小人。

⑨公用射隼：隼（sǔn），猛禽。上六居震动之上，处解之极，"用射"以解隼之荒悖也。

⑩悖：悖逆。

千方百计　全力助记

一、卦序卦形记忆

解卦为《周易》第四十卦。

数字编码法记卦序

解放军司令(40)发出进攻的命令。

编码:40——司令。

䷧　雷水解

一句话法记卦形

解卦上震下坎,震为雷坎为水,雷水解。解为多音字,又读 xiè,可谐音为一句话:泪(雷)水倾泻(解)而下(雷水解)。

二、卦辞记忆

解:利西南,无所往,其来复吉;有攸往,夙吉。

对称谐音法记卦辞

解:利西南

解卦是蹇卦的综卦,由蹇卦已知蹇难在东北,故曰"利西南"。

无所往,其来复吉;有攸往,夙吉

对称记忆:

"无所往",可理解为没有必要前往,"其来复吉"可谐音为"起来复机",打电话告诉家里人马上回去;

"有攸往",可理解为有必要前往,"夙吉"可谐音为"书记",扩展为前去当书记(夙吉)。

对称记忆:无所往——起来复机,有攸往——去当书记。

三、彖辞记忆

彖曰:解,险以动,动而免乎险,解。解利西南,往得众也;其来复吉,乃得中也;有攸往夙吉,往有功也。天地解而雷雨作,雷雨作而百果草木皆甲坼,解之时大矣哉。

释义引申法记彖辞

解,险以动,动而免乎险

解卦下坎险上震动,只有行动才能脱险,故曰:"解,险以动,动而免乎险。"

利西南,往得众也

文王八卦方位,西南为坤卦,坤为众,故曰:"利西南,往得众也。"

其来复吉,乃得中也

起来复机(其来复吉),打电话回家得知,奶奶(乃)得了中风(乃得中也)。

有攸往夙吉,往有功也

有朋友(攸)前往(有攸往)去当书记(夙吉),网友(往有)公(功)开表扬了他(往有功也)。

天地解而雷雨作,雷雨作而百果草木皆甲坼,解之时大矣哉

处解之时的自然物象:天地——雷雨——百果草木。前两句为顶针句式,后一句赞解卦的时位意义。

顶针:天地解——雷雨作——雷雨作——百果草木皆甲坼;

赞辞:解之时大矣哉。

四、大象辞记忆

象曰:雷雨作,解;君子以赦过宥罪。

故事法记大象辞

雷雨大作之时(雷雨作),解救人质的君子以木舟涉水过河去教化有罪之人(赦过宥罪)。

图像:雷雨大作之天,解救人质的君子,木舟,河流,罪人;

情节:解救人质的君子以木舟涉水过河去教化有罪之人。

五、爻辞小象辞记忆

故事法记爻辞小象辞

初六:无咎。

象曰:刚柔之际,义无咎也。

初六:16个壮汉在一起吃兀鹫(无咎)肉。

小象说:大汉们刚吃肉之际(刚柔之际),义弟的兀鹫也被杀死了(义无咎也)。

图像:壮汉,兀鹫,肉;

情节:16个壮汉吃兀鹫肉;

评论:刚吃肉之际,义弟的兀鹫也被杀死了。

九二:田获三狐,得黄矢,贞吉。

象曰:九二贞吉,得中道也。

九二:92个猎人在田里猎获了三只狐狸(田获三狐),得到皇室(得黄矢)92只蒸鸡(贞吉)嘉奖。

小象说:92只蒸鸡(九二贞吉),得走中宫渠道才能弄到嘞(得中道也)。

图像:猎人,农田,三只狐狸,皇宫,蒸鸡;

情节:猎人在田里捕获三只狐狸,得到皇室的蒸鸡奖励;

评论:92只蒸鸡得走中宫渠道才可弄到。

六三:负且乘,致寇至,贞吝。

象曰:负且乘,亦可丑也;自我致戎,又谁咎也?

六三:刘三背负一袋番茄(且)乘车(负且乘),到了公用电话亭,他致电扣子(致寇至)工厂的老板,让他到镇里的正林(贞吝)酒家来取番茄。

小象说:背负一袋番茄(且)乘车(负且乘),也可与后排小丑换一下座位(亦可丑也);这人自我挤车致使冷冻冰块融化(自我致戎),有水(又谁)流出来就(咎)要怪他了嘛(又谁咎也)。

图像:刘三,番茄,车子,扣子工厂,正林酒家;

情节:刘三背负番茄乘车,致电扣子厂老板到正林酒家去取;

评论:背负番茄乘车,亦可与后排的小丑换座位;自我挤车致使冰块融化,有水流出来就要怪他了。

九四:解而拇,朋至斯孚。

象曰:解而拇,未当位也。

九四:94#士兵解决了敌方耳目(解而拇),隐伏在棚子里的师傅(朋至斯孚)就出来活动了。

小象说:能轻松解决耳目(解而拇),是因为敌人未站在适当的位置嘛(未当位也)。

图像:士兵,敌人耳目,棚子,师傅;

情节:解决了耳目,棚子里的师傅出来活动了;

评论:能轻松解决耳目,是因为敌人未站在适当的位置。

六五:君子维有解,吉;有孚于小人。

象曰:君子有解,小人退也。

六五:这次庆祝活动,君子为游街(君子维有解),准备了很多鸡(吉)、油壶与小人书(有孚于小人)。

小象说:君子游街(君子有解)时,小人物都退到一边了嘛(小人退也)。

注:小人书即小孩子看的连环画。

图像:君子,街道,鸡,油壶,小人书;

编码:油壶——有孚;

情节:君子为游街准备了鸡、油壶与小人书;

评论:君子游街,小人物退到一边去了。

[解卦] 公用射隼

上六:公用射隼于高墉之上,获之,无不利。

象曰:公用射隼,以解悖也。

上六:有人埋伏在公用电话亭里往外射击一只大笋瓜(公用射隼),这只大笋瓜长在高墙之上(于高墉之上),主人获知(获之)这一情况,迅速从梨园(无不利)赶回来了。

小象说:埋伏在公用电话亭射击大笋瓜(公用射隼),是他以为有戒备嘞(以解悖也)。

图像:公用电话亭,射弓箭的人,笋瓜,高墙,梨园;

编码:梨园——无不利;

情节:有人埋伏在公用电话亭里射击高墙上的大笋瓜,主人获知消息从梨园赶回来;

评论:埋伏在公用电话亭里射击大笋瓜,是他以为有戒备。

损卦第四十一

兑下艮上

对照译注　理解大意

【古文】

损①：有孚，元吉②，无咎，可贞③，利有攸往。曷之用？二簋可用享④。

彖曰：损，损下益上，其道上行。损而有孚，元吉，无咎，可贞，利有攸往。曷之用？二簋可用享；二簋应有时，损刚益柔有时，损益盈虚，与时偕行。

象曰：山下有泽，损；君子以惩忿窒欲⑤。

【白话】

损卦：心怀诚信，初始吉祥，没有过失，可以守持正固，利于有所前往。如何体现减损之道呢？用两簋食物作祭品即可。

彖曰：损卦，减损下面的，增益上面的，其道理是居下者要向上奉献。减损时要心怀诚信，这样初始就会吉祥，没有过失，可以守持正固，利于往前行。减损之道用什么来体现呢？用二簋食物作祭品即可。用二簋食物作祭品应符合时机；减损阳刚增益阴柔，也要符合时机。减损与增益，盈满与亏虚，都要符合时机来进行。

象曰：高山下有泽水，损卦之象；君子体而用之，宜抑止忿怒，控制私欲。

【注释】

①损:卦名,为卦兑下艮上,山泽损;象征减损。

②有孚,元吉:言损道必有诚信,至诚顺理,则初始吉祥。

③无咎,可贞:所损之物无过差,则可贞固常行。

④曷之用?二簋可用享:曷(hé),同"何";簋(guǐ),古代盛放食物的竹制器皿;二簋,喻微薄简约。什么可以用来体现减损之道呢?二簋淡食可用作祭品。

⑤惩忿窒欲:惩,戒也;窒,塞也。抑制忿怒,控制私欲。

【古文】

初九:已事遄往①,无咎,酌损之。

象曰:已事遄往,尚合志也②。

九二:利贞,征凶,弗损益之③。

象曰:九二利贞,中以为志也④。

六三:三人行,则损一人;一人行,则得其友⑤。

象曰:一人行,三则疑也。

六四:损其疾,使遄有喜⑥,无咎。

象曰:损其疾,亦可喜也。

【白话】

初九:完成了修养之事就应迅速前往,没有过错;要斟酌地减损自己。

象曰:完成修养之事就应迅速前往,说明初九与上面志向相合。

九二:利于守持正固,急躁冒进会有凶险,不用自我减损就可增益上面。

象曰:九二有利于守持正固,因为他以持守中道作为自己的志向。

六三:三人出行将会减少一人,一人出行将会得到朋友。

象曰:一人出行将会得到朋友,三人出行会因意见不一致而产生猜疑。

六四:(接纳初九阳刚的增益)减损自己的疾患,如果行动迅速,将会令人喜悦,没有灾祸。

象曰:减损自己的疾患,这是令人喜悦的事。

六五：或益之十朋之龟⑦，弗克违⑧，元吉。

象曰：六五元吉，自上佑也。

上九：弗损益之⑨，无咎，贞吉，利有攸往。得臣无家⑩。

象曰：弗损益之，大得志也。

六五：有人进献大宝龟，不能推辞，大为吉祥。

象曰：六五大为吉祥，是因为有来自上天的保佑。

上九：不用减损可增益他人，没有灾祸，守持正固，吉祥，利于有所前往。能得到广大臣民的拥戴，而失去了自己的小家。

象曰：不用减损可增益他人，说明上九损益的志向大获成功。

【注释】

①已事遄往：已（yǐ），完成；遄（chuán），迅速。已完成自我修养之事就应迅速前往辅助尊者。

②尚合志也：尚，上也。与上卦六四志向相合。

③弗损益之：言不减损其所守，就可增益上面。

④中以为志也：以持守中道为志向。

⑤三人行则损一人，一人行则得其友：下卦本乾，而损上爻以益坤，此即"三人行而损一人"也；一阳上而一阴下，此即"一人行而得其友"也。

⑥损其疾，使遄有喜：（初九以阳刚增益六四）减损其阴柔之疾，唯有迅速干事才是令人喜悦的。

⑦或益之十朋之龟：两龟为朋，十朋之龟为大宝。有人进献大宝龟。

⑧弗克违：克，能；违，辞掉。不能辞掉。

⑨弗损益之：上九处损之终，不用减损，损终返益。

⑩得臣无家：得臣，谓得人心归服；无家，意为无有远近内外之限。

千方百计 全力助记

一、卦序卦形记忆

损卦为《周易》第四十一卦。

数字编码法记卦序

两个司仪(41)互损对方来取乐观众是惯用的招式。

编码:41——司仪。

山泽损

一句话法记卦形

损卦艮上兑下,艮为山兑为泽,山泽损。可编一句话记卦形:

扇子折了几下就破损了(山泽损)。

[损卦] 二簋于用享

二、卦辞记忆

损:有孚,元吉,无咎,可贞,利有攸往,曷之用？二簋可用享。

故事法记卦辞

就扇子折了几下就已破损一事,商家提出如下弥补损失方案:油壶(有孚)、圆鸡蛋(元吉)、兀鹫(无咎),可真(可贞)能跑步的骏马(利有攸往)模型,全部免费赠送。这下买扇子的乐开了花,于是问:这么多东西用什么装呢(曷之用)?商家老板说:这两个竹制圆筐可以装(二簋可用享)。

图像:油壶,圆鸡蛋,兀鹫,骏马模型,两个竹筐;

编码:油壶——有孚,圆鸡蛋——元吉,骏马——利有攸往;

情节:商家拿出油壶、圆鸡蛋、兀鹫和可真能跑的骏马模型,用两个竹筐装好,作为补偿。

三、象辞记忆

象曰:损,损下益上,其道上行。损而有孚,元吉,无咎,可贞,利有攸往。曷之用?二簋可用享;二簋应有时,损刚益柔有时,损益盈虚,与时偕行。

释义法记象辞

损,损下益上,其道上行

这两句是解释损卦的基本大意。损卦的宗旨是减损下面增益上面(损下益上),其道理是资源往上面运行(其道上行)。

损而有孚,元吉,无咎,可贞,利有攸往。曷之用?二簋可用享

这一节几乎是卦辞原文。只是在卦名"损"和卦辞"有孚"之间加了一个"而"字,加这个"而"字,说明"有孚"是后面五项的前提条件,弄清楚了这个关系,前面用故事法已经记下了卦辞,那这一节就可以记住了。

二簋应有时,损刚益柔有时,损益盈虚,与时偕行

以上四句讲"时",可分析一下语言组织顺序,有助于记忆。

前一节最后讲了"二簋",此节紧承上一节的"二簋",讲用二簋祭祀应有时;再讲本卦卦旨损刚益柔应有时,最后引申到天道,损益盈虚,均应与时偕行。

逻辑顺序:损卦宗旨——损而有孚(前提)——卦辞——时(二簋、损刚益柔、损益盈虚)

四、大象辞记忆

象曰：山下有泽,损；君子以惩忿窒欲。

故事法记大象辞

有一老人住在山下有沼泽的一间小茅草棚子里,因长年潮湿,患下了腰肌劳损。君子知道后,以成分(以惩忿)精纯的药膏治愈(窒欲)了老人的顽疾。

图像：山下沼泽旁的小茅草棚,老人,君子,药膏；

谐音：成分——惩忿,治愈——窒欲；

情节：君子以成分精纯的药膏治愈了老人的顽疾。

五、爻辞小象辞记忆

记忆宫殿法记爻辞小象辞

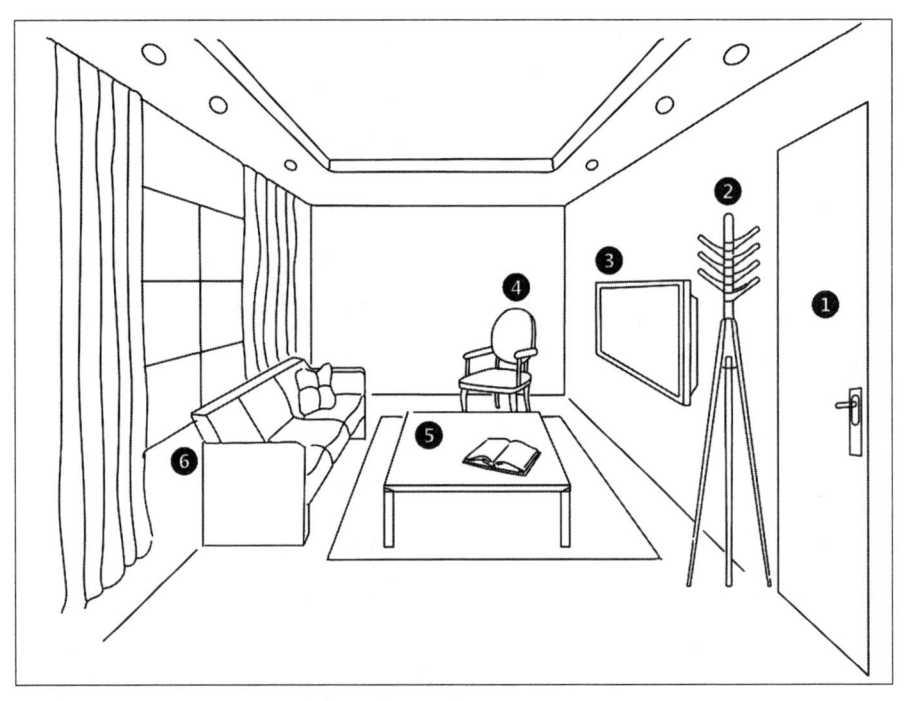

地点桩：①大门；②衣架；③电视机；④椅子；⑤茶几；⑥沙发

初九：已事遄往,无咎,酌损之。

象曰：已事遄往,尚合志也。

①大门——初九

初九:一进**大门**,**医师**就踹了老王(已事遄往)一脚,大声呵斥道:无酒(无咎)喝就一副做孙子(酌损之)的样子,看见你就恶心。

小象说:医师踹老王(已事遄往),是因为老王头上戴了一个空盒子嚟(尚合志也)。

图像:大门,医师,老王,空酒瓶子,空盒子;

情节:医师踹老王,骂他无酒喝就一副做孙子的模样;

评论:老王头上戴了一个空盒子。

九二:利贞,征凶,弗损益之。

象曰:九二利贞,中以为志也。

②衣架——九二

九二:在大雨天(利贞)追捕熊瞎子(征凶)的二舅脱下外套放到**衣架**上,然后兴奋地说,我们家在树林里的小木屋没有什么损失(弗损),还多了一把椅子(益之)。

小象说:二舅大雨天(九二利贞)追熊瞎子,他总以为只有大雨天熊瞎子会出来嚟(中以为志也)。

图像:衣架,二舅,大雨天,熊瞎子,椅子;

编码:大雨天——利贞,熊瞎子——征凶;

情节:大雨天追捕熊瞎子的二舅回到家说,小木屋没损失,还多了一把椅子;

评论:他总以为只有大雨天熊瞎子会出来。

六三:三人行,则损一人;一人行,则得其友。

象曰:一人行,三则疑也。

③电视机——六三

六三:**电视机**正播放一则寻人启事:三人同行,不小心在沼泽边走丢了一人(则损一人);现在他一人行走,听说他在沼泽边得到了一壶汽油(则得其友),很危险,有人看见他,尽快电告。

小象说:一人行走很难找,若是三个人则一夜(三则疑也)就可找到。

图像:电视机,行走的三人,沼泽,一壶汽油;

情节:三人同行,不小心在沼泽边走丢了一人;那一人行走到沼泽边得到了一壶汽油;

评论:一人行走很难找,若是三个人则一夜就可找到。

六四:损其疾,使遄有喜,无咎。

象曰:损其疾,亦可喜也。

④椅子——六四

六四:老中医坐在**椅子**上诊治孙老头的奇怪疾病(损其疾),突然他使劲踹了老头一脚,然后面有喜(使遄有喜)色地说,好了,你的兀鹫(无咎)归我了。

小象说:踹一脚治好了孙老头的奇怪疾病(损其疾),也是可喜的事嘚(亦可喜也)。

图像:椅子,老中医,孙老头,兀鹫;

情节:孙老头的奇怪疾病被老中医使劲踹一脚治好了,老中医面有喜色地说,兀鹫归他了;

评论:治好了孙老头的奇怪疾病,也是可喜的事。

六五:或益之十朋之龟,弗克违,元吉。

象曰:六五元吉,自上佑也。

⑤茶几——六五

六五:刘武老婆生完小孩坐月子,丈母娘开了一张坐月子的单子放在**茶几**上,单子上写着:能烤火椅子(或益之)、十盆子龟(十朋之龟)、五克芦苇(弗克违),还有圆鸡蛋(元吉)。

小象说:刘武的圆鸡蛋(六五元吉),是画在纸上右角的圆圈圈嘚(自上佑也)。

图像:茶几,清单纸,能烤火椅子,十盆子龟,五克芦苇,圆鸡蛋;

情节:茶几上的清单写着:能烤火椅子,十盆子龟,五克芦苇,圆鸡蛋;

评论:刘武的圆鸡蛋是用纸上右角的圆圈圈来表示的。

上九：弗损益之，无咎，贞吉，利有攸往。得臣无家。

象曰：弗损益之，大得志也。

⑥沙发——上九

上九：从酒楼喝完酒的老六回家斜靠在**沙发**上说，今天手气不错，没有损失(弗损)，赢了一把椅子(益之)，虽然无酒(无咎)喝，但吃了蒸鸡(贞吉)，还骑了骏马(利有攸往)，太爽了；得乘还没成家(得臣无家)，好好玩几年。

小象说：没有损失(弗损)赢了一把椅子(益之)，就好像大大实现了志向嘞(大得志也)。

图像：老六，沙发，椅子，蒸鸡，骏马；

编码：蒸鸡——贞吉，骏马——利有攸往；

情节：老六赌博没有损失还赢了一把椅子，无酒喝但吃了蒸鸡，骑了骏马，他想着得乘还没成家好好玩几年；

评论：没有损失赢了一把椅子，就好像大大实现了志向一样。

益卦第四十二

震下巽上

对照译注　理解大意

【古文】

益①：利有攸往，利涉大川。

彖曰：益，损上益下，民说无疆；自上下下②，其道大光；利有攸往，中正有庆；利涉大川，木道乃行③；益动而巽，日进无疆④；天施地生，其益无方⑤；凡益之道，与时偕行。

象曰：风雷，益；君子以见善则迁⑥，有过则改。

【白话】

益卦：利于有所前往，利于渡过大河。

彖曰：益卦，减损上面的增益下面的，民众喜悦没有疆界；从上面施利给下面，这种道义大放光芒；利于有所前往，因为中正有喜庆；利于渡过大河，是说木行水上之道畅行；益卦下面行动而上面逊顺，其利益就可日日增进广大无疆；天施恩泽大地化生，其利益是无边无际的；凡增益之事，都要符合时机行动，这就是增益之道。

象曰：风雷交相助势，益卦之象；君子体而用之，宜见到善行就虚心学习改进自我，有过错就迅速改正。

【注释】

①益：卦名，为卦震下巽上，风雷益；象征增益。

②自上下下：前"下"，动词，指降下福泽；后"下"，名词，指下面的人。意为

从上面降福泽给下面的臣民。

③木道乃行：上巽阴木，下震阳木，故云"木道"。当艰危之时，乃行木道涉川济险。

④益动而巽，日进无疆：下震动而上巽顺，动而巽也；其行动巽顺于义理，则其益日进，广大而无有疆限。

⑤无方：方，所也。有方所，则有限量；无方，谓广大无穷极也。

⑥迁：转变，指学习改进。

【古文】

初九：利用为大作①，元吉无咎。

象曰：元吉无咎，下不厚事②也。

六二：或益之十朋之龟，弗克违，永贞吉。王用享于帝③，吉。

象曰：或益之，自外来也。

六三：益之用凶事④，无咎。有孚中行⑤，告公用圭⑥。

象曰：益用凶事，固有之也⑦。

六四：中行，告公从；利用为依迁国⑧。

象曰：告公从，以益志也。

【白话】

初九：利于被任用做大事，大善吉祥，没有灾祸。

象曰：大善吉祥，没有灾祸，在下者不能承担重大事情。

六二：有人送来大宝龟，不能推辞，永久守持正固吉祥。君王任用六二祭祀天地，吉祥。

象曰：有人增益他，是从外部不招自来的。

六三：增益自己，用来拯救危难，没有灾祸。有诚信持中慎行，手执玉圭向王公禀告。

象曰：增益自己用来拯救危难，是其本来应该做的事情。

六四：持中慎行，禀告王公将获得信任而听从建议；利于任用六四以之为依靠迁移国都施益民众。

象曰：禀告王公将获得信任而听从建议，是说六四以增益天下为志向。

九五：有孚惠心，勿问元吉；有孚惠我德。

象曰：有孚惠心，勿问之矣；惠我德，大得志也。

九五：有诚信地施惠天下人的心愿，不用问这原本是吉祥的；天下人也会诚信地回报我的恩德。

象曰：有诚信地施惠于臣民的心愿，毫无疑问是吉祥的；回报我的恩德，说明九五大得损上益下的志向。

上九：莫益之，或击之⑨；立心勿恒，凶⑩。

象曰：莫益之，偏辞也⑪；或击之，自外来也。

上九：没有人增益他，有人攻击他；益民之心不能恒久，有凶险。

象曰：没有人增益他，这还不是爻辞的真正含义；有人攻击他，这是从外部自然而来的。

【注释】

①利用为大作：用，任用。言初九为震动之主，利于被任用作大益天下之事。

②下不厚事：下，居下位者；厚，重大。指居下位者不能担当重大之事。

③王用享于帝：用，任用；享，祭祀；帝，天地。君王任用六二祭祀天地。

④益之用凶事：益，增益；用，用来；凶事，危难之事。增益自己用来拯救危难。

⑤有孚中行：言六三不中不正，戒其应心怀诚信且持守中行之德。

⑥告公用圭：圭，玉圭。手执玉圭向王公禀告以示诚敬，公必任之以救衰危。

⑦固有之也：固，原本，本来。（增益自己用以济难）是其本来就应该做的事情。

⑧利用为依迁国：用，任用；依，依靠。利于以此为依靠迁移国都。

⑨莫益之，或击之：言上九以阳刚居益之极，益极则变损，故而没人增益他，反有人攻击他。

⑩立心勿恒，凶：以其所立益民之心不恒久，故凶。

⑪偏辞也：偏，非正，偏辞，不是正词。言此句非爻辞之正意，正意在下句。

千方百计　全力助记

一、卦序卦形记忆

益卦为《周易》第四十二卦。

数字编码法记卦序

柿儿(42)可做益生菌原料。

编码:42——柿儿。

风雷益

一句话法记卦形

益卦上巽下震,巽为风震为雷,风雷益。可编一句话:风雷一(益)起来了。

二、卦辞记忆

益:利有攸往,利涉大川。

故事法记卦辞

这一(益)家人好有钱,有骏马(利有攸往),有大船(利涉大川)。

编码:骏马——利有攸往,大船——利涉大川。

另,释义推理法记卦辞:益卦是讲增益天下人的道理,天下人都能受到增益,故"利有攸往";天下人都能受到增益,故可涉险济难,是为"利涉大川"也。

三、彖辞记忆

彖曰:益,损上益下,民说无疆;自上下下,其道大光;利有攸往,中正有庆;利涉大川,木道乃行;益动而巽,日进无疆;天施地生,其益无方;凡益之道,与时偕行。

益卦象辞四字一句,共十四句,两句一对共七对,工整对称,朗朗上口。可以先以诗词体进行排列编号,再记忆:

(1)损上益下,民说无疆;(增益民众,故民悦无疆)
(2)自上下下,其道大光;(施惠于下,故其道大光)
(3)利有攸往,中正有庆;(居中得正,故利有攸往)
(4)利涉大川,木道乃行;(卦有木道,故利涉大川)
(5)益动而巽,日进无疆;(下动上巽,故日进无疆)
(6)天施地生,其益无方;(天地广生,故其益无方)
(7)凡益之道,与时偕行。(凡用益道,都应重"时")

第(1)、(2)对,前四字"损上益下""自上下下",讲益卦卦旨,后四字"民说无疆""其道大光"讲效果,押 ang 韵;

第(3)、(4)对,前四字"利有攸往""利涉大川"为卦辞,后四字"中正有庆""木道乃行"讲原由和效果,押 ing 韵;

第(5)、(6)对,前四字"益动而巽""天施地生"分别讲卦德并引申到天地广生之大德,后四字"日进无疆""其益无方"讲效果及功用,押 ang 韵;

第(7)对,"凡益之道,与时偕行",总结益道重"时",并呼应第(3)、(4)对的 ing 韵。

另,可编一句口诀记首字:减损自利,利益天凡。(减损自己利益,利益天下凡人。)

四、大象辞记忆

象曰:风雷,益;君子以见善则迁,有过则改。

联想法记大象辞

风雷交相助势,为益卦之象,君子观之,联想到众君子之间应相互增益。君子之间相互增益,莫过于见到别人的优点长处就学习借鉴(见善则迁),发现自己的错误就迅速改正(有过则改)。

另,亦可提取关键词,将"见善则迁,有过则改",化繁为简为善迁过改,谐音为三千锅盖,可编一句话:风雷一(益)走,君子已(以)送三千(善迁)锅盖(过改)给百姓做饭用。

五、爻辞小象辞记忆

爻位定桩法记爻辞小象辞

初九:利用为大作,元吉,无咎。

象曰:元吉无咎,下不厚事也。

初九——药酒

初九:喜欢喝养生酒的老幺<u>利用</u>**药酒**为大作家(利用为大作)老莫治好了难言之隐,得到了一筐<u>圆鸡蛋</u>(元吉)和一只<u>兀鹫</u>(无咎)作报酬。

小象说:<u>圆鸡蛋</u>、<u>兀鹫</u>(元吉无咎)的谢礼,是为了请教<u>下</u>步进入<u>后室</u>的<u>方法嘚</u>(下不厚事也)。

注:后室,外网词汇,是相对于地球存在的平行宇宙,面积达15亿平方公里,人们生活的现实空间是前厅,但在现实中通过某种错误手段会进入另一个空间,这就是后室。

图像:药酒,老幺,大作家,圆鸡蛋,兀鹫;

情节:老幺利用药酒为大作家治好了顽疾,得到了圆鸡蛋和兀鹫作为酬谢;

评论:送圆鸡蛋、兀鹫,是为了请教下步进入后室的方法。

六二:或益之十朋之龟,弗克违,永贞吉。王用享于帝,吉。

象曰:或益之,自外来也。

六二——牛儿

六二:老二用他心爱的**牛儿**换回了烤<u>火</u>椅子,<u>十盆</u>子龟(或益之十朋之龟)、<u>五克芦苇</u>(弗克违),但也有好处,换回这些,丈母娘说他可以<u>永远吃蒸鸡</u>(永贞吉),这可是帝王般的生活了。因为他听说古代很多诸侯<u>王用</u>餐想与帝王一起吃鸡(王用享于帝,吉)。

小象说:烤<u>火</u>椅子(或益之),是<u>自外</u>太空弄<u>来的嘚</u>(自外来也)。

图像:烤火椅子,十盆子龟,五克芦苇,蒸鸡,鸡,诸侯王,皇帝;

谐音:火椅子——或益之,十盆子龟——十朋之龟,五克芦苇——弗克违;

情节：换回了烤火椅子、十盆子龟、五克芦苇，可永远吃蒸鸡，听说古代诸侯王用餐最想与帝王一起吃鸡；

评论：烤火椅子,是自外太空弄来的。

【益卦】告公用圭

六三：益之用凶事,无咎。有孚中行,告公用圭。

象曰：益用凶事,固有之也。

六三——刘三

六三：小姨子用的雄狮（益之用凶事）玩具、兀鹫（无咎）、油壶和中信卡（有孚中行），都是<u>刘三</u>高工用硅胶（告公用圭）做的。

小象说：小姨用的雄狮（益用凶事），是故友之子送的嘢（固有之也）。

图像：小姨子,雄狮玩具,兀鹫,油壶,中信卡,刘三高工,硅胶,故友之子；

编码：中信卡——中行；

情节：小姨子用的雄狮玩具、兀鹫、油壶和中信卡，都是高工用硅胶做的；

评论：小姨用的雄狮玩具,是故友之子送的。

六四：中行,告公从；利用为依迁国。

象曰：告公从,以益志也。

六四——肉丝

六四:老四用中信卡买了一斤肉,做了高工从(告公从)未吃过的鱼香肉丝,他利用唯一技能为欠过(利用为依迁国)的人情还债。

小象说:高工从(告公从)未吃过鱼香肉丝,所以一直想吃嘢(以益志也)。

图像:老四,中信卡,高工,鱼香肉丝;

编码:肉丝——六四,中信卡——中行;

情节:用中信卡买的肉做高工从未吃过的鱼香肉丝,利用唯一技能为欠过的人情还债;

评论:高工从未吃过,所以一直很想吃。

九五:有孚惠心,勿问元吉;有孚惠我德。

象曰:有孚惠心,勿问之矣;惠我德,大得志也。

九五——酒壶

九五:王老五醉醺醺,拿着酒壶,往油壶里倒酒,然后对着油壶咀喝,还会心(有孚惠心)地笑着;他老婆说,不用问圆鸡蛋(勿问元吉)一定是他吃了。拿油壶当了酒壶,买新油壶又要费我的(有孚惠我德)银子呀。

小象说:拿着油壶喝,还会心(有孚惠心)地笑,不用问就知(之)道一切啦(勿问之矣);他老婆说,买新油壶费我的(有孚惠我德)银子,这是打的子女的主意嘢(大得志也)。

图像:酒壶,油壶,圆鸡蛋,王老五,他老婆;

编码:油壶——有孚;

谐音:会心——惠心,费我的——惠我德,打的子——大得志;

情节:对着油壶咀喝,会心地笑,不用问圆鸡蛋是他偷吃了,买新油壶要费我的银子;

评论:拿着油壶会心地笑,不用问就知道一切啦;说是费我的银子,打的子女的主意。

上九:莫益之,或击之;立心勿恒,凶。

象曰:莫益之,偏辞也;或击之,自外来也。

上九——酒楼

上九:货机机长正为舱位载重不平衡发愁之时,**酒楼**老板打电话来说要运一批椅子。机长乘机给机务人员上安全课,没有椅子(莫益之)压货舱,货机之(或击之)平衡就有问题,如果平衡有问题,那飞起来离心力就不恒定(立心勿恒),这样就会发生凶险。

小象说:没有椅子(莫益之),偏磁是不行的嘢(偏辞也);这架货机制(或击之)造材料是自外太空弄来的嘢(自外来也)。

注:偏磁,小象认为货机载重不平衡会产生不对称磁通。

图像:椅子,货机,机长,酒楼老板;

情节:没有椅子压货舱,货机之平衡就有问题,离心力会不恒定,飞起来有凶险;

评论:没有椅子,偏磁是不行的;货机制造材料是自外太空弄来的。

卷八

下经之三：夬 姤 萃 升 困 井

夬卦第四十三

乾下兑上

对照译注　理解大意

【古文】

夬①：扬于王庭②，孚号有厉③，告自邑，不利即戎④，利有攸往。

彖曰：夬，决也，刚决柔也。健而说，决而和。扬于王庭，柔乘五刚也；孚号有厉，其危乃光也；告自邑，不利即戎，所尚乃穷也；利有攸往，刚长乃终也⑤。

【白话】

夬卦：得意放肆于王庭，心怀诚信地号令众人戒备危险，告诫居邑先做好自己的事，不利于立即动武，利于有所前往。

彖曰：夬，决断的意思，是阳刚决断阴柔。刚健而和悦，阳刚决断阴柔故而和谐。得意放纵于王庭，是由于阴柔乘陵于五阳刚之上；诚心地号令大家戒备危险，有危险感才能走向光明；告诫居邑做好自己的事情，不利于立即兴兵出师，是说崇尚刚武将使前道穷极；利于有所前往，是说阳刚盛长将是最终的结局。

象曰:泽上于天,夬;君子以施禄及下,居德则忌⑥。

象曰:泽水上升到天上,夬卦之象;君子体而用之,宜施福泽于民众,若居积德泽不施,则必被忌恨。

【注释】

①夬(guài):卦名,为卦乾下兑上,泽天夬;有果决之意;十二消息卦之一,三月之卦。

②扬于王庭:扬,张扬。上六以一阴加于五阳之上,犹如小人得意放肆于王庭之上。

③孚号有厉:孚,心怀诚信;号,号令;厉,危险。诚信号令众人戒备危险。

④告自邑,不利即戎:自邑,自己的居邑;即,从;戎,兵武。宜先自治,不宜动武也。

⑤刚长乃终也:终,最终的结局。阳刚虽盛,尚有一阴也将决去,乃阳刚进长之终也。

⑥施禄及下,居德则忌:下,民众;居,居积;忌,忌恨。言人君当施福泽予下民,若居积其福泽而不下施,乃深为人所忌也。

【古文】

初九:壮于前趾,往不胜,为咎。

象曰:不胜而往,咎也。

九二:惕号,莫夜有戎,勿恤①。

象曰:有戎勿恤,得中道也。

【白话】

初九:脚前趾壮盛,妄进不会获胜,而是灾祸。

象曰:不能取胜而急于前往,必有灾祸。

九二:警惕呼号,晚上出现兵乱,不必忧虑。

象曰:出现兵乱不必忧虑,是因为九二深得居中慎行之道。

九三：壮于頄②，有凶。君子夬夬③，独行遇雨④，若濡有愠，无咎⑤。

象曰：君子夬夬，终无咎也。

九四：臀无肤，其行次且⑥。牵羊⑦悔亡，闻言不信。

象曰：其行次且，位不当也；闻言不信，聪不明也。

九五：苋陆夬夬⑧，中行无咎。

象曰：中行无咎，中未光也。

上六：无号⑨，终有凶。

象曰：无号之凶，终不可长也。

九三：强盛显露于面部颧骨之上，有凶险；君子做事刚毅果断，独自前行遇到下雨，淋湿了衣服（被人怀疑与小人合作），而被人愠怒，没有灾祸。

象曰：君子做事果断，最终没有灾祸。

九四：臀部失去皮肤，行动困难，牵住壮羊抑制其刚猛，悔恨消亡；但听见此言而不能信从。

象曰：行动艰难，因为九四居位不当；听到忠言却不相信，说明他不明事理。

九五：像斩除马齿苋和其生长的土壤一样果决，刚毅中正的行动必无灾祸。

象曰：刚毅中正的行为虽无灾祸，但中正之道也尚未发扬光大。

上六：没有可以呼号的对象，终究有凶险。

象曰：没有可以呼号对象的凶险，是说上六高居上位的情势终究不可能长久。

【注释】

①惕号，莫夜有戎：惕，警惕；号，呼号；莫，通"暮"，夜晚；戎，兵戎。

②壮于頄：頄(qiú)，面颊骨。言九三刚而过中，欲刚壮显露于面目也。

③君子夬夬：夬夬，刚毅果断。众阳之中独九三与上六有应，戒其不系私爱而果决也。

④独行遇雨：众阳之中独九三与上六有应，阳刚九三前行可合于阴柔上六，故曰"独行遇雨"。

⑤若濡有愠，无咎：濡，淋湿；愠，愠怒。喻指九三即使暂与小人合作而为君子所愠，然终必能决去小人而无所咎也。

⑥次且:通"趑趄(zījū)",行进困难之状。

⑦牵羊:如牵羊一样抑制其刚壮。

⑧苋陆夬夬:苋,苋菜;陆,生长苋菜的陆地。言欲夬去其苋,并其所种之地亦决之。即俗语斩草除根之意。

⑨无号:言上六两呼号对象九三(其正应)和九五(其亲比),均被"夬夬",故没有可呼号的对象。

千方百计　全力助记

一、卦序卦形记忆

夬卦为《周易》第四十三卦。

数字编码法记卦序

这个死神(43)很奇怪(夬),居然忘了带镰刀。

编码:43——死神。

泽天夬

一句话故事法记卦形

夬卦,兑上乾下,兑为泽乾为天,泽天夬。可编一句话故事:武则天怪(泽天夬)武三思无才。

注:武三思为武则天之侄。

图像:武则天,武三思。

二、卦辞记忆

夬:扬于王庭,孚号有厉,告自邑,不利即戎,利有攸往。

故事法记卦辞

一大怪事(夬):养鱼人去王家庭院(扬于王庭)给富豪送油梨(孚号有

厉);富豪回赠了膏子一大瓶(告自邑),告诉他这膏子不利于即时融(不利即戎)化,要慢慢融化;后来又牵出来一匹骏马(利有攸往)让他骑。

图像:养鱼人,王家庭院,富豪,油梨,膏子一瓶,骏马;

编码:油梨——有厉,骏马——利有攸往;

情节:养鱼人送王家庭院富豪油梨,得到膏子一瓶,不利于即时融化;后来骑骏马。

另,首字提示法:扬孚告利,谐音"养父高丽",扩展为养父高丽人。

三、象辞记忆

象曰:夬,决也,刚决柔也。健而说,决而和。扬于王庭,柔乘五刚也;孚号有厉,其危乃光也;告自邑,不利即戎,所尚乃穷也;利有攸往,刚长乃终也。

释义法记象辞

夬,决也,刚决柔也

以四字释卦名"夬",夬是"决"的意思,是"刚决柔"的意思。

健而说,决而和

前三字是卦德,下乾为健,上兑为说(即悦),连起来为"健而说";后三字是夬卦的卦旨,"夬"是"决","决"的目的(或结果)是"和",故曰"决而和"。

下面分四小节解释卦辞:

扬于王庭,柔乘五刚也

为卦一柔爻在上而五刚爻在下,是"柔乘五刚也",以"柔乘五刚"注解小人飞扬跋扈于王庭(扬于王庭)之上。

孚号有厉,其危乃光也

有诚信的号令提示有危险(孚号有厉),有危机意识才能走向光明(其危乃光也),后一句是卦辞"孚号有厉"的效果。

告自邑,不利即戎,所尚乃穷也

告诫自己的居邑(告自邑),不利于立即兵戎(不利即戎)相见。前面两句是卦辞,后面一句"所尚乃穷也"是对前面卦辞的反向告诫或警示,即如果所崇尚的是刚暴行为那将会穷途末路(所尚乃穷也)。

利有攸往,刚长乃终也

前一句卦辞,后一句是前一句的前景,意思是阳刚盛长乃是最终结局(刚长乃终也)。

顺序:释卦名——分四小节释卦辞。

前面卦辞以"扬孚告利"(养父高丽)首字提示,后面效果以"柔其所刚"(揉脐缩肛)首字提示。

四、大象辞记忆

象曰:泽上于天,夬;君子以施禄及下,居德则忌。

故事法记大象辞

这伞雨天(泽上于天)怪(夬)不好用的,君子已(君子以)经湿漉漉的,风吹了几下(施禄及下)伞就坏了;刚到全聚德这几(居德则忌)把伞全坏了。

图像:伞,雨天,君子,全聚德;

情节:这伞雨天怪不好用的,君子已经湿漉漉,风吹几下就坏了;刚到全聚德这几把伞全坏了。

五、爻辞小象辞记忆

故事法记爻辞小象辞

初九:壮于前趾,往不胜为咎。

象曰:不胜而往,咎也。

初九:狄仁杰走路被车撞了,撞的部位是前脚趾(壮于前趾),他是前往药铺买补肾果的途中为救(往不胜为咎)一个小孩儿才被车撞的。

小象说:为买补肾果而前往(不胜而往)药铺,是他舅爷(咎也)的主意。

注:补肾果一般是指厚鳞柯。

图像:狄仁杰,车,药铺,补肾果,小孩,舅爷;

情节:狄仁杰的前脚趾,是前往买补肾果的途中为救一小孩被撞的;

评论:为买补肾果而前往,是舅爷让他去的。

九二:惕号,莫夜有戎,勿恤。

象曰:有戎勿恤,得中道也。

九二:听说帝豪(惕号)酒店游泳池夜晚如白天,丘二叔慕名<u>夜</u>里去<u>游泳</u>(<u>莫夜有戎</u>),他担心找不到停车位,侍应生让他<u>不用担心</u>(<u>勿恤</u>),只要肯交钱,车位很充足。

小象说:开车来<u>游泳不用担心</u>(<u>有戎勿恤</u>)停车,<u>得</u>走<u>中</u>间贵宾通<u>道</u>才行嘢(<u>得中道也</u>)。

图像:帝豪酒店游泳池,丘二叔,小汽车;

情节:帝豪酒店游泳池,丘二叔慕名夜晚去游泳,不用担心停车的问题;

评论:来游泳不担心停车问题,得走中间道才行。

[夬卦] 獨行遇雨

九三:壮于頄,有凶。君子夬夬,独行遇雨,若濡有愠,无咎。

象曰:君子夬夬,终无咎也。

九三:<u>站桩</u>双手于胸前抱球(<u>壮于頄</u> qiú),即使<u>有熊</u>(<u>有凶</u>)走过来也不能动,这是教练君子严苛的要求,鸠山说,这个教练<u>君子怪怪</u>(<u>君子夬夬</u>)的,他一个人<u>独</u>自行走,<u>遇</u>到<u>下雨</u>(<u>独行遇雨</u>),也不避雨,仿若儒生一般去给一个<u>有孕</u>(<u>若濡有愠</u>)的<u>兀鹫</u>(<u>无咎</u>)送食物去了。

小象说:<u>君子怪怪</u>(<u>君子夬夬</u>)地不怕雨淋,<u>终</u>究见到兀鹫嘢(<u>终无咎</u>

也)。

图像:站桩抱球的人,熊,教练君子,有孕的兀鹫;

情节:教练要求站桩于胸前抱球,有熊过来也不能动;君子怪怪地独自行走,遇雨也不避雨,仿若儒生一般去给有孕的兀鹫送食物;

评论:君子怪怪的,终究见到了兀鹫。

九四:臀无肤,其行次且;牵羊悔亡,闻言不信。

象曰:其行次且,位不当也;闻言不信,聪不明也。

九四:老四听闻这个屯子里的武夫(臀无肤)有一个以七星武者自居(其行次且);有一牵羊人露出笑脸(牵羊悔亡)说,听闻这言论他不相信(闻言不信)。

小象说:以七星武者自居(其行次且),这是他自己居位不正当嘟(位不当也);听闻此言论不相信(闻言不信),说明他自作聪明、不明事理嘟(聪不明也)。

图像:屯子里的武夫,牵羊人,笑脸;

情节:一个屯里武夫以七星武者自居,牵羊人露出笑脸说,听闻此言他不相信;

评论:以七星自居,这是居位不当嘟;闻此言而不信,是他自作聪明、不明事理。

九五:苋陆夬夬,中行无咎。

象曰:中行无咎,中未光也。

九五:老五旧屋的电灯时常不亮,电工来检查后说这线路怪怪(苋陆夬夬)的,往中间走(中行)就可以了,说完他就让兀鹫(无咎)飞回去拿电线。

小象说:从房中间走线,兀鹫(中行无咎)去取线,这屋中没有亮光的问题马上就要解决了嘟(中未光也)。

图像:老五旧屋,电工,电灯,线路,兀鹫;

情节:旧屋灯不亮,电工说线路怪怪的,往中间走就行,兀鹫去取电线;

评论:屋中没有亮光的问题就要解决了。

上六:无号,终有凶。

象曰:无号之凶,终不可长也。

上六:老六看病没有挂上号(无号),就上山摘野果,不料中途有一头熊(终有凶)偷偷跟上他了。

小象说:看病没有挂上号的老六遇到的熊(无号之凶),终究不可能跟他走多长的路嘢(终不可长也)。

图像:看病没挂上号的老六,熊;

情节:看病没挂上号的老六上山途中有熊跟上他了;

评论:熊终究不可能跟着走多长的路。

姤卦第四十四

巽下乾上

对照译注　理解大意

【古文】

姤①：女壮，勿用取女②。

彖曰：姤，遇也，柔遇刚也。勿用取女，不可与长也。天地相遇，品物咸章也；刚遇中正，天下大行也。姤之时义大矣哉！

象曰：天下有风，姤；后③以施命诰④四方。

【白话】

姤卦：女人强盛，不要娶这样的女人。

彖曰：姤，是相遇的意思，阴柔遇到阳刚。不要娶这样的女人，因为不可与她长久相处。天地阴阳二气相遇，万物化生都显示出章美；阳刚得遇中正，天下正道大为畅行。姤卦的时位意义是多么伟大啊！

象曰：天下有风，姤卦之象；君王体而用之，宜颁布命令，昭告四方。

【注释】

①姤(gòu)：卦名，为卦巽下乾上，天风姤；姤，相遇之意；十二消息卦之一，五月之卦。

②女壮，勿用取女：取，通"娶"；勿用，不宜。女子壮盛，是以不可娶也。

③后：君王，与先王相对。

④诰：告，晓谕警戒之意。

【古文】

初六：系于金柅①，贞吉，有攸往，见凶，羸豕孚蹢躅②。

象曰：系于金柅，柔道牵也③。

九二：包有鱼④，无咎，不利宾。

象曰：包有鱼，义不及宾也。

九三：臀无肤，其行次且，厉，无大咎。

象曰：其行次且，行未牵也⑤。

九四：包无鱼，起⑥凶。

象曰：无鱼之凶，远民也。

九五：以杞包瓜，含章，有陨自天⑦。

象曰：九五含章，中正也；有陨自天，志不舍命也。

上九：姤其角⑧，吝，无咎。

象曰：姤其角，上穷吝也。

【白话】

初六：系在坚固的刹车器上，持守正固吉祥，向前行进，会出现凶险，像瘦弱的母猪一样狂躁跳动不已。

象曰：系在坚固的刹车器上，是因阴柔小人要往上前进。

九二：包裹里有鱼，没有灾祸，不利于招待宾客。

象曰：包裹里有鱼，但它的意义不是用来招待宾客的。

九三：臀部没有皮肤，行走艰难，危险，但没有大的灾祸。

象曰：行走艰难，因其行走无人牵引。

九四：包裹里没有鱼，起而相争，有凶险。

象曰：没有鱼的凶险，是因为远离民众。

九五：用杞树叶子包裹甜瓜，犹如隐含才华，机遇会自天而降。

象曰：九五隐含才华，是因为居中守正；有理想的机遇从天而降，说明九五的志向未违背天命。

上九：有如兽角般（既高高在上又刚强亢盛）地与人相遇，会有遗憾，但不能咎责他人。

象曰：如兽角般与人相遇，是说上九居高极上而导致遗憾。

【注释】

①金柅：金，坚刚之物；柅(nǐ)，制动之主。坚刚的刹车器。

②羸豕孚蹢躅：羸，瘦弱；孚，务燥；蹢躅(zhízhú)，同"踟躅"，徘徊不进的样子。瘦弱母猪喜狂躁，徘徊不进。

③柔道牵也：牵，引而进也。阴始生而渐进，乃阴柔之道引而进也。

④包有鱼：包，包裹；鱼，阴物之美者。

⑤行未牵也：言九三初始志在求遇于初，故其行迟迟未得牵引，不促其行也。

⑥起：起而相争。

⑦有陨自天：陨，陨石，喻指机遇。机遇自天而降。

⑧姤其角：姤，相遇；角，至刚而在最上者。

千方百计　全力助记

一、卦序卦形记忆

姤卦为《周易》第四十四卦。

数字编码法记卦序

庙门口的石狮(44)真够(姤)重的，两大力士硬是没抬起来。

编码：44——石狮。

天风姤

一句话法记卦形

姤卦，乾上巽下，乾为天巽为风，天风姤。可编一句话：天上有一只疯狗(天风姤)。

二、卦辞记忆

姤：女壮，勿用取女。

卦形释义法记卦辞

姤卦,下一阴上承五阳,一阴而遇五阳,阴柔之女过于强壮,则消减男之阳刚,男人<u>不能娶这样的女人</u>。故曰"<u>女壮,勿用取女</u>"。

三、彖辞记忆

彖曰:姤,遇也,柔遇刚也。勿用取女,不可与长也。天地相遇,品物咸章也;刚遇中正,天下大行也。姤之时义大矣哉!

释义法记彖辞

姤,遇也,柔遇刚也

释卦名"姤":姤是遇的意思,是阴柔主动遇见阳刚的意思。即"<u>姤,遇也,柔遇刚也</u>"。

勿用取女,不可与长也

释卦辞"勿用取女"的原由是<u>不可与其长久生活也</u>(不可与长也)。

天地相遇,品物咸章也;刚遇中正,天下大行也。姤之时义大矣哉

引申出"相遇"的正面意义。以自然而言,最大的相遇莫过于天地相遇。<u>天地相遇</u>,带来各类生物尽显其章美(品物咸章也);人类阳刚得遇中正(<u>刚遇中正</u>),则<u>天下大行正道也</u>。赞叹<u>姤之时义伟大</u>(姤之时义大矣哉)。

顺序:卦名——卦辞——天地——人事——赞辞;

首字:姤遇柔勿不天(狗遇肉无不舔),品物刚遇天姤(拼物刚遇天狗)。

四、大象辞记忆

象曰:天下有风,姤;后以施命诰四方。

故事法记大象辞

<u>天下有疯</u>(天下有风)<u>狗</u>(姤),为避免人员伤亡,<u>王后以最大声音死命</u>(后以施命)<u>呼叫,告诫四方</u>(诰四方)宾客。

图像:疯狗,王后;

情节:天下有疯狗,王后以大声死命呼号告诫四方宾客。

五、爻辞小象辞记忆

故事法记爻辞小象辞

初六：系于金柅，贞吉，有攸往，见凶，羸豕孚蹢躅。

象曰：系于金柅，柔道牵也。

初六：幺妹子在粗柳树下用鱼缸装好鲫鱼和锦鲤(系于金柅)，开始吃蒸鸡(贞吉)，随后又骑着马(有攸往)去见熊(见凶)，一只瘦弱的猪趴伏在一只特别大的蜘蛛(羸豕孚蹢躅)背上，紧跟其后。

象曰：鲫鱼锦鲤(系于金柅)，是从柔道馆顺手牵羊偷回来的嘞(柔道牵也)。

图像：粗柳树，鲫鱼，锦鲤，蒸鸡，马，熊，瘦弱的猪，蜘蛛；

编码：马——有攸往；

会意：瘦弱的猪——羸豕；

情节：幺妹装好鲫鱼和锦鲤，吃蒸鸡后骑马去见熊，后面瘦猪趴伏在蜘蛛背上；

评论：鲫鱼、锦鲤是从柔道馆顺手牵羊偷回来的。

九二：包有鱼，无咎，不利宾。

象曰：包有鱼，义不及宾也。

九二：二哥包裹里有鱼(包有鱼)，但无酒(无咎)，不宜招待宾客(不利宾)。

小象说：包裹里有鱼(包有鱼)，又不肯拿出来，这意思本来就不是用来招待宾客的嘞(义不及宾也)。

图像：包裹，鱼，空酒瓶；

情节：包裹里有鱼但无酒，不宜招待宾客；

评论：意思是这鱼本来就不是用来招待宾客的。

[姤卦] 包有鱼

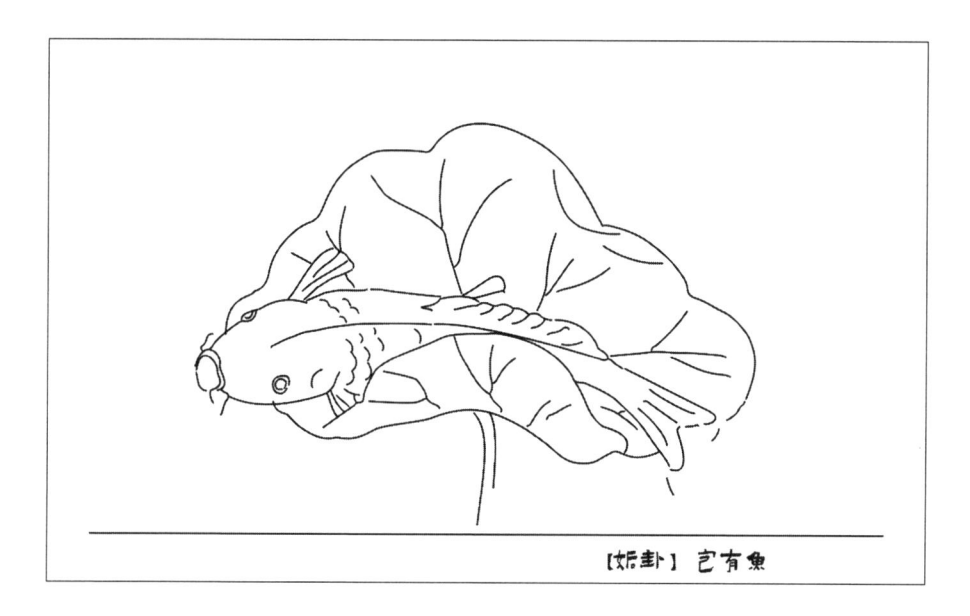

九三:臀无肤,其行次且,厉,无大咎。

象曰:其行次且,行未牵也。

九三:三哥说他昨天经过一个屯子,屯里一武夫(臀无肤),以七星武者自居(其行次且),屯里人都说他这样吹牛是有危险(厉)的。但又说没有大灾祸(无大咎)。

小象说:敢以七星自居(其行次且),说明其言行未有一点谦虚嘞(行未牵也)。

图像:屯子,武夫;

情节:屯里武夫以七星武者自居,屯里人说有危险但无大灾祸;

评论:以七星自居,其言行未有一点谦虚。

九四:包无鱼,起凶。

象曰:无鱼之凶,远民也。

九四:老四发现包里无鱼(包无鱼),站起来去追熊(起凶)。

小象说:民众知道鱼是谁拿走了。但老四发现包里无鱼只去追熊(无鱼之凶),说明他远离了民众嘞(远民也)。

图像:包,鱼,熊;

情节:老四发现包里无鱼,站起来去追熊;

评论：他远离了民众，所以民众不告诉他。

九五：以杞包瓜，含章，有陨自天。

象曰：九五含章，中正也；有陨自天，志不舍命也。

九五：住在旧屋的老五用枸杞叶子包好甜瓜（以杞包瓜）后，他口含一块章鱼肉（含章），正吃得津津有味，有一块陨石自天（有陨自天）而降，吓了他一跳。

小象说：住旧屋的老五口里含的章（九五含章）鱼肉是从中正总裁那里偷来的嘢（中正也）；有陨石自天（有陨自天）而降而没有砸中人，说明老天爷的意志不舍得取人性命嘢（志不舍命也）。

图像：老五旧屋，枸杞叶，瓜，章鱼肉，陨石；

编码：旧屋——九五；

情节：老五用枸杞叶包瓜，口含章鱼肉，有陨石自天而降吓了他一跳；

评论：住旧屋的老五口里含的章鱼肉是从中正总裁那里偷来的；老天爷的意志不舍得取人性命。

上九：姤其角，吝，无咎。

象曰：姤其角，上穷吝也。

上九：老六将狗拴在屋子角落，狗气得直叫（姤其角），叫累了，它拉了狗屎，将老六唯一的一个鸡蛋放进狗屎堆里弄成了臭蛋（吝）。兀鹫（无咎）闻到了臭味，告诫狗说：你做这等坏事，主人要惩罚你的。

小象说：狗气得直叫（姤其角），但它的行为伤（上）到穷主人逆鳞（吝）了嘢（上穷吝也）。

图像：狗，屋子角落，臭蛋；

编码：臭蛋——吝；

情节：狗气得直叫，把蛋弄成了臭蛋，兀鹫说它要被惩罚；

评论：它的行为伤到穷主人的逆鳞了。

萃卦第四十五

坤下兑上

对照译注　理解大意

【古文】

萃①:亨,王假有庙②,利见大人,亨,利贞。用大牲吉③,利有攸往。

彖曰:萃,聚也,顺以说,刚中而应,故聚也。王假有庙,致孝享也;利见大人,亨,聚以正也;用大牲吉,利有攸往,顺天命也。观其所聚,而天地万物之情可见矣。

象曰:泽上于地,萃;君子以除戎器,戒不虞④。

【白话】

萃卦:亨通,君王来到宗庙,利于见到有大德之人,亨通,利于守持正固。用大牲口祭祀吉利,利于有所前往。

彖曰:萃,会聚之意,柔顺而喜悦,刚爻居于上卦中位而又与下卦相应,所以就会聚了。君王来到宗庙,是来敬献祭品表达孝道的;利于见到有大德之人,亨通,是说由有大德之人主持的会聚必能遵循正道;用大牲口祭祀是吉利的,利于有所前往,是说这样顺从了天道。观察会聚现象,那天地万物的情状就可以明白了。

象曰:泽居地上,萃卦之象;君子体而用之,宜修治兵器,戒备意外情况。

【注释】

①萃:卦名,为卦坤下兑上,泽地萃;萃,聚集之意。

②王假有庙：假（gé），至也；有，无实际意义。君王来到宗庙。
③用大牲吉：萃聚丰厚之时，其用宜称，故用大牲畜祭祀方得吉祥。
④除戎器，戒不虞：除，修治；不虞，意料不到，即意外。修治兵器，戒备意外。

【古文】

初六：有孚不终，乃乱乃萃，若号，一握为笑，勿恤，往无咎。

象曰：乃乱乃萃，其志乱也。

六二：引①吉，无咎，孚乃利用禴②。

象曰：引吉无咎，中未变也。

六三：萃如嗟如③，无攸利，往无咎，小吝。

象曰：往无咎，上巽也④。

九四：大吉无咎⑤。

象曰：大吉无咎，位不当也⑥。

九五：萃有位，无咎。匪孚，元永贞⑦，悔亡。

象曰：萃有位，志未光也⑧。

【白话】

初六：心怀诚信未能保持至终，心志迷乱而与人妄聚。若能呼号阳刚正应，则众人会取笑；但不须顾虑这种取笑，前往顺从正应九四，则没有灾祸。

象曰：行动迷乱而与人妄聚，说明初六的心志恍惚迷乱。

六二：受牵引相聚吉祥没有灾祸，心有诚信则利于用薄祭献享神灵。

象曰：受人牵引相聚吉祥，没有灾祸，是说六二居中守正的心志没有改变。

六三：求聚不得以至嗟叹，无所利益；前往没有灾祸，但有小羞耻。

象曰：前往没有灾祸，是说上六巽顺可接受他。

九四：先有大吉，后可无祸。

象曰：先得大吉后无灾祸，是因九四居位不当。

九五：会聚之时居于尊位，没有灾祸，但尚未广泛取信于众，只有修元善长永正固之德，悔恨才可以消亡。

象曰：汇聚之时居于尊位（而尚有不孚信者），是说九五会聚天下的志向尚未发扬光大。

上六：赍咨涕洟⑨，无咎。　　　　　上六：嗟叹痛哭，涕泪俱下，没有
象曰：赍咨涕洟，未安上也⑩。　　　灾祸。

　　　　　　　　　　　　　　　　　　象曰：嗟叹痛哭，涕泪俱下，未敢安居
　　　　　　　　　　　　　　　　　九五之上位。

【注释】

①引：牵引。

②禴(yuè)：古代宗庙祭祀的名称，此处指薄祭。

③萃如嗟如：如，语辞；嗟，嗟叹。言六三求聚不得以至嗟叹。

④上巽也：言六三与上六为相应之位(但未应)，上六居说(即悦)之极，六三往而无咎者，上六巽顺而受之也。

⑤大吉无咎：处萃聚之时，九四居位不正而得其所据(即乘三阴)，故必先立下大功，得大吉，然后可以无咎也。

⑥位不当：言九四必得大吉然后可以无咎，因其居位之不当也。

⑦元永贞：元善，长永，正固。

⑧志未光也：言九五王者怀诚信著于天下之志，若尚有不孚信者，是其志未光大也。

⑨赍咨涕洟：赍(jī)咨，嗟叹之辞；涕洟(yí)，眼泪和鼻涕。

⑩未安上也：言上六阴柔之人，未敢安居九五阳刚之君之上位也。

千方百计　全力助记

一、卦序卦形记忆

萃卦为《周易》第四十五卦。

数字编码法记卦序

师傅(45)的禅杖是翠(萃)绿色的，真好看。

编码：45——师傅。

泽地萃

一句话法记卦形

萃卦,兑上坤下,兑为泽,坤为地,泽地萃。可编一句话:选择(泽)地方野炊(泽地萃)。

二、卦辞记忆

萃:亨,王假有庙,利见大人,亨,利贞。用大牲吉,利有攸往。

故事法记卦辞

翠亨村网格员管理范围有一座庙(萃:亨,王假有庙),网格员说到庙里去拜一拜,有利于见到大人物(利见大人),不论是晴天(亨)还是大雨天(利贞),用大绳子绑好鸡(用大牲吉),骑上骏马(利有攸往)跑一会儿就可以见到了。

注:翠亨村位于广东省中山市;网格员是城市社区管理人员。

图像:翠亨村,网格员,庙,晴天,大雨天,大绳子,鸡,骑马;

编码:晴天——亨,大雨天——利贞,鸡——吉,骏马——利有攸往;

情节:翠亨村网格员管理有一座庙,拜一拜有利于见到大人物。无论晴天还是大雨天,用大绳子绑好鸡,骑上骏马跑一会就可以见到。

三、象辞记忆

象曰:萃,聚也;顺以说,刚中而应,故聚也。王假有庙,致孝享也;利见大人,亨,聚以正也;用大牲吉,利有攸往,顺天命也。观其所聚,而天地万物之情可见矣。

释义法记象辞

萃,聚也;顺以说,刚中而应,故聚也

释卦名:"萃"是"聚"之义(萃,聚也)。

以卦德卦形释"聚":萃卦坤下兑上,坤顺兑说(即悦)(顺以说);又上卦九五爻刚中而又与下卦六二爻相应(刚中而应),故能聚集众人也(故聚也)。

以下分三节释卦辞：

王假有庙，致孝享也

假(gé)是"来到"的意思，"有庙"即"庙"，"有"字无实际含义。君王来到(假)宗庙(王假有庙)，是来敬献祭品表达孝道的(致孝享也)。

利见大人，亨，聚以正也

这一节的意思是之所以利见有大德之人(利见大人)，之所以亨通，是因为有大德之人聚会众人是以正道(亨，聚以正也)力量感召的。

用大牲吉，利有攸往，顺天命也

前两句是卦辞，后一句解释其原由。用大牲祭祀表达了对天道的敬畏，就会吉利(用大牲吉)，会利于前往干事创业(利有攸往)，是因为顺应了天道(顺天命也)。

观其所聚，而天地万物之情可见矣

此节推广阐发萃卦"聚"义而赞美之：由人事推及天地万物。凡物之所以能会聚，皆由性情类同。故赞曰："观其所聚，而天地万物之情可见矣。"

顺序：释卦名——释卦辞——赞叹。

四、大象辞记忆

象曰：泽上于地，萃；君子以除戎器，戒不虞。

故事法记大象辞

缘起：西北某地干旱，地块硬结如钢，一把折扇掉落到地上居然就碎了。

折扇掉落于地(泽上于地)，碎(萃)了；君子看到这种情况，夜观天象，推断三天以后有雨，立即安排人清除储水容器(除戎器)的污垢，以便三天后多存一些雨水，以戒备久旱不雨(戒不虞)的灾情。

图像：西北干旱的某地，碎了的折扇，储水容器；

情节：君子安排清除储水容器的污垢，多存一些雨水，戒备久旱不雨。

[革卦] 除戎器戒不虞

五、爻辞小象辞记忆

故事法记爻辞小象辞

初六：有孚不终，乃乱乃萃，若号，一握为笑，勿恤，往无咎。

象曰：乃乱乃萃，其志乱也。

初六：幺妹油壶不中用（有孚不终），奶奶乱吹（乃乱乃萃）说很好用，若是好用（若号），不会用手一握就萎缩变小（一握为笑）了，无须（勿恤）前往别处找人作证，兀鹫（往无咎）从头到尾都看到了。

小象说：奶奶乱吹（乃乱乃萃），因为她心爱的旗帜乱了嘢（其志乱也）。

图像：油壶，奶奶，兀鹫，旗帜；

情节：油壶不中用，奶奶乱吹，若是好的，不会一握就萎缩变小，无须前往找人作证，兀鹫都看到了。

评论：奶奶乱吹，是因为她的旗帜乱了。

六二：引吉，无咎，孚乃利用禴。

象曰：引吉无咎，中未变也。

六二：二妹的影集（引吉）被兀鹫（无咎）叼走了，这可是她的福奶奶利用一个月（孚乃利用禴）时间为她精心整理出来的。

小象说:<u>影集</u>(引吉)被<u>兀鹫</u>(无咎)叼走,影集<u>中</u>相片的<u>位置不会</u>(未)<u>变动嘢</u>(中未变也)。

图像:影集,兀鹫,奶奶;

情节:影集被叼走了,这是福奶奶利用一个月时间整理的;

评论:影集中相片位置不会变动。

六三:萃如,嗟如,无攸利,往无咎,小吝。

象曰:往无咎,上巽也。

六三:三妹的婴儿没奶吃,她婆婆为催乳(<u>萃如</u>)借入(<u>嗟如</u>)<u>五个油梨</u>(<u>无攸利</u>)。做完这些,她又前<u>往兀鹫</u>(<u>往无咎</u>)住处,为它挂上一个<u>小铃铛</u>(<u>小吝</u>)。

小象说:老婆婆前<u>往兀鹫</u>(<u>往无咎</u>)处,是<u>上旬</u>就安排好的大事嘢(上巽也)。

图像:三妹,婆婆,五个油梨,兀鹫,小铃铛;

编码:五个油梨——无攸利;

情节:婆婆为催乳借入五个油梨,前往兀鹫处给它挂小铃铛;

评论:前往兀鹫处,是上旬早就计划好的大事嘢。

九四:大吉,无咎。

象曰:大吉无咎,位不当也。

九四:四哥今天买了一只<u>大鸡</u>(<u>大吉</u>)和一只<u>兀鹫</u>(<u>无咎</u>)。

小象说:他买了<u>大鸡和兀鹫</u>(<u>大吉无咎</u>),鸡窝和鹫笼摆放的<u>位置不当</u>,它们会吵架嘢(位不当也)。

图像:大鸡,兀鹫;

情节:四哥买了大鸡和兀鹫;

评论:鸡窝和鹫笼的位置摆放不当会吵架。

九五:萃有位,无咎。匪孚,元永贞,悔亡。

象曰:萃有位,志未光也。

九五:五哥请客,他吹有位置(<u>萃有位</u>),人到齐了却<u>无酒</u>(<u>无咎</u>)。<u>飞虎</u>

(匪孚)队长元永贞大声说,他带来很多酒,管大家喝个够。听到有酒喝,众人都露出了笑脸(悔亡)。

小象说:没准备好酒,就吹有位置(萃有位),这小子脸面未有光彩嘞(志未光也)。

图像:五哥,空酒瓶,飞虎队队长,笑脸;

情节:五哥请客吹有位置,却无酒,飞虎队队长元永贞带来了很多酒,众人露出了笑脸;

评论:没有准备酒却吹有位置,这下小子脸上没光彩了。

上六:赍咨涕洟,无咎。

象曰:赍咨涕洟,未安上也。

上六:六嫂今天请铁匠为她做了几只铁椅子(赍咨涕洟),但她无酒(无咎)招待铁匠师傅。

小象说:铁匠师傅无酒喝,所以几只铁椅子(赍咨涕洟)未安上小挂锁嘞(未安上也)。

图像:几只铁椅子(注:椅子论"只"是六嫂所居住村庄的方言);

情节:铁匠为六嫂做了几只铁椅子,但无酒喝;

评论:几只铁椅子未安上小挂锁嘞。

升卦第四十六

巽下坤上

对照译注　理解大意

【古文】

升①：元亨，用见大人②，勿恤，南征吉③。

彖曰：柔以时升，巽而顺，刚中而应，是以大亨。用见大人，勿恤，有庆也。南征吉，志行也。

象曰：地中生木，升；君子以顺德，积小以高大④。

【白话】

升卦：大为亨通，任用并接见大人，不须担忧，向光明的南方前进必获吉祥。

彖曰：柔顺之人顺应时机上升，谦逊而柔顺，九二阳刚居中而与六五相应，所以大亨通。任用并接见大人，不用担忧，会有喜庆。向光明的南方前进可获吉祥，是说其志向得以施行。

象曰：地中生长树木，升卦之象；君子以顺修其德，积累微小以至高大。

【注释】

①升：卦名，为卦巽下坤上，地风升；升，上升之义。
②用见大人：用，任用。六五之君欲任用九二大人则见之也。
③南征吉：南，南方光明之地。往南方进发吉祥。
④以顺德，积小以高大：万物之进，皆以顺道也。学业之充实，道德之崇高，皆由积累而至。积小所以成高大，升之义也。

【古文】

初六:允升大吉①。

象曰:允升大吉,上合志也。

九二:孚乃利用禴②,无咎。

象曰:九二之孚,有喜也。

九三:升虚邑③。

象曰:升虚邑,无所疑也。

六四:王用亨于岐山④,吉无咎。

象曰:王用亨于岐山,顺事也。

六五:贞吉升阶⑤。

象曰:贞吉升阶,大得志⑥也。

上六:冥升⑦,利于不息之贞⑧。

象曰:冥升在上,消不富也⑨。

【白话】

初六:信从地上升,大吉。

象曰:信从地上升大吉,说明初六与上面志向相合。

九二:诚信所以用薄祭也能感通神灵,没有灾祸。

象曰:九二的诚信美德,带来了喜庆。

九三:上升犹如进入空虚的城邑一般顺利。

象曰:上升犹如进入空虚的城邑一般顺利,是说此时上升无所疑虑阻碍。

六四:文王用柔顺之道亨通于岐山,吉祥,没有灾祸。

象曰:文王用柔顺之道亨通于岐山,是因为文王以顺道处事。

六五:守持正固吉祥,如同上升时有台阶一般。

象曰:守持正固吉祥,如同上升时有台阶一般,说明六五大得上升之道。

上六:昏昧不明仍要上升,利于不停息地持守正固。

象曰:昏昧不明仍然上升,是说后续利益只会消减不能增益。

【注释】

①允升大吉:允,信从。初六柔巽,唯信从于九二而同升,则大吉也。

②孚乃利用禴:禴,薄祭。既孚信乃宜不用文饰,专以其诚感通于上也。

③升虚邑：言九三以刚阳之才，上皆柔顺之阴爻，以是而升，如入无人之邑也。

④王用亨于岐山：亨，亨通。昔者文王以此道亨通于岐山。

⑤贞吉升阶：阶，阶梯。言六五以阴居阳，若能正固，则可以得吉而升阶矣。

⑥大得志：言六五以求贤为志，今众贤毕升，故曰"大得志"也。

⑦冥升：冥，昏冥。言上六以阴柔居升之极，昏冥于升，知进而不知止者也。

⑧利于不息之贞：言上六如此求升进不已之心，利于用之于贞正而当不息之事。

⑨冥升在上，消不富也：不富，不再增益。言上六昏冥于升，极上而不知已，唯有消亡，而不可能复有加益也。

千方百计　全力助记

一、卦序卦形记忆

升卦为《周易》第四十六卦。

数字编码法记卦序

一农民正升高梯子摘石榴（46）。

编码：46——石榴。

地风升

一句话法记卦形

升卦坤上巽下，坤为地巽为风，地风升。可编一句话：地上有风往上升（地风升）。

二、卦辞记忆

升：元亨，用见大人，勿恤，南征吉。

故事法记卦辞

太阳升起来了，一个艳阳天(元亨)，用剑的大人(用见大人)在树下苦练剑法。戊戌(勿恤)变法的维新派人士来请大人出山，一同南征，说是去了就有鸡吃(南征吉)。

注：戊戌变法是中国晚清时期以康有为、梁启超为代表的百日维新运动。

图像：艳阳天，用剑的大人，维新派人士，鸡；

编码：艳阳天——元亨；

情节：一个艳阳天用剑的大人练剑时，戊戌变法人士来请他一同南征吃鸡。

三、象辞记忆

象曰：柔以时升，巽而顺，刚中而应，是以大亨。用见大人，勿恤，有庆也；南征吉，志行也。

释义故事法记象辞

柔以时升，巽而顺，刚中而应，是以大亨

以卦德、卦形释卦辞"元亨"：升卦上下卦都是柔卦。阴柔事物上升要顺应时势(柔以时升)，卦德下巽而上顺(巽而顺)，下卦刚中而与上卦六五柔爻相应(刚中而应)，是以大亨。

用剑大人，勿恤，有庆也

用剑的大人剑法精纯(用剑大人)，戊戌(勿恤)变法有他出山，过不了多久，一定会有值得庆祝的大胜仗嘞(有庆也)。

南征吉，志行也

往南征战，可以吃鸡(南征吉)，这是很知心的安排嘞(志行也)。

【升卦】地中生木，积小以高大

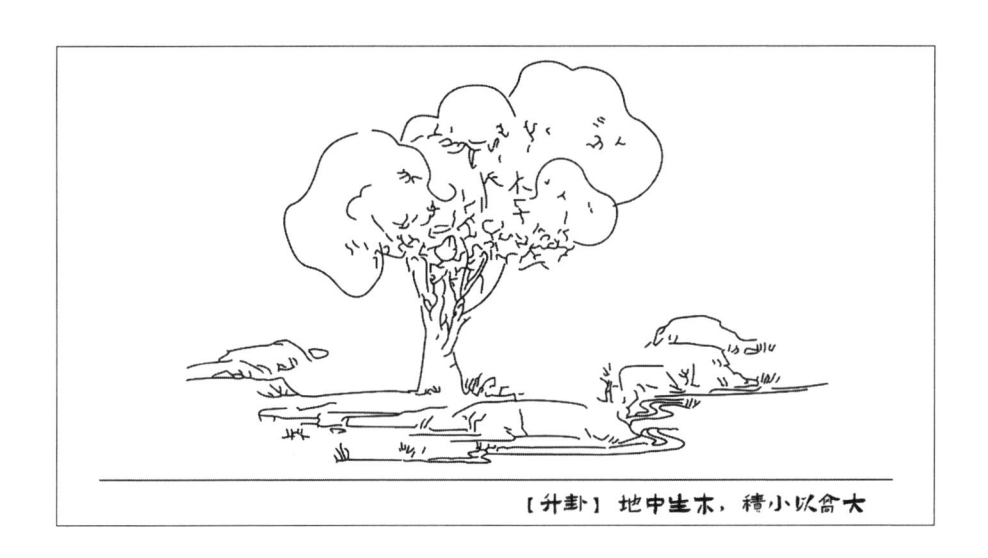

四、大象辞记忆

象曰：地中生木，升；君子以顺德，积小以高大。

故事法记大象辞

昨天地洞中发现了一种神木(地中生木)，君子组织人将神木升到地面后，以最快速度送到了顺德技校(以顺德)，要求技校以神木为主材料做一尊高大(积小以高大)的老子雕像。

图像：地洞，神木，君子，顺德技校，高大的老子雕像；

情节：君子要求顺德技校以神木为主材料做一尊高大的老子雕像。

五、爻辞小象辞记忆

故事法记爻辞小象辞

初六：允升，大吉。

象曰：允升大吉，上合志也。

初六：村头一棵粗柳树特别高大，树梢已升入白云生(允升)处，隐约可见树梢上有一只大鸡(大吉)。

小象说：白云生(允升)处的大鸡(大吉)，是上合组织(志)的吉祥物嘞(上合志也)。

注："白云生处有人家"是唐朝著名诗人杜牧《山行》中的一句诗；上合组

织是 2001 年在中国上海宣布成立的永久性政府间国际组织。

图像:高大的粗柳树,大鸡;

编码:大鸡——大吉;

情节:粗柳树树梢已升入白云生处,上面有一只大鸡;

评论:白云生处的大鸡,是上合组织的吉祥物。

九二:孚乃利用禴,无咎。

象曰:九二之孚,有喜也。

九二:老奶奶告诉丘二的老婆敷奶利用月亮湾(孚乃利用禴)老中医的方子是最好的,就是养了一只兀鹫(无咎)的那个老人家。

小象说:丘二老婆之所以要敷奶(九二之孚)的方子,是因为她有喜了嘢(有喜也)。

图像:丘二老婆,老中医,兀鹫;

编码:丘二——九二;

情节:敷奶要利用月亮湾老中医的方子,老中医是一位养了兀鹫的老人家;

评价:丘二老婆之所以要敷奶的方子,是因为她有喜了。

九三:升虚邑。

象曰:升虚邑,无所疑也。

九三:已肾虚一年(升虚邑)的丘三整天在家求菩萨保佑。

小象说:肾虚一年(升虚邑),他很着急是无所怀疑的嘢(无所疑也)。

图像:丘三,菩萨相;

情节:肾虚一年的丘三求菩萨保佑;

评论:丘三很着急是无所怀疑的。

[升卦] 王用亨於岐山

六四:王用亨于岐山,吉无咎。

象曰:王用亨于岐山,顺事也。

六四:史学博士四嫂说她昨晚做了一个梦,梦中情形特别清晰,周文王用柔顺的方式招来一批大亨于岐山(王用亨于岐山)聚会,商量灭商兴周之大计。为办好这次会盟,特别准备了鸡和兀鹫(吉无咎)。

小象说:文王用柔顺方式招来大亨于岐山(王用亨于岐山)聚会,是顺应天道的大事嘢(顺事也)。

图像:文王,大亨,岐山,鸡,兀鹫;

情节:文王用柔顺方式招来大亨于岐山会盟;

评论:这是顺应天道的大事。

六五:贞吉升阶。

象曰:贞吉升阶,大得志也。

六五:五嫂给她儿子吃蒸鸡(贞吉),奖励儿子围棋段位升阶(升阶)了。

小象说:吃蒸鸡(贞吉)庆祝围棋段位升阶(升阶),因为五嫂大儿子得到第一志愿的通知书了嘢(大得志也)。

图像:五嫂,儿子,蒸鸡,围棋;

情节:五嫂儿子吃蒸鸡庆祝围棋段位升阶;

评论:吃蒸鸡庆祝升阶,因为五嫂大儿子得到第一志愿通知书了。

上六:冥升,利于不息之贞。

象曰:冥升在上,消不富也。

上六:六嫂名声(冥升)不太好,为了一点小利与人不停息地争吵(利于不息之贞)。

小象说:名声在商业(冥升在上)合作中很重要,名声消退,就不可能富起来嘞(消不富也)。

图像:与人争吵的六嫂;

情节:六嫂名声不好,为了小利与人不停地争吵;

评论:名声在商业合作上很重要,名声消退,不可能富裕。

困卦第四十七

坎下兑上

对照译注　理解大意

【古文】

困①：亨②。贞，大人吉，无咎②。有言不信③。

彖曰：困，刚掩也。险以说④，困而不失其所亨，其唯君子乎！贞，大人吉，以刚中也。有言不信，尚口乃穷也⑤。

象曰：泽无水，困；君子以致命遂志⑥。

【白话】

困卦：亨通，守持正固，大人吉祥，没有灾祸。于困境中说话未能见信于人。

彖曰：困卦，阳刚被掩蔽了。以平和喜悦的心态面对艰险，虽处困穷之境，也不失其亨通的前景，大概只有君子才能如此吧！守持正固，大人吉祥，是因为阳刚处于中正之位。于困境中说话不被人相信，说明崇尚言辞会使人更加困穷。

象曰：沼泽中无水，困卦之象；君子体而用之，当困穷之时，宁可舍弃生命也要实现自己的志向。

【注释】

①困：卦名，为卦坎下兑上，泽水困；困，即困穷之意。
②亨：亨者，卦德也。君子处困而不改其操，不失其亨通之道也。
③有言不信：处于困境之人说的话无人相信。

④说:通"悦",喜悦。

⑤尚口乃穷也:尚,崇尚;口,言辞。戒以处困之时务必晦默,若崇尚言辞,益取困穷也。

⑥致命遂志:致命,授命,即献出生命;遂,实现。君子守道而死,虽遇困厄之世,期于致命丧身,必当遂其高志。

【古文】

初六:臀困于株木①,入于幽谷,三岁不觌②。

象曰:入于幽谷,幽不明也③。

九二:困于酒食,朱绂方来④,利用享祀,征凶,无咎。

象曰:困于酒食,中有庆也。

六三:困于石,据于蒺藜⑤,入于其宫,不见其妻,凶。

象曰:据于蒺藜,乘刚也;入于其宫,不见其妻,不祥也。

九四:来徐徐,困于金车,吝,有终。

象曰:来徐徐,志在下也;虽不当位,有与也⑥。

【白话】

初六:臀部困坐于木根之上,进入幽深山谷之中,三年未见到阳刚君子。

象曰:困入幽深之处,因幽深所以见不到光明。

九二:受困于酒食,荣禄即将到来。利于如祭祀般心怀诚敬;此时进取有凶险,但没有灾祸。

象曰:受困于酒食,因为持守中道,会有福庆。

六三:困于坚固的石头,被缠绕在带刺的荆棘上,退回自己家中,不见自己的妻子,凶险。

象曰:被缠绕在带刺的荆棘上,是因为六三阴柔乘凌阳刚之上;回到家中见不到妻子,这是不吉祥的。

九四:来得迟缓,被金车困阻,有遗憾,但会有好的结局。

象曰:来得迟缓,是说九四的心志在于下卦同德的九二;虽然居位不当,但有下面的九二呼应(能得善终)。

九五：劓刖⑦，困于赤绂，乃徐有说⑧，利用祭祀⑨。

象曰：劓刖，志未得也；乃徐有说，以中直也；利用祭祀，受福也。

九五：上下都受了伤，受困于臣子，可以渐渐地脱困而有喜悦，利用祭祀表达诚敬的心意。

象曰：上下都受伤了，说明九五的志向没有得到实现；逐渐脱困而有喜悦，这是守持中正之道所致；利用祭祀表达诚敬心意，才可承受上天降下的福泽。

上六：困于葛藟，于臲卼⑩，曰动悔有悔，征吉⑪。

象曰：困于葛藟，未当也⑫；动悔有悔，吉行也。

上六：既受困于葛藟缠束，又受困于危险恐惧之中，自己说行动就后悔，这是有悔改之心的表现，前进可获吉祥。

象曰：受困于葛藟缠束，是因为居位不当；行动就会后悔，这是有悔改之心，说明他已顺着吉祥的方向前行了。

【注释】

①臀困于株木：株，木根。初六以阴柔之才居坎陷之下，故有臀困坐木根，入于幽谷之象。

②觌(dí)：相见。

③幽不明也：幽，幽深之处；明，光明。此言"不觌"之故。

④困于酒食，朱绂方来：困，受困；朱绂(fú)，王者之服，喻指荣禄；方，即将。酒食困乏，即将为君主所任用。

⑤蒺藜(jílí)：有刺的一年生草本植物。

⑥有与也：与，应与。据《诚斋易传》，九四之应与为同类九二。

⑦劓刖：劓(yì)，削鼻，喻指上面受伤；刖(yuè)，去足，喻指下面受伤。

⑧困于赤绂，乃徐有说：赤绂，臣下之服；说，通"脱"，亦通"悦"，此处兼具二义，脱困而喜悦之义。

⑨利用祭祀：利于如祭祀一般诚敬地招致天下之贤。

⑩困于葛藟，于臲卼：葛藟(lěi)，藤类植物，缠束之物；臲卼(nièwù)，危动

之状。

⑪曰动悔有悔,征吉:曰,自己说;动,行动;前一"悔"字,后悔;后一"悔"字,悔改,悔悟;征,离去不困君子也。

⑫未当也:言上六欲掩而困刚,是因为其居位不当。

千方百计　全力助记

一、卦序卦形记忆

困卦为《周易》第四十七卦。

数字编码法记卦序

司机(47)犯困了就不能开车。

编码:47——司机。

泽水困

一句话法记卦形

困卦兑上坎下,兑为泽坎为水,泽水困。可编一句话:沼泽水里困住一个日本兵(泽水困)。

二、卦辞记忆

困:亨,贞,大人吉,无咎。有言不信。

专用编码记卦辞

处于困境之中,无论晴天(亨)还是雨天(贞),大人都可以吃鸡(大人吉)和兀鹫(无咎)。有人说这言论不可相信(有言不信)。

图像:晴天、雨天、大人、鸡、兀鹫;

编码:晴天——亨,雨天——贞,鸡——吉,兀鹫——无咎;

情节:晴天或雨天,大人都可吃鸡和兀鹫,有人说这言论不可相信。

三、象辞记忆

象曰：困，刚掩也。险以说，困而不失其所亨，其唯君子乎！贞，大人吉，以刚中也。有言不信，尚口乃穷也。

释义法记象辞

困，刚掩也

释卦名："困"就是阳刚被阴柔掩盖的意思。即：困，刚掩也。

险以说，困而不失其所亨，其唯君子乎

以卦德释卦辞"亨"，并引申到君子：困卦下为坎险，上为兑说（即悦）。因为能以平和喜悦的心态面对艰险（险以说），即使处于困境也能亨通（困而不失其所亨），这种情况只有君子才能做到（其唯君子乎）。

贞，大人吉，以刚中也

释卦辞"贞，大人吉"：因为大人九二、九五以刚居内、外卦中位，所以能贞正；能贞正，故"吉"，故曰"贞，大人吉，以刚中也"。

有言不信，尚口乃穷也

释卦辞"有言不信"：处于困境中人说话没有人会相信（有言不信），若仍然崇尚言辞，只会更加穷困（尚口乃穷也）。

顺序：卦名——卦德——卦辞；

关键词：刚掩（困）——险以说（亨）——刚中（贞，大人吉）——尚口穷（有言不信）。

四、大象辞记忆

象曰：泽无水，困；君子以致命遂志。

故事法记大象辞

这污水（泽无水）困扰了居民很多年。为解决这一问题，君子已（以）制定治污方案，指明水质（致命遂志）应达到的保底标准。

图像：污水河，君子，治污方案；

情节:为解决这污水困扰群众的问题,君子已指明水质标准。

五、爻辞小象辞记忆

故事法记爻辞小象辞

初六:臀困于株木,入于幽谷,三岁不觌。

象曰:入于幽谷,幽不明也。

初六:小六子犯了错误,他爸将他的屁股捆在猪圈木桩上(臀困于株木),然后进入幽深的山谷(入于幽谷),去找三年都没见到(三岁不觌)的老母猪。

小象说:他进入到幽暗山谷(入于幽谷),因过于幽深,那里可是看不见太阳的嘚(幽不明也)。

图像:小六子,他爸,猪圈,老母猪;

情节:小六子他爸将他的屁股捆在猪圈木桩上后,进入幽深山谷,寻找三年未见的老母猪;

评论:入到幽暗山谷,因过于幽深看不到光明。

九二:困于酒食,朱绂方来,利用享祀,征凶,无咎。

象曰:困于酒食,中有庆也。

九二:重大喜事,神兽鲲鱼要来吃酒食(困于酒食),主妇从各方前来(朱绂方来)帮忙准备。这宴席要利用相思果(利用享祀)、熊瞎子(征凶)、兀鹫(无咎)。

小象说:鲲鱼来吃酒食(困于酒食),是村中有庆祝意义的一件大事嘚(中有庆也)。

注:鲲鱼是传说中北海里一条几千公里长的大鱼,是古代传说中的神兽,能化幻成巨大的鹏鸟,即鲲鹏;相思果,学名苦糖果,为郁香忍冬的一个亚种,忍冬科落叶灌木。

图像:鲲鱼,酒食,相思果,熊瞎子,兀鹫;

编码:熊瞎子——征凶;

情节:鲲鱼要来村里吃酒食,主妇们从各方前来准备,要利用相思果、熊瞎子和兀鹜；

评论:这是村中有庆祝意义的大事。

【困卦】困於石据於蒺藜

六三:困于石,据于蒺藜,入于其宫,不见其妻,凶。

象曰:据于蒺藜,乘刚也;入于其宫,不见其妻,不祥也。

六三:喜欢练气功的刘三老婆被困于山里一堆乱石头(困于石)中,一时出不来,但她居于一片有刺的蒺藜(据于蒺藜)之上,很不舒服。刘三回家进入到练气功(入于其宫)的房间,没有看见他的妻子(不见其妻),但看到了一头熊(凶)。

小象说:能居于蒺藜(据于蒺藜)上面,是因为她撑着钢铁杆子嘢(乘刚也);进入到气功房(入于其宫),不见其妻,这是不祥的征兆嘢(不祥也)。

图像:刘三老婆,刘三,乱石头,蒺藜,气功房,熊,钢铁杆子;

情节:刘三老婆被困于一堆乱石头中,居于一片蒺藜上面,刘三进入到气功房,不见其妻,见到一头熊;

评论:能居于蒺藜上面,是因为撑着钢铁杆子;进入到气功房不见其妻,是不祥的征兆。

九四:来徐徐,困于金车,吝,有终。

象曰:来徐徐,志在下也;虽不当位,有与也。

九四:前来叙叙(来徐徐)兄弟情谊的二舅,途中看见一条大鲲鱼坐在一辆金色大车(困于金车)上,车上挂着一个铃铛(吝),还有一个大钟(有终)。他将这一见闻津津有味地讲给老四听。

小象说:来叙叙(来徐徐)旧的二舅,其心思只在下棋嘢(志在下也);虽然他不在单位(虽不当位)工作了,但还是有鱼招待他嘢(有与也)。

图像:二舅、鲲鱼、金色大车、铃铛、大钟;

情节:来叙叙旧的二舅看见鲲鱼坐在金车上,车头挂着铃铛,车上还有大钟;

评论:来叙叙旧的二舅心思只在下棋,他虽然不在单位工作了,但还是有鱼吃嘢。

九五:劓刖,困于赤绂,乃徐有说(yuè),利用祭祀。

象曰:劓刖,志未得也;乃徐有说,以中直也;利用祭祀,受福也。

九五:一月(劓刖)后,鲲鱼穿着赤红色衣服(困于赤绂),耐心而徐缓地讲述他优越(乃徐有说)的生活经历,特别讲到他利用鸡丝(利用祭祀)包饺子吃的难忘场景。

小象说:一月(劓刖)时间,还有一志向未能得到实现嘢(志未得也);耐心徐缓地讲述他优越(乃徐有说)的经历,这已(以)可称得上中正耿直(以中直也)了;利用鸡丝(利用祭祀)包饺子吃,是接受祝福才可以吃到的嘢(受福也)。

图像:鲲鱼、赤红色衣服、鸡丝饺子;

情节:一月后,鲲鱼穿赤红色衣服,耐心徐缓地讲述他优越的经历,讲到利用鸡丝包饺子的场景;

评论:一月时间还有一志向未得实现,耐心徐缓地讲述他优越经历,已是中正耿直的了;利用鸡丝包饺子吃,是受到了祝福嘢。

上六:困于葛藟,于臲卼,曰动悔有悔,征吉。

象曰:困于葛藟,未当也;动悔有悔,吉行也。

上六:到了要回去的时候了,鲲鱼要求人类将各类(困于葛藟)鱼猎物(于臲卼)放归大海。本月行动悔改(曰动悔),有悔改表现的,东海方面会有大公鸡(征吉)奖赏给大家。

小象说:鲲鱼记住了各类(困于葛藟)大小鱼,是因为他有超强记忆法未当众透露嚽(未当也);立即行动悔改并有悔改(动悔有悔)实际表现的人类会获得奖赏,这是东海龙王寄信告诉他的嚽(吉行也)。

图像:鲲鱼,各类鱼猎物,东海,大公鸡;

编码:大公鸡——征吉;

情节:鲲鱼要求将各类鱼猎物放归大海,本月行动悔改有悔改表现的人,东海会奖给大公鸡;

评论:鲲鱼记住了各类大小鱼,是因为它有未当众透露的记忆法;东海方面会对立即行动悔改有悔改表现的人进行奖赏,是龙王寄信告诉他的。

井卦第四十八

巽下坎上

对照译注　理解大意

【古文】

井①：改邑②不改井，无丧无得③，往来井井④。汔至亦未繘井，羸其瓶⑤，凶。

彖曰：巽乎水而上水，井；井养而不穷也。改邑不改井，乃以刚中也。汔至亦未繘井，未有功也。羸其瓶，是以凶也。

象曰：木上有水，井；君子以劳民劝相⑥。

【白话】

井卦：城镇村庄可以迁移，水井不可以迁移；井水既不减少也不盈满，往来的人均可反复汲用井水。汲水接近井口而汲水用的绳子尚未出井，此时却倾覆了汲水瓶，有凶险。

彖曰：顺应水的特性而引水上来，是井卦之象；井水的养育功德没有穷尽。城邑可迁而水井不可迁，是因为阳刚居中，汲水接近井口而汲水绳子尚未出井，说明此时井水尚未实现其养育功德。倾覆了汲水瓶，所以会有凶险。

象曰：木上面有水，井卦之象；君子体而用之，宜为民众操劳，并劝勉民众互相帮助。

【注释】

①井:卦名,为卦巽下坎上,水风井;此卦以井为喻,言明君子修德养民。

②邑:城镇,此处泛指城镇村庄。

③无丧无得:丧,减少;得,盈满。言水井汲之而不竭,存之而无盈。

④往来井井:前"井",动词,汲取;后"井",名词,井水。往来之人皆得其用。

⑤汔至亦未繘井,羸其瓶:汔(qì),接近;繘(jú),汲水用的绳子;羸,倾覆。喻今人行常德,须善始令终。若有初无终,则必致凶咎。

⑥劳民劝相:劳,为……操劳;劝,劝勉;相,相助。为民操劳并劝勉民众互相帮助。

【古文】

初六:井泥不食,旧井无禽①。

象曰:井泥不食,下也;旧井无禽,时舍也。

九二:井谷射鲋②,瓮敝漏。

象曰:井谷射鲋,无与也。

九三:井渫不食,为我心恻③;可用汲王明④,并受其福。

象曰:井渫不食,行恻也⑤;求王明,受福也。

【白话】

初六:井底有淤泥不能食用,年久失修的旧井连飞禽都不来了。

象曰:井底有淤泥不能食用,因为初六居于底下;年久失修的旧井连飞禽都不来了,说明此井已被时代舍弃。

九二:井水如山谷之水下注而养小鱼,装水的瓦罐子破了漏水。

象曰:井水如山谷之水下注而养小鱼,说明九二无人接应。

九三:水井清理洁净却不被汲食,使我心中隐隐哀伤;可向明君请求相助汲用此井水,大家都可一并享受福泽。

象曰:水井清理洁净却不被汲食,行路人也哀伤;请求圣明君王相助汲用此井水,大家都可享受福泽。

六四：井甃⑥无咎。

象曰：井甃无咎，修井也。

九五：井洌⑦，寒泉食。

象曰：寒泉之食，中正也。

上六：井收勿幕⑧；有孚元吉。

象曰：元吉在上，大成也。

六四：整修水井，没有过错。

象曰：整修水井，没有过错，说明九四可修井以积功德。

九五：井水甘洁，冰凉泉水可供食用。

象曰：冰凉泉水可供食用，因为九五具有阳刚中正的美德。

上六：汲取井水后不要覆盖井口；井水常出而不间断，大为吉祥。

象曰：上六居于上位，大为吉祥，因为此时已经大有成就。

【注释】

①井泥不食，旧井无禽：井以阳刚为泉，上出为功。初六以阴居下，故为此象。盖井无水而为淤泥，则人所不食，禽鸟也不再光顾。

②井谷射鲋：射，注也；鲋，小鱼。九二居井而就下，失井上出之道，乃井而如涧谷也。

③井渫不食，为我心恻：渫(xiè)，淘去污泥；恻(cè)，哀伤。九三以阳居刚得其正，是有济用之才者也；而未得其用，犹如井之清理洁净却不被汲食，使我心中隐隐哀伤。

④可用汲王明：汲(jí)，吸引。言若得阳明之君以吸引之，则能成井养之功。

⑤行恻也：行，行路人。引得行路人哀伤。

⑥甃(zhòu)：以砖修井。

⑦洌：甘洁。

⑧井收勿幕：收，汲取，完成；幕，覆盖。取完水而不覆盖井口，其利无穷也。

千方百计　全力助记

一、卦序卦形记忆

井卦为《周易》第四十八卦。

数字编码法记卦序

井边立有一石碑(48),上书"吃水不忘挖井人"。

编码:48——石碑。

水风井

一句话法记卦形

洪湖水风景(井)很美。

注:洪湖是湖北省境内最大的淡水湖。

二、卦辞记忆

井:改邑不改井。无丧无得,往来井井;汔至亦未繘井,羸其瓶,凶。

故事法记卦辞

　　今(井)日最新消息:盖伊不改景(改邑不改井),玩家没有减少没有增多(无丧无得),往来玩家井井有条。标志性的旗帜也未被巨鲸(汔至亦未繘井)吃掉;但是倾覆毁坏了煤气瓶(羸其瓶),把一头熊(凶)熏死了。

　　注:"盖伊传说"是一款3D回合制手游。

　　图像:盖伊,玩家,旗帜,巨鲸,熊;

　　情节:盖伊不改景,玩家无减少无增多,往来井井有条;旗帜也未被巨鲸吃掉,倾覆毁坏了煤气瓶,熏死了熊。

三、象辞记忆

象曰:巽乎水而上水,井。井养而不穷也。改邑不改井,乃以刚中也。

汔至亦未繘井,未有功也。羸其瓶,是以凶也。

释义法记彖辞

以井的使用功能释卦名"井":巽为木为入,木桶进入到水里把水提上来,这就是井(巽乎水而上水,井)。水是生命之源,养育万物功德无穷,故曰"井养而不穷也"。

以下释三句卦辞:

改邑不改井,是因为"井"具有君子一般阳刚中正的美德(乃以刚中也),养育万物恒常不变,故而可迁改城邑不可迁改水井。

汲水瓶已接近井口但汲水绳子还未出井口(汔至亦未繘井),是未有完成汲水这一工作嘞(未有功也)。

倾覆毁坏了汲水瓶(羸其瓶),不仅未有水食用,连汲水瓶也毁坏了,所以说这是凶兆(是以凶也)。

逻辑顺序:井的功用——刚中(不改井)——未有功(汔亦未繘)——凶(羸瓶)。

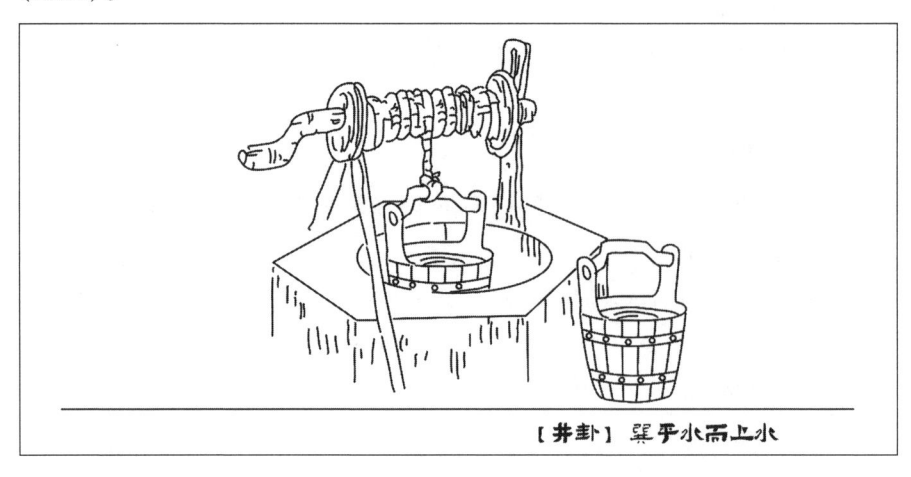

[井卦] 巽乎水而上水

四、大象辞记忆

象曰:木上有水,井;君子以劳民劝相。

故事法记大象辞

天下大旱,只有长满树木的山上有一口水井(木上有水,井),当地老百姓生命堪忧;君子看到此情景,心急如焚,以老命劝相国(以劳民劝相)带领众人多掘一些井。

图像:长满树木的山,井,君子,相国;

情节:长满树木的山上有一口水井,但明显不够用。君子以老命劝相国多掘一些井。

五、爻辞小象辞记忆

故事法记爻辞小象辞

初六:井泥不食;旧井无禽。

象曰:井泥不食,下也;旧井无禽,时舍也。

初六:杨柳的妈妈说,这种锦鲤不可食用(井泥不食),正如酒精无情(旧井无禽)地夺走了一个酒鬼生命一样。

小象说:锦鲤不能食用(井泥不食),是它为了自保故意下了毒嘢(下也);酒精无情(旧井无禽),是那酒鬼想试试诗社酒精的纯度嘢(时舍也)。

图像:锦鲤,酒精,酒鬼;

情节:锦鲤不可食用,酒精无情地夺走了酒鬼生命;

评论:是它为了自保故意下了毒嘢;酒鬼想试试诗社的酒精纯度嘢。

九二:井谷射鲋;瓮敝漏。

象曰:井谷射鲋,无与也。

九二:二老头胫骨(井谷)疼痛,老中医用蛇腹(射鲋)烧开水给他敷治,但他家烧水的瓦罐破了漏水(瓮敝漏),得赶快去邻居家借。

小象说:胫骨用蛇腹(井谷射鲋)敷治,真是令人无语嘢(无与也)。

图像:二老头,胫骨,老中医,蛇腹,瓦罐子;

情节:胫骨痛用蛇腹烧开水敷治,但瓦罐破了漏水;

评论:这种方法让人无语嘢。

九三:井渫不食,为我心恻;可用汲王明,并受其福。

象曰:井渫不食,行恻也;求王明,受福也。

九三:刑警老三申明,警械不是(井渫不食)为我新车(为我心恻)配备的;不过,可用来吸引网民(可用汲王明)眼球,到时流量上来了,抓逃犯也方便,大家一并享受奇虎(并受其福)车的威猛。

小象说:警械不是(井渫不食)为新车配备的嘢(行恻也);没人在意这个,求网民(求王明)多关注,能上搜狐头条才好嘢(受福也)。

图像:警械,新车,奇虎牌车,搜狐网站;

情节:警械不是为我新车配备的,可用来吸引网民眼球,到时大家一并享受奇虎车的威猛;

评论:警械不是为新车配备的,无所谓;求网民多关注,想上搜狐头条嘢。

六四:井甃无咎。

象曰:井甃无咎,修井也。

六四:四嫂从娘家回来了,她说荆州(井甃)有一种神奇的兀鹫(无咎)。

小象说:荆州兀鹫(井甃无咎)的神通是会修井嘢(修井也)。

图像:古城荆州,兀鹫;

情节:荆州兀鹫有神通;

评论:荆州兀鹫的神通是会修井嘢。

九五:井冽,寒泉食。

象曰:寒泉之食,中正也。

九五:五哥刚从禁猎区回来,他告诉大家,禁猎(井冽)区有一汪寒冷的泉水,可以食用(寒泉食)。

小象说:寒冷泉水的食用(寒泉之食)方法,只有中正总裁知道嘢(中正也)。

图像:禁猎区,一汪寒冷的泉水;

情节:禁猎区有寒冷的泉水,可以食用;

评论:寒冷泉水的食用方法,只有中正总裁知道嘢。

上六:井收勿幕;有孚元吉。

象曰:元吉在上,大成也。

上六:六嫂说,今天她赶集看到一则布告:禁售乌木(井收勿幕)。随后,她买了<u>油壶</u>(有孚)、<u>圆鸡蛋</u>(元吉)就马上赶回来了。

小象说:<u>圆鸡蛋在商场</u>(元吉在上)里很快卖完了,是<u>大城</u>市里的紧俏货<u>嘢</u>(大成也)。

图像:布告,乌木,油壶,圆鸡蛋;

情节:六嫂看到禁售乌木的布告,买了油壶、圆鸡蛋就赶回家了;

评论:圆鸡蛋在商场,是大城市里的紧俏货。

卷九

下经之四：革 鼎 震 艮 渐 归妹

革卦第四十九

离下兑上

对照译注　理解大意

【古文】

革①：己日乃孚②，元亨利贞，悔亡。

彖曰：革，水火相息③，二女同居，其志不相得，曰革。己日乃孚，革而信之。文明以说，大亨以正，革而当，其悔乃亡。天地革而四时成，汤武革命④，顺乎天而应乎人，革之时义大矣哉！

【白话】

革卦：待到己日才能取信于众，大为亨通，利于守持正固，悔恨消亡。

彖曰：革卦，水火相互灭亡又相互生息，少女中女同居一室，但她们的志向不同，这就叫革。到己日才能取信于众，变革会被民众信任。以文明之美德而令天下人喜悦，以中正之道而使变革大为亨通，如此变革就会稳妥适当，那所有的悔恨才消亡。天地变革导致四季形成，商汤革除夏桀、周武革除商纣的王命是顺应天道合乎民心的，革卦的时势意义是多么宏大啊！

象曰:泽中有火,革;君子以治历明时⑤。

象曰:泽水中有烈火,革卦之象;君子体而用之,宜因以变化制定历法明确时令。

【注释】

①革:卦名,为卦离下兑上,泽火革;革,为变革、革新、革命之意。

②己日乃孚:己(jǐ),十天干纪日之第六日,己在十天干中属阴土,土主信;乃,难辞;孚,信。言当人心皆信我之时,方可革。不可轻易革之意。

③水火相息:息,止息,生息。言泽水与火相灭息,又二女志不相得,故为革。

④汤武革命:商汤放桀鸣条,周武诛纣牧野,革其王命,改其恶俗,史称"汤武革命"。

⑤治历明时:君子观变革之象,推日月星辰之迁易,以治历法,明四时之序也。

【古文】

初九:巩用黄牛之革①。

象曰:巩用黄牛,不可以有为也。

六二:己日乃革之,征吉,无咎。

象曰:己日革之,行有嘉也。

九三:征凶,贞厉,革言三就②,有孚。

象曰:革言三就,又何之矣。

【白话】

初九:用黄牛的皮革束缚牢固。

象曰:用黄牛的皮革束缚牢固,是说此时不可以有所作为。

六二:待到己日才变革,前进吉祥,没有灾祸。

象曰:在己日进行变革,此时行动会有嘉奖。

九三:急进会有凶险,行事正当也有危险,变革言论要经多次讨论才能定下来。做事要心怀诚信。

象曰:变革言论要经多次讨论才能定下来,又何必急于冒进呢?

九四:悔亡,有孚,改命吉③。
象曰:改命之吉,信志也④。

九五:大人虎变⑤,未占有孚⑥。
象曰:大人虎变,其文炳⑦也。

上六:君子豹变⑧,小人革面⑨,征凶,居贞吉。
象曰:君子豹变,其文蔚⑩也。小人革面,顺以从君也。

九四:悔恨悄亡,心有诚信,革除旧命,吉祥。
象曰:改变命运获得的吉祥,是因为上下都信任九四变革的志向。

九五:大人如猛虎般实行变革,未有占卜即已获取民众信任。
象曰:大人如猛虎般实行变革,其文采光明显著。

上六:君子随大势而变革像豹子花斑一样明显卓著;而庶民仅改变自己的面貌;急进凶险,安居守正吉祥。
象曰:君子随大势而变革像豹子花斑一样明显卓著,其文采蔚为大观;而庶民仅改变自己的面貌,是顺从君王的变革。

【注释】

①巩用黄牛之革:巩,固也;黄,中色;牛,顺物;革,固结物体之皮革带。

②革言三就:革言,变革的言论;三就,经多次讨论才能定下来。

③悔亡,有孚,改命吉:改命,实行革命。事之可悔而后革之,革之须以至诚,方可革之而当,其悔乃亡,革除旧命而吉也。

④信志也:言上下相信九四变革之志向。

⑤大人虎变:言以大人之道而革天下之事,事理光明昭著如虎之文采。

⑥未占有孚:不待占决,知其至当而信之矣。

⑦炳(bǐng):光明,昭著。

⑧君子豹变:君子良善,从革而变(从内到外的自我变化),其变化明白呈现,犹如豹子的斑纹一般光亮。

⑨小人革面:小人昏愚难变,虽未能心化,亦革其面以从上之教令也。

⑩蔚:蔚然,蔚为大观。

千方百计　全力助记

一、卦序卦形记忆

革卦为《周易》第四十九卦。

数字编码法记卦序

这狮鹫(49)居然穿着皮革铠甲。

编码:49——狮鹫。

䷰　泽火革

一句话法记卦形

革卦,兑上离下,兑为泽离为火,泽火革。可编一句话:阿Q这货(泽火)"革命"了。

二、卦辞记忆

革:己日乃孚,元亨利贞,悔亡。

故事法记卦辞

阿Q这货革命,其动机是想在他结婚的吉日有奶芙(己日乃孚)吃,这样,不管是艳阳天(元亨)还是大雨天(利贞),新娘子都会露出笑脸(悔亡)。

注:奶芙是一种源自意大利的甜点,吃起来外热酥内冷滑,口感极佳。

图像:阿Q,奶夫,艳阳天,大雨天,新娘子,笑脸;

编码:艳阳天——元亨,大雨天——利贞,笑脸——悔亡;

情节:阿Q革命的动机是结婚吉日吃奶芙,不管艳阳天还是大雨天新娘子都会露笑脸。

三、彖辞记忆

彖曰:革,水火相息,二女同居,其志不相得,曰革。己日乃孚,革而信之。文明以说,大亨以正,革而当,其悔乃亡。天地革而四时成,汤武革命,顺乎天而应乎人,革之时义大矣哉!

故事与释义法记卦辞

革,水火相息,二女同居,其志不相得,曰革

一船皮革水货向西(革,水火相息)偷运走了,两个女人同居(二女同居)船舱看货,对暗号的旗帜不晓得(其志不相得)是哪个相好的藏起来了,那这个月皮革(曰革)就不好出手了。

图像:船,皮革水货,二女,旗帜;

情节:皮革水货向西运走了,二女同居船舱监守,对暗号的旗帜不晓得谁拿走了,这个月皮革不好出手了。

己日乃孚,革而信之

到了吉日能吃奶芙(己日乃孚),革命儿童才相信支持(革而信之)。

图像:奶芙,儿童;

情节:吉日可吃奶芙,革命儿童才相信支持。

文明以说,大亨以正,革而当,其悔乃亡

以卦德释卦辞:革卦下卦离为文明上卦兑为说(即悦),因文明而喜悦(文明以说),故大亨以正(即卦辞"元亨利贞");因大亨以正,故革而当;因革而当,故其悔乃亡。

提示:以卦德"文明以说"为起点,进行顶针式推理。

天地革而四时成,汤武革命,顺乎天而应乎人,革之时大矣哉

前三句讲"革"卦在自然和人事方面的引申意义:天地变革而成就四季变化(天地革而四时成);人事方面,古代最大且广为圣贤称顺的革命是商汤和周武的革命(汤武革命),古圣先贤赞之为不仅顺应天命而且符合民众的心愿(顺乎天而应乎人)。最后一句总结:革卦的时势意义非常宏大啊(革之时大矣哉)。

顺序:天地——汤武——顺天应人——革之时大。

四、大象辞记忆

象曰:泽中有火,革;君子以治历明时。

故事法记大象辞

大象说:沼泽中有火把(泽中有火),是革命党人在找君子兰(送君子兰可以请君子出山),听说有一位君子已成旧军队的治理名师(君子以治历明时)。

图像:沼泽,火把,革命党人,君子兰;

情节:有一位君子已成为旧军队的治理名师。

五、爻辞小象辞记忆

故事法记爻辞小象辞

初九:巩用黄牛之革。

象曰:巩用黄牛,不可以有为也。

初九:最近有台风,农场的公用电话亭用黄牛的皮革(巩用黄牛之革)固定牢了。

小象说:公用电话亭用黄牛(巩用黄牛)皮革固定,是因为不可以让有为(不可以有为也)之人无电话可用。

图像:公用电话亭,黄牛皮革;

情节:公用电话亭用黄牛皮革固定牢了;

评论:不可以让有为之人无电话可用。

六二:己日乃革之,征吉,无咎。

象曰:己日革之,行有嘉也。

六二:本月26日是奶奶金婚纪念日,家里人都将这一天当作吉日。吉日奶奶收到的首份礼物是鸽子(己日乃革之),其次还有大公鸡(征吉)、兀鹫(无咎)。

小象说:吉日的鸽子(己日革之),很高兴又有新家嚰(行有嘉也)。

图像:显示26日的日历,奶奶,鸽子,大公鸡,兀鹫;

编码:大公鸡——征吉,兀鹫——无咎;

情节:金婚纪念这一吉日奶奶收到了鸽子、大公鸡、兀鹫等礼物;

评论:吉日的鸽子很高兴又有新家了。

九三:征凶,贞厉,革言三就,有孚。

象曰:革言三就,又何之矣。

九三:熊瞎子(征凶)和狮子王(贞厉)在路上打架。挡住了满口格言的三舅(革言三就)的必经之路,三舅拿着油壶(有孚)躲进树林里无奈地等着。

小象说:满口格言的三舅(革言三就),又何必质疑(又何之矣)他的智慧呢。

图像:熊瞎子,狮子王,三舅,油壶;

编码:熊瞎子——征凶,狮子王——贞厉,油壶——有孚;

情节:熊瞎子和狮子王打架挡住了满口格言的三舅去买油壶的必经之路;

评论:满口格言的三舅,又何必质疑他的智慧呢。

九四:悔亡,有孚,改命吉。

象曰:改命之吉,信志也。

九四:总是埋怨自己命不好的老四今天露出笑脸(悔亡)了,他送了法师一个油壶(有孚),法师给了他一只改命的鸡(改命,吉)。

小象说:改命的鸡(改命之吉),用信纸可以换到嘢(信志也)。

图像:笑脸,油壶,鸡,信纸;

情节:老四露出笑脸了,他送给法师油壶,法师送他改命的鸡;

评论:改命的鸡,是用信纸换的嘢。

[革卦] 大人虎变

九五:大人虎变,未占有孚。

象曰:大人虎变,其文炳也。

九五:有一个不会游泳的大人湖边(大人虎变)晨练,未站稳掉进湖里了,一好心人丢下一个大塑料油壶(未占有孚),他趴在油壶上游上岸了。

小象说:大人湖边(大人虎变)没站稳,是因气温下降生病了嘞(其文炳也)。

图像:晨练的大人,湖边,油壶;

情节:一大人湖边晨练未站稳掉水里了,后来趴在大油壶上游上来了;

评论:大人湖边没站稳,是因为气温下降生病了嘞。

上六:君子豹变,小人革面,征凶,居贞吉。

象曰:君子豹变,其文蔚也;小人革面,顺以从君也。

上六:做缝纫的六嫂给君子的衣服包边(君子豹变),给小人用皮革做面具(小人革面),当她正忙着做衣服时,熊瞎子(征凶)居然偷吃她的蒸鸡(居贞吉)。

小象说:君子包边(君子豹变)的衣服,其纹路为蔚蓝底色嘞(其文蔚也),小人的皮革面具(小人革面),是顺义县从军爷们(顺以从君也)要求的。

图像:六嫂,君子,豹子,小人,皮革,熊瞎子,蒸鸡;

编码:熊瞎子——征凶,蒸鸡——贞吉;

情节:六嫂给君子衣服包边,给小人用皮革做面具,熊瞎子居然偷吃蒸鸡;

评论:君子包边的衣服,其纹路为蔚蓝底色;小人的皮革面具是顺义县从军爷们要求的。

鼎卦第五十

巽下离上

对照译注　理解大意

【古文】

鼎①：元吉，亨②。

彖曰：鼎，象也。以木巽火，亨饪也。圣人亨以享上帝，而大亨以养圣贤③。巽而耳目聪明④，柔进而上行，得中而应乎刚，是以元亨。

象曰：木上有火，鼎；君子以正位凝命⑤。

【白话】

鼎卦：大吉，亨通。

彖曰：鼎卦，是取烹饪器物的形象。用木材烧火进行烹饪。圣人用烹饪的食物祭祀天神，用大规模的烹饪食物来奉养圣贤。圣贤逊顺辅佐而使君主耳聪目明，柔顺地往上升进，得居中位而又下应阳刚，所以大为亨通。

象曰：木上燃烧着火，鼎卦之象；君子体而用之，宜端正自己的位置，严守自己的使命。

【注释】

①鼎：卦名，为卦巽下离上，火风鼎；鼎，象征取新。
②元吉，亨：变故成新，必须当理，故先大吉而后乃亨。
③圣人亨以享上帝，而大亨以养圣贤：亨，通"烹"，烹饪；享，祭祀；大亨，大规模烹饪；养，奉养。祭祀上帝崇尚实质，故直言"亨"；奉养圣贤则须饱食，故言

"大亨"。

④巽而耳目聪明:鼎卦下巽上离,巽顺于理,离明而中虚于上,为耳聪目明之象。

⑤正位凝命:正,端正;凝,严整之貌。端正自己居位,安重自己使命。

【古文】

初六:鼎颠趾,利出否①,得妾以其子,无咎。

象曰:鼎颠趾,未悖也;利出否,以从贵也。

九二:鼎有实,我仇有疾,不我能即②,吉。

象曰:鼎有实,慎所之也;我仇有疾,终无尤也。

九三:鼎耳革,其行塞③,雉膏不食④,方雨亏悔⑤,终吉。

象曰:鼎耳革,失其义也⑥。

九四:鼎折足,覆公餗,其形渥⑦,凶。

象曰:覆公餗,信如何也⑧。

六五:鼎黄耳金铉⑨,利贞。

象曰:鼎黄耳,中以为实也⑩。

【白话】

初六:鼎足颠倒,利于倒出里面的废物。娶妾生子,扶作正室,没有灾祸。

象曰:鼎颠倒,没有违背常理;利于倒出废物,是为了顺从尊贵之人。

九二:鼎装满了食物,初六非正相从而害义,不能使其接近我,吉祥。

象曰:鼎中装满食物,要谨慎所要去的地方;初六非正相从而害义,但最终没有怨尤。

九三:鼎的耳部变异,插杠移动的路途堵塞,野鸡羹不得食用,唯有雨水方可消减悔恨,最终吉祥。

象曰:鼎的耳部变异,失去了烹饪之宜。

九四:鼎足折断,鼎中公用美食倾覆,鼎身被玷污,凶险。

象曰:鼎中公用美食倾覆而出,这种人如何让人信任呢?

六五:鼎有黄色的两耳,坚硬的黄色鼎杠,利于守持正固。

象曰:鼎有黄色的两耳,以其虚中而接受鼎杠之实。

上九:鼎玉铉,大吉,无不利。

象曰:玉铉在上,刚柔节也⑪。

上九:鼎配玉质的鼎杠,大吉,无所不利。

象曰:玉质的鼎杠在鼎上面,说明阳刚阴柔相济,刚柔调节。

【注释】

①鼎颠趾,利出否:趾,鼎足;否(pǐ),不善之物,废物。

②我仇有疾,不我能即:仇(qiú),对也;即,就也。初六非正相从而害义(有疾),九二须远离初六,使之不能来接近我。

③鼎耳革,其行塞:革,变异。九三居木之极,上应火之极,木火既极则鼎中沸腾,鼎耳亦炽热革变,其举移之耳孔堵塞也。

④雉膏不食:雉(zhì),野鸡;雉膏,野鸡羹。野鸡羹不得而食。

⑤方雨亏悔:方,唯有;亏,减损。唯有雨水方可亏损其腾沸炽热之势,消减其悔恨。

⑥失其义也:义,宜也。今木火太过,则失烹饪之宜也。

⑦覆公餗其形渥:餗(sù),鼎中食物;渥(wò),沾湿。倾覆公用美食,沾污鼎身。

⑧信如何也:疑问倒装句,正常语序为"如何信也"。

⑨鼎黄耳金铉:黄,中色;金,坚刚之物;铉(xuàn),贯穿鼎耳举移鼎的鼎杠;金弦,黄色坚刚的鼎杠。

⑩中以为实也:以其虚中而接受阳实。

⑪玉铉在上,刚柔节也:上九为刚爻,玉铉之玉温润,阳刚而温润,是为刚柔有节也。

千方百计　全力助记

一、卦序卦形记忆

鼎卦为《周易》第五十卦。

数字编码法记卦序

武林盟主(50)举起了大鼎。

编码:50——武林盟主。

☰☴ 火风鼎

一句话法记卦形

鼎卦,离上巽下,离为火巽为风,火风鼎。可编一句话:火封住了屋顶(火风鼎)。

二、卦辞记忆

鼎:元吉,亨。

专用编码记卦辞:

顶(鼎)好的享受,是带着圆鸡蛋(元吉)于晴天(亨)去春游。

图像:圆鸡蛋,晴天;

编码:圆鸡蛋——元吉,晴天——亨。

三、彖辞记忆

彖曰:鼎,象也。以木巽火,亨饪也。圣人亨以享上帝,而大亨以养圣贤。巽而耳目聪明,柔进而上行,得中而应乎刚,是以元亨。

[鼎卦] 以木巽火

释义法记象辞

鼎,象也。以木巽火,亨饪也

以卦体上下卦二象释卦名:鼎卦的卦形有鼎之象,故曰"鼎,象也";鼎卦下体巽为木为风,上体离为火,以木烧火,风助火势,而致烹饪,为鼎之功用,故曰"以木巽火,亨(即烹)饪也"。

圣人亨以享上帝,而大亨以养圣贤

将鼎之功用上升到享上帝与养圣贤。享上帝崇尚实质和诚敬,圣贤因人数多,故在"亨"(即烹)字前加一"大"字,故曰"圣人亨以享上帝,而大亨以养圣贤"。

巽而耳目聪明,柔进而上行,得中而应乎刚,是以元亨

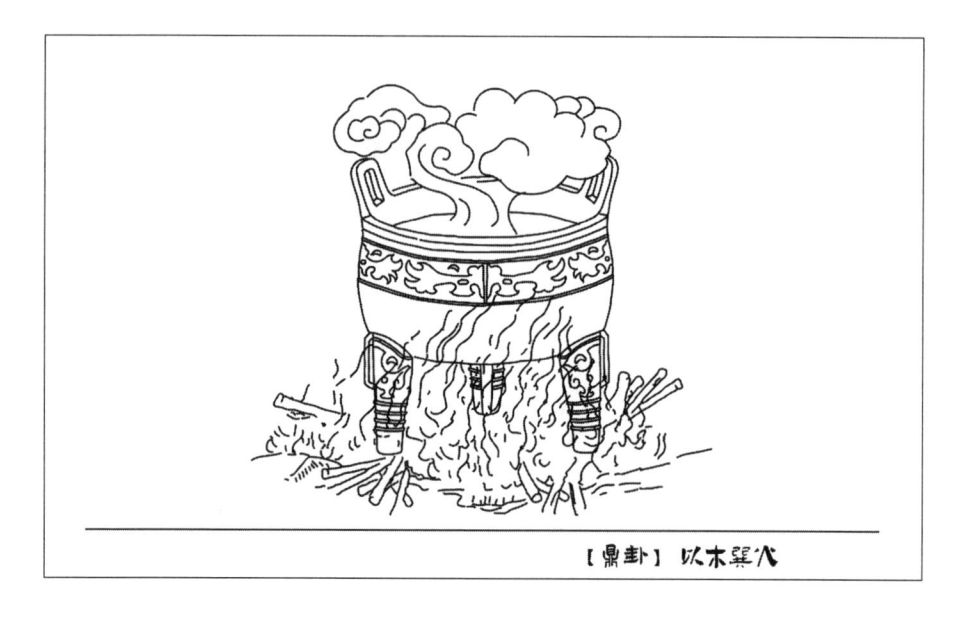

以卦体卦德释卦辞:

下体巽为巽顺,上离明而中虚,为耳目聪明(巽而耳目聪明);凡离在上,皆云"柔进而上行",六五以明居尊得中道,而下应九二阳刚,是"得中而应乎刚"。综上,"巽而耳目聪明,柔进而上行,得中而应乎刚,是以元亨"。

顺序:卦象——卦辞;

关键词:象,烹饪;享上帝,养圣贤,耳目,柔进,得中,应刚。

四、大象辞记忆

象曰:木上有火,鼎;君子以正位凝命。

故事法记大象辞

木屋上有火(木上有火)已经烧到屋顶(鼎)了,君子已与政委领命(君子以正位凝命),要在十分钟内扑灭大火。

图像:起火的木屋,君子,政委;

情节:木屋上有火烧到了房顶,君子已与政委领命灭火。

五、爻辞小象辞记忆

故事法记爻辞小象辞

初六:鼎颠趾,利出否,得妾以其子,无咎。

象曰:鼎颠趾,未悖也;利出否,以从贵也。

初六:顶好的电子(鼎颠趾)手表,利于出口换皮带(利出否);另外,德国企鹅以其儿子(得妾以其子)换兀鹫(无咎)。

小象说:顶好的电子(鼎颠趾)手表出口,未备案嘢(未悖也);利于出口换皮带(利出否),说明这人以前盲目崇拜贵族式生活嘢(以从贵也)。

图像:电子手表,皮带,企鹅,兀鹫;

情节:顶好的电子手表利于出口换皮带,德国企鹅以其儿子换兀鹫;

评论:顶好的电子表出口未备案,利用出口换皮带,以前崇拜贵族生活。

九二:鼎有实,我仇有疾,不我能即,吉。

象曰:鼎有实,慎所之也;我仇有疾,终无尤也。

九二:二舅说他今天去庙里,铜鼎内有果实(鼎有实),大家都说鼎里果实能治病,我球友有疾病(我仇有疾),让我弄一颗果实。但这也不是我能立即(不我能即)弄到的,于是拿鸡(吉)去换了一颗果实。

小象说:鼎内有果实(鼎有实),是治肾病所需之药嘢(慎所之也);我球友的疾病(我仇有疾),最终无有什么问题嘢(终无尤也)。

图像:铜鼎,果实,球友,鸡;

情节:铜鼎内有果实,我球友有疾病,让我弄果实,但不是我能立即弄到的,于是拿鸡换果实;

评论:鼎内有果实,是治肾病所需之药,我球友的疾病,最终无有问题了。

九三:鼎耳革,其行塞,雉膏不食,方雨亏悔,终吉。

象曰:鼎耳革,失其义也。

九三:鸠山预定了在庙里吃午饭。因烧火的杂役将火烧得太大了,鼎的双耳被烧变了形(鼎耳革),鼎杠插不进去(其行塞),打不开鼎,里面的野鸡羹不能吃到(雉膏不食);方丈浇雨水降温,又装了几钢盔灰(方雨亏悔)帮助熄火,经过一番努力后,终于吃上鸡羹了(终吉)。

小象说:鼎双耳变形(鼎耳革),是其异形了嘚(失其义也)。

图像:双耳变形的鼎,鼎杠,野鸡羹,钢盔,灰,雨水;

情节:鼎双耳被烧变形了,鼎杠插不进鼎耳,野鸡羹吃不到,方丈浇雨水降温,又用钢盔装灰帮助熄火,终于吃上了鸡;

评论:鼎双耳变化,是其异形了嘚。

九四:鼎折足,覆公餗,其形渥,凶。

象曰:覆公餗,信如何也?

九四:还是那个鼎,鸠四找来帮忙抬鼎的老幺因抬不动摔倒了,鼎坠落于地,鼎脚折断了(鼎折足),里面的公用美食倾覆出来(覆公餗),食物汁液玷污了鼎身(其形渥)。这时,不远处一头熊(凶)盯上了地上的食物。

小象说:鼎内公用美食倾覆(覆公餗)了,这让方丈的心如何不痛嘚(信如何也)。

图像:鸠四,老幺,沾污了鼎身的鼎,洒满一地的美食,熊,方丈;

情节:鼎脚折断,公用美食倾覆于地,汁液玷污了鼎身,一头熊盯着地上的食物;

评论:公用食物倾覆于地,让方丈的心如何不痛呢?

六五:鼎黄耳金铉,利贞。

象曰:鼎黄耳,中以为实也。

六五:五嫂从庙里回来说,她看到一个鼎有黄色耳朵和金色鼎杠(鼎黄耳金铉),大雨天(利贞)放在外面冲洗。

小象说:鼎的黄耳朵(鼎黄耳),中间空的,还有人以为是实的嘢(中以为实也)。

图像:鼎,黄耳朵,金色鼎杠,大雨天;

编码:大雨天——利贞;

情节:鼎有黄耳朵和金色鼎杠,大雨天放在外面冲洗;

评论:鼎黄耳是中空的,有人以为是实的嘢。

上九:鼎玉铉,大吉,无不利。

象曰:玉铉在上,刚柔节也。

上九:九哥带来最新消息说,上面为鼎配备了一个玉石鼎杠(鼎玉铉),众人带着一只大鸡(大吉),抬着鼎去梨园(无不利)烹饪美食。

小象说:玉质鼎杠抬在肩上(玉铉在上),比钢杠子柔和,接触肩膀更舒服嘢(刚柔节也)。

图像:鼎,玉质鼎杠,大鸡,梨园;

编码:大鸡——大吉,梨园——无不利;

情节:鼎有了玉质鼎杠,众人带着大鸡,抬着鼎去梨园烹饪;

评论:玉质鼎杠抬在肩上,比钢杠子柔和,接触肩比较舒服。

震卦第五十一

震下震上

对照译注　理解大意

【古文】

震①：亨②。震来虩虩，笑言哑哑③；震惊百里，不丧匕鬯④。

彖曰：震，亨。震来虩虩，恐致福也；笑言哑哑，后有则也；震惊百里，惊远而惧迩⑤也；(不丧匕鬯)出，可以守宗庙社稷⑥，以为祭主也。

象曰：洊⑦雷，震；君子以恐惧修省⑧。

【白话】

震卦：雷声震动，亨通。惊雷袭来令人恐惧，而后笑语连连；震雷惊动百里，但主祭人没有丢失祭祀用的汤勺和香酒。

彖曰：震卦，亨通。惊雷滚滚令人恐惧，保持恐惧谨慎能带来福泽；笑语连连，说明恐惧之后遵守了法则；震雷惊动百里，远方受惊近处畏惧；(没有丢失祭祀用的汤匙和香酒)即使君主外出，也可由长子留守宗庙社稷，成为祭祀的主持人。

象曰：接连雷震声声，震卦之象；君子体而用之，宜恐惧天威，修正其身，省思己过。

【注释】

①震：卦名，为卦震下震上，震为雷；震，动也。

②亨：阳生于下而上进，有亨之义；又震为动为恐惧为有主，震而奋发，动而进，惧而修，有主而保大，皆可致亨。故震有亨义。

③震来虩虩,笑言哑哑:虩(xì),本壁虎之名,虩虩,恐惧貌;哑哑(è),笑声。震雷声传来会使人惊恐,然后因恐惧而自慎自修,保有福庆而笑语连连。

④不丧匕鬯:匕(bǐ),匙也,古代的一种取食器具;鬯(chàng),香酒。震雷惊惧而未使其丢失祭祀用的汤勺和香酒。

⑤迩(ěr):近。

⑥可以守宗庙社稷:象文脱"不丧匕鬯"一句。谓长子其诚敬能"不丧匕鬯",则君王外出之时长子可以守宗庙社稷,而为祭主也。

⑦洊(jiàn):再也,接连之意。

⑧修省:修,整理其身,使事事合天理;省,省察其过,使事事遏人欲。

【古文】

初九:震来虩虩,后笑言哑哑,吉。

象曰:震来虩虩,恐致福也;笑言哑哑,后有则也。

六二:震来厉,亿丧贝①,跻于九陵②,勿逐,七日得。

象曰:震来厉,乘刚也。

六三:震苏苏③,震行无眚④。

象曰:震苏苏,位不当也。

九四:震遂泥⑤。

象曰:震遂泥,未光也。

【白话】

初九:惊雷袭来令人恐惧,然后因恐惧慎行,笑语连连,吉祥。

象曰:惊雷袭来令人恐惧,恐惧慎行能获得福泽;笑语连连,说明惊惧之后,行为遵循了法则。

六二:惊雷到来有危险,揣度必丧失货贝,登上很高的山陵以避险,不用追寻,第七日将可重新得到。

象曰:惊雷带来的危险,是因为六二乘陵在阳刚之上。

六三:惊雷响起时畏惧不安,警惧前行没有灾祸。

象曰:惊雷响起恐惧不安,是因为其居位不当。

九四:惊雷响起,坠落泥淖之中。

象曰:惊雷响起,坠落泥淖之中,是因为阳刚品德未能发扬光大。

六五：震往来厉⑥，亿无丧有事⑦。

象曰：震往来厉，危行也；其事在中，大无丧也。

上六：震索索，视矍矍⑧，征凶。震不于其躬，于其邻⑨，无咎。婚媾有言⑩。

象曰：震索索，中未得也⑪；虽凶无咎，畏邻戒也⑫。

六五：惊雷震动之时，上下往来都有危险，揣度无丧其祭祀之权利。

象曰：惊雷震动之时，上下往来都有危险，说明六五在危险中行动；处事执守中道，所以没有大的损伤。

上六：惊雷响起，心神不安，左右惶顾，妄进有凶险。震雷尚未震及己身，在震及近邻时预先戒备，没有灾祸。亲近之人有怨咎之言。

象曰：惊雷响起心神不安，因为未能持守中道；虽然凶险，却没有灾祸，是因畏惧邻居遭受的震惊而预先戒备妥当。

【注释】

①震来厉，亿丧贝：亿，度（duó）也，推测。言震雷来势危厉，六二揣度不能抵挡，必丧其货贝。

②跻于九陵：跻（jī），登；九陵，很高的山陵。

③震苏苏：畏惧不安之貌。言六三居不当位，故震惧而苏苏然也。

④震行无眚：言六三虽不当位，然无乘刚之逆，故可以怀惧而行而无灾眚也。

⑤震遂泥：遂，通"坠"；泥，泥淖（nào）。九四以刚处柔，不中不正，又陷于二阴之间，不能自震，坠落泥淖而不能自返也。

⑥震往来厉：六五之动，上往则柔不可居动之极，下来则犯刚，是往来皆危也。

⑦亿无丧有事：亿，揣度；有事，指祭祀。六五处往来皆危之时，宜持守中德，保持恐惧修省之积极心态，揣度不丧失其祭祀宗庙社稷的权利。

⑧震索索，视矍矍：索索，心不安之貌；矍矍，视不专之容。

⑨震不于其躬，于其邻：言祸患尚未及于己身，方及其邻居之时，及早预见防备。

⑩婚媾有言:婚媾,所亲也,一同行动者;有言,有怨咎之言也。
⑪中未得也:即过中也。使之得中,则不至于索索矣。
⑫畏邻戒也:因畏惧邻居所遭之灾祸而自己预先备戒也。

千方百计　全力助记

一、卦序卦形记忆

震卦为《周易》第五十一卦。

数字编码法记卦序

工人(51)正在疏通古镇(震)里的积水。

编码:51——工人。

震为雷

口诀法记卦形

震卦,震上震下,八纯卦之一,上下卦均为震卦;震为雷,仅记此三字口诀即可。

二、卦辞记忆

震:亨。震来虩虩,笑言哑哑;震惊百里,不丧匕鬯。

口诀法记卦辞

先记首二字"震,亨":震而奋发,故可致"亨",故曰"震,亨"。

再记后四句,四字一句分两节,均以"震"字开头:

第一节:震来虩虩,笑言哑哑。

编一口诀:震雷来,虩虩跳,哑哑笑,一言掉。

(注:虩即壁虎,"一言掉"指前三字"哑哑笑"掉了一个"言"字。)

第二节:震惊百里,不丧匕鬯。

编一口诀:真金(震惊)铺百里远,比不上(丧)手臂(匕)长(鬯)。

三、象辞记忆

象曰:震,亨。震来虩虩,恐致福也;笑言哑哑,后有则也;震惊百里,惊远而惧迩也。(不丧匕鬯)出,可以守宗庙社稷,以为祭主也。

以卦辞为顺序记象辞

先记"震,亨"二字;

后四句卦辞分别起头,每一句加一句说明:

"震来虩虩",是震雷让人恐惧之意。但恐惧可使人谨慎行事,谨慎行事可带来老天的福佑,是为"恐致福也"。

"笑言哑哑",是谈笑自如之意。之所以能谈笑自如,是因为震雷带来惊恐之后能遵守法则,是为"后有则也"。

"震惊百里"是远与近都遭受了惊惧。"近"古代称"迩",是为"惊远而惧迩也"。

"不丧匕鬯"是没有因震雷受惊而丢失祭祀用的汤勺和香酒,这代表具有临危不惧的品质,这样的长子,在君王外出之时,可以留守宗庙社稷,并可做祭祀主持人。故曰:"出,可以守宗庙社稷,以为祭主也。"

[震卦] 君子以恐惧修省

四、大象辞记忆

象曰:洊雷,震;君子以恐惧修省。

故事法记大象辞

见(洊)到雷震子,就连君子都恐惧,连忙躲进山中去修行(君子以恐惧修省)。

注:雷震子是《封神演义》中西周灭商大军的先行官。

五、爻辞小象辞记忆

故事法记爻辞小象辞

初九:震来虩虩,后笑言哑哑,吉。

象曰:震来虩虩,恐致福也;笑言哑哑,后有则也。

初九:震雷滚来虩虩跳(震来虩虩),逗得太后大声笑;笑言哑哑(后笑言哑哑)似鸡(吉)叫。

小象说:震雷滚来虩虩跳(震来虩虩),是恐惧知府(致福)大人来捉它嘚(恐致福也);笑言哑哑不能叫,是因为后宫有礼仪规则嘚(后有则也)。

图像:震雷,壁虎,知府大人,太后;

情节:震雷滚来虩虩跳,太后笑言哑哑似鸡叫;

评论:恐惧知府大人来捉它;后宫有规则。

六二:震来厉,亿丧贝,跻于九陵,勿逐,七日得。

象曰:震来厉,乘刚也。

六二:二妹听来一个神话传说,雷震子的来历(震来厉)是1亿年前上等贝壳(亿丧贝)演变成精;她还听说从前鲫鱼有九块鳞片(跻于九陵),即使掉一块也不用寻找(勿逐),到第七日会长出新鳞片(七日得)。

小象说:雷震子来历(震来厉)的传说,是程刚这小子胡编的嘚(乘刚也)。

图像:雷震子,贝壳,鲫鱼;

情节:雷震子来历是一亿年前上等大贝壳演变而成,鲫鱼有九块鳞片,掉了不用寻找,第七天会长出新的;

评论:雷震子来历的传说,是程刚胡编的。

六三:震苏苏,震行无眚。

象曰:震苏苏,位不当也。

六三:三妹说中午她做了一个梦:天神呼唤雷震子速速(震苏苏)归来。雷震子正行走于五省(震行无眚)寻找申公豹。

小象说:天神呼唤雷震子速速(震苏苏)归来,是因为他寻找的位置不当嘞(位不当也)。

图像:雷震子,五个省份;

情节:天神呼唤雷震子速速归来,雷震子正行走于五省寻找申公豹;

评论:他寻找的位置不当。

九四:震遂泥。

象曰:震遂泥,未光也。

九四:四哥说,也许雷震子坠入泥淖(震遂泥)中了。

小象说:如果雷震子坠入泥淖(震遂泥)中,说明那地方未有亮光嘞(未光也)。

图像:雷震子,泥淖;

情节:雷震子掉入泥淖;

评论:雷震子掉入泥淖,说明那地方未有光亮。

六五:震往来厉,亿无丧有事。

象曰:震往来厉,危行也;其事在中,大无丧也。

六五:五嫂说,雷震子往来都偷梨(震往来厉)吃,亦无受伤(亿无丧),真有本事(有事)。

小象说:雷震子往来偷梨(震往来厉),是危险的行为嘞(危行也);昆仑山骑士在空中(其事在中)保护,大概率不会受伤嘞(大无丧也)。

图像:雷震子,梨,骑士;

编码:梨——厉;

情节:雷震子往来都偷梨吃,有危险,亦无受伤,真有本事;

评论:雷震子来往偷梨是危险行为;骑士在空中保护,大概率不会受伤。

上六:震索索,视矍矍,征凶。震不于其躬,于其邻,无咎。婚媾有言。

象曰:震索索,中未得也;虽凶无咎,畏邻戒也。

上六:六嫂说他梦见雷震子受难了。因行动过慢,天神震怒,收回了法术。雷震子冻得嗦嗦(震索索)发抖,视觉也觉(视矍矍)得一片模糊,总觉得有一头熊瞎子(征凶)跟着他;这是因为雷震子不精于气功(震不于其躬),喜欢与麒麟(于其邻)玩的缘故。兀鹫(无咎)说,当初他对师傅给他指定的婚配有意见(婚媾有言),闹情绪没有好好练气功,所以现在对抗不了寒冷。

小象说:雷震子嗦嗦(震索索)发抖,是因为空中未得到人保护嘞(中未得也);虽有熊和兀鹫(虽凶无咎)跟着他,但他还是畏惧系领结的野人(畏邻戒也)。

图像:雷震子,熊瞎子,麒麟,兀鹫,系领结的野人;

情节:雷震子冻得嗦嗦发抖,视觉觉得模糊,仿佛有熊瞎子跟着;雷震子不精于气功,喜欢与麒麟玩儿,兀鹫说,因为他对师傅指定的婚配有意见;

评论:雷震子嗦嗦发抖,因为空中未得到人保护;虽然熊和兀鹫跟着,但他还是畏惧系领结的野人。

艮卦第五十二

艮下艮上

对照译注　理解大意

【古文】

艮①：艮其背，不获其身②，行其庭，不见其人，无咎③。

彖曰：艮，止也。时止则止，时行则行，动静不失其时，其道光明。艮其止，止其所也④；上下敌应，不相与也⑤；是以不获其身，行其庭，不见其人，无咎也。

象曰：兼⑥山，艮；君子以思不出其位⑦。

【白话】

艮卦：抑止于自己的背部，不让身体面向被抑制之物。行走在有人的庭院，没有见到这个人，没有灾祸。

彖曰：艮是止的意思。时势当止则止，当行则行，运动和静止都不违背时势，抑止之道就是光明的。艮卦所说的止，是说要止于合适的地方；上下卦同阳同阴互为敌对而不相应，所以不让身体面向所止之物，犹如行走在有人的庭院里，没有看见这个人，这种抑制就不会有灾祸。

象曰：两山重叠，艮卦之象；君子体而用之，宜思虑事情不超过自己的本分。

【注释】

①艮：卦名，为卦艮下艮上，艮为山；艮为停止、抑止之意。

②艮其背，不获其身：艮，止也。让背部朝着需艮止之物，不让身体面向它。

③行其庭，不见其人，无咎：行走在庭院之间，因背对，虽至近而不见，外物不见，内欲不萌，如是而止，乃得艮止之道，于止为无咎也。

④艮其止，止其所也：艮卦所寓抑止之道，是施止须得其所。背部，看不见外物，即为可止之所。

⑤上下敌应，不相与也：艮卦上下二体对应位置同阴同阳，以敌相应，无相与之义。不相与则相背，为艮其背，止之义也。

⑥兼：重复。

⑦思不出其位：万物皆有本然之位，思不出其位即所思所想皆未越其理也。

【古文】

初六：艮其趾，无咎，利永贞。

象曰：艮其趾，未失正也①。

六二：艮其腓②，不拯其随，其心不快。

象曰：不拯其随，未退听也③。

九三：艮其限，列其夤，厉薰心④。

象曰：艮其限，危薰心也。

六四：艮其身，无咎。

象曰：艮其身，止诸躬也⑤。

六五：艮其辅，言有序，悔亡。

象曰：艮其辅，以中正也⑥。

【白话】

初六：抑制脚趾运动，没有灾祸，利于永久守持正固。

象曰：抑制脚趾运动，没有违失正理。

六二：停止小腿肚躁动，不能求救于九三，所以心中不快。

象曰：不能求救于九三，是因为九三未能退而下从也。

九三：抑制腰部运动，裂开了背部夹脊肉，危险有如烈火熏心。

象曰：抑制腰部运动，其危害犹如烈火熏心。

六四：抑止上身运动，没有灾祸。

象曰：抑止上身运动，是说可以静止自己的身体，不使其躁动。

六五：抑制嘴巴胡乱说话，说话有条理，悔恨消除。

象曰：抑制嘴巴胡乱说话，以适中为正好。

上九:敦艮,吉。　　　　　　上九:笃实地抑止私欲,吉祥。
象曰:敦艮之吉,以厚终也⑦。　象曰:笃实抑止的吉祥,因其注重结局。

【注释】
①未失正也:理之所当止者曰"正"。言初六之止,乃理所当止也。
②艮其腓:腓(féi),足肚。抑止小腿肚躁动。
③不拯其随,未退听也:拯,救也;随,从也;退听,下从。言六二艮止不求救于九三,九三艮止不退而下从于六二,其中正之德无所施用,所以此心常不快也。
④艮其限,列其夤,厉薰心:限,上下身交接处,即腰;列,通"裂";夤(yín),通"䗱",夹脊肉;薰,同"熏"。言九三处变动屈伸之位,不当艮止也,不当止而止则不得屈伸,而裂绝其上下相连也,故危厉有如烈火熏心。
⑤止诸躬也:躬,即身体。能静止其身体,使之不躁动也。
⑥艮其辅,以中正也:辅,口舌。言以得中为正,止于口舌,使不失中,乃得正也。
⑦敦艮之吉,以厚终也:敦,笃实;厚,注重。笃实地抑止的吉祥,缘其注重结局。

千方百计　全力助记

一、卦序卦形记忆

艮卦为《周易》第五十二卦。

数字编码法记卦序

采伐森林大树,斧儿(52)根(艮)本派不上用场。

编码:52——斧儿。

艮为山

口诀法记卦形

艮卦艮上艮下,上下两体相同,均为艮,艮为山,只需记这一口诀即可。

二、卦辞记忆

艮：艮其背，不获其身；行其庭，不见其人，无咎。

情节法记卦辞

古时一年轻男子看上了美女貂蝉，但貂蝉无意于他。于是有下面的情节：年轻男子跟在貂蝉背后(艮其背)，看不见她的身体(不获其身)正面容颜；行走到她的庭院(行其庭)，也见不(倒字法)到其人(不见其人)。只看见一只兀鹫(无咎)在院子里喝水。

图像：年轻男子，貂蝉，庭院，兀鹫；

情节：跟在貂蝉的背后，看不见她的身体正面；行走到她的庭院也不见其人，但见到一只兀鹫。

另，对仗释义法记卦辞：

艮其背，艮为止，因在背面，看不到，此为"不获其身"；

行其庭，行为动，因背对着，行走到庭院也"不见其人"。

所以兀鹫偷笑嗻。

三、象辞记忆

象曰：艮，止也。时止则止，时行则行，动静不失其时，其道光明。艮其止，止其所也；上下敌应，不相与也；是以不获其身，行其庭，不见其人，无咎也。

释义法记象辞

艮，止也。时止则止，时行则行，动静不失其时，其道光明

以上释卦名：艮为"止"意，然，是止是行要因应时势，即时当止则止，时当行则行，动与静都不违失当时(动静不失其时)的时势，这样的"艮止"之道就是光明(其道光明)的。

艮其止，止其所也

以上释卦辞"艮其背"：艮卦所说的停止，是要停止在合适的地方，即"艮其止，止其所也"。

上下敌应，不相与也，是以不获其身，行其庭，不见其人，无咎也

艮卦上下卦一四、二五、三六都是同阴同阳，为敌应，敌应即为不相与，因"上下敌应,不相与也"，是以见不到真身(不获其身)，走到庭院也见不到人(行其庭,不见其人)。正所谓眼不见心不烦，因没见到，故无灾祸也(无咎也)。

关键词:艮止——时止时行——动静光明——艮止其所——敌应不与——是以。

四、大象辞记忆

象曰:兼山,艮;君子以思不出其位。

故事法记大象辞

大象说:立于尖山(兼山)之巅,武士更(艮)厉害;面对他,君子已使不出其段位(君子以思不出其位)水平啦。

图像:尖山,武士,君子;

情节:尖山之巅的武士更厉害,君子已使不出其段位水平啦。

五、爻辞小象辞记忆

人身体部位定桩法记爻辞小象辞

六个地点桩:①脚趾、②小腿肚、③腰、④上身、⑤口、⑥额头

以人的脚趾、小腿肚、腰、上身、口、额头六个部位分别定位初六、六二、九三、六四、六五、上九爻。

初六:艮其趾,无咎,利永贞。

象曰:艮其趾,未失正也。

①脚趾——初六

初六:幺妹**脚趾**涂了指甲油,为显摆,她穿一双露出脚趾的凉鞋,<u>跟在旗帜</u>(艮其趾)后面走,见到了拿着<u>空酒瓶</u>(无咎)去打酒的<u>李永贞</u>(利永贞)。

小象说:跟着旗帜(艮其趾)走,表明她未失去正确的方向嘞(未失正也)。

图像:露脚趾的幺妹,旗帜,空酒瓶,李永贞;

编码:空酒瓶——无咎,李永贞——利永贞;

情节:幺妹露出脚趾跟着旗帜走,见到了拿空酒瓶的李永贞;

评论:跟着旗帜走,表明她未失去正确方向。

六二:艮其腓,不拯其随,其心不快。

象曰:不拯其随,未退听也。

②小腿肚——六二

六二:二妹跟人学着在其**小腿肚**(艮其腓)上纹梅花,效果不好。因此她最近精神萎靡<u>不</u>振,想喝<u>汽水</u>(不拯其随),她用喝汽水发泄<u>其心</u>中的<u>不畅</u>快(其心不快)。

小象说:精神<u>不</u>振就喝<u>汽水</u>(不拯其随),这种情况在她爸<u>未</u>退休前就<u>听</u>说过嘞(未退听也)。

图像:小腿肚上纹梅花的二妹,汽水;

情节:二妹跟人学着在其小腿肚上纹了梅花,效果不好;她精神不振,喝汽水发泄其心中不快;

评论:精神不振喝汽水,在她爸未退休前就听说过。

九三:艮其限,列其夤,厉薰心。

象曰:艮其限,危薰心也。

③腰——九三

九三:老三长期练功夫,他**腰**上功夫十分了得。凭着过硬功夫,他得以跟七仙女(艮其限)做保镖。按七仙女吩咐,他列出弃婴(列其夤)的坏人名单,准备近日将这帮利欲熏心(厉薰心)的家伙抓捕归案。

小象说:跟七仙女(艮其限)做事,为的是抓那些危险的寻衅滋事的坏分子嘢(危薰心也)。

图像:腰上功夫了得的老三,七仙女,弃婴;

情节:跟七仙女做事,列出弃婴的坏人名单,将利欲熏心的家伙抓捕;

评论:跟七仙女做事,为的是抓那些危险的寻衅滋事的坏分子。

六四:艮其身,无咎。

象曰:艮其身,止诸躬也。

④上身——六四

六四:今天上身穿了好看花衣服的四嫂走路时总觉得有东西跟在其身后(艮其身),她猛一回头发现是一只兀鹫(无咎)。

小象说:跟在其身后(艮其身)的兀鹫,因抓蜘蛛成就了它的功业(止诸躬也)。

图像:上身穿花衣服的四嫂,兀鹫,蜘蛛;

情节:上身穿花衣服的四嫂走路时总觉得有东西跟在其身后,她猛一回头发现是一只兀鹫;

评论:跟在其身后的兀鹫,因抓蜘蛛成就了功业。

六五:艮其辅,言有序,悔亡。

象曰:艮其辅,以中正也。

⑤口——六五

六五:五嫂今天嘴唇特地涂了口红,一大早跟着祈福(艮其辅),大家发言都有顺序(言有序),她很喜欢这场景,于是露出了笑脸(悔亡)。

小象说:跟着祈福(艮其辅),以排在中间正好嘢(以中正也)。

图像:嘴唇涂口红的五嫂,祈福的人群,笑脸;

情节:涂口红的五嫂跟着祈福,大家发言有序,她露出了笑脸;

评论:跟着祈福,以排中间正好。

上九:敦艮,吉。

象曰:敦艮之吉,以厚终也。

⑥额头——上九

上九:**额头**光亮的六叔<u>敦</u>厚老实总是<u>跟</u>(敦艮)<u>鸡</u>(吉)一起玩儿。

小象说:<u>敦</u>厚六叔<u>跟</u>着一起玩的<u>鸡</u>(敦艮之吉),<u>以后</u>终究是要被吃掉的<u>嘢</u>(以厚终也)。

图像:额头光亮的六叔,鸡;

情节:敦厚六叔跟鸡一起玩儿;

评论:敦厚六叔跟着玩的鸡,以后终究要被吃掉的嘢。

另,关键词提示法:

全卦六爻都有一艮字,艮为卦名,可重点记住"艮"的对象。从初至上,依次为趾、腓、限、身、辅、敦,可以编一简单口诀:止肥健身,俯卧蹲跟。

(注:止——趾;肥——腓;健——限;俯——辅;蹲——敦)

渐卦第五十三

艮下巽上

对照译注　理解大意

【古文】

渐①：女归②吉，利贞。

彖曰：渐之进也，女归吉也。进得位，往有功也③。进以正，可以正邦也④。其位，刚得中也。止而巽，动不穷也。

象曰：山上有木，渐；君子以居贤德善俗⑤。

【白话】

渐卦：女子出嫁吉祥，利于守持正固。

彖曰：渐渐向前行进，好比女子出嫁循礼而行是吉祥的。渐进而获得尊位，说明前往可以建立功业；渐进又循正道，可以端正邦国；其能居于尊位，是因为阳刚而又守持中道；静止不躁而又逊顺，这样行动不会困穷。

象曰：山上长有树木，渐卦之象；君子体而用之，宜逐渐积累贤德，改善风俗。

【注释】

①渐：卦名，为卦艮下巽上，风山渐；渐是循序渐进之意。

②女归：归，女子出嫁之称。古代女子出嫁，男子需行纳采、问名、纳吉、纳征、请期、亲迎六种礼仪，是一个渐进的过程，故以"女归"象征尊礼循序渐进。

③进得位，往有功也：渐卦以渐进为义，二至五阴阳各得正位，进而有功也。

④进以正，可以正邦也：九五以阳刚中正得居尊位，以正道而进，可以正邦

国也。

⑤居贤德善俗:居,积累;善,改善。积累贤德,改善风俗,皆须循序渐进。

【古文】

初六:鸿渐于干①,小子厉,有言,无咎。

象曰:小子之厉,义无咎也。

六二:鸿渐于磐,饮食衎衎②,吉。

象曰:饮食衎衎,不素饱也③。

九三:鸿渐于陆④,夫征不复,妇孕不育⑤,凶;利御寇。

象曰:夫征不复,离群丑也⑥;妇孕不育,失其道也;利用御寇,顺相保也。

六四:鸿渐于木,或得其桷⑦,无咎。

象曰:或得其桷,顺以巽也。

【白话】

初六:大雁飞行渐进停于水边,有如年轻小子遭遇危险,虽有言语中伤,但没有灾祸。

象曰:年轻小子遇到的危险,从渐进之义看,没有灾祸。

六二:大雁飞行渐进落于大石头上,喝水进食和乐欢畅,吉祥。

象曰:喝水进食和乐欢畅,不是为了填饱肚子而白吃饭。

九三:大雁飞行渐进落于高地上,丈夫远征没有回来,妇人怀孕不能生育,凶险,利于抵御强寇。

象曰:丈夫出征没有回来,是远离了自己的同类;妇人怀孕不能生育,是因为违背了夫妻之道;利于抵御匪寇,是说九三若顺从同类(守持正道),则可夫妇相互保全。

六四:大雁渐渐飞行落到高树上,或可寻得横平的大树枝栖息,没有灾祸。

象曰:或能寻得横平的大树枝栖息,是因为六四柔顺而又谦逊。

九五：鸿渐于陵⑧，妇三岁不孕，终莫之胜⑨，吉。

象曰：终莫之胜，吉，得所愿也。

上九：鸿渐于陆，其羽可用为仪⑩，吉。

象曰：其羽可用为仪，吉；不可乱也⑪。

九五：大雁渐渐飞行降落于高岗，妇人三年未能怀孕，终究没有人能战胜它，吉祥。

象曰：终究没有人能战胜它，吉祥，说明九五达成了自己的愿望。

上九：大雁渐渐飞行退于高地之上，其行为可借鉴作为人类言行之法则，吉祥。

象曰：其行为可资借鉴作为人类行为之法则，吉祥，其高洁志向不可混乱。

【注释】

①鸿渐于干：鸿，大雁，又指水鸟；干，水旁，即水岸。喻指始入仕途。

②鸿渐于磐，饮食衎衎：磐，大石；衎（kàn），和乐，愉快。言六二渐远于水，进于磐而益安矣。

③不素饱也：素饱，白吃饭。言身为人臣，食君之禄忠君之事，非徒饮食而已也。

④鸿渐于陆：陆，地之高平处。九三处下卦之上，有鸿渐于陆之象。

⑤夫征不复，妇孕不育：九三过刚而不中又上无应援，此时以艮止安处、守正待时为最宜；若不能自守而与六四苟合，其结局便是"夫征不复，妇孕不育"，皆失其正道。

⑥离群丑也：离，离弃；丑，类也。脱离了其同类。

⑦鸿渐于木，或得其桷：木，高树；桷（jué），横平之柯，指横平的大树枝。谓四之处境本危，因其顺巽而自得安宁之道，则无咎也。

⑧鸿渐于陵：陵，高岗。九五阳刚中正得居尊位，正应乎二，全卦九五的境况最好。

⑨妇三岁不孕，终莫之胜：言九五正应乎二，而为三四所隔，然终不能夺其正。虽先有所迟阻，而后必胜而相合也。

⑩鸿渐于陆,其羽可用为仪:陆,地之高平处;仪,仪则。本卦上体巽卦,巽性伏入,进退不果,故又退"渐于陆"。上九乃刚明君子,故知进又知退也,其行为可资借鉴作为人类行为的法则。

⑪不可乱也:上九超然进退之外的志向卓然不可混乱。

千方百计　全力助记

一、卦序卦形记忆

渐卦为《周易》第五十三卦。

数字编码法记卦序

喷了53年的火山(53)渐渐熄灭了。

编码:53——火山。

风山渐

一句话法记卦形

渐卦巽上艮下,巽为风艮为山,风山渐。可编一句话:风吹到山这里渐渐变小了(风山渐)。

二、卦辞记忆

渐:女归吉,利贞。

一句话故事记卦辞

练剑(渐)的女子回归家捉鸡(女归吉),准备大雨天(利贞)好补补身体。

图像:练剑的女子,剑,鸡,大雨天;

编码:大雨天——利贞;

情节:练剑的女子归家捉鸡,准备大雨天吃。

三、彖辞记忆

彖曰：渐之进也，女归吉也。进得位，往有功也；进以正，可以正邦也；其位，刚得中也；止而巽，动不穷也。

释义法记彖辞

渐之进也，女归吉也

释卦名"渐"：逐渐地循序而进（渐之进也），正如女子出嫁一样循礼而行，是吉祥的（女归吉也）。

进得位，往有功也；进以正，可以正邦也；其位，刚得中也

从位、正、中三方面释九五爻：渐进而得居尊位（进得位），故往有功也；九五刚爻居五为正，是为渐进而以正道（进以正），阳刚而循正道，故"可以正邦也"；九五其位是阳刚而得居中之位也（其位，刚得中也）。

止而巽，动不穷也

以卦德总结循序渐进之前景：下体艮止，上体巽顺，具止而巽之德，循序渐进的行动是不会困穷的（动不穷也）。

顺序："以女归吉"作喻释"渐之进"；以"位""正""中"释九五爻；以卦德释渐进之前景。

四、大象辞记忆

象曰：山上有木，渐；君子以居贤德善俗。

故事法记大象辞

山上有木剑（山上有木，渐），高大无比，君子移居（以居）山脚，仰观山上木剑，体悟至简大道：高大木剑非一日能长成，人间贤德善俗也需逐渐积累（居）啊。

图像：高山，高大的木剑，君子；

情节：山上木剑非一日能长成，人间贤德善俗也需逐渐积累。

五、爻辞小象辞记忆

寓言故事法记爻辞小象辞

缘起:渐卦以鸿(即大雁)为物象,阐述按次序守正道循序渐进的自然物理和人生哲理,故以大雁为主角,编撰一寓言故事。

初六:鸿渐于干,小子厉,有言,无咎。

象曰:小子之厉,义无咎也。

初六:<u>大雁渐渐飞行停留于河边</u>(鸿渐于干),<u>看见一小孩子手里拿着梨</u>(小子厉),<u>有心出言</u>(有言)提醒他,身后有一只<u>兀鹫</u>(无咎)。

小象说:<u>小孩子手中的梨</u>(小子之厉),<u>已被兀鹫盯上了嘢</u>(义无咎也)。

图像:大雁,河岸边,小孩子,梨,兀鹫;

情节:大雁渐渐飞到河边,看到小孩手中拿着梨,有心出言提醒他身后有兀鹫;

评论:小孩手中的梨,已经被兀鹫盯上了。

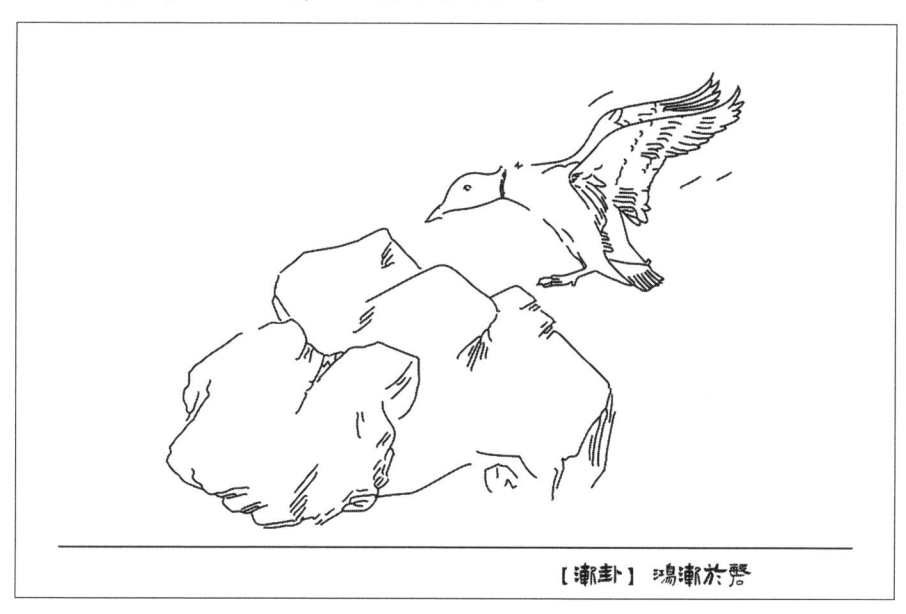

[渐卦] 鸿渐于磐

六二:鸿渐于磐,饮食衎衎,吉。

象曰:饮食衎衎,不素饱也。

六二:大雁渐渐飞行停留于大石头(鸿渐于磐)上,饮水吃食,侃侃而谈(饮食衎衎),其乐融融,让鸡(吉)看了羡慕不已。

小象说:饮水吃食,侃侃而谈(饮食衎衎),不是为了要一个书包嘞(不素饱也)。

图像:大雁,大石头,水,食物,鸡,书包;

情节:大雁逐渐飞行停于大石头上,饮水吃食,侃侃而谈,鸡很羡慕;

评论:饮水吃食,侃侃而谈,不是为了要书包。

九三:鸿渐于陆,夫征不复,妇孕不育,凶,利御寇。

象曰:夫征不复,离群丑也;妇孕不育,失其道也;利用御寇,顺相保也。

九三:大雁渐渐飞行停留于陆地高平处(鸿渐于陆)。它听说了一件悲惨的事:丈夫出征不回家(夫征不复),妇人怀孕了不敢生育(妇孕不育)。为帮一下这可怜的妇人,大雁派了熊(凶)利用爪子抵御匪寇(利御寇)。

小象说:丈夫出征不复回(夫征不复),离开群类是可丑的嘞(离群丑也);妇人怀孕不敢生育(妇孕不育),是失去了夫妇之正道嘞(失其道也);利用爪子御寇(利用御寇),希望能顺利守住妇人的箱包嘞(顺相保也)。

图像:大雁,陆地高平处,丈夫,妻子,熊,匪寇;

情节:大雁渐渐飞行停留于陆地高平处,它听说一丈夫出征不复回,妇人怀孕不能生育,派熊利用爪子抵御匪寇;

评论:丈夫出征不回,离开群类是可丑的;妇人怀孕不能生育,是丢失了夫妇正道;利用爪子御寇,希望能顺利守住箱包嘞。

六四:鸿渐于木,或得其桷,无咎。

象曰:或得其桷,顺以巽也。

六四:大雁渐渐飞行停栖于高大树木(鸿渐于木)上,因它温顺平和,不急不躁,有时它能寻到高树的横平大树枝(或得其桷)落脚,兀鹫(无咎)看了深受教育。

小象说:有时能寻得横平大树枝(或得其桷)落脚,是因为大雁参加了顺义县的特别训练嘞(顺以巽也)。

图像:大雁,高大树木,横平大树杈,兀鹫,顺义县;

情节:大雁渐渐飞到树木上,有时可寻到横平大树枝栖息,兀鹫看了很受教育;

评论:大雁参加过顺义县训练。

九五:鸿渐于陵,妇三岁不孕,终莫之胜,吉。

象曰:终莫之胜,吉,得所愿也。

九五:大雁渐渐飞行停留于丘陵(鸿渐于陵)之上,它在此地又听说了一件事:一妇人三年都不能怀孕(妇三岁不孕),为此中魔至深(终莫之胜)。大雁送了一只鸡(吉)去看护她。

小象说:中魔至深(终莫之胜)的妇人,得到一只鸡(吉),也算得偿所愿嘞(得所愿也)。

图像:大雁,丘陵,妇人,鸡;

情节:大雁渐渐飞行停于丘陵上,听说一妇人三年不能怀孕,中魔至深,送一只鸡去看护;

评论:中魔至深的妇人得到鸡,也算得偿所愿嘞。

上九:鸿渐于陆,其羽可用为仪,吉。

象曰:其羽可用为仪,吉;不可乱也。

上九:一群大雁渐渐飞回又停于陆地高平处(鸿渐于陆),它们列队整齐,器宇不凡,可用为仪仗队(其羽可用为仪)。鸡(吉)看了又是羡慕不已。

小象说:大雁队列器宇不凡,可用为仪仗队(其羽可用为仪),要注意鸡(吉),不可让它乱飞嘞(不可乱也)。

图像:大雁,鸡;

情节:一群大雁渐渐飞于陆地高平处,器宇不凡可用为仪仗队,鸡很羡慕;

评论:大雁队列器宇不凡可用为仪仗队,要看紧了鸡,不可让它乱飞嘞。

归妹卦第五十四

兑下震上

对照译注　理解大意

【古文】

归妹①**：征凶，无攸利**②。

彖曰：归妹，天地之大义③也；天地不交而万物不兴；归妹，人之终始也④。说以动，所归妹也⑤；征凶，位不当也；无攸利，柔乘刚也。

象曰：泽上有雷，归妹；君子以永终知敝⑥。

【白话】

归妹卦：出嫁少女，前进凶险，无所利益。

彖曰：出嫁少女体现了天地阴阳和合的宏大意义；如果天地阴阳不交，万物就不能繁殖；女子出嫁是人类终而复始生生不息的大道。喜悦而行动，所以说出嫁的是少女；前进有凶险，是因为居位不当；无所利益，是因为阴柔乘凌阳刚之上。

象曰：泽水上有震雷，归妹卦之象；君子体而用之，宜始终保持夫妇之道并预知其离隙之弊而慎防之。

【注释】

①归妹：卦名，为卦兑下震上，雷泽归妹；兑为少女，归妹，意为出嫁少女。

②征凶，无攸利：本卦诸爻，自二至五皆不得正，三五又皆以柔乘刚，故曰"征凶"而无所利也。

③归妹，天地之大义：一阴一阳之谓道。阴阳交感男女配合，天地之常理也。

④归妹,人之终始也:归者,女之终;生育者,人之始。

⑤说以动,所归妹也:兑为少女为说(即悦),喜悦而行动,所出嫁的是少女。

⑥永终知敝:夫妇之道,当常永有终,必知其敝坏离隙之理而戒慎之。

【古文】

初九:归妹以娣,跛能履,征吉①。

象曰:归妹以娣,以恒也;跛能履,吉相承也②。

九二:眇能视,利幽人之贞。

象曰:利幽人之贞,未变常也③。

六三:归妹以须,反归以娣④。

象曰:归妹以须,未当也。

九四:归妹愆期⑤,迟归有时。

象曰:愆期之志,有待而行也。

六五:帝乙归妹,其君之袂,不如其娣之袂良⑥,月几望⑦,吉。

象曰:帝乙归妹,不如其娣之袂良也;其位在中,以贵行也⑧。

【白话】

初九:嫁出少女作为侧室,脚跛了却努力行走,前进会有吉祥。

象曰:嫁出少女作为侧室,是婚嫁的常道;脚跛但勉力行走,吉祥,说明初九能以偏助正,共同侍候夫君。

九二:独眼却勉强看东西,有利于幽静之人守持正固。

象曰:利于幽静之人守持正固,未改变恪守妇道之常规。

六三:少女出嫁后等待成为正室,然正室尚在,宜返归以侧室身份行事才符合正道。

象曰:少女出嫁后等待成为正室,说明六三行为不当。

九四:出嫁少女改变日期,延迟出嫁会有合适的时机。

象曰:改变日期的志向,是在等待时机而后嫁。

六五:帝乙出嫁少女,正室的衣着穿戴不如侧室的美好,月亮将近圆满,吉祥。

象曰:帝乙出嫁少女,正室的衣着穿戴不如侧室的美好;六五以柔而居中位,以尊贵而行中道。

上六：女承筐无实，士刲羊无血⑨，无攸利。

象曰：上六无实，承虚筐也。

上六：女子手捧竹筐，但筐中没有实物；男子用刀杀羊，却不见出血，无所利益。

象曰：上六有名无实，是因为手中捧着的是空竹筐。

【注释】

①归妹以娣：娣（dì），古代以妹妹陪姐姐同嫁一夫，称妹为"娣"，即侧室。初九居下而无正应，故为"娣"象。

②跛能履，吉相承也：跛（bǒ），腿或脚有残疾；相，帮助；承，承侍。跛者勉力行走，犹如侧室帮助正室承侍其君，此乃侧室之吉也。

③未变常也：言九二幽静贞正，未失夫妇常正之道也。

④归妹以须，反归以娣：须，等待；反归，返归。言六三不中不正，陪同出嫁后等待成为正室，然正室尚在，宜返归侧室之本分才符合正道。

⑤归妹愆期：愆（qiān），超过，错过；归，出嫁。阳刚在女子为正德，贤明者也。九四无正应，未得其归也。过时未归，故云"愆期"。

⑥帝乙归妹，其君之袂，不如其娣之袂良：帝乙，殷商王；君，正室；袂，衣袖；良，美。言六五贵女之归，唯谦降从礼，乃尊高之德，不事容饰以悦人也。

⑦月几望：几，接近。月亮将近圆满，此处喻指女德至盛而不盈满。

⑧其位在中，以贵行也：言六五以柔中而居尊位，以尊贵而行中道。

⑨女承筐无实，士刲羊无血：承，手捧；刲（kuī），割。上震有"虚筐"之象，下兑有"羊"象，上与三皆阴虚而无应，故有"女承筐无实""士刲羊无血"之象。

千方百计　全力助记

一、卦序卦形记忆

归妹卦为《周易》第五十四卦。

数字编码法记卦序

武士(54)背上累着的归妹回娘家。

编码:54——武士。

雷泽归妹

一句话法记卦形

归妹卦,震上兑下,震为雷兑为泽,雷泽归妹。可编一句话:妹妹回娘家带了一大包礼物,可累着归家的妹妹啦(雷泽归妹)。

二、卦辞记忆

归妹:征凶,无攸利。

专用编码记卦辞

归家的妹妹(归妹)给熊瞎子(征凶)带了五个油梨(无攸利)。

图像:少女妹妹,熊瞎子,五个油梨;

编码:熊瞎子——征凶,五个油梨——无攸利;

情节:归家妹妹给熊瞎子带来五个油梨。

三、象辞记忆

象曰:归妹,天地之大义也;天地不交而万物不兴,归妹,人之终始也。说以动,所归妹也;征凶,位不当也;无攸利,柔乘刚也。

释义法记象辞

归妹,天地之大义也;天地不交而万物不兴,归妹,人之终始也

以上三句释卦旨大意:女子出嫁(归妹),体现了天地阴阳交合的宏大意义(天地之大义也);因为天地阴阳不交而万物都无法生长(不兴),女子出嫁(归妹),是人类终而复始生生不息之大道(人之终始也)。

说以动,所归妹也;征凶,位不当也;无攸利,柔乘刚也

以卦德爻位释卦辞:下卦兑为说,上卦震为动,又兑为少女,故曰喜悦而

行动(即出嫁),所嫁的女子是少女(说以动,所归妹也);下卦主爻为六三,但六三居位不当,因位不当,所以前进有凶险(征凶,位不当也);又因六三、六五阴柔而乘凌在阳刚之上,所以不会有什么好处(无攸利,柔乘刚也)。

逻辑顺序:释"归妹"之大义——天地——人;
　　　　　以卦德释"所归妹也";
　　　　　以爻位释卦辞。

四、大象辞记忆

象曰:泽上有雷,归妹;君子以永终知敝。

故事法记大象辞

缘起:少女身材臃肿,因此而自闭,常常在打雷时一个人偷偷跑到一个沼泽边哭泣,君子知道此事后,开始对少女进行开导。

沼泽上方响起了雷声(泽上有雷),刚归家的小妹妹(归妹)正准备跑到沼泽边哭泣,君子开导她以后要注重培养女德,不要因身体臃肿而自闭(君子以永终知敝)。

图像:沼泽,雷震之自然天象,小妹妹,君子;
情节:君子开导小妹妹以后不要因身体臃肿而自闭。

五、爻辞小象辞记忆

故事法记爻辞小象辞

初九:归妹以娣,跛能履,征吉。
象曰:归妹以娣,以恒也;跛能履,吉相承也。
初九:鬼妹每到一地(归妹以娣),颇能旅行(跛能履),特别喜欢看大公鸡(征吉)斗鸡比赛。
小象说:鬼妹每到一地(归妹以娣),不旅行就遗恨一夜(以恒也);颇能旅行(跛能履),极可能是老外一脉相承的嘢(吉相承也)。
注:鬼妹在粤语中是对外国白人女孩的特别称呼。
图像:鬼妹,大公鸡;
编码:大公鸡——征吉;

情节:鬼妹每到一地颇能旅行,喜欢看大公鸡斗鸡比赛;

评论:不旅行就遗恨一夜;极可能是老外一脉相承的。

九二:眇能视,利幽人之贞。

象曰:利幽人之贞,未变常也。

九二:老二是一个独眼龙导游,他独眼还能看见(眇能视)东西,因独眼的特殊性,他出动有利于调解游人之间的争执(利幽人之贞)。

小象说:利于调解游人之间的争执(利幽人之贞),因为他从未改变为游人服务的恒常观念嘢(未变常也)。

图像:独眼龙导游,游人;

情节:独眼能看见东西的导游有利于调解游人之间的争执;

评论:他从未改变为游人服务的恒常理念。

六三:归妹以须,反归以娣。

象曰:归妹以须,未当也。

六三:3#鬼妹(归妹)一听完须弥山(归妹以须)和尚诵经就立即返归一地(反归以娣)吃午饭。

小象说:3#鬼妹一听完须弥山(归妹以须)和尚诵经就返回吃饭,是因为她未带便当嘢(未当也)。

图像:鬼妹,须弥山,和尚,便当;

情节:鬼妹一听完须弥山佛经,就返归一地吃午饭;

评论:鬼妹一听完须弥山佛经就返回,是因为未带便当嘢。

九四:归妹愆期,迟归有时。

象曰:愆期之志,有待而行也。

九四:导游鸠四听说鬼妹前期(归妹愆期)旅行日程有增加,想弄清她后期延迟归国,是否已有确定时间(迟归有时)。

小象说:前期的旅行日志(愆期之志),还有待批准而后才可执行嘢(有待而行也)。

图像:导游鸠四,鬼妹,旅行日志;

情节：鬼妹前期日程变化，导游要弄清她延迟归国是否已有确定时间；

评论：前期之旅行日志，有待审批而后方可执行。

【归妹】 帝乙归妹

六五：帝乙归妹，其君之袂，不如其娣之袂良，月几望，吉。

象曰：帝乙归妹，不如其娣之袂良也；其位在中，以贵行也。

六五：五嫂说，商业大王帝乙为在西点军校学成归国的妹妹（帝乙归妹）举办盛大party，其军装之美（其君之袂），不如其弟之妹靓（不如其娣之袂良），但没人在乎这些，大家最想看月季花开放的那一刹那。月季花有望（月几望）今晚开放，一只鸡（吉）一直在旁边守着。

小象说：帝乙归国的妹妹（帝乙归妹），不如其弟之妹靓嘞（不如其娣之袂良也）；其位置在中心（其位在中），所以身份尊贵行事独特嘞（以贵行也）。

图像：商业大王帝乙，学成归国穿军装的妹妹，弟弟的妹妹；

情节：帝乙为学成归国的妹妹举办party，其妹身穿军装之美不如其弟之妹妹靓；月季花有望今晚开放，一只鸡一直在旁边守着；

评论：其位置在中心，以尊贵身份行事当然独特嘞。

上六：女承筐无实，士刲羊无血，无攸利。

象曰：上六无实，承虚筐也。

上六：上村六嫂说她家今天的喜事：女儿承接了编制竹筐五十（女承筐

无实)的活儿,可赚不少钱;她老公商博士胃溃疡不流血(士刲羊无血)了,是吃五个油梨(无攸利)治好的。

小象说:上村六嫂家五十(上六无实)个竹筐的活儿,承接的是须弥山竹筐订单嘢(承虚筐也)。

图像:上村六嫂,六嫂女儿,竹筐,商博士,五个油梨;

编码:五个油犁——无攸利;

情节:女儿承揽了竹筐五十的活儿,商博士溃疡不出血了,是吃五个油梨治好的;

评论:上村六嫂家五十个竹筐的活儿,承接的是须弥山竹筐订单嘢。

卷十

下经之五：丰 旅 巽 兑 涣 节

丰卦第五十五

离下震上

对照译注　理解大意

【古文】

丰①：亨，王假之②，勿忧，宜日中③。

彖曰：丰，大也；明以动，故丰。王假之，尚大也④。勿忧宜日中，宜照天下也。日中则昃⑤，月盈则食，天地盈虚，与时消息，而况于人乎？况于鬼神乎？

【白话】

丰卦：亨通，王者可以到达，不用担忧，宜于像正中午的太阳一般光辉普照。

彖曰：丰是大的意思，道德光明而后行动，所以能获得大的成就。君王可达盛大之境界，说明王者崇尚至大的治理之道。不必忧虑，宜如正午的太阳一般光辉普照天下。太阳升至中天后就要西斜，月亮圆满后就会亏蚀，天地自然有盈满有亏虚，伴随时令变化而消亡与生长，何况人呢？何况鬼神呢？

象曰:雷电皆至,丰;君子以折狱致刑⑥。

象曰:雷电一起到来,丰卦之象;君子体而用之,宜威照并行地审理诉讼,执行刑罚。

【注释】

①丰:卦名,为卦离下震上,雷火丰;丰为丰大、盛大之意。

②亨,王假之:假(gé),至也。"丰"为盛大,其义自亨。盛大之境界,唯王者能至之。

③勿忧,宜日中:丰大之时,周到治理宜如正午的太阳盛明广照,然后无忧也。

④尚大也:王者所有丰大,其保有治理之道亦当大也,故王者所崇尚至大也。

⑤昃(zè):偏西。

⑥折狱致刑:折,断也,审理;致,行也,执行。丰卦离下震上,离,明也,照察之象;震,动也,威断之象。取其威照并行之象。

【古文】

初九:遇其配主,虽旬无咎①,往有尚。

象曰:虽旬无咎,过旬灾也。

六二:丰其蔀②,日中见斗③,往得疑疾,有孚发若,吉。

象曰:有孚发若,信以发志也。

【白话】

初九:遇见自己可配合之主,虽满十日也无灾祸,前往必获崇尚。

象曰:虽满十日没有灾祸,但过了十日就有灾祸。

六二:扩大遮蔽阳光的草席,犹如正午看见北斗星。前往会有被猜疑的疾患,若能发挥诚信美德,吉祥。

象曰:若能发挥诚信美德,则可以己之诚信感发上位者之心志。

九三：丰其沛④，日中见沫⑤，折其右肱⑥，无咎。

象曰：丰其沛，不可大事也；折其右肱，终不可用也。

九四：丰其蔀，日中见斗，遇其夷主⑦，吉。

象曰：丰其蔀，位不当也；日中见斗，幽不明也；遇其夷主，吉行也。

六五：来章⑧，有庆誉，吉。

象曰：六五之吉，有庆也。

上六：丰其屋，蔀其家⑨，窥其户，阒其无人⑩，三岁不觌⑪，凶。

象曰：丰其屋，天际翔也⑫；窥其户，阒其无人，自藏也。

九三：扩大遮蔽阳光的幡幔，犹如正午见到小星星，像折断右大臂一样（不能有所作为），没有灾祸。

象曰：扩大遮蔽阳光的幡幔，说明不可以做大事；折断自己的右大臂，终究不可施展才能。

九四：扩大遮蔽阳光的草席，犹如正午看见北斗星；遇见阳德同等之主，吉祥。

象曰：扩大遮蔽阳光的草席，因为九四居位不当；正中午见到北斗星，说明此时幽暗而不见光明；遇见阳德同等之主，吉祥，可以前行。

六五：招来有德才之人，必有喜庆和美誉，吉祥。

象曰：六五的吉祥，说明必有福庆。

上六：扩大了房屋，用草席遮蔽了居室，窥视其门户，寂静无声没有人踪，三年未见到人，凶险。

象曰：扩大了房屋，犹如在天际飞翔一般；窥视其门户，寂静无声没有人踪，因为上六自我隐藏。

【注释】

①遇其配主，虽旬无咎：配，配合；旬，十日，数之满也，取"日中"之意。

②丰其蔀：丰，扩大；蔀(bù)，覆盖于棚架上用来遮蔽阳光的草席。

③日中见斗：日中，正中午；斗，北斗星，昏暗之时可见者也。

④丰其沛：沛，通"旆"(pèi)，幡幔，喻指遮蔽强光。

⑤沫(mèi)：通"昧"，微小而无名的小星星，喻指昏暗不明。

⑥肱(gōng):大臂。
⑦遇其夷主:夷,同等。言九四遇见阳德同等之主。
⑧来章:来,招来;章,才华,喻指有德才之人。
⑨丰其屋,蔀其家:扩大其房屋,以草席遮蔽其居室。
⑩窥其户,阒其无人:阒(qù),寂静。窥视其门户,寂静无声没有人踪。
⑪三岁不觌:觌(dí),看见。三年未见到人。
⑫天际翔也:如鸟之飞翔于天际,言上六隐翳(yì)之深也。

千方百计　全力助记

一、卦序卦形记忆

丰卦为《周易》第五十五卦。

数字编码法记卦序

火车(55)满载丰收果实鸣鸣地前行。

编码:55——火车。

雷火丰

一句话法记卦形

丰卦,震上离下,震为雷离为火,雷火丰。可编一句话:累活可以丰收(雷火丰)(意即轻松活儿不可能丰收)。

二、卦辞记忆

丰:亨,王假之,勿忧,宜日中。

故事法记卦辞

在丰收的晴天(亨),网格员知道(王假之)居民无油(勿忧)用的消息后,指导大家在一日中(宜日中)午时提炼食用油。

图像：晴天，网格员，食用油；

编码：晴天——亨；

情节：在丰收的晴天，网格员知道无油后，一日中午指导居民提炼食用油。

三、彖辞记忆

彖曰：丰，大也。明以动，故丰。王假之，尚大也。勿忧宜日中，宜照天下也。日中则昃，月盈则食，天地盈虚，与时消息，而况于人乎？况于鬼神乎？

层次法记彖辞

第一层次，以词义卦德释卦名：<u>丰</u>，是<u>大</u>的意思（<u>丰，大也</u>）；丰卦下体离<u>明</u>上体震<u>动</u>，光明地行动，所以取得<u>丰</u>大之成果（<u>明以动，故丰</u>）。

第二层次，以回答两个"为什么"释卦辞：一是为什么<u>王</u>可到达这一境界（<u>王假之</u>）？是因为王崇<u>尚</u>至<u>大</u>的治理<u>之</u>道（<u>尚大也</u>）。二是为什么"<u>勿忧宜日中</u>"呢？因为中午的太阳光芒万丈能够普照天下（<u>宜照天下也</u>）。

第三层次，承卦辞最后两字"日中"阐发天道并引申到人事：<u>日中则昃，月盈则食，天地盈虚，与时消息，而况于人乎？况于鬼神乎？</u>本层次文字对仗，逻辑清晰，前四句论天道，可记首字词：日、月、天地、与时。后两句引申人事，记两"况于"和"人""鬼神"即可。

四、大象辞记忆

象曰：雷电皆至，丰；君子以折狱致刑。

故事法记大象辞

缘起：雷电皆至，马上要下大雨了，领导紧急组织大家为蔬菜棚加固雨棚。

干活<u>累点</u>的人得到了<u>戒指</u>（<u>雷电皆至</u>）的赏赐，这已是大丰收了；君子又给表现最好的人颁发了<u>遮雨之星</u>（<u>折狱致刑</u>）的大奖章。

图像：雷电，戒指，蔬菜棚，奖章。

五、爻辞小象辞记忆

故事法记爻辞小象辞

初九:遇其配主,虽旬无咎,往有尚。

象曰:虽旬无咎,过旬灾也。

初九:幺舅老婆的一件玉器配珠子(遇其配主)的珍贵首饰丢失了,虽寻找了十天,但还是没找到,后来一只兀鹫(虽旬无咎)飞来告诉她,网友上网(往有尚)看到了她的首饰。

小象说:虽寻找十天未找到,但兀鹫(虽旬无咎)担心她过度寻找会有病灾嘚(过旬灾也)。

图像:玉器配珠子的首饰,兀鹫,网友;

情节:幺舅老婆的玉器配珠子首饰丢了,虽寻了十天仍未找到,兀鹫说有网友上网看到了;

评论:虽寻十天未找到,但兀鹫担心她过度寻找会发生病灾。

[䷶卦] 日中见斗

六二:丰其蔀,日中见斗,往得疑疾,有孚发若,吉。

象曰:有孚发若,信以发志也。

六二:二妹说,最近景区风气不好(丰其蔀),正中午见人斗殴(日中见斗),把王的遗迹(往得疑疾)弄得乱糟糟,一个珍贵的油壶发现偌大(有孚发若)一个洞,幸亏鸡(吉)把它保护起来,不然就全毁坏了。

小象说:油壶发现偌大(有孚发若)的洞,幸亏可以法制惩罚坏人嘞(信以发志也)。

图像:斗殴的两坏人,王的遗迹,油壶,鸡;

情节:风气不好,正中午见人斗殴,王的遗迹被弄得乱糟糟,珍贵的油壶发现偌大的洞,后来鸡保护了它;

评论:幸亏可以法制惩罚坏人。

九三:丰其沛,日中见沫,折其右肱,无咎。

象曰:丰其沛,不可大事也;折其右肱,终不可用也。

九三:三哥是永丰汽配厂(丰其沛)的经理,正中午召见一妹子(日中见沫),让她代表厂方择期宴请有功(折其右肱)人员,可以带她的兀鹫(无咎)一起参加,但不要喝酒。

小象说:永丰汽配(丰其沛),这样是不可做大事的嘞(不可大事也);择期宴请有功(折其右肱)人员,但终究不可用酒招待嘞(终不可用也)。

注:全国有十余家汽配公司的名称是永丰汽配,本记忆法提到的永丰汽配为虚拟公司,不特指任何一家企业。

图像:永丰汽配厂,正中午的太阳,妹子,兀鹫;

情节:永丰汽配经理在正中午召见一妹子让她择期宴请有功人员,可带兀鹫,但不准喝酒;

评论:这样是不可做大事的,择期宴请有功人员终究不可用酒招待嘞。

九四:丰其蔀,日中见斗,遇其夷主,吉。

象曰:丰其蔀,位不当也;日中见斗,幽不明也;遇其夷主,吉行也。

九四:四哥又听说了前天刚听过的事:最近景区风气不好(丰其蔀),正中午见人斗殴(日中见斗),是玉器一组(遇其夷主)的商贩们为一只鸡(吉)打起来了。

小象说:风气不好(丰其蔀),是因为商品摊位设置不当(位不当也);正中午见人斗殴(日中见斗),是有(幽)不明身份的人挑唆嘞(幽不明也);玉器一组(遇其夷主)为小事打架,是一种畸形心态嘢(吉行也)。

图像:斗殴的人,玉器一组的牌子,鸡,不明身份的人;

情节:风气不好,正中午见人斗殴,玉器一组为鸡打架;

评论:风气不好是摊位设置不当;正中午见人斗殴,是有不明身份的人挑唆;玉器一组打架,是一种畸形行为。

六五:来章,有庆誉,吉。

象曰:六五之吉,有庆也。

六五:刘武借钱做生意亏本了,但他为人中正,借钱从不赖账(来章),他有青鱼(有庆誉)和鸡(吉)可以抵债。

小象说:刘武的鸡(六五之吉),是朋友们友情赞助的嘢(有庆也)。

图像:刘武,青鱼,鸡;

情节:刘武从不赖账,有青鱼和鸡抵债;

评论:刘武的鸡,是朋友友情赞助的嘢。

上六:丰其屋,蔀其家,窥其户,阒其无人,三岁不觌,凶。

象曰:丰其屋,天际翔也;窥其户,阒其无人,自藏也。

上六:六叔集资炒股亏钱跑路了。跑路前,他在一个月黑风高的夜晚,封闭其屋(丰其屋),用布包裹了其家具(蔀其家),亏钱卖了奇虎车(窥其户),吃了曲奇饼干,趁着无人(阒其无人),逃跑了;三年都没见到他(三岁不觌),只有一只熊(凶)在门口蹲守。

小象说:封其屋(丰其屋),是乘飞机到天际翱翔去了嘢(天际翔也);亏钱卖了奇虎车(窥其户),吃了曲奇饼干,趁无人(阒其无人)逃跑,这一定是自己躲藏起来了嘢(自藏也)。

图像:六叔,屋,家具,奇虎车,曲奇,熊;

情节:六叔封其屋,用布包裹其家具,亏钱卖奇虎,吃曲奇,趁无人跑路,三年不见他,留熊看家;

评论:封其屋,是乘飞机到天际翱翔去了;亏钱卖奇虎,吃曲奇,趁无人跑路,是自我隐藏起来了。

旅卦第五十六

艮下离上

对照译注　理解大意

【古文】

旅①：小亨②，旅贞吉③。

彖曰：旅，小亨。柔得中乎外而顺乎刚④，止而丽乎明⑤，是以小亨、旅贞吉也。旅之时义大矣哉！

象曰：山上有火，旅；君子以明慎用刑，而不留狱⑥。

【白话】

旅卦：行旅在外，小心谨慎亨通，行旅中守持正固可获吉祥。

彖曰：旅卦，行旅在外小心谨慎则亨通。阴柔者在外持守中道顺从阳刚，静止而附丽于光明，所以说小心谨慎可致亨通，行旅中守持正固吉祥。旅卦的时间意义是多么宏大啊！

象曰：山上燃烧着火，旅卦之象；君子体而用之，宜明察审慎用刑，而不滞留狱案。

【注释】

①旅：卦名，为卦艮下离上，火山旅；行旅之意。古人称失其本居寄居他方为旅。

②小亨：小，小事，或小心谨慎；亨，亨通。

③旅贞吉：此言行旅虽小事，但宜小心谨慎，守持正固方可获吉。

④柔得中乎外而顺乎刚：六五爻为柔爻居于外卦中位，又顺承上九刚爻。

⑤止而丽乎明:下卦艮止,上卦离为丽为明。
⑥明慎用刑,而不留狱:明,明察;慎,慎重。明察慎重用刑,快速处理狱案。

【古文】

初六:旅琐琐,斯其所取灾①。

象曰:旅琐琐,志穷灾也。

六二:旅即次,怀其资,得童仆贞②。

象曰:得童仆贞,终无尤也。

九三:旅焚其次,丧其童仆贞③,厉。

象曰:旅焚其次,亦以伤矣;以旅与下④,其义丧也。

九四:旅于处,得其资斧⑤,我心不快⑥。

象曰:旅于处,未得位也;得其资斧,心未快也。

六五:射雉一矢亡⑦,终以誉命⑧。

象曰:终以誉命,上逮也⑨。

【白话】

初六:行旅之初言行猥琐,计较小利,这是自我招致灾祸。

象曰:行旅之初言行猥琐,说明初六因志向穷困而招来灾祸。

六二:行旅居住客舍,怀藏自己的钱财,得到童仆的忠贞服侍。

象曰:得到童仆的忠贞服侍,说明六二最终不会有什么担忧。

九三:行旅时客舍被焚烧,又丧失了童仆的忠贞服侍,危险。

象曰:行旅时客舍被焚烧,也因失火受到损伤;旅途中以刚暴言行对待童仆,故丧失童仆在情理之中。

九四:行旅中暂居一处(尚未安顿下来),得到了钱财和斧头,但是我心中还是不快乐。

象曰:行旅中暂居一处,因为未得其正位;即使得到了钱财和斧头,心中仍然不愉快。

六五:射野鸡,一箭而中,终于获得美誉和福禄。

象曰:最终获得美誉和福禄,因为居上而有收获。

上九：鸟焚其巢，旅人先笑后号咷⑩。丧牛于易⑪，凶。

象曰：以旅在上，其义焚也；丧牛于易，终莫之闻⑫也。

上九：高处鸟巢被焚烧，行旅之人先欢笑后大哭，因浮躁而丢失了牛，凶险。

象曰：行旅之人高亢在上，其常理就有焚巢之灾；浮躁疏忽而丢失一头牛，直到最后也没有听到牛的消息。

【注释】

①旅琐琐，斯其所取灾：琐琐，猥琐且计较小利；斯，此也；取灾，自取其灾。

②旅即次，怀其资，得童仆贞：即，居住；次，旅舍；资，钱财；贞，忠贞。

③丧其童仆贞：言九三在旅途而过刚自高，丧失童仆对他的忠贞之心。

④以旅与下：与，相处，对待；下，指童仆。此言九三旅途中以刚暴言行对待童仆。

⑤旅于处，得其资斧：处，行旅暂时栖息之处；资，钱财；斧，斧头，防身之用。

⑥我心不快：九四以阳居阴，居非正位，其尽快结束羁旅生活之志向难以实现，故"我心不快"。

⑦射雉一矢亡：离为雉，文明之物。喻指以柔中文明之德待人接物。

⑧终以誉命：誉，声誉；命，任命，此处指福禄。

⑨上逮也：逮，及也。因居上而有收获。

⑩旅人先笑后号咷：上九以阳刚处至高之位，初始快其意，故"先笑"；既而因其过刚自高而失所安之所，故"号咷"。

⑪丧牛于易：易，躁易（即浮躁，轻佻）；牛，顺物。言上九浮躁轻佻以丧其顺德。

⑫终莫之闻：言上九直到最后也未能闻知牛的消息。

千方百计　全力助记

一、卦序卦形记忆

旅卦为《周易》第五十六卦。

数字编码法记卦序

蜗牛(56)偷偷爬进旅行箱上了飞机。

编码:56——蜗牛。

䷷ 火山旅

一句话法记卦形

旅卦,离上艮下,离为火艮为山,火山旅。可编一句话:我计划下月去火山旅游。

二、卦辞记忆

旅:小亨,旅贞吉。

故事法记卦辞

辣妹子去火山旅游(旅),阴天(小亨)待在旅店里吃蒸鸡(旅贞吉)。

图像:辣妹子,火山,阴天,旅店,蒸鸡;

编码:阴天——小亨,蒸鸡——贞吉;

情节:辣妹子旅游阴天待在旅店里吃蒸鸡。

三、彖辞记忆

彖曰:旅,小亨。柔得中乎外而顺乎刚,止而丽乎明,是以小亨、旅贞吉也。旅之时义大矣哉!

释义法记彖辞

旅,小亨

首三字,即卦名和卦辞前两字,行旅在外,小心谨慎可致亨通,故曰"旅,小亨"。

柔得中乎外而顺乎刚,止而丽乎明,是以小亨、旅贞吉也

以卦形、卦德释卦辞:卦主六五爻为柔爻居于外卦中位,又顺承上九刚爻,故曰"柔得中乎外而顺乎刚";下卦艮为止,上卦离为丽为明,故曰"止而

丽乎明"。因"柔得中乎外而顺乎刚,止而丽乎明","是以小亨、旅贞吉也"。

旅之时义大矣哉

此为赞叹旅卦的时位意义。

四、大象辞记忆

象曰:山上有火,旅;君子以明慎用刑,而不留狱。

故事法记大象辞

山上有火,是旅游的辣妹子一行在烧火取暖,君子看到火光后,以最快速度赶过去,教育他们要多为山下老百姓的民生用心(明慎用刑),在严控山火方面要全面而不能留余地(而不留狱)死角。

图像:高山,火堆,辣妹子一行,君子;

情节:君子教育他们多为山下民众的民生用心,严控山火不能留余地。

五、爻辞小象辞记忆

故事法记爻辞小象辞

初六:旅琐琐,斯其所取灾。

象曰:旅琐琐,志穷灾也。

初六:旅游刚开始,导游说旅游会有琐琐碎碎(旅琐琐)一些小事,大家要互相谦让。如果大家要都计较小事的话,就会像私企大门挂小锁自取灾祸(斯其所取灾)。

小象说:旅游琐琐碎碎(旅琐琐)小事,只穷小子才会在乎嘞(志穷灾也)。

注:小偷看见大门挂小锁会认为老板漠视他。

图像:导游,私企大门,小锁;

情节:旅客对琐琐碎碎小事如果在意,就会像私企大门挂小锁自取灾祸;

评论:旅游琐琐碎碎小事,只穷小子会在乎。

六二:旅即次,怀其资,得童仆贞。

象曰:得童仆贞,终无尤也。

六二:游客二妹向导游提意见,<u>旅游几次</u>(旅即次),你总是举一面<u>坏旗帜</u>(怀其资),到晚上还<u>得睡通铺真</u>(得童仆贞)难受。

小象说:旅游旺季得睡通铺真(得童仆贞)难受,为让大伙消消气,<u>中午有野味</u>(终无尤也)吃。

图像:游客二妹,导游,坏旗帜,通铺,野味;

情节:旅游几次举坏旗帜,晚上得睡通铺真难受;

评论:得睡通铺真不好,中午有野味吃让大伙消消气。

九三:旅焚其次,丧其童仆贞,厉。

象曰:旅焚其次,亦以伤矣;以旅与下,其义丧也。

九三:嗜酒的鸠山本次旅游因醉酒掉进<u>粪坑七次</u>(旅焚其次),还曾打<u>伤棋童普正</u>(丧其童仆贞),这家伙正吃着<u>梨</u>(厉)呢。

小象说:鸠山<u>旅游掉进粪坑七次</u>(旅焚其次),<u>一亿</u>(夸张法)<u>上衣</u>(亦以伤矣)报废了,<u>一旅游就吃鱼虾</u>(以旅与下)喝酒,<u>奇异果</u>、<u>桑叶</u>(其义丧也)也吃了很多。

图像:鸠山,粪坑,棋童普正,梨,上衣,鱼虾,奇异果,桑叶;

情节:鸠山旅游醉酒掉进粪坑七次,还打伤棋童普正,正吃梨呢;

评论:鸠山旅游掉粪坑七次,一亿上衣报废,一旅游就吃鱼虾、奇异果和桑叶。

九四:旅于处,得其资斧,我心不快。

象曰:旅于处,未得位也;得其资斧,心未快也。

九四:为了消除大伙的怨气,旅游第四天,导游安排<u>旅游中心御厨</u>(旅于处)给大家做饭,<u>得七百元资金买一把斧头</u>(得其资斧)以示酬谢,大家听到这里,顿感<u>窝心不快乐</u>(我心不快)。

小象说:<u>旅游中心御厨</u>(旅于处),是在皇家酒店<u>未谋得位</u>置到这打临工的嘢(未得位也);<u>得七百元资金买斧头</u>(得其资斧),大伙心里未必畅快嘢(心未快也)。

图像:御厨,七百元资金,众游客,斧头;

情节:旅游中心御厨做饭,得七百元资金买斧头酬谢,大家感到窝心不快乐;

评论:旅游中心御厨未谋得位置才到这的;大伙心里未必畅快。

[旅卦] 射雉一矢亡

六五:射雉一矢亡,终以誉命。

象曰:终以誉命,上逮也。

六五:旅游第五天,安排打野鸡活动,五姐箭术很好,她射野鸡一箭就射死(射雉一矢亡)一只,回程途中一渔民(终以誉命)买走了野鸡。

小象说:途中一渔民(终以誉命)是上代的一位隐士嘢(上逮也)。

图像:五姐,弓箭,野鸡,渔民;

情节:五姐射野鸡一箭射死一只,途中一渔民买走了野鸡;

评论:途中一渔民是上代的一位隐士嘢。

上九:鸟焚其巢,旅人先笑后号咷。丧牛于易,凶。

象曰:以旅在上,其义焚也;丧牛于易,终莫之闻也。

上九:旅游第六天,有一个鸟巢被焚烧了(鸟焚其巢),其中一个旅游的人看见了,先大笑,几分钟后又号咷(旅人先笑后号咷)大哭。导游问他,他说刚看到微信,他家一头上等牛穿着雨衣(丧牛于易)与熊(凶)玩,走丢了。

小象说:一女孩在山上(以旅在上)边放牛边下棋,棋艺再好也分心嘢

(其义焚也);上等牛穿雨衣(丧牛于易),终究没有听过这事嘢(终莫之闻也)。

图像:正被焚烧的鸟巢,先笑后哭的旅游者,牛,熊,女孩,象棋;

情节:鸟巢被焚烧,一旅客先笑后号咷大哭,原来他家上等牛穿雨衣与一头熊玩,走丢了;

评论:一女孩在山上边放牛边下棋,棋艺再好也分心嘢;上等牛穿雨衣,终究没有听说过此事。

巽卦第五十七

巽下巽上

对照译注　理解大意

【古文】

巽①：小亨②，利有攸往，利见大人。

彖曰：重巽以申命③，刚巽乎中正而志行④，柔皆顺乎刚，是以小亨，利有攸往，利见大人。

象曰：随风⑤，巽；君子以申命行事⑥。

【白话】

巽卦：小心谦顺可获亨通，利于有所前往，利于出现大人物。

彖曰：上下都顺从可以发布政令，阳刚君子顺合中正之德而其志向上行，阴柔者都顺从阳刚者，所以卑顺小心可获亨通，利于前往，利于出现大人物。

象曰：风前后相随，巽卦之象；君子体而用之，宜重申政令施行政事。

【注释】

①巽：卦名，为卦巽下巽上，巽为风；其义为入，又有顺从之意。

②小亨：小，阴柔弱小者，又指小心谦顺。巽卦阴柔在内其性柔弱，故巽之亨小也。

③重巽以申命：重巽，上下皆顺之意。君子在上下皆顺之时申复其命令。

④刚巽乎中正而志行：九五阳刚而顺合中正之德；阳性上行，故其志向是向上前行。

⑤随风:随,相继之义。风前后一贯,紧紧相随之意。此处喻指上下皆顺。
⑥申命行事:申,重申,有叮咛之义;行事,施行政事。

【古文】

初六：进退①,利武人之贞②。

象曰:进退,志疑也;利武人之贞,志治也③。

九二:巽在床下④,用史巫纷若⑤,吉,无咎。

象曰:纷若之吉,得中也。

九三:频巽⑥,吝。

象曰:频巽之吝,志穷也。

六四:悔亡,田获三品⑦。

象曰:田获三品,有功也。

九五:贞吉悔亡,无不利;无初有终⑧,先庚三日,后庚三日⑨,吉。

象曰:九五之吉,位正中也。

【白话】

初六:前进后退犹豫不定,利于刚武之人守持正固。

象曰:进退犹豫,是因为意志疑惑不定;利于刚武之人守持正固,是因为这样的人意志坚定。

九二:卑顺地对待下面,能以史巫繁多的礼节待人接物,吉祥,没有灾祸。

象曰:能以史巫繁多礼节待人接物而获吉祥,是因为九二持守中道。

九三:频繁地发布政令,会有遗憾。

象曰:频繁地发布政令会有遗憾,是因为九三心志困穷。

六四:悔恨消除,畋猎获得三类物品。

象曰:畋猎获得三类物品,是说六四奉行王命获得功绩。

九五:守持正固吉祥,悔恨消亡,无所不利;初始发布政令不畅,最终顺利。庚前三日周密详审政令,庚后三日施行政令,吉祥。

象曰:九五的吉祥,因为他居位端正且守持中道。

上九：巽在床下，丧其资斧⑩，贞凶。

象曰：巽在床下，上穷也；丧其资斧，正乎？凶也⑪。

上九：卑顺至极屈居床下，犹如丧失了锋利的斧子没有决断力，正固于此是凶险的。

象曰：卑顺地屈居床下，说明上九已经困穷；犹如丧失锋利的斧子，符合卑顺之正道吗？是有凶险的。

【注释】

①进退：初六以阴柔居下，又为巽之主爻，而过于卑巽，是进是退难有定见。

②利武人之贞：利于以武人之贞正，矫初六柔懦之偏。

③志治也：治，定也。言初六之阴柔若能济之以阳刚，则其心可有定见。

④巽在床下：言九二处巽下体，又以阳居阴位，卑巽之甚。

⑤用史巫纷若：史，可祭祀之史官；巫，接事鬼神之人；史巫，通诚意于神明者也；纷若，盛多之貌。

⑥频巽：频，频繁；巽，发布政令。言九三刚而不中，当两巽之交，故曰"频巽"。

⑦田获三品：田，即"畋"（tián），打猎；三品，指干豆（即干肉）、供宾客、充庖（páo厨房）。

⑧无初有终：无初，九五初始以其刚直率性申其命，臣民不悦；有终，后来以中正之德教化臣民，人心尽服。

⑨先庚三日，后庚三日：庚，为天干中第七位，天干共十，七已过中，取"庚"为象，有变更之意；又前三日后三日加上"庚"当日，共七日，合"七日来复"之义。

⑩丧其资斧：资，通"齐"，锋利之意；资斧，锋利的斧头。上九居巽之极，过于巽者也，失其阳刚之德，犹如丧失利斧，失其刚断也。

⑪丧其资斧，正乎？凶也：此乃设问作答，因本卦为巽，巽为卑顺之义，恐人疑"丧其资斧"正与巽之卑顺相合而疑之为正道，故设此问，并作答"凶也"。巽本善行，然"过犹不及"，"巽在床下"为过于巽也，故"丧其资斧"断为"凶"。

千方百计　全力助记

一、卦序卦形记忆

巽卦为《周易》第五十七卦。

数字编码法记卦序

现代武器(57)迅(巽)速摧毁了索马里海盗的巢穴。

编码：57——武器。

巽为风

口诀法记卦形

巽卦，巽上巽下，为八纯卦之一，记住八经卦卦形之后，只记住一句"巽为风"即可。

二、卦辞记忆

巽：小亨，利有攸往，利见大人。

故事法记卦辞

大姐有事需要迅速(巽)见到大人，她在阴天(小亨)骑着骏马(利有攸往)快奔，有利于最快见到大人(利见大人)。

图像：大姐，阴天，骏马；

编码：阴天——小亨，骏马——利有攸往；

情节：大姐在阴天骑骏马有利于迅速见到大人。

三、彖辞记忆

彖曰：重巽以申命，刚巽乎中正而志行，柔皆顺乎刚，是以小亨，利有攸往，利见大人。

分析释义法记象辞

巽卦象辞共六句,后三句是卦辞,前三句释后三句,也就是说只要记住前三句即可。

第一句:重巽以申命。巽为风,长风吹过,无孔不入,故用巽风象征发布政令,"重巽"表示风接连不断紧紧相随,"申命"意为重申命令,用重巽象征重申命令,是为"重巽以申命"。

第二句:刚巽乎中正而志行。巽卦九五爻为刚爻,居中得正,阳刚主上行,故曰"刚巽乎中正而志行"。

第三句:柔皆顺乎刚。本卦两柔爻初六、六四均上承刚爻,故曰"柔皆顺乎刚"。

综上,是以小亨,利有攸往,利见大人。

四、大象辞记忆

象曰:随风,巽;君子以申命行事。

故事法记大象辞

风筝随风带来了君王训练(巽)醒狮的政令,君子以生命保证醒狮(君子以申命行事)一定会训练出最高水平。

图像:风筝,君子,醒狮;

情节:君子以生命保证醒狮会训练出最高水平。

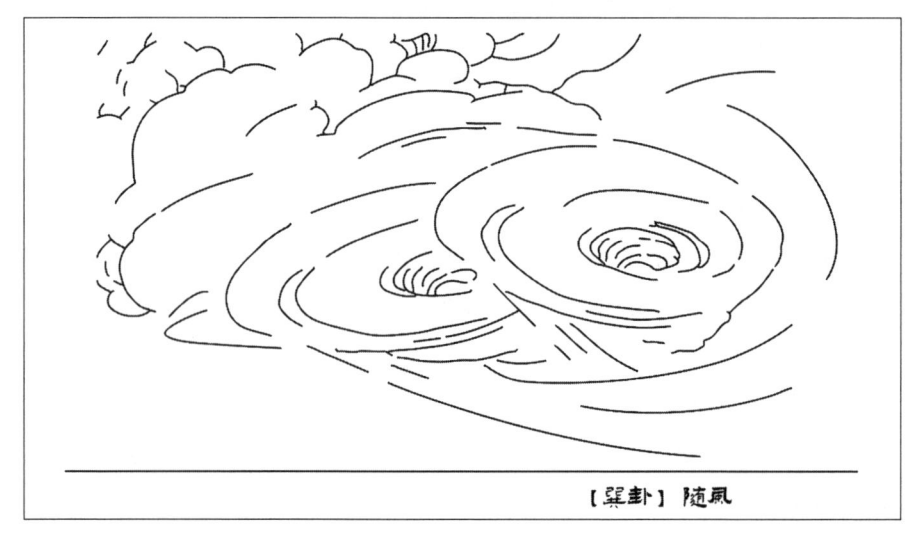

[巽卦] 随风

五、爻辞小象辞记忆

故事法记爻辞小象辞

初六:进退,利武人之贞。

象曰:进退,志疑也;利武人之贞,志治也。

初六:幺妹穿着紧腿裤(进退)在风中习武,她侄子也跟着穿紧腿裤,说是这样利于武人之争斗(利武人之贞)。

小象说:幺妹穿着紧腿裤(进退),人们大多有些质疑嘢(志疑也);利于武人之争斗(利武人之贞)这话,针对的是她侄子嘢(志治也)。

图像:穿紧腿裤的幺妹,侄子;

情节:束紧腿利于武人之争斗;

评论:人们大多有些质疑嘢;利于武人之争斗,针对的是她侄子嘢。

九二:巽在床下,用史巫纷若,吉,无咎。

象曰:纷若之吉,得中也。

九二:二哥把熏肉藏在床下(巽在床下),在藏之前,他用食物袋分(纷)出若干块(用史巫纷若),给鸡和兀鹫(吉,无咎)共享。

小象说:另外分(纷)若干小块给子鸡(纷若之吉),是得到了中堂大人命令嘢(得中也)。(注:子鸡即小鸡。)

图像:熏肉,床,食物袋,子鸡,兀鹫,中堂大人;

情节:熏肉藏在床下之前,用食物袋分出了若干块给鸡和兀鹫共享;

评论:另外分出若干块给子鸡,是得到中堂大人命令的。

九三:频巽,吝。

象曰:频巽之吝,志穷也。

九三:三哥一瓶熏肉(频巽),被邻居(吝)小林偷了。

小象说:偷一瓶熏肉之邻居(频巽之吝),只会是志穷的小林嘢(志穷也)。

图像:瓶子,熏肉,邻居小林;

情节:一瓶熏肉被邻居小林偷了;

评论:偷一瓶熏肉的邻居,只会是志穷的小林。

六四:悔亡,田获三品。

象曰:田获三品,有功也。

六四:四嫂今天的笑脸(悔亡)特别好看,她丈夫在田里干活(获)捡到三瓶(田获三品)亮肤洗面奶。

小象说:在农田干活捡到三瓶(田获三品)洗面奶,也算是有功一件嘚(有功也)。

图像:笑脸,农田,三瓶洗面奶;

编码:笑脸——悔亡;

情节:四嫂笑脸好看,因为她丈夫在农田干活捡到三瓶洗面奶;

评论:也算是有功一件。

九五:贞吉悔亡,无不利;无初有终,先庚三日,后庚三日,吉。

象曰:九五之吉,位正中也。

九五:吃完蒸鸡(贞吉),五哥露出了笑脸(悔亡);随后,五哥去梨园(无不利)摘了一些水果,步行去送给五处有种子(无初有终)的经理。他走了几天路,总觉得身后有什么东西尾随他,先跟了三日(先庚三日),后又跟了三日(后庚三日),他猛一回头,发现是一只鸡(吉)。

小象说:是五哥旧屋里的鸡(九五之吉)跟出来了,五哥之所以没发现,是因为它一直走在五哥身影位置的正中间嘚(位正中也)。

图像:蒸鸡,笑脸,梨园,鸡;

编码:笑脸——悔亡;梨园——无不利;

情节:吃了蒸鸡露出笑脸的五哥去梨园摘了一些水果送给五处有种子的经理,有动物尾随他先跟了三日,后跟了三日,后来发现是一只鸡;

评论:五哥旧屋里的鸡跟的位置一直在五哥身影位置的正中间。

上九:巽在床下,丧其资斧,贞凶。

象曰:巽在床下,上穷也;丧其资斧,正乎凶也。

上九:六爷爷也把熏肉藏在床下(巽在床下),他还特意在周围安上七把自己的斧头(丧其资斧),以对付有野兽偷吃。做好这些,他美滋滋地吃了一顿蒸熊掌(贞凶)。

小象说:熏肉藏在床下(巽在床下),他是怕山上穷人来讨要嘢(上穷也);安上七把自己的斧头(丧其资斧),正是对付凶兽的嘢(正乎凶也)。

图像:熏肉,床,七把斧头,野兽,蒸熊掌;

编码:蒸熊掌——贞凶;

情节:把熏肉藏在床下,安上七把自己的斧子,吃了蒸熊掌;

评论:熏肉藏在床下,是怕山上穷人来要嘢;安上七把自己的斧子,正是对付凶兽的嘢。

兑卦第五十八

兑下兑上

对照译注　理解大意

【古文】

兑①：亨，利贞。

彖曰：兑，说也。刚中而柔外，说以利贞②，是以顺乎天而应乎人。说以先民，民忘其劳③；说以犯难④，民忘其死；说之大，民劝⑤矣哉！

象曰：丽⑥泽，兑；君子以朋友讲习⑦。

【白话】

兑卦：亨通，利于守持正固。

彖曰：兑，是喜悦的意思。阳刚居中阴柔处外，利于守持正固而心情喜悦，所以兑卦既顺天道又应人道。先让民众喜悦，民众就会任劳任怨忘记辛劳；让民众以喜悦的心情去拯救艰难，民众就会舍生忘死。喜悦的意义多么宏大啊，可以使民众自我勉励！

象曰：两泽并连，兑卦之象；君子体而用之，宜喜悦地与朋友相互讲授研习，共同增益。

【注释】

①兑：卦名，为卦兑下兑上，兑为泽；兑为说，喜悦之意。

②刚中而柔外，说以利贞：说，即"悦"，喜悦。九二、九五两刚爻分居内、外卦中位，六三、上六两柔爻分居于内、外卦之外；"说以利贞"，是指喜悦之道

宜正。

③说以先民,民忘其劳:说,即"悦",喜悦。"说以先民"当为古文倒装句,今语正常语序为"先说以民"。先让民众喜悦,则民众必会任劳任怨忘记辛劳。

④说以犯难:今语正常语序为"以说犯难",意为以喜悦的心情去赴难。

⑤民劝:劝,劝勉。区别于"劝民","民劝"乃是自我勉励之意。

⑥丽:连,并连。

⑦朋友讲习:讲,讲授;习,研习。朋友相互讲习,彼此增益。

【古文】

初九:和兑①,吉。

象曰:和兑之吉,行未疑也。

九二:孚兑,吉,悔亡②。

象曰:孚兑之吉,信志也③。

六三:来兑,凶④。

象曰:来兑之凶,位不当也。

九四:商兑未宁⑤,介疾有喜⑥。

象曰:九四之喜,有庆也。

九五:孚于剥,有厉⑦。

象曰:孚于剥,位正当也。

【白话】

初九:平和喜悦地对待他人,吉祥。

象曰:平和喜悦对待他人的吉祥,是因为初九行为端正而不被人所疑忌。

九二:诚信、喜悦地对待他人,吉祥,悔恨消亡。

象曰:诚信、喜悦地待人的吉祥,说明诚信就是九二的志向。

六三:主动来求取喜悦,有凶险。

象曰:主动来求取喜悦而遭遇的凶险,是因为六三居位不当。

九四:思量喜悦之事而心中尚未安宁,唯有消除邪疾才有喜庆。

象曰:九四的喜庆,是值得众人庆贺的。

九五:施诚信于剥落阳刚的阴柔者,有危险。

象曰:施诚信于剥落阳刚的阴柔者,是因为九五居位正当的缘故。

上六:引兑⑧。　　　　　　上六:引诱他人喜悦。

象曰:上六引兑,未光也⑨。　　象曰:上六引诱他人喜悦,是因为内心不光明。

【注释】

①和兑:和,平和;兑,喜悦。

②孚兑,吉,悔亡:言九二刚中之德孚信于内,悦而不失刚中,故吉而悔亡。

③信志也:诚信是他的意志或志向。

④来兑,凶:自上而下、自外而内为"来"。六三阴柔不中正,上无应与,近比于初二之阳,乃来而求悦也,是自卑以求悦于人,悦之不以道,故其占凶。

⑤商兑未宁:商,商度;宁,安宁。此言九四上承中正之九五,下比阴柔之六三,故不能决而商度,所悦未能有定。

⑥介疾有喜:介,人有节守谓之介;疾,疾患。九四质本阳刚,若能介然守正,而疾恶(即憎恶)柔邪,如此则有喜也。

⑦孚于剥,有厉:剥,此处指剥阳之阴。言九五若孚信于上六,则有危也。

⑧引兑:引,引诱。上六以阴居悦之极,引诱四、五二阳相与为悦。

⑨上六引兑,未光也:上六引四、五二阳以悦,所悦必昏昧迷惑之事,内心不光明也。

千方百计　全力助记

一、卦序卦形记忆

兑卦为《周易》第五十八卦。

数字编码法记卦序

田径队(兑)举火把(58)的是58同城的小王。

编码:58——火把。

兑为泽

口诀法记卦形

兑卦,兑上兑下,八纯卦之一,上下卦均为兑,记住八经卦卦形,只记一句口诀"兑为泽"即可。

二、卦辞记忆

兑:亨,利贞。

专用编码法记卦辞

若人的心情愉悦(兑),晴天(亨)和大雨天(利贞)对他而言是一样的(兑:亨,利贞)。

图像:晴天,大雨天;

编码:晴天——亨,大雨天——利贞;

情节:晴天与大雨天不影响心情。

三、彖辞记忆

彖曰:兑,说也。刚中而柔外,说以利贞,是以顺乎天而应乎人。说以先民,民忘其劳;说以犯难,民忘其死;说之大,民劝矣哉!

层次分析法记彖辞

第一层次释卦名含义:"兑"是喜悦的意思,即"兑,说也"。

第二层次以卦形卦德释卦辞"亨,利贞";九二、九五为刚爻分居内、外卦中位,六三、上六为柔爻分居内、外卦外面,是为"刚中而柔外",因刚中所以利贞,因柔外所以喜悦(说),故曰"刚中而柔外,说以利贞",又因"刚中而柔外,说以利贞",所以说"兑"之道既顺应天道又合乎人道(是以顺乎天而应乎人)。

第三层次从劳役和赴难两个方面引申喜悦之道的意义:如果能先让民众喜悦(说以先民),民众能够忘记其辛劳(民忘其劳);让民众以喜悦的心情去拯救危难(说以犯难),民众可以舍生忘死(民忘其死)。

第四层次赞叹喜悦之道的宏大意义:喜悦的作用宏大(说之大),可以让民众自我勉励啊(民劝矣哉)。

顺序:释卦名——以卦形卦德释卦辞——引申(劳役、赴难)——赞叹。

[兑卦] 君子以朋友讲习

四、大象辞记忆

象曰:丽泽,兑;君子以朋友讲习。

故事法记大象辞

居住在美丽的洪泽(丽泽)湖边的大象对(兑)君子说,它已(以)与朋友去参观过农民运动讲习所(君子以朋友讲习)。

图像:大象,洪泽湖,农民运动讲习所;

情节:美丽洪泽湖边的大象已与朋友去参观过农民运动讲习所。

五、爻辞小象辞记忆

故事法记爻辞小象辞

初九:和兑,吉。

象曰:和兑之吉,行未疑也。

初九:喜欢喝药酒的幺舅一直想把河对岸(和兑)的鸡(吉)弄到手。

小象说:河对岸的鸡(和兑之吉),是行动队唯一一只野鸡(行未疑也)。

图像:河流,鸡;

情节:幺舅想把河对岸的鸡弄到手;

评论:河对岸的鸡,是行动队唯一的一只野鸡。

九二:孚兑,吉,悔亡。

象曰:孚兑之吉,信志也。

九二:喜欢玩球儿的老二送给副队长(孚兑)一只鸡(吉),副队长马上露出了笑脸(悔亡)。

小象说:送给副队长的鸡(孚兑之吉),是用信纸换的嘢(信志也)。

图像:副队长,笑脸,信纸;

编码:笑脸——悔亡;

情节:副队长收到一只鸡,露出了笑脸;

评论:送给副队长的鸡,是用信纸换的。

六三:来兑,凶。

象曰:来兑之凶,位不当也。

六三:来队里(来兑)的新兵三妹,带来了一头熊(凶)。

小象说:来队里的熊(来兑之凶),它待的位置不正当嘢(位不当也)。

图像:新兵三妹,熊;

情节:来队里的新兵三妹带来了一头熊;

评论:来队里的熊待的位置不正当。

九四:商兑未宁,介疾有喜。

象曰:九四之喜,有庆也。

九四:鸠四今天很高兴,商队还未到宁夏(商兑未宁),接机的手下已有喜讯(介疾有喜)传来。

小象说:鸠四的喜事(九四之喜),是因为他有情报来源嘢(有庆也)。

图像:商队,宁夏,举牌接机的人;

情节:商队未到宁夏,接机的人已有喜讯传来;

评论:鸠四的喜事,是因其有情报来源嘢。

九五:孚于剥,有厉。

象曰:孚于剥,位正当也。

九五:五哥的老婆是一个富裕婆(孚于剥),有梨(有厉)吃。

小象说:富裕婆(孚于剥),是因为她的商铺位置正当嘢(位正当也)。

图像:富裕婆,梨,商铺;

编码:梨——厉;

情节:富裕婆有梨吃;

评论:富裕婆的商铺位置正当嘢。

上六:引兑。

象曰:上六引兑,未光也。

上六:山上的六婶说她有应对(引兑)痴迷电子游戏的绝佳方法。

小象说:山上六婶的应对(上六引兑)方法,就是彻底断电,让电子游戏室没有(未)光亮嘢(未光也)。

图像:六婶,电子游戏室;

情节:六婶说她有应对痴迷电子游戏的好方法;

评论:山上六婶的应对之法是让游戏室未有光亮。

涣卦第五十九

坎下巽上

对照译注　理解大意

【古文】

涣①：亨。王假有庙，利涉大川，利贞。

彖曰：涣，亨。刚来而不穷②，柔得位乎外而上同③。王假有庙，王乃在中也④；利涉大川，乘木有功也⑤。

象曰：风行水上，涣；先王以享于帝立庙⑥。

【白话】

涣卦：亨通，君王来到宗庙祭祀以聚合人心，利于涉越大河，利于守持正固。

彖曰：涣卦，亨通。阳刚从外来而不会困穷，阴柔在外卦得居正位而与其上位九五爻阴阳合德。君王来到宗庙，是说君王聚合人心守持中正之道；利于涉越大河，是说乘木舟涉险可获成功。

象曰：风吹行水面上，涣卦之象；先王体而用之，宜祭祀天帝，建立宗庙来凝聚人心。

【注释】

①涣：卦名，为卦坎下巽上，风水涣；象征离散，又象征水流畅通。

②刚来而不穷：九自外卦之四来居内卦之二，故曰"刚来"；九二陷于重阴，六四以风散之而出险，故曰"不穷"。

③柔得位乎外而上同：六四居外卦而得阴柔之正位，五得阳刚之正位，故曰

"柔得位乎外而上同"。

④王假有庙,王乃在中也:言天下离散之时,王者收合人心,来到宗庙,守持中道。

⑤乘木有功也:涣卦上巽为木。言乘木舟涉川以济天下险难,可成济涣之功。

⑥享于帝立庙:享,祭祀。享帝与天神接,立庙与祖考接,皆是聚合涣散人心之道。

【古文】

初六:用拯马壮①,吉。
象曰:初六之吉,顺也。

九二:涣奔其机,悔亡②。
象曰:涣奔其机,得愿也。

六三:涣其躬,无悔③。
象曰:涣其躬,志在外也。

六四:涣其群④,元吉;涣有丘,匪夷所思⑤。
象曰:涣其群,元吉,光大也。

九五:涣汗其大号⑥,涣,王居,无咎⑦。
象曰:王居无咎,正位也。

【白话】

初六:用来拯救涣散危难的马很健壮,吉祥。
象曰:初六的吉祥,是因为顺承九二阳爻。

九二:涣散之时快速奔到如几案般可供依靠的安稳之处,悔恨消亡。
象曰:涣散之时奔到安稳之处,是说九二达成了阴阳聚合的心愿。

六三:涣散掉自身私欲,没有悔恨。
象曰:涣散掉自己私欲,说明六三的志向在于向外发展。

六四:解散小群体,大吉祥;解散小群体聚合成大群体,这不是平常人思虑所能达到的。
象曰:解散小群体,大吉,说明六四品德光明正大。

九五:如散发身上汗水一般发布重大政令,聚合涣散之局面,君王之位,没有灾祸。
象曰:君王之位没有灾祸,是说九五能端正自己的位置。

上九:涣其血,去逖出⑧,无咎。

象曰:涣其血,远害也。

上九:涣散掉忧伤,远去者复出,没有灾祸。

象曰:涣散掉忧伤,是因为上九已远离涣散之危害。

【注释】

①用拯马壮:拯,拯救;壮,壮健。用来拯救急难的马很健壮。此壮马当指九二。

②涣奔其机,悔亡:机,通"几",几案,喻指能依靠之处。言九二在涣离之时而处险中,其有悔可知,若能奔就所安,则得悔亡也。

③涣其躬,无悔:涣,散也;躬,私也。六三阴柔而居得阳位,志在济时,能散其私可得"无悔"。

④涣其群:涣,离散、解散。解散其小群体。

⑤涣有丘,匪夷所思:涣,涣中有聚之义;丘,聚也;匪,通"非";夷,平常之义。在涣散之时聚集,非平常人思虑所能及也。

⑥涣汗其大号:大号,大政令;涣,发散。如发散汗水一般发布大政令。

⑦涣,王居,无咎:涣,聚合涣散局面之义;王居,君王之位,即九五正位。聚合涣散之局面,君王之宝座,没有灾祸。

⑧涣其血,去逖出:血,忧伤;逖(tì),远。涣散掉其伤害,远去者得以复出。

千方百计　全力助记

一、卦序卦形记忆

涣卦为《周易》第五十九卦。

数字编码法记卦序

用<u>五角星</u>(59)<u>换</u>(涣)军帽可以考虑。

编码:59——五角星。

☷ 风水涣

一句话故事记卦形

涣卦，巽上坎下，巽为风坎为水，<u>风水涣</u>。可编一句话小故事：老王摆了几个风水物件，他家的<u>风水换</u>了(风水涣)。

[涣卦] 王假有庙

二、卦辞记忆

涣：亨。王假有庙，利涉大川，利贞。

故事法记卦辞

<u>换</u>好(涣)正装的船长夫人在一个<u>晴天</u>(亨)来请网格员带她到一个有庙(王假有庙)的地方，祈祷她丈夫开的<u>大船</u>(利涉大川)在<u>大雨天</u>(利贞)行走能够顺顺利利。

图像：晴天，网格员，有庙的地方，大船，大雨天；

编码：晴天——亨，大船——利涉大川，大雨天——利贞；

情节：船长夫人在晴天请网格员带她到有庙的地方祈祷船长开的大船在大雨天行走平安。

三、彖辞记忆

彖曰：涣，亨。刚来而不穷，柔得位乎外而上同。王假有庙，王乃在中也。利涉大川，乘木有功也。

故事法记彖辞

换（涣）好便装的亨利（亨）刚从外面回来，看样子赚了一些钱而不穷困（刚来而不穷）。家里买了很多肉，亨利特别交代，肉得为户外作业而落下伤痛（柔得位乎外而上同）的兄弟们多留一些。

然后，亨利请网格员带到有庙（王假有庙）的地方去祈祷，听说周成王的奶奶供奉在中间（王乃在中也），非常灵验。亨利到达地方后，非常虔诚地祈祷，希望神灵保佑他无论是开大船（利涉大川），还是乘木舟，都能有建功的好运嘢（乘木有功也）。

图像：亨利，肉，网格员，成王奶奶像，大船，木舟；

编码：大船——利涉大川；

情节：换好便装的亨利刚回来而不穷困，交代肉得为户外作业而落下伤痛的兄弟们多留一些。网格员带他到有庙的地方祈祷，成王奶奶也供奉在中间，很灵验。他祈祷神明保佑他开大船、乘木舟都有建功的好运。

四、大象辞记忆

象曰：风行水上，涣；先王以享于帝立庙。

故事法记大象辞

前一段风行水上娱乐的旅游热点，现在换（涣）回到游览名胜古迹，古圣先王景区已向（以享）工程队发布通知，要他们任务量留有余地（于帝），要为建立庙宇（先王以享于帝立庙）留出时间。

五、爻辞小象辞记忆

故事法记爻辞小象辞

缘起：战国时期，诸侯混战，天下涣散，如何拯救涣散？如何识人用人？一直是古圣先贤思考的一大战略性问题，下面是古圣先贤留下的启示。

初六:用拯马壮,吉。

象曰:初六之吉,顺也。

初六:在涣散之初始阶段,用来拯救涣散局面的马健壮(用拯马壮),则可获吉祥,还可以吃粗柳树下的走地鸡(吉)。

小象说:粗柳树下的鸡(初六之吉),是为顺利救难的爷们(顺也)准备的。

图像:粗柳树,健壮的马,鸡;

编码:粗柳树——初六,鸡——吉;

情节:用来拯救涣散局面的马健壮可获吉祥;

评论:粗柳树下的鸡,是为顺利救难的爷们准备的。

九二:涣奔其机,悔亡。

象曰:涣奔其机,得愿也。

九二:处于涣散之中的老二感到很危险,他急忙奔向一个奇迹(涣奔其机)般的长条形几案坐了下来,稍事休息后,他露出了轻松的笑脸(悔亡)。

小象说:涣散之中能奔向奇迹(涣奔其机)般的几案,他是得偿所愿了嘚(得愿也)。

图像:老二,几案,笑脸;

编码:笑脸——悔亡;

情节:处于涣散中的老二奔向奇迹般的几案,露出了笑脸;

评论:他得偿所愿了。

六三:涣其躬,无悔。

象曰:涣其躬,志在外也。

六三:三妹在涣散世道练气功(涣其躬)强身健体,还可以去舞厅(无悔)参加舞会。

小象说:在涣散世道练气功(涣其躬),说明其志向还在外面嘚(志在外也)。

图像:练气功的三妹,舞厅;

编码:舞厅——无悔;

情节:在涣散世道练气功的三妹去舞厅参加舞会;

评论:其志向还是在外面。

六四:涣其群,元吉;涣有丘,匪夷所思。

象曰:涣其群,元吉,光大也。

六四:四嫂有魄力,解散了她的七个微信群(涣其群),奖给每人一个圆鸡蛋(元吉),又把涣散的小群聚合成有如土丘(涣有丘)一样的大群,这不是平常人所能想到的(匪夷所思)。

小象说:解散七个小群(涣其群),还发圆鸡蛋(元吉)给他们,这说明她内心光明大度嘢(光大也)。

图像:四嫂,圆鸡蛋;

情节:四嫂解散了她的七个微信群,奖给每人一个圆鸡蛋,又把涣散的小群聚合成有如土丘一样的大群,这不是平常人所能想到的;

评论:这说明她内心光明大度嘢。

九五:涣汗其大号,涣,王居,无咎。

象曰:王居无咎,正位也。

九五:五哥是国王,散发(涣)了一身汗,国王拿起他的大号角(涣汗其大号),吹得响彻云霄。为庆祝成功挽救涣散局面(涣),他更换了国王居所(王居),并让他的兀鹫(无咎)围着王宫飞行了三圈。

小象说:国王居所很安全,兀鹫(王居无咎)也还跟着他,说明他的国王正位还是稳当的嘢(正位也)。

图像:国王,大号角,国王居所,兀鹫;

情节:散发了一身汗的国王拿起大号角吹得响彻云霄;为庆祝成功挽救涣散局面,他更换了国王居所,并让兀鹫绕王宫飞行三圈;

评论:国王居所安全和兀鹫飞行,说明国王正位是稳当的嘢。

上九:涣其血,去逖出,无咎。

象曰:涣其血,远害也。

上九:眼见涣散危局已解除,六王爷唤回了弃学(涣其血)而去替(逖)他出征(去逖出)远方的大孙子和兀鹫(无咎)。

小象说:唤回弃学(涣其血)的大孙子继续上学,可以远离愚昧无知的危害嘢(远害也)。

图像:六王爷,大孙子,兀鹫;

情节:涣散局面解除,六王爷唤回弃学而去替他出征远方的大孙子和兀鹫;

评论:唤回弃学的大孙子继续上学,远离没文化的危害。

节卦第六十

兑下坎上

对照译注 理解大意

【古文】

节①：亨②，苦节不可贞③。

彖曰：节，亨，刚柔分而刚得中④。苦节不可贞，其道穷也。说以行险，当位以节，中正以通。天地节而四时成⑤，节以制度⑥，不伤财，不害民。

象曰：泽上有水，节；君子以制数度，议德行⑦。

【白话】

节卦：节制可致亨通，过分节制是不可以固守的。

彖曰：节卦，节制可致亨通。刚柔爻均分而刚爻得居中位。过分节制是不可以固守的，因为这样，节制之道必至困穷。喜悦地去行险救难，居位得当而自觉节制，持守中正之道就能行事亨通。天地有节制四季得以形成，按典章制度而行节制，就可以不浪费钱财，不伤害民众。

象曰：沼泽上有水，是节卦之象；君子体而用之，宜制定合适的数量与法制，评议道德行为。

【注释】

①节：卦名，为卦兑下坎上，兑为泽坎为水，水泽节；象征节制。

②节，亨：能节制则适中，适中故有可亨之道。

③苦节不可贞：贞，正固，持久之意；苦节，节制过甚，乃至于苦不堪言。

④刚柔分而得中：刚爻、柔爻各三，此为"刚柔分"；九五爻居中，是为"刚得中"。

⑤天地节而四时成：四时，指四季。天地有节制而四季得以形成。

⑥制度：制者，法禁也；度者，准则也。

⑦制数度，议德行：制，制定；数，数量；度，法制；议，商度以求中节。

【古文】

初九：不出户庭，无咎①。

象曰：不出户庭，知通塞也。

九二：不出门庭，凶②。

象曰：不出门庭，失时极也。

六三：不节若，则嗟若③，无咎④。

象曰：不节之嗟，又谁咎也？

六四：安节⑤，亨。

象曰：安节之亨，承上道也。

九五：甘节⑥，吉，往有尚⑦。

象曰：甘节之吉，居位中也。

【白话】

初九：节制慎守不走出户庭，没有灾祸。

象曰：节制慎守不走出户庭，说明初九知道畅通则行、阻塞则止的道理。

九二：拘于节制不走出门庭，会有凶险。

象曰：拘于节制不走出门庭，说明九二失去时势达到过甚的程度。

六三：不节制，就会嗟叹，无所归咎。

象曰：不节制而带来的嗟叹，又能归咎谁呢？

六四：安然地实行节制，亨通。

象曰：安然地实行节制可致亨通，因为六四顺承九五中正之道。

九五：甘美地节制，吉祥；以此而往，会获得臣民崇尚。

象曰：甘美节制的吉祥，因为九五居中正之位。

上六:苦节,贞凶⑧,悔亡⑨。
象曰:苦节贞凶,其道穷也。

上六:过分地节制,顽固坚持会有凶险,及时悔悟改过从中,凶险可以消亡。
象曰:过分节制并顽固坚持会有凶险,说明上六的节制之道已经穷极。

【注释】

①不出户庭,无咎:初九阳刚得正,知前爻蔽塞不可以行,此乃知晓节制之时势者也,故"无咎"。

②不出门庭,凶:九二前为阴爻,没有阻塞可以出行,可出而不出故"凶"。

③不节若,则嗟若:六三不中不正,若能自我节制而顺于道义,则可无过;不然,则咎害必至,可悲嗟也。

④无咎:不节若则嗟若,选择权在己,无所归咎也。

⑤安节:六四以阴居阴,顺承九五阳刚中正之道,安于正也。节以安为善。

⑥甘节:九五阳刚中正居尊位,为节之主,节之甘美者也。

⑦往有尚:九五以甘美之节行天下,天下人悦而受节,故以此而往,得崇尚也。

⑧苦节,贞凶:苦节,过甚的节制;贞,固守;贞凶,固守会带来凶险。

⑨悔亡:悔,悔改。若及时悔改(适中节制),则凶险可消亡。

千方百计 全力助记

一、卦序卦形记忆

节卦为《周易》第六十卦。

数字编码法记卦序

节日里吃榴莲(60)是当地习俗。

编码:60——榴莲。

水泽节

情节法记卦形

节卦,坎上兑下,坎为水兑为泽,水泽节。可编一小情节:我们在水车节(水泽节)那天参观了各式各样的水车。

二、卦辞记忆

节:亨,苦节不可贞。

故事法记卦辞

水车节那天是晴天(亨),轮到亨利做饭,厨师告诉他,苦瓜节瓜不可蒸(苦节不可贞)着吃。

注:节瓜是一种冬瓜,属葫芦科。

图像:晴天,苦瓜,节瓜;

编码:晴天——亨。

三、象辞记忆

象曰:节,亨,刚柔分而刚得中。苦节不可贞,其道穷也。说以行险,当位以节,中正以通。天地节而四时成,节以制度,不伤财,不害民。

释义法记象辞

节,亨,刚柔分而刚得中

释卦辞"节,亨"和卦形:因节制而适中,因适中故亨。节卦六爻刚爻、柔爻各三是为刚柔分,九二、九五均为刚爻而分居内、外卦中位,是为刚得中,故曰"刚柔分而刚得中"。

苦节不可贞,其道穷也

从反面讲"贞苦节"的不良后果:"苦节不可贞"意为过分节制是不可以固守的。夫子象辞则告诫若固守苦节,则节制之道会没有出路,即"其道穷也"。

说以行险,当位以节,中正以通

以卦德、卦形释"节"可致亨通：节卦下卦兑为说，上卦坎为险，是为"说以行险"；九五中正当位，是为"当位以节"；节以中正而通，故曰"中正以通"。

天地节而四时成，节以制度，不伤财，不害民

引申"节"对自然、人事的重要作用：天地因节而适中而四季形成，是为天地节而四时成；君主要效法天地自然之道，制定制度，按制度来节制（节以制度），做到不伤财，不害民。

逻辑顺序：卦辞——卦德卦形——引申到自然、人事。

四、大象辞记忆

象曰：泽上有水，节；君子以制数度，议德行。

故事法记大象辞

大泽湖上有水（泽上有水）上快艇比赛，以纪念水车节一百周年；为防止意外，君子一直关注各快艇的速度（君子以制数度），评议他们的德行（议德行）。

图像：大泽湖，快艇；

情节：大泽湖上有水上快艇比赛，君子一直关注速度，并评议他们的德行。

五、爻辞小象辞记忆

故事法记爻辞小象辞

缘起：古圣先贤一直重视节制之道，总结出六种形态的节制，相应出现六种后果，告诫后人节制宜适中的道理。

初九：不出户庭，无咎。

象曰：不出户庭，知通塞也。

初九：小弟是一个爱学习思考的阳光少男，他琢磨自己年纪尚小，力量不够，外面不远处又有强人阻拦，因此决定近段时间不走出户庭（不出户庭），连兀鹫（无咎）也不放出去。

小象说：他不走出户庭（不出户庭），是知道前路是畅通还是堵塞嘞（知通塞也）。

图像:阳光少男,户庭,兀鹫;

情节:自己不出户庭,连兀鹫也不放出去;

评论:他知道前路是畅通还是堵塞。

[节卦] 不出户庭

九二:不出门庭,凶。

象曰:不出门庭,失时极也。

九二:二弟家前面的道路没有强人阻拦,是畅通的,但他听说小弟没有走出来,他也<u>不走出</u>他家的<u>门庭</u>(不出门庭),还让他的<u>熊</u>(凶)蹲在门口守着。

小象说:二弟<u>不走出门庭</u>(不出门庭),他这样是会<u>失去时机</u>的嘚(失时极也)。

图像:二弟,门庭,熊;

情节:二弟不走出门庭,让熊蹲在门口;

评论:如此做会失去时机嘚。

六三:不节若,则嗟若,无咎。

象曰:不节之嗟,又谁咎也?

六三:三妹平时花钱一直大手大脚,她老妈告诫她:平时若<u>不节约</u>(不节若)一点,到时没钱吃饭了,你<u>就会嗟叹</u>(则嗟若),连<u>兀鹫</u>(无咎)都养不活。

小象说:平时不节约导致的嗟叹(不节之嗟),又有谁会帮她养兀鹫嘢(又谁咎也)?

图像:三妹,她妈妈,兀鹫;

情节:三妹平时不节约,到时没饭吃了会嗟叹养不活兀鹫;

评论:不节约的嗟叹,又有谁会帮忙养兀鹫呢?

六四:安节,亨。

象曰:安节之亨,承上道也。

六四:四姐攒钱付了首付,按揭(安节)买了一套新房,舒心日子过得十分亨通(亨)。

小象说:按揭买房的四姐之所以亨通(安节之亨),是因为她继承了上辈节俭之道嘢(承上道也)。

图像:四姐,新房;

情节:四姐按揭买了新房,日子过得舒心亨通;

评论:她继承了上辈节俭的道德。

九五:甘节,吉;往有尚。

象曰:甘节之吉,居位中也。

九五:五爷是一个大佬,他对甘愿节俭之人很有好感,于是他和干姐(甘节)养了很多鸡(吉),甘愿节俭的网友上(往有尚)他们家都可以吃鸡。

小象说:干姐的鸡(甘节之吉),已被居委会选中了嘢(居位中也)。

图像:五爷,干姐,鸡,网友,居委会;

情节:五爷和干姐养了很多鸡,甘愿节俭的网友上他们家都可以吃鸡;

评论:干姐的鸡已被居委会选中。

上六:苦节,贞凶,悔亡。

象曰:苦节贞凶,其道穷也。

上六:六姆口味独特,她将苦瓜、节瓜(苦节)和蒸熊掌(贞凶)混在一起吃,还露出了怪怪的笑脸(悔亡)。

小象说:苦瓜、节瓜(苦节)和蒸熊掌(贞凶)混在一起吃,这是想气到穷人嚼(其道穷也)。

  图像:六婶,苦瓜,节瓜,蒸熊掌,笑脸;

  编码:蒸熊掌——贞凶,笑脸——悔亡;

  情节:六婶将苦瓜、节瓜和蒸熊掌混在一起吃,露出了怪怪的笑脸;

  评论:想气到穷人嚼。

卷十一

下经之六：中孚 小过 既济 未济

中孚卦第六十一

兑下巽上

对照译注　理解大意

【古文】

中孚①：豚鱼吉②，利涉大川，利贞。

彖曰：中孚，柔在内而刚得中。说而巽，孚乃化邦也。豚鱼吉，信及豚鱼也；利涉大川，乘木舟虚也；中孚以利贞，乃应乎天也。

象曰：泽上有风，中孚；君子以议狱缓死③。

【白话】

中孚：心怀诚信可以感化猪和鱼，吉祥，利于涉越大河，利于守持正固。

彖曰：中孚卦，柔爻在内刚爻处于中位。喜悦而逊顺，诚信可以感化邦国。猪和鱼吉祥，是说诚信已感动到猪和鱼；利于涉越大河，是因为乘坐的木舟内部是空虚的；心怀诚信利于守持正道，是因为顺应了天道。

象曰：泽水上有风吹，中孚卦之象；君子体而用之，宜谨慎审议狱案，宽缓执行死刑。

【注释】

①中孚:卦名,为卦兑下巽上,风泽中孚;孚,信也,象征心中充满诚信。
②豚鱼吉:豚,猪。诚信及于猪和鱼之类微隐之物,吉祥。
③议狱缓死:缓,宽也。谨慎审议狱案,宽缓决定死刑。

【古文】

初九:虞吉,有他不燕①。
象曰:初九虞吉,志未变也。

九二:鸣鹤在阴,其子和之②;我有好爵,吾与尔靡之③。
象曰:其子和之,中心愿也。

六三:得敌,或鼓或罢④,或泣或歌。
象曰:或鼓或罢,位不当也。

六四:月几望⑤,马匹亡⑥,无咎。
象曰:马匹亡,绝类⑦上也。

九五:有孚挛⑧如,无咎。
象曰:有孚挛如,位正当也。

【白话】

初九:安守诚信吉祥,有其他想法则不得安宁。
象曰:初九安守诚信吉祥,是说其不欲他求的志向未曾改变。

九二:白鹤在幽暗处鸣叫,同类发声应和;我有好酒,愿与你一起分享。
象曰:同类发声应和,是其内心真诚的愿望。

六三:面对敌人,或击鼓进攻,或疲惫后退,或哭泣,或歌唱。
象曰:或击鼓进攻或疲惫后退,是因为居位不当。

六四:月亮接近圆满时,马放弃同伴,没有灾祸。
象曰:马放弃同伴,是断绝与同类的私情专心上进侍奉君主。

九五:用诚信维系天下人心,没有过错。
象曰:用诚信维系天下人心,因为九五居位中正得当。

上九:翰音⁹登于天,贞凶。

象曰:翰音登于天,何可长也。

上九:声音高飞于天,坚持如此,有凶险。

象曰:声音高飞于天,这种状况怎么可能长久呢?

【注释】

①虞吉,有他不燕:虞,安也;燕,通"宴",亦安也。安守诚信无意于六四则吉,有其他想法则不安。

②鸣鹤在阴,其子和之:阴,山北面;子,同类。白鹤在山北面鸣叫,其同类发声应和。

③我有好爵,吾与尔靡之:好爵,爵指酒器,好爵借指美酒;尔,你;靡,散,共饮。

④得敌,或鼓或罢:罢,通"疲",疲惫。得遇敌人,或击鼓进攻,或疲惫后退。

⑤月几望:月亮将满而未满的状态,喻指孚信之盛而未极。

⑥马匹亡:匹,两马为匹,即一对。喻指六四主动断绝与初九相应的关系,而上行以取信于九五。

⑦类:同类,此处指与六四有应的初九。

⑧挛:牵系。

⑨翰音:翰,高飞。声音高飞而实际行动未跟上。

千方百计　全力助记

一、卦序卦形记忆

中孚卦是《周易》第六十一卦。

数字编码法记卦序

儿童书包(61)里放了一套中学生服装(中孚)。

编码:61——儿童书包。

☴☱ 风泽中孚

一句话小故事记卦形

中孚卦,巽上兑下,巽为风兑为泽,风泽中孚。可编一句话的小故事:老太婆疯着穿中学生服装(风泽中孚)。

图像:老太婆,中学生服装;

情节:老太婆疯着穿中学生服装。

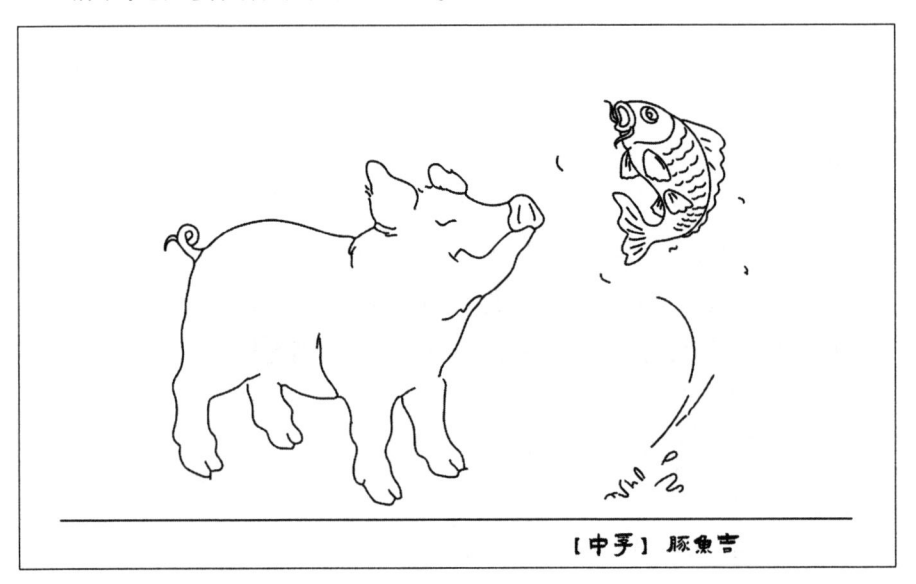

[中孚] 豚魚吉

二、卦辞记忆

中孚:豚鱼吉,利涉大川,利贞。

故事法记卦辞

穿中学生服(中孚)的人带着猪、鱼、鸡(豚鱼吉),乘坐大船(利涉大川)在大雨天(利贞)去慰问守卫海岛的战士。

图像:穿中学生服装的人,猪,鱼,鸡,大船,大雨天;

编码:大船——利涉大川,大雨天——利贞,鸡——吉;

会意:猪——豚;

情节:中学生带着猪鱼鸡乘坐大船在大雨天去慰问战士。

三、彖辞记忆

彖曰:中孚,柔在内而刚得中。说而巽,孚乃化邦也。豚鱼吉,信及豚鱼也;利涉大川,乘木舟虚也;中孚以利贞,乃应乎天也。

卦形卦辞释义法记彖辞

中孚,柔在内而刚得中;说而巽,孚乃化邦也

先释卦形卦德:

中孚卦上巽下兑,中间两根柔爻,是"柔在内";二五位都是刚爻分居内外卦中位,是"刚得中";连在一起曰"柔在内而刚得中"。

下卦兑为说,上卦巽为逊顺,喜悦而和顺(说而巽),为卦上下二体为中实之象,整体为中虚之象。中虚,诚信之本;中实,诚信之质。由卦形引出孚信。孚信能感化邦国,故曰"孚乃化邦也"。

豚鱼吉,信及豚鱼也;利涉大川,乘木舟虚也

次释卦辞:诚信能感动到猪和鱼,使猪和鱼都能感到吉祥,故曰"豚鱼吉,信及豚鱼也"。

本卦卦形外实内虚,与木舟外实内虚形似,故以"乘木舟虚也"注释"利涉大川"。

中孚以利贞,乃应乎天也

此句将卦辞首尾贯通,心怀诚信(中孚)利于守持正道(利贞),诚信而守持正道乃是应合天道规律的(乃应乎天也)。

逻辑顺序:卦名——卦形卦德——卦辞——首尾贯通。

四、大象辞记忆

象曰:泽上有风,中孚;君子以议狱缓死。

故事法记大象辞

大象对做折扇很有经验,大象说,新做的折扇用油封(泽上有风)一下边,中间糊(中孚)一点浆,这样的折扇送给君子用,君子可以让抑郁病人欢

实(君子以议狱缓死)起来。

图像:君子,抑郁病人;

情节:君子可以让抑郁病人欢实起来。

五、爻辞小象辞记忆

故事法记爻辞小象辞

初九:虞吉,有他不燕。

象曰:初九虞吉,志未变也。

初九:项羽正喝着一些养生药酒,虞姬(虞吉)翩翩起舞;项羽高兴地赞美说,有他爱妻跳舞,连最会跳舞的燕子也不敢跳了(有他不燕)。

小象说:项羽喝着养生药酒看虞姬(初九虞吉)跳舞,说明他爱的志意未曾改变嘞(志未变也)。

图像:项羽,药酒,虞姬,燕子;

情节:虞姬跳舞,燕子不敢跳舞;

评论:项羽爱的志意未变。

九二:鸣鹤在阴,其子和之;我有好爵,吾与尔靡之。

象曰:其子和之,中心愿也。

九二:大山北面,一只白鹤将一个球儿形状的酒瓶放进山洞,白鹤开始在山北面鸣叫(鸣鹤在阴),不一会儿,远处就有它的同类应和声(其子和之)传来,白鹤真人给大家翻译说,白鹤鸣叫的意思是,我有美酒(我有好爵),我愿意与你分享(吾与尔靡之)。

小象说:白鹤的同类应和它(其子和之),说明喝美酒是同伴心中的愿望嘞(中心愿也)。

图像:白鹤,球形状的酒瓶;

情节:白鹤鸣叫发出与同类分享美酒的信号,同伴应和;

评论:喝美酒是同伴心中的愿望。

六三:得敌,或鼓或罢,或泣或歌。

象曰:或鼓或罢,位不当也。

六三:刘三讲述一件奇事儿,NBA勇士队遇到了劲敌(得敌),看台上有人擂鼓(或鼓),有人面显疲态后退(或罢),有人哭泣(或泣),有人欢歌(或歌),就不知道球迷们对这场球赛的双方是个什么态度。

小象说:有人擂鼓(或鼓),有人疲惫后退(或罢),是因为有球迷站的位置不当嘢(位不当也),站得太累啦。

图像:NBA勇士队,另一球队,啦啦队;

情节:NBA勇士队遇到了劲敌,球迷或击鼓,或疲惫而退,或哭泣,或欢歌;

评论:有球迷站位不当,站得太累啦。

六四:月几望,马匹亡,无咎。

象曰:马匹亡,绝类上也。

六四:在一个月亮将要圆满之夜(月几望),一匹良马吃草吃到一颗螺丝刺破了胃,马匹死了(马匹亡),一只兀鹫(无咎)在死马旁边吊唁。

小象说:马匹死亡(马匹亡),断绝了同类在上半夜(绝类上也)吃草的念想。

图像:快圆满的月亮,死马,螺丝,兀鹫;

情节:在月亮快圆的夜晚一匹马吃进螺丝死了,兀鹫吊唁;

评论:断绝了同类上半夜吃草的念头。

九五:有孚挛如,无咎。

象曰:有孚挛如,位正当也。

九五:五舅今天说了一件奇事,有人用绳子将两个油壶系在一起,像两个孪生壶一样(有孚挛如),让一只兀鹫(无咎)用口衔着跟着他飞。

小象说:两个油壶像孪生的(有孚挛如)系在一起,只要系的位置正当也(位正当也)就不会有事儿。

图像:油壶,绳子,兀鹫;

编码:油壶——有孚,兀鹫——无咎;

情节:两个油壶系在一起,像孪生壶,被兀鹫衔在口里;

评论:系的位置正当就不会摔破。

上九:翰音登于天,贞凶。

象曰:翰音登于天,何可长也。

上九:旧楼楼顶上一只鸡大声叫着飞上了天(翰音登于天),掉下来一只蒸熊掌(贞凶)。

小象说:鸡叫声都飞上了天(翰音登于天),它口里怎么可能会长久衔着东西嘢(何可长也)?

图像:旧楼,鸡,蒸熊掌;

编码:蒸熊掌——贞凶;

情节:鸡叫着飞上天,口里衔着的蒸熊掌掉下来了;

评论:鸡口里的东西怎么可能长久衔着呢?

小过卦第六十二

艮下震上

对照译注　理解大意

【古文】

小过①：亨②，利贞，可小事，不可大事。飞鸟遗之音，不宜上宜下，大吉。

彖曰：小过，小者过而亨也；过以利贞，与时行也。柔得中，是以小事吉也。刚失位而不中，是以不可大事也。有飞鸟之象焉。飞鸟遗之音，不宜上宜下，大吉，上逆而下顺③也。

象曰：山上有雷，小过；君子以行过乎恭，丧过乎哀，用过乎俭。

【白话】

小过卦：亨通，利于守持正固，适合做寻常小事，不适合涉足大事。飞鸟留下哀鸣之音，不宜上飞，宜于下飞，大吉。

彖曰：小过卦，处理寻常小事稍微过度一点，可致亨通。有点过度而有利于守持正固，是与时偕行的表现。阴柔得处中位，所以做小事吉祥。阳刚迷失正位且不持中，所以不可做大事。卦有飞鸟之象。飞鸟遗留下来的声音，(喻示)不宜上行，宜向下(寻找栖息之处)，(如此，则)大吉。因为往上行违逆而往下行顺合小过之时的处世之道。

象曰：山上有雷声，小过卦之象；君子体而用之，宜行动稍过恭敬，办丧事稍过悲哀，日常花费稍过节俭。

【注释】

①小过:卦名,为卦艮下震上,雷山小过;意为小者超过其常态。
②亨:若矫枉而过正,小幅超过其正常状态则能正而亨也,故小过自有亨义。
③上逆而下顺:上卦阴乘阳,为上逆;下卦阴承阳,为下顺。

【古文】

初六:飞鸟以凶①。

象曰:飞鸟以凶,不可如何也②。

六二:过其祖,遇其妣③;不及其君,遇其臣④,无咎。

象曰:不及其君,臣不可过也。

九三:弗过防之⑤,从或戕之⑥,凶。

象曰:从或戕之,凶如何也。

九四:无咎,弗过遇之,往厉必戒⑦,勿用,永贞⑧。

象曰:弗过遇之,位不当也;往厉必戒,终不可长也。

六五:密云不雨,自我西郊,公弋⑨取彼在穴。

象曰:密云不雨,已上也。

【白话】

初六:鸟儿一直向上飞翔,会有凶险。

象曰:鸟儿一直向上飞翔有凶险,明知道不可以但没办法去帮助它。

六二:越过祖父遇见祖母,没有陵及其君主,遇见大臣,没有灾祸。

象曰:没有陵及其君主,因为臣子不可以越过自己的本分。

九三:阳刚没有超过阴柔,要防备阴柔,随从它必将遭受残害,有凶险。

象曰:随从它必将遭受残害,这是何等的凶险啊。

九四:没有灾祸,阳刚没有超过阴柔,反而遇见阴柔,前往有危险,必须戒备,不可施用其阳刚才能,要长久持守正固。

象曰:阳刚未超过阴柔而与阴柔相遇,是因为所处位置不当;前往危险必须戒备,是说(如果前往随从阴柔)终究不可长久(保持不遭危害)。

六五:乌云密布却未下雨,密云是从我国西部上空飘来的;王公用弓箭射取隐藏在巢穴的鸟儿。

象曰:密云在上却不下雨,因为阴气已经过于居上了。

上六：弗遇过之，飞鸟离⑩之，凶，是谓灾眚⑪。

象曰：弗遇过之，已亢也。

上六：没有遇见阳刚却超过了阳刚，飞鸟遭受射杀，凶险；这是应当有的灾祸。

象曰：没有遇见阳刚而超过阳刚，是说上六已处于亢盛的状态。

【注释】

①飞鸟以凶：小过上逆下顺，高飞于上将没有落脚的地方，飞鸟之凶也。

②不可如何也：莫能解救之意。

③过其祖，遇其妣：过，超过；祖，祖父；妣，祖母。

④不及其君，遇其臣：及，陵及。没有陵及其君主，遇见了大臣。

⑤弗过防之：阳刚没有超过阴柔，要防备阴柔。

⑥从或戕之：戕(qiāng)，残杀，杀害。随从它必将遭到残害。

⑦弗过遇之，往厉必戒：阳刚没有超过而是遇见阴柔，前往随从有危险，必须戒备。

⑧勿用，永贞：不可施展阳刚才能，要永久守持正固。

⑨弋(yì)：以丝带系住箭头而射称弋。

⑩离：通"罹(lí)"，遭受，此处指遭射杀。

⑪是谓灾眚：是应当有的灾祸。灾者天殃，眚者人为。

千方百计　全力助记

一、卦序卦形记忆

小过卦为《周易》第六十二卦。

数字编码法记卦序

牛儿(62)在雷山反思自己犯下的小过错。

编码：62——牛儿。

䷽ 雷山小过

一句话小故事记卦形

小过卦,震上艮下,震为雷艮为山,雷山小过。可编一句话小故事:雷音山有很多猛兽,行人要小心通过(雷山小过)。

二、卦辞记忆

小过:亨,利贞,可小事,不可大事;飞鸟遗之音,不宜上宜下,大吉。

故事法记卦辞

小鸟练习通过(小过)雷音山的故事:晴天(亨)、大雨天(利贞),小鸟都在练习飞翔,练习时脚上可缠一点小石子(可小事),不可缠大石头(不可大事)。大飞鸟遗留下叮嘱的声音(飞鸟遗之音),通过雷音山时要小心,不宜上飞,宜下飞(不宜上宜下),地面上有一只大鸡(大吉)接应你们。

图像:晴天,大雨天,小鸟,小石子,大石头,大鸟,大鸡;

编码:晴天——亨,大雨天——利贞,大鸡——大吉;

情节:鸟儿小心过雷音山,晴天大雨天都练习飞行,可用小石子绑脚,不可缠大石头;大飞鸟遗留的声音,不宜上而宜下,地面有大鸡接应。

【小过】有飞鸟之象哥

三、象辞记忆

象曰:小过,小者过而亨也;过以利贞,与时行也。柔得中,是以小事吉也。刚失位而不中,是以不可大事也。有飞鸟之象焉。飞鸟遗之音,不宜上宜下,大吉,上逆而下顺也。

释义法记象辞

小过,小者过而亨也;过以利贞,与时行也

前一句释"小过,亨",可以联想为:<u>小</u>人物<u>过</u>(小过)<u>雷音山</u>,<u>小心的人经过是亨通的</u>(小者过而亨也);

后一句释"利贞","利贞"记忆编码为<u>大雨天</u>,可联想为:

大雨天猛兽都在洞穴里躲雨唠嗑,是通过的好时机,即<u>过</u>雷音山<u>以大雨天</u>(过以利贞)为最佳时机,在下大<u>雨</u>(与)的同时<u>行</u>走(与时行也)。

图像:小人物,雷音山,大雨天;

编码:大雨天——利贞;

情节:小心的小人物经过雷音山是亨通的,通过时以大雨天为好,与大雨往下落时同时行走。

柔得中,是以小事吉也;刚失位而不中,是以不可大事也

本卦六二、六五以柔爻分别居内外卦中位,持守中道有利于做事,阴为小,故曰"<u>柔得中,是以小事吉也</u>";九四是刚爻失位而不中,九三是刚爻未居中位,失位而不中不利于做事,阳为大,故曰"<u>刚失位而不中,是以不可大事也</u>"。

逻辑:分析爻位特点——柔得中,小事吉;刚失位而不中,不可大事。

有飞鸟之象焉

卦形中间二阳爻像鸟身,上下各二阴爻像鸟翅,故曰"<u>有飞鸟之象焉</u>"。

飞鸟遗之音,不宜上宜下,大吉,上逆而下顺也

高空<u>飞鸟遗</u>留下<u>声音</u>(飞鸟遗之音)提醒练习飞翔的小鸟,<u>不宜上</u>飞,<u>宜下</u>飞(不宜上宜下),这样才能安全地见到接应你们的<u>大鸡</u>(大吉),因为<u>上面</u>

吹逆风而下面是顺风(上逆而下顺也)。

图像:大飞鸟,小鸟,大鸡;

编码:大鸡——大吉;

情节:飞鸟遗留下声音,不宜上飞,宜下飞,这样才能见到大鸡,因为上面逆风而下面是顺风。

四、大象辞记忆

象曰:山上有雷,小过;君子以行过乎恭,丧过乎哀,用过乎俭。

神话故事外传记大象辞

山上有雷震子(山上有雷)的行宫,行宫周围有很多障碍,行经此处要小心谨慎才能通过(小过)。雷震子敬重君子。一天有三位君子经过行宫,前面一位行为稍过恭谨(行过乎恭),中间一位可能刚遇上丧事,表情稍过哀伤(丧过乎哀),后面一位穿的衣服打了几个补丁,一看日常用度稍过节俭(用过乎俭)。雷震子对他们非常有好感,亲自为他们清除障碍物,让他们顺利通过了。

图像:雷震子,山,三位君子,行宫,障碍物;

情节:行过乎恭、丧过乎哀、用过乎俭的三位君子通过雷震子行宫时,雷震子亲自为他们移开障碍物。

五、爻辞小象辞记忆

寓言故事记爻辞小象辞

缘起:小过卦有飞鸟之象,卦辞、象辞和爻辞均有"飞鸟"出现,故以鸟儿比赛飞过雷音山为义,编撰一则寓言故事。鸟儿国君要求它们记下飞行路途所见所闻所想所感,到目的地后开总结大会,评选优胜者,从中选择鸟儿大臣进入内阁。

初六:飞鸟以凶。

象曰:飞鸟以凶,不可如何也。

初六:16#鸟儿在第一天飞行的途中遇见一头熊(飞鸟以凶),伤得很重。

小象说:飞行的鸟儿遇见一头快死了的熊(飞鸟以凶),它知道不可见死不救,但也不知道如何救它嘢(不可如何也)。

图像:16#鸟儿,快死的熊;

情节:飞鸟见到一头快死的熊;

评论:不可见死不救,但也不知道如何施救。

六二:过其祖,遇其妣;不及其君,遇其臣,无咎。

象曰:不及其君,臣不可过也。

六二:62#鸟儿飞得很快,一路上超过了其祖父鸟(过其祖),又遇见了其祖母鸟(遇其妣),但它没有赶上鸟儿国君王(不及其君),遇见了鸟儿国的大臣(遇其臣)兀鹫(无咎)。

小象说:鸟儿没有赶上他们的国君(不及其君),是因为鸟大臣不可能让鸟儿超过去嘢(臣不可过也)。

图像:62#鸟儿,祖父鸟,祖母鸟,鸟国君,鸟大臣兀鹫;

情节:超过祖父,遇见祖母,没赶上鸟儿国君,遇见鸟大臣兀鹫;

评论:鸟大臣不可能让小鸟超过其国君。

九三:弗过防之,从或戕之,凶。

象曰:从或戕之,凶如何也。

九三:93#公鸟知道公鸟的数量没有超过成群的母鸟,它防备着母鸟(弗过防之)使坏;它想如果随从母鸟一起飞,可能被他们抢东西(从或戕之),这可是比碰到熊(凶)还惨啊。

小象说:随从可能被抢劫(从或戕之),熊如何能做这种事嘢(凶如何也)?

图像:93#公鸟,母鸟,熊;

情节:公鸟没有超过母鸟,防备着母鸟;随从母鸟或被抢劫,那比遇见熊还惨;

评论:熊如何会做抢劫之事呢?

九四:无咎,弗过遇之,往厉必戒,勿用,永贞。

象曰:弗过遇之,位不当也;往厉必戒,终不可长也。

九四:94#鸟儿是一只公兀鹫(无咎),它也没有超过但遇上了母鸟群(弗过遇之),它也知道与母鸟一起往前飞有危险必须戒备(往厉必戒),此时不能施展(勿用)自己的飞行本领,须永远保持雨天(永贞)慢飞的速度。

小象说:没有超过但遇上了母鸟群(弗过遇之),说明它飞行的路线位置不正当嘚(位不当也);前往飞行有危险必须戒备(往厉必戒),这种情况终究不可让它长久下去嘚(终不可长也)。

图像:94#兀鹫,母鸟群;

编码:雨天——贞;

情节:94#兀鹫没有超过但遇上了母鸟群,它知道一同前往有危险必须戒备,不能施展出飞行本领,长久保持雨天的飞行速度;

评论:94#没有超过但遇见母鸟群是因为它飞的路线位置不当,一同往前飞必须戒备,这种情况终究不可长久。

六五:密云不雨,自我西郊,公弋取彼在穴。

象曰:密云不雨,已上也。

六五:65#鸟飞行途中遇见了乌云密布但没有下雨(密云不雨),它看见一个人自己在鹅卵石上洗脚(自我西郊),然后从他身边的工艺品背包里取出一支笔,放在旁边的洞穴(公弋取彼在穴)里。

小象说:密云在天上不下雨(密云不雨),是因为阴气已蒸发上天了嘚(已上也)。

图像:密云,鹅卵石,洗脚的人,工艺品包,笔,洞穴;

情节:密云不雨之天一个人自己在鹅卵石上洗脚,从工艺品包里取出笔放在洞穴里;

评论:密云不雨是因为阴气已蒸发上天。

上六:弗遇过之,飞鸟离之,凶,是谓灾眚。

象曰:弗遇过之,已亢也。

上六:66#鸟儿没有遇见鸟群,但它实际上在空中已经超过了鸟群(弗遇过之)。这只鸟仗着自己飞行技术好,飞得太高太远了;这只飞鸟离开鸟群(飞鸟离之),后来被飓风袭击掉下来,遇见了一只熊(凶),是为再生(是谓灾眚)投胎去啦。

小象说:66#没有遇见但却远远超过了鸟群(弗遇过之),是因为它已经亢奋飞得太高了嘞(已亢也)。

图像:66#鸟,熊;

情节:66#没有遇见但超过了鸟群,离开大部队被飓风袭击掉下来遭遇熊,是为再生投胎去了;

评论:因为它已经飞得太亢奋了。

既济卦第六十三

离下坎上

对照译注　理解大意

【古文】

既济①：亨小，利贞②，初吉终乱③。

彖曰：既济，亨，小者亨也④。利贞，刚柔正而位当也。初吉，柔得中也；终止则乱⑤，其道穷也。

象曰：水在火上，既济⑥；君子以思患而豫⑦防之。

【白话】

既济卦：连柔小者也能亨通，利于守持正固。初始吉祥，最终会有祸乱。

彖曰：既济，亨通，连柔小者也能亨通。利于守持正固，因为刚爻柔爻都居正当位。初始吉祥，因为柔小时能持守中道；最终停止持守中道必将导致危乱，说明其成功之道已经困穷。

象曰：水在火上，既济卦之象；君子体而用之，宜时刻思虑可能出现的祸患而预先做好防备。

【注释】

①既济：卦名，为卦离下坎上，水火既济；象征事情已完成，事业已成功。

②亨小利贞：小者亨通，利于守持正固。

③初吉终乱：今既济之初，虽皆获吉，若不进德修业至于终吉，则危乱及之。

④既济，亨，小者亨也：既，已经；济，完成。既济以皆济为义，小者不遗乃为

皆济。

⑤终止则乱:最终停止持守中道必致危乱。

⑥水在火上,既济:水在火上,烧火煮饭之象,饮食以之成,性命以之济。

⑦豫:通"预",预先,预备。

【古文】

初九:曳其轮,濡其尾①,无咎。

象曰:曳其轮,义无咎也。

六二:妇丧其茀②,勿逐,七日得。

象曰:七日得,以中道也。

九三:高宗伐鬼方③,三年克之,小人勿用④。

象曰:三年克之,惫也。

六四:繻有衣袽⑤,终日戒。

象曰:终日戒,有所疑也。

九五:东邻杀牛,不如西邻之禴祭⑥,实受其福。

象曰:东邻杀牛,不如西邻之时也;实受其福,吉大来也⑦。

【白话】

初九:拖曳车轮(使其缓缓而行),小狐渡河沾湿了尾巴(不能速进),没有灾祸。

象曰:拖曳车轮(使其缓缓而行),从道义上说是没有灾祸的。

六二:妇人失去了车舆的遮帘,不要追寻,第七日将会重新得到。

象曰:第七日会重新得到,是因为六二能守持中正之道。

九三:殷商高宗讨伐鬼方,历时三年才攻克它;小人不可任用。

象曰:历时三年才攻克它,说明九三到了疲惫的程度。

六四:木舟渗漏有旧衣服填塞,终日戒备。

象曰:终日戒备,说明六四有所疑惧。

九五:东边邻国杀牛厚祭,不如西边邻国的薄祭,更能实实在在感受到神灵的福佑。

象曰:东邻杀牛厚祭不如西邻因应时势而薄祭;实实在在地感受到神灵的福佑,预示吉祥将不断到来。

上六:濡其首⑧,厉。

象曰:濡其首厉,何可久也?

上六:小狐狸渡河沾湿了头部,有危险。

象曰:小狐狸渡河沾湿了头部是有危险的,这种情况怎么可能长久呢?

【注释】

①曳其轮,濡其尾:曳(yè),拖;濡(rú),沾湿。喻指不使锐进速行。

②妇丧其茀:茀(fú),妇人乘车时的遮蔽之物。喻指六二不为九五之求用而不得行。

③高宗伐鬼方:高宗,殷王武丁之号;鬼方,殷商时一边远部落。

④繻有衣袽:繻(rú)作"濡",渗漏;袽(rú),破旧衣服。用破旧衣服堵塞船漏。

⑤东邻杀牛:东邻,阳也,指九五;杀牛,盛祭也。

⑥不如西邻之禴祭:西邻,阴也,指六二;禴,薄祭也。盛不如薄者,时不同也。

⑦吉大来也:大,大批量,不断。吉祥不断地到来。

⑧濡其首:上六以阴柔处既济之极险体之上,为小狐涉水而濡其首之象。

千方百计　全力助记

一、卦序卦形记忆

既济卦为《周易》第六十三卦。

数字编码法记卦序

搬流沙(63)防汛袋的士兵很积极(既济)。

编码:63——流沙袋。

水火既济

口诀法记卦形

既济卦,坎上离下,坎为水离为火,水火既济;既济卦六爻均当位,上坎水下离火,特征明显,记"水火既济"四字口诀即可。

二、卦辞记忆

既济:亨小,利贞,初吉终乱。

故事法记卦辞

既济:很小(亨小)的幼狐狸在大雨天(利贞)找它的妈妈,初始有鸡(初吉)带路还好,后来鸡有事走了,最终幼狐狸慌乱(终乱)地大哭起来。

图像:幼狐狸,大雨天,鸡;

编码:大雨天——利贞,鸡——吉;

情节:很小的幼狐狸在大雨天找妈妈,初始鸡给他带路,鸡走后幼狐狸最终慌乱地大哭。

三、彖辞记忆

彖曰:既济,亨,小者亨也。利贞,刚柔正而位当也。初吉,柔得中也;终止则乱,其道穷也。

释义法记彖辞

既济,亨,小者亨也

既济之亨,是大者小者皆亨,只举小者,则大者可知。故曰"既济,亨,小者亨也"。

利贞,刚柔正而位当也

既济卦,刚柔爻居位都正而当位,所以"利贞"。故曰:"利贞,刚柔正而位当也。"

初吉,柔得中也

既济卦下卦主爻为六二爻,为柔得中;下体离为光明,既光明又得中,离卦居下,故曰"初吉,柔得中也"。

终止则乱,其道穷也

此句释盛衰循环之天道,既济之时,是天下大治之盛世,然盛极必衰,循环反复,最终天下大治的太平盛世终止而转为混乱的局面,是既济之道走到尽头的必然结果,故曰"终止则乱,其道穷也"。

逻辑顺序:亨小——利贞——初吉——终乱。(首字提示:亨利读初中)

四、大象辞记忆

象曰:水在火上,既济;君子以思患而豫防之。

故事法记大象辞

水在火上烧得呼呼直响,正积极(既济)练习射击的士兵排列整齐,君子高声说道:要以十环的过硬本领来预防来犯之强敌(以思患豫防之)。

图像:士兵,君子,射击靶子;

情节:君子要求士兵以十环的射击本领来预防来犯之强敌。

[既济] 思患而豫防之

五、爻辞小象辞记忆

故事法记爻辞小象辞

初九:曳其轮,濡其尾,无咎。

象曰:曳其轮,义无咎也。

初九:幺舅驾着马车前行,遇到一个长长的下坡,他用力往后拖拽车轮(曳其轮),保持车轮缓慢而行;经过一条浅水河流时,看见一只狐狸渡河沾湿了尾巴(濡其尾),正涉水过河,有一只兀鹫(无咎)在空中协助。

小象说:往后拖曳车轮(曳其轮),其意义和兀鹫帮小狐狸过河是一样的嘞(义无咎也)。

图像:幺舅,马车,狐狸,兀鹫;

情节:遇到长下坡幺舅往后拖曳马车车轮,小狐狸渡河沾湿了尾巴,兀鹫在空中协助;

评论:往后拖曳车轮的意义和兀鹫帮忙是一样的。

六二:妇丧其茀,勿逐,七日得。

象曰:七日得,以中道也。

六二:一个妇人失去了她乘车用的遮蔽帘子(妇丧其茀),使得她几天不能外出;她没有出外寻找(勿逐),在家安静地等待。第七日又重新得到了(七日得)乘车用的遮蔽帘子。

象曰:第七日得到遮蔽帘子(七日得),是因为她持守中道的结果嘞(以中道也)。

图像:妇人,乘车用的遮蔽帘子;

情节:妇人失去遮帘,没有寻找,第七日又得到了;

评论:是因为她守持中道。

九三:高宗伐鬼方,三年克之,小人勿用。

象曰:三年克之,惫也。

九三:三舅给大家讲了一个历史故事:商朝的高宗讨伐鬼方部落(高宗伐鬼方),历时三年才攻克它(三年克之);战争的重要经验教训是小人不能用(小人勿用)。

小象说:三年才攻克它(三年克之),这也太疲惫了(惫也)(倒字法)。

图像:高宗,鬼方;

情节:高宗伐鬼方三年才攻克,经验教训是不能用小人;

评论:历时三年太疲惫了。

六四:繻有衣袽,终日戒。

象曰:终日戒,有所疑也。

六四:一艘载有64名乘客的大船行驶到东海时,巡逻的船员发现船侧一个锈蚀螺丝处出现了一个小洞,正哗啦啦地往船舱进水。船长马上拿来准备好的旧衣服堵塞渗水(繻有衣袽),后来渗水堵住了,他也吓出了一身冷汗。幸亏他警惕性高,让船员终日戒备(终日戒),不然可就出大事了。

小象说:终日戒备(终日戒),是因为船长对那个锈蚀螺丝处的安全性早就有所疑惧嘞(有所疑也)。

图像:渗水的大木船,旧衣服,船长;

情节:用旧衣服堵塞大船渗水之处,船长庆幸终日戒备未出大事故;

评论:船长早就有所疑惧了。

九五:东邻杀牛,不如西邻之禴祭,实受其福。

象曰:东邻杀牛,不如西邻之时也;实受其福,吉大来也。

九五:五舅发布消息说,他听到一则政治新闻:东林(东邻)党在旧屋里杀了一头牛(东邻杀牛)招待南巡的皇帝,但还不如西邻之贤人献给皇帝一枝月季花(不如西邻之禴祭)。西邻贤人实实在在享受了皇帝赐予的诸多福泽(实受其福)。

小象说:东林党杀牛(东邻杀牛),不如西邻之贤人懂得皇帝喜欢正当时令(不如西邻之时也)的月季花,现在实在享受福泽(实受其福),以后还会有大批的鸡源源不断送来的嘞(吉大来也)。

图像:东林党,牛,西邻贤人,皇帝,月季花;

情节:东林党杀牛请皇帝吃,但不如西邻之贤人送一枝月季花,实际享受到的福泽多;

评论:不如西邻之贤人知道正当时令的月季花,大量的鸡会送来。

上六:濡其首,厉。

象曰:濡其首厉,何可久也?

上六:一只蝌蚪看到一只狐狸涉水渡河,河水沾湿了它的头部(濡其首),有危险(厉),但蝌蚪也无能力救它。

象曰:河水沾湿头部这么危险(濡其首厉),小狐狸在河(何)里可坚持不了多久啊(何可久也)。

图像:蝌蚪,狐狸;

情节:河水沾湿了渡河狐狸的头部,有危险;

评论:小狐狸在河里可坚持不了多久啊。

未济卦第六十四

坎下离上

对照译注　理解大意

【古文】

未济①：亨②，小狐汔③济，濡其尾，无攸利。

彖曰：未济，亨，柔得中也。小狐汔济，未出中也。濡其尾，无攸利，不续终也。虽不当位，刚柔应也。

象曰：火在水上，未济；君子以慎辨物居方。

【白话】

未济卦：亨通，小狐狸渡河接近成功，沾湿了自己的尾巴，没有什么利益。

彖曰：未济，亨通，是因为柔顺而能持守中道。小狐狸渡河接近成功，比喻尚未脱离险难之中；沾湿其尾巴，没有什么利益，是因为不能坚持到最后。六爻虽然都不当位，但阳刚阴柔都是相应的。

象曰：火在水上，未济卦之象；君子体而用之，宜谨慎地分辨事物，使其各居适当位置。

【注释】

①未济：卦名，为卦坎下离上，火水未济；象征事情未完成，事业未成功。

②未济亨：未济之时，小才居位不能拔难济险，若能执柔用中，委任贤哲，则未济有可济之理，所以得通。

③汔(qì)：接近。

【古文】

初六：濡其尾，吝。

象曰：濡其尾，亦不知极也。

九二：曳其轮，贞吉。

象曰：九二贞吉，中以行正也。

六三：未济，征凶①，利涉大川②。

象曰：未济征凶，位不当也。

九四：贞吉，悔亡③；震用伐鬼方④，三年有赏于大国⑤。

象曰：贞吉悔亡，志行也。

六五：贞吉无悔⑥，君子之光⑦，有孚，吉。

象曰：君子之光，其晖⑧吉也。

上九：有孚于饮酒⑨，无咎，濡其首⑩，有孚失是⑪。

象曰：饮酒濡首，亦不知节也。

【白话】

初六：小狐狸渡河时沾湿其尾巴，有遗憾。

象曰：小狐狸渡河沾湿尾巴，（开局如此，）它也不知道终局如何。

九二：向后拖曳车轮缓慢向前，守持正固，吉祥。

象曰：九二守持正固吉祥，说明其持守中道，行事端正。

六三：事情未成功，激进有凶险，利于涉越大河。

象曰：事情未成功，激进有凶险，是因为六三处位不当。

九四：正固吉祥，悔恨消亡；以雷霆之威势讨伐鬼方，三年之间大国犒赏军队经常不断。

象曰：正固吉祥，悔恨消亡，因为志向正在施行。

六五：正固吉祥，没有悔恨，这是君子的光辉；心怀诚信，吉祥。

象曰：君子的光辉，喻示六五的美德光辉普照，是吉祥的。

上九：心怀诚信地与人饮酒，没有灾祸，但如小狐狸渡河沾湿头部，则是过于自信而丧失诚信本义了。

象曰：饮酒沾湿头部，如此也太不知节制了。

【注释】

①未济,征凶:六三以阴失位居险,其力不能自济而求进,丧其身也。

②利涉大川:六三力弱,而密比九二,若能弃己委二,则"利涉大川"。

③贞吉,悔亡:九四虽阳而居四,故戒以贞固则吉而悔亡。

④震用伐鬼方:震用,以雷霆之威势。以雷霆之威势讨伐鬼方部落。

⑤三年有赏于大国:于,被。三年之间,军队被大国诸侯犒赏不断。

⑥贞吉无悔:六五以柔居尊处文明之盛,为未济之主,故必先正而后得吉,吉乃得无悔。

⑦君子之光:六五以柔顺文明之质居于尊位,将事情托付给能干的九二而不自己劳役,使武以文,御刚以柔,此乃君子之光也。

⑧晖:光之散也,光盛则有晖。

⑨有孚于饮酒:上九以刚明居未济之极,将可以有为也,因此自信自养以待命。

⑩濡其首:若宴乐耽肆而超过礼节,至沾湿其头部,是不能安其处也。

⑪有孚失是:有孚,自信于中也;失是,失其宜也。如此则于"有孚"为失也。

千方百计　全力助记

一、卦序卦形记忆

未济卦为《周易》第六十四卦。

数字编码法记卦序

用肉丝(64)喂鸡(未济)太不应该了。

编码:64——肉丝。

火水未济

口诀法记卦形

未济卦上离下坎,离为火坎为水,火水未济;本卦为《周易》最后一卦,卦形特征明显,只记"火水未济"四字口诀即可。

[未济] 小狐汔济濡其尾

二、卦辞记忆

未济:亨,小狐汔济,濡其尾,无攸利。

故事法记卦辞

<u>未挤</u>上公共汽车<u>哼哼</u>(未济,亨)唧唧的<u>小狐狸奇迹</u>(小狐汔济)般跳上竹排过河,河水打湿了它的<u>尾巴</u>(濡其尾),它再也<u>无有力</u>气(无攸利)往前跑了。

图像:小狐狸,河流,竹排;

情节:小狐狸奇迹般跳上竹排过河,河水打湿了它的尾巴,再也无有力气往前跑了。

三、象辞记忆

象曰:未济,亨,柔得中也;小狐汔济,未出中也;濡其尾,无攸利,不续终也。虽不当位,刚柔应也。

故事法记象辞

缘起:团长部署交通工作。

<u>团长说</u>(象曰):小狐狸<u>未挤</u>(未济)上汽车,<u>哼</u>(亨),跳上了竹排,送香港的肉得放在<u>中间</u>(柔得中也)位置看好了;虽然<u>小狐狸奇迹</u>(小狐汔济)般

跳上了竹排,但竹排还未出河流中间位置(未出中也),它就被河水打湿尾巴(濡其尾),现在无有力气(无攸利),不许中夜(不续终也)闹腾,争取明早顺利到达港口;虽不能进党委(虽不当位),但政治站位要高,送港的肉还是要接应好嘢(刚柔应也)。

图像:团长,小狐狸,肉,竹排;

情节:小狐狸未挤上汽车,哼哼。肉得放在中间,因为小狐狸奇迹般跳上了竹排,还未出河流中间,河水打湿了它的尾巴,它现在无有力气,不许它中夜闹腾。虽不能进党委,送香港的肉要接应好。

四、大象辞记忆

象曰:火在水上,未济;君子以慎辨物居方。

故事法记大象辞

大象说:童仆烧水煎药,不小心把火烧得太大了,现在火蹿到水上面(火在水上)去了,煎药未成功(未济);君子医生(以慎)要求偏屋(辨物)门卫拒放(居方)所有来客进门,集中精力总结教训。

图像:童仆,药罐,火;

情节:火蹿到水上面了,煎药未成功;君子医生要求偏屋门卫拒放来客进门,以便集中精力总结教训。

五、爻辞小象辞记忆

故事法记爻辞小象辞

初六:濡其尾,吝。

象曰:濡其尾,亦不知极也。

初六:杨柳树载着小狐狸过河,河水沾湿了它的尾巴(濡其尾),令(吝)它不舒服。

小象说:小狐狸打湿了尾巴(濡其尾),也不知道着急啊(亦不知极也)。

图像:杨柳树,河流,小狐狸;

情节:小狐狸过河沾湿了尾巴,令它不舒服;

评论:打湿了尾巴,也不知道着急。

九二:曳其轮,贞吉。

象曰:九二贞吉,中以行正也。

九二:挂着球儿的车舆正往前走着,遇到一段很长的下坡路,车主害怕滑行太快翻车,立即请同行之人帮忙往后拖曳车轮(曳其轮),车舆到达平路后,车主为表谢意拿出蒸鸡(贞吉)给帮忙的人吃。

小象说:挂球儿的车主拿出蒸鸡(九二贞吉)请人帮忙,因为他用望远镜看到前面大路中间有一行军走正步的队伍(中以行正也),他怕万一控制不住撞上了军人。

图像:挂着球儿的车舆,车主,路人,蒸鸡;

编码:球儿——九二;

情节:行人帮忙往后拖曳车轮,车主拿出蒸鸡表谢意;

评论:担心控制不住撞上路中间一行军走正步的队伍。

六三:未济,征凶,利涉大川。

象曰:未济征凶,位不当也。

六三:流沙河里沙悟净未急着(未济)去争雄(征凶),先练好独门功法,有利于去涉越更大河流(利涉大川)。

小象说:沙悟净未急着(未济)去争雄(征凶),是其段位还不够担当大任嘢(位不当也)。

图像:流沙河,沙悟净;

情节:沙悟净未急着去争雄,练好功法有利于涉越更大河流;

评论:其段位还不够担当大任嘢。

九四:贞吉,悔亡;震用伐鬼方,三年有赏于大国。

象曰:贞吉悔亡,志行也。

九四:喜欢戴首饰的猪八戒边吃蒸鸡(贞吉)边露出他可爱的笑脸(悔亡)说,他已后悔逃亡了;向师傅保证如正(震)式起用他讨伐鬼子后方(震用伐鬼方),三年内一定有被大哥悟空欣赏(三年有赏于大国)的战功。

小象说:猪八戒边吃蒸鸡(贞吉)边露笑脸(悔亡)说他已后悔逃亡了,是智慧的行为嘢(志行也)。

图像:戴首饰的猪八戒,蒸鸡,大哥孙悟空;

情节:猪八戒边吃蒸鸡边露出笑脸,并保证如正式起用他讨伐鬼方,三年内一定有被大哥欣赏的战功;

评论:这是智慧的行为嘞。

六五:贞吉无悔,君子之光,有孚,吉。

象曰:君子之光,其晖吉也。

六五:正修行的老虎吃完蒸鸡(贞吉)去主持舞会(无悔),在去舞厅的途中,一道君子的智慧之光(君子之光)射入老虎脑中,使其顿开灵智,老虎欣喜地对着天空大声说道:太上老君,你守信用,我也会守信用,明天就送你油壶(有孚)和鸡(吉)。

小象说:君子之光,能开启智慧,难怪要送鸡嘞(其晖吉也)。

图像:老虎,蒸鸡,太上老君,油壶,鸡;

编码:舞会——无悔;

情节:吃完蒸鸡去主持舞会的老虎获得君子的智慧之光,顿开灵智的老虎欣喜地说会送太上老君油壶和鸡;

评论:君子之光能开启智慧,难怪要送鸡嘞。

上九:有孚于饮酒,无咎;濡其首,有孚失是。

象曰:饮酒濡首,亦不知节也。

上九:酒楼里某官员喝茅台酒害怕别人看见,他把茅台酒装进油壶,边吃鱼边饮酒(有孚于饮酒),兀鹫(无咎)看了流口水;闻到酒香的小狐狸赶紧划水过河,河水沾湿了它的脑袋(濡其首),趴在一个超级大油壶(有孚)上面的石狮子(失是)救了它。

小象说:为饮酒而让河水沾湿了脑袋(饮酒濡首),也是不知道节制啊(亦不知节也)。

图像:某官员,茅台酒,油壶,鱼,兀鹫,小狐狸,石狮子;

情节:某官员把茅台酒装进油壶里边吃鱼边饮酒,兀鹫流口水;小狐狸赶紧过河被河水沾湿了脑袋,趴在大油壶上的石狮子救了它;

评论:为饮酒而让河水沾湿了脑袋,也太不知节制了。

卷尾

新编助记法

新编助记歌谣

(一)新编卦序歌

乾坤屯蒙需讼诗,师比小畜履泰否;
同仁大有谦豫谁,随蛊临观噬嗑贲;
剥复无妄大畜颐,大过坎离上经已。

咸恒遁壮晋明夷,家人睽蹇解损益;
夬姤萃升困井侬,革鼎震艮渐妹矣;
丰旅巽兑涣节兮,中孚小过既未济。

注:(1)"壮"指大壮,"妹"指归妹。
　　(2)以错卦或综卦两两一对,押"衣"韵。

(二)新编八宫次序歌

乾姤遁兮入否观,山地剥兮晋大有;
坎节屯兮见既济,革丰明夷地水师;
艮贲大畜有损睽,履中孚兮渐主吉;
震豫解恒地风升,井水风吹大过随。

巽养小畜家人益,无妄噬嗑颐蛊利;
离火旅鼎憾未济,蒙涣讼兮同人义;
坤土复临泰大壮,泽天夬需水地比;
兑困萃兮咸与蹇,谦谦小过归妹急。

(三)新编消息卦口诀

(之一)

太乙壮二怪三思,前四五狗等着遛;
痞气观罢剥韭菜,困时复冬时而灵。

解读:太乙真人与大汉壮二责怪武三思,眼前四五条狗等着遛,他却痞里痞气地观看了八分钟,接着去剥别人地里的韭菜,只有困时复受冬冻才会时而灵光一些。

太乙(泰一),壮二(大壮二),怪三思(夬三),前四(乾四);

五狗(姤五),等着遛(遁六),痞气(否七),观罢(观八);

剥韭菜(剥九),困时(坤十),复冬(复十一,冬月即十一月),时而灵(十二临)。

(之二)

复食一子鼠,临失二丑牛;("食一"谐"十一","失二"谐"十二")
正泰见寅虎,壮二抱卯兔;("正"即"正月","壮"即"大壮")
乖三梦辰龙,牵丝捉巳蛇;("乖"谐"夬","牵丝"谐"乾四")
吾狗骑午马,遁走六未羊;("吾狗"谐"五姤")
痞气七申猴,观罢八酉鸡;("痞气"谐"否七","罢"谐"八")
要剥九戌犬,困死十亥猪。("困"谐"坤")

注:新编消息卦之二为带月建的助记口诀。

《周易》卦序记忆法

数字编码挂钩法记卦序

上经1—30卦

1.大树——乾:大树上挂满了钱(乾)。

2.鸭子——坤:坤河乡的鸭子在坤河里戏耍。

3.金元宝——屯:皇上拿出金元宝给水雷军(屯)做军费。

4.红旗——蒙:红旗插上了山泉水流经的蒙寨。

5.佛手——需:水田里需要人干活时佛手来帮忙了。

6.勺子——讼:天水人送(讼)来一个勺子给要饭的老乞丐吃饭。

7.七仙女——师:七仙女以滴水(地水)为题做的诗(师),受到了玉帝的夸赞。

8.八卦镜——比:太上老君的八卦镜比水底(地)妖怪的法术厉害多了。

9.九尾狐——小畜:猫咪虽然坐在丰田(风天)车里,但在九尾狐面前就是一个小畜生。

10.棒球——履:天择(天泽)的驴(履)就是厉害,居然学会了打棒球。

11.筷子——泰:吃泰国饭还是用筷子比较卫生。

12.婴儿——否:难道天地会的婴儿也是痞(否)子吗?

13.医生——同人:医生给在天火下练功的铜人(同人)打了防疫针。

14.钥匙——大有:(虽然智能锁流行)现在用机械钥匙的还是大有人在。

15.鹦鹉——谦:鹦鹉将窝迁(谦)到了地中的山里。

16.杨柳——豫:杨柳树枝丫上放了一块雷公从地里找到的玉(豫)。

17.仪器——随:防水仪器在水(随)里很好用。

18.尾巴——蛊:松鼠用尾巴(yǐ ba)敲鼓(蛊),敲得还很响。

19.药酒——临:林(临)冲喝了有蒙汗药的药酒,所以久睡不醒。

20.耳铃——观:公主戴着耳铃去自己封地的道观烧香礼佛。

21. 鳄鱼——噬嗑:鳄鱼吃了四盒(噬嗑)火雷,这下玩完了。
22. 双胞胎——贲:隔壁小毕(贲)家的一对双胞胎可爱极了。
23. 和尚——剥:和尚剥下床板上面的一层,露出了里面藏着的真经。
24. 闹钟——复:闹钟总是周而复始地转动着。
25. 二胡——无妄:天上雷神接走了拉二胡的阿炳,这真是无妄之福啊。
26. 河流——大畜:河流里突然冲出一个大畜牲。
27. 耳机——颐:小姨(颐)戴耳机听音乐,手舞足蹈。
28. 恶霸——大过:这恶霸犯了大过错。
29. 恶囚——坎:这个恶囚进监狱前砍(坎)了路人一刀。
30. 毛毛虫——离:毛毛虫一离开森林就玩不转了。

下经 31—64 卦

31. 鲨鱼——咸:腌制的咸鲨鱼不好吃。
32. 扇儿——恒:扇儿一扇,扇出了恒风(即持续不停的大风)。
33. 钻石——遁:如来佛默念咒语,天山上的钻石顿(遁)时闪闪发光。
34. 山石——大壮:搬运山石这种重货,得大壮劳力才行。
35. 珊瑚——晋:我进(晋)龙宫看见很多美轮美奂的珊瑚。
36. 山鹿——明夷:拥有地火的名医(明夷)骑着山鹿在山里采药。
37. 山鸡——家人:妈妈用山鸡给家人做了一顿美味菜肴。
38. 妇女——睽:三八节对妇女有大优惠,现在买太吃亏(睽)。
39. 三九胃泰——蹇:三舅运气真好,捡(蹇)到了一大包三九胃泰。
40. 司令——解:解放军司令发出进攻的命令。
41. 司仪——损:两个司仪互损对方来取乐观众是惯用的招式。
42. 柿儿——益:柿儿可做益生菌原料。
43. 死神——夬:这个死神很奇怪(夬),居然忘了带镰刀。
44. 石狮——姤:庙门口的石狮真够(姤)重的,两大力士硬是没抬起来。
45. 师傅——萃:师傅的禅杖是翠(萃)绿色的,真好看。
46. 石榴——升:一农民正升高梯子摘石榴。
47. 司机——困:司机犯困了就不能开车。

48.石碑——井:井边立有一石碑,上书"吃水不忘挖井人"。

49.狮鹫——革:这狮鹫居然穿着皮革铠甲。

50.武林盟主——鼎:武林盟主举起了大鼎。

51.工人——震:工人正在疏通古镇(震)里的积水。

52.斧儿——艮:采伐森林大树,斧儿根(艮)本派不上用场。

53.火山——渐:喷了53年的火山渐渐熄灭了。

54.武士——归妹:武士背上累着的归妹回娘家。

55.火车——丰:火车满载丰收果实呜呜地前行。

56.蜗牛——旅:蜗牛偷偷爬进旅行箱上了飞机。

57.武器——巽:现代武器迅(巽)速摧毁了索马里海盗的巢穴。

58.火把——兑:田径队(兑)举火把的是58同城的小王。

59.五角星——涣:用五角星换(涣)军帽可以考虑。

60.榴莲——节:节日里吃榴莲是当地习俗。

61.儿童书包——中孚:儿童书包里放了一套中式服装(中孚)。

62.牛儿——小过:牛儿在雷山反思自己犯下的小过错。

63.流沙——既济:搬流沙防汛袋的士兵很积极(既济)。

64.肉丝——未济:用肉丝喂鸡(未济)太不应该了。

《周易》卦形记忆法

1.乾卦——乾为天。

2.坤卦——坤为地。

3.屯卦——水雷屯——水雷军(屯)。

4.蒙卦——山水蒙——山水朦(蒙)朦胧胧。

5.需卦——水天需——水田(天)里需要人插秧。

6.讼卦——天水讼——天水人送(讼)礼物。

7.师卦——地水师——滴(地)水穿石(师)。

8.比卦——水地比——水底(地)比赛。

9. 小畜卦——风天小畜——丰田(风天)车里坐着一只小狗(小畜)。

10. 履卦——天泽履——天择驴(泽履)(天选择驴担当大任)。

11. 泰卦——地天泰。

12. 否卦——天地否。

13. 同人卦——天火同人——天火烧铜(同)人。

14. 大有卦——火天大有——火天(离为日为火,火天即大晴天)在外面活动的大有人在。

15. 谦卦——地山谦——地三鲜(山谦)(地三鲜是中国东北一道名菜)。

16. 豫卦——雷地豫——泪滴雨(雷地豫)下。

17. 随卦——泽雷随——(我刚出门)这(泽)雷随后响起来了。

18. 蛊卦——山风蛊——山风吹,战鼓(蛊)擂,当今世界谁怕谁?

19. 临卦——地泽临——心真诚,地则灵(泽临)。

20. 观卦——风地观——公主到自己的封(风)地观察民情。

21. 噬嗑卦——火雷噬嗑——火雷四盒(噬嗑)。

22. 贲卦——山火贲——小心火烛,避(贲)免山火。

23. 剥卦——山地剥——(抗战期间)山地植被被鬼子炮弹轰炸剥落了。

24. 复卦——地雷复——埋地雷覆(复)上土,才可能让鬼子踩上去。

25. 无妄卦——天雷无妄——天雷滚滚,钓鱼无望(妄)。

26. 大畜卦——山天大畜——三(山)天吃了一个大畜。

27. 颐卦——山雷颐——山上打雷,小姨(颐)得先躲一下。

28. 大过卦——泽风大过——这(泽)风大过以往刮的风。

29. 坎卦——坎为水。

30. 离卦——离为火。

31. 咸卦——泽山咸——这(泽)山弥漫着咸味(这山有一个盐矿)。

32. 恒卦——雷风恒——雷锋(风)有恒心读毛主席著作。

33. 遁卦——天山遁——天山童姥隐遁天山。

34. 大壮卦——雷天大壮——在打雷天练武可使身体大壮。

35. 晋卦——火地晋——只有活的(火地)人才能进(晋)去。

36. 明夷卦——地火明夷——用地火炼丹药的是一位名医(明夷)。

37. 家人卦——风火家人——吹风生火,家人做饭。

38. 睽卦——火泽睽——人活着亏(火泽睽)欠自己可以,不能亏欠家人和社会。

39. 蹇卦——水山蹇——水山之间(蹇)有一间小木屋。

40. 解卦——雷水解——泪(雷)水倾泻(解)而下。

41. 损卦——山泽损——扇(山)子折(泽)了几下就破损了。

42. 益卦——风雷益——风雷一(益)起来了。

43. 夬卦——泽天夬——武则(泽)天怪(夬)武三思无才。

44. 姤卦——天风姤——天上有一只疯狗(风姤)。

45. 萃卦——泽地萃——选择(泽)地方野炊(萃)。

46. 升卦——地风升——地上有风往上升。

47. 困卦——泽水困——沼泽水里困住一个日本排。

48. 井卦——水风井——洪湖水风景(井)很美。

49. 革卦——泽火革——阿Q这货(泽火)"革命"了。

50. 鼎卦——火风鼎——火封(风)住了屋顶(鼎)。

51. 震卦——震为雷。

52. 艮卦——艮为山。

53. 渐卦——风山渐——风吹到山这里渐渐变小了。

54. 归妹卦——雷泽归妹——(带一大包礼物)可累着(雷泽)归家的妹妹啦。

55. 丰卦——雷火丰——累活(雷火)可以丰收。

56. 旅卦——火山旅——我计划下月去火山旅游。

57. 巽卦——巽为风。

58. 兑卦——兑为泽。

59. 涣卦——风水涣——(摆了几个风水物件)他家的风水换(涣)了。

60. 节卦——水泽节——在水车(泽)节那天参观了各式各样的水车。

61. 中孚卦——风泽中孚——老太婆疯着(风泽)穿中学生服(孚)装。

62. 小过卦——雷山小过——雷音山有很多猛兽,要小心通过。

63.既济卦——水火既济。

64.未济卦——火水未济。

数字编码挂钩法记十二消息卦与月建

1. **正**(1)**泰**集团大门口两边各有一只**寅虎**蹲着看门呢。

2. 2只**鹅**(2)用脚掌帮**卯兔打桩**(大壮)盖屋。

3. **辰龙**受了很严重的伤,变幻成人形,左手拿着一个大大的**金元宝**(3),右手拄着**拐**(夬)杖,来找铁拐李疗伤。

4. **白蛇**娘子拿着一面**红旗**(4)和**钱**(乾)捐给了不杀蛇的**寺**(巳)庙。

5. **午马**直立起来刚好**够**(姤)着吊车**钩子**(5),用嘴取下了包裹。

6. 牧羊人**蹲**(遁)着用**勺子**(6)一勺一勺地**喂**(未)生病的**羊**羔。

7. **申猴**子用猪八戒的**七尺钉耙**(7)把猪八戒打得放了一个响**屁**(否)。

8. 道观门前悬挂一面**八卦镜**(8),镇住了专吃观里**酉鸡**的邪魔。

9. **戌犬**偷偷用嘴**剥**开酒瓶子,喝了几口养生**酒**(9)。

10. 一只**棒球**(10)飞来,正好击中了犯**困**(坤)打盹的**亥猪**。

11. **子鼠**练习用爪子拿**筷子**(11),重**复**了很多遍都没有成功。

12. **丑牛**背上驮着**婴儿**(12)摇篮在树**林**(临)里来回走动,**临**时当起了婴儿保姆。

主要参考文献

〔魏〕王弼.周易注[M].楼宇烈,校释.北京:中华书局,2020.
尔雅[M].邓启铜,注释.南京:南京大学出版社,2014.
〔汉〕许慎.说文解字[M].〔宋〕徐铉等,校订.北京:中华书局,2013.
〔唐〕孔颖达.周易注疏[M].于天宝,点校.北京:中华书局,2020.
〔唐〕李鼎祚.周易集解[M].王丰先,点校.北京:中华书局,2020.
〔宋〕程颐.周易程氏传[M].王孝鱼,点校.北京:中华书局,2020.
〔宋〕朱熹.周易本义[M].廖名春,点校.北京:中华书局,2020.
〔宋〕朱震.汉上易传[M].种方,点校.北京:中华书局,2020.
〔宋〕苏轼.东坡易传[M].北京:中国书店,2018.
〔宋〕杨万里.诚斋易传[M].何善蒙,点校.北京:九州出版社,2019.
〔宋〕张载.横渠易说[M].刘泉,校注.北京:中华书局,2021.
〔元〕胡一桂.周易本义启蒙翼传[M].北京:中华书局,2019.
〔明〕来知德.周易集注[M].王丰先,点校.北京:中华书局,2019.
〔清〕查慎行.周易玩辞集解[M].范道济,点校.北京:中华书局,2020.
〔清〕惠栋.周易述[M].郑万耕,点校.北京:中华书局,2020.
〔清〕李光地.周易折中[M].刘大钧,整理.成都:巴蜀书社,2013.
〔清〕李光地.周易观象校笺[M].梅军,校笺.北京:中华书局,2021.
〔清〕朱骏声.六十四卦经解[M].北京:中华书局,1953.
尚秉和.周易尚氏学[M].张善文,点校.北京:中华书局,2020.
高亨.周易古经今注[M].北京:清华大学出版社,2010.
高亨.周易大传今注[M].济南:齐鲁书社,2009.
朱伯崑.易学基础教程[M].北京:九州出版社,2011.

朱伯崑.周易知识通览[M].北京:中央编译出版社,2018.
黄寿祺,张善文.周易译注[M].上海:上海古籍出版社,2007.
王亭之.周易象数例解[M].上海:复旦大学出版社,2013.
金景芳,吕绍纲.周易全解[M].长春:吉林大学出版社,2013.
张其成.张其成全解周易[M].北京:华夏出版社,2017.
杨力.杨力全解易经[M].北京:北京科学技术出版社,2011.

后　记

"岭外音书断,经冬复历春。"本书完稿之际,不禁感慨万端。不仅因其凝聚着我十多年的心血,更感念许多人的关心、支持与帮助。

我学《周易》,缘自其"群经之首,大道之源"的名头。初学之时,我已四十有二,与一些幼年即开始学习《周易》的大家相比,实在是太晚了。当初,选择学习版本,我也没请教有关专家,仅凭感觉选择了一本封面设计有些古朴厚重的《周易译注》①。

与大多数初学者一样,初次学习《周易》,我遇到三大拦路虎:一是随处可见的生僻字词,二是大量不熟悉的先秦以前的典故,三是基本生疏的上中古时期政治军事、社会生产生活和礼仪常识等背景知识。第一遍精读时,我利用工具书将学习过程中遇到的所有生僻字词、不熟悉的典故以及上中古时期的相关背景知识逐一查询清楚,认真而详尽地在书中做好笔记。工作之余,每天晚上坚持阅读一至两个小时,持续了半年左右,读完了《周易译注》上下册第一遍。如此读法,虽然进展十分缓慢,但也随着一个一个拦路虎被攻克而倍感乐趣。徜徉在《周易》卦爻义理的海洋里,我仿佛穿越到了上中古时期,有着与古圣先贤直接对话、接受耳提面命的兴奋与激动。我惊叹于上中古文明的大爱大美与大智慧,因而对学习《周易》产生了浓厚的兴趣。

紧接着,就有了对《周易译注》第二遍第三遍的阅读。由于有了第一遍扫除路障的基础性工作,第二遍第三遍不仅阅读速度快了许多,而且相比第

---

① 该书由上海古籍出版社出版,分上下两册,译注者是黄寿祺和张善文。

一遍阅读时全盘接受译注者的注解而言,逐渐有了自己的一些想法。

接下来,我又认真阅读了当今较为著名的十余种解易著作。与《周易》经传文的古奥难懂相匹配,我发现,在一些较为关键之处,一众易学名家的注解往往是见仁见智。随着同类著作阅读量的增加,我对原来已经接受的部分观点产生了疑惑或动摇。为解决这一问题,我开始收集阅读有关《周易》注解的古代典籍,反复精读了北宋著名理学家程颐的经典传世之作《周易程氏传》、南宋著名理学家朱熹的名著《周易本义》以及明朝大儒来知德所著的时称"绝学"的《周易集注》,泛读查阅过三国时期魏国王弼撰著的《周易注》、唐朝孔颖达《周易注疏》、唐朝李鼎祚《周易集解》、宋朝苏轼《东坡易传》、清朝李光地《周易折中》等五十余种古今易学文献。

为更好地理解《周易》,我精读过《论语》《道德经》《大学》《中庸》,泛读过《诗经》《黄帝内经》《礼记》《尚书》《左传》《传习录》等经典。

随着经典阅读的积累,我对《周易》的理解逐步加深,也逐步对前儒先进的部分注解有了一些甄别的能力。如《剥》卦上九小象辞"小人剥庐,终不可用也",注经者大多译为:小人剥落屋宇,终究不可使用。从字面而言,如此译注好似没有问题。但仔细斟酌,此译注其实与夫子小象原旨相去甚远。符合传义的译注当为:小人剥落屋宇,(如此尊位)终究不可使用小人。以上两个译注看似区别不大,后者只比前者多了括号内的四个字,然而,后者增加的这四个字,使得前后两种译注的义理大相径庭。在先秦以前的中上古时期,相对于君子,小人是指普通庶民,是当时社会劳动生产的基本力量。不用小人,则物质生产的所有劳作将无人承担,家庭、社会和国家均将无法延续。据此可以推断,上述"小人终究不可使用"的译法是与传义不合的;夫子小象辞的真正含义不是不使用小人,而是至高尊位不可使用小人。

有了自己的一些想法后,我以程子、朱子和来知德三位先贤的著作为基础,查阅了数十种易学典籍和解易著作,尝试着撰写了《周易》卦爻象象辞的译注。做这项工作,"或理在方寸而求之域表,或义在咫尺而思隔山河",花费了较多精力,但也收获颇丰。深入的钻研和写作,使我对《周易》义理的理解逐渐切近经传原旨。

古语说得好:"书读百遍,其义自见。"面对犹如天书的《周易》,熟读与记忆,对完整而准确地理解义理显得尤为重要。在学习《周易》的十几年里,我曾长期致力于将《周易》经传文全部背下来。但随着年岁增长,记忆力下降,因此,背诵《周易》经传文的努力一直在"记了忘—忘了记"的怪圈中进行着痛苦的循环。然而,在痛苦的同时,也有着十分可喜的收获。因为每过一段时间,我就发现自己对曾经背过的一些经传文义理又有了一些新的感悟,有了一些比以往更为深刻的认识,有些甚至是全新的认识。

收获了背诵《周易》经传文的部分好处,更加坚定了我将《周易》六十四卦卦爻象象辞全部记下来的决心。我想寻找有关《周易》经传文助记方面的专业书籍,帮助自己达成这一目标。通过万能的互联网,我查询到市面上仅有的一种有关《周易》经传文助记方法的书籍,立即买来阅读。但浏览完整本书,不禁又有些许遗憾。该书内容包括了《周易》六十四卦卦爻辞和大象辞的助记,但没有包含对理解卦爻辞有巨大助益的象辞和小象辞的记忆法;全书运用的记忆方法是故事法,没有涉及记忆宫殿、数字编码挂钩法、谐音法等经典方法,难以满足我的需要。遗憾之余,我想:自己学习《周易》也有十五年了,已有了许多年记忆《周易》经传文痛苦并快乐的经历,自己是否可以另行写作一本内容相对完整、助记方法相对丰富的《周易》经传文记忆法书籍呢?

"凿井者,起于三寸之坎,以就万仞之深。"为实现这一想法,我报名参加了由世界记忆大师、世界记忆锦标赛国际一级裁判孙韬先生主理的超强记忆法训练营,进行了为期三个月的严格训练。按照课程安排,遵循"听话照做"的四字真言,我一次不落地收听了孙老师的所有讲座,不折不扣地做完了孙老师布置的所有作业。在训练营进行到一个月时,当我也能如一众记忆高手般,在一分钟以内准确而流利地背出圆周率小数点后面一百位数字,一分钟内顺背倒背点背三十六计之时,我知道超强记忆法的超强效果已显现出来了。

训练营结束后,我尝试运用超强记忆法,去背诵《周易》中较为难记的卦爻象象辞。先将某一卦的卦序、卦形、卦辞、象辞、大象辞、爻辞、小象辞的记忆方法写下来,然后按照写下来的记忆方法,集中注意力进行约半小时的记忆。一天大约两三小时，一周下来，记忆效果出奇的好。可能有人要问，一卦也就一两百字，最多不超过三百字，即使不用任何记忆方法，直接死记硬背，背一卦也不需要两三个小时吧？是的，死记硬背一卦的卦爻象象辞确实只需要半小时，但随着时间的延展，仅仅依靠死记硬背记住的内容会出现两大问题：一是遗忘，二是混淆。我上面讲的两三个小时，主要是撰写记忆方法的时间，因为撰写记忆法的过程，实际上是一个创作的过程，是一个想象与创新的过程，所以花费的时间要长一些。做完记忆法写作的准备事宜，真正用到记忆的时间也就半小时左右。"思其艰以图其易"，花费同样的半小时，但超强记忆法较好地解决了各卦卦爻象象辞之间的混淆问题，同时提供了较多的抗拒遗忘的回忆线索，有利于形成长期记忆。

"事莫明于有效，论莫定于有证。"确认了超强记忆法对记忆《周易》经传文的助力效果后，更加坚定了我创作一本有关《周易》记忆法书籍的想法，以帮助更多如我一般有记忆《周易》经传文需求，但尚未找到合适方法，仍在"记忆—遗忘"怪圈中痛苦徘徊的同道中人。

从想法到行动，中间有一个难以逾越的鸿沟；从起步到终点，中间能否坚持，又是一个巨大的挑战。在跨越这一鸿沟、赢得这一巨大挑战的过程中，我得到了九州出版社编辑王文湛老师和众多亲朋好友的鼎力支持与极大鼓励。

感谢王文湛老师从本书的选题立项、初稿撰写、修改定稿和排版装帧等全过程所做出的专业贡献！

感谢深圳市会计协会执行会长王继中教授为本书精心创作了长篇古风体诗词书评！

感谢华南地区著名工业设计师刘凯先生为本书制作了简约、精美的插图！

感谢我的爱人杜彬女士对我写作本书给予的最大理解和支持。在长达半年的时间里，我每天用于写作的时间长达十一二个小时，她不仅承担了所有的家务，还完成了本书稿近一半的文字录入工作，完成了书稿第二稿的全部校对工作。若没有她的支持，难以想象本书能顺利完稿。因此，我要特别说一句：谢谢你，我的爱人！

为本书书稿文字录入作出贡献的还有杨勇、张远心、杨百强、李日进、张语洋和丁莹等亲友，在此一并表示诚挚的谢意！

"经中独无一字疑，正须虚心以受之。"作为作者，期待本书能带给广大读者实实在在的收获；同时，也十分期待各位读者提出批评意见和建议，以便今后进一步修订完善。

最后，分享一副我学易期间编撰的楹联作为本后记的结尾：

仁山智水体悟至简大道
返璞归真颐养悠然我心

2023 年 9 月 19 日
于中脉巴马秘境